Liberalismus

Klaus von Beyme

Liberalismus

Theorien des Liberalismus und
Radikalismus im Zeitalter der
Ideologien 1789-1945

 Springer VS

Klaus von Beyme
Heidelberg, Deutschland

ISBN 978-3-658-03052-0   ISBN 978-3-658-03053-7 (eBook)
DOI 10.1007/978-3-658-03053-7

Die Deutsche Nationalbibliothek verzeichnet diese Publikation in der Deutschen Natio-
nalbibliografie; detaillierte bibliografische Daten sind im Internet über http://dnb.d-nb.de
abrufbar.

Springer VS

Lektorat: Verena Metzger, Monika Mülhausen

Gedruckt auf säurefreiem und chlorfrei gebleichtem Papier

Springer VS ist eine Marke von Springer DE. Springer DE ist Teil der Fachverlagsgruppe
Springer Science+Business Media.
www.springer-vs.de

Vorwort

Dieses Werk in drei Bänden ist eine überarbeitete und in der Literaturauswertung „up to date" gebrachte Fassung des Buches „Politische Theorien im Zeitalter der Ideologien. 1789–1945" (2002). Die Systematik ist nicht mehr nach den sechs wichtigsten Ländern in Europa ausgerichtet, welche politische Theorien hervorbrachten, sondern wurde auf die drei großen Strömungen der politischen Ideologie umgestellt und stärker zu der Entwicklung der Parteien in Europa in Beziehung gesetzt. Vor allem der russische Teil wurde auf die bekanntesten Theorien reduziert, zumal eine Monographie des Autors zu diesem Thema von 2001 vorliegt.

Ich danke dem Verlag „Springer VS" und vor allem Frau Verena Metzger für die umsichtige Betreuung des Projekts.

Heidelberg, Mai 2013

Inhalt

I. Einleitung:
Geschichte der politischen Theorien
im Zeitalter der Ideologien

1 Sozialgeschichte der politischen Theorien

Die Politikwissenschaft ist die einzige Sozialwissenschaft, in der die Geschichte vergangener Theorien eine besondere Rolle spielt. „Dogmengeschichte" in der Ökonomie wurde dagegen zum Nebenfach für „Märchenklausuren" – neben dem harten Geschäft der quantifizierenden Ökonomie. Der Bedeutungsverlust der Theoriegeschichte auch in der Geschichtswissenschaft, der von der Wendung zur Sozialgeschichte gefördert worden ist, wurde durch immer neue Theoriemoden auszugleichen versucht: *„thus fashions come and go"* (Elton 1991: 12). Semantische und kulturalistische Wenden folgten dem Schlachtruf für eine „Sozialgeschichte der politischen Ideen". Soweit dieser neomarxistisch angehaucht war, hat er vielfach einen ökonomischen Determinismus unterstellt und Theorien als Ausdruck ökonomischer Interessen gedeutet. Gegen diese Kurzschlüssigkeit hat die Cambridge-Schule mit Recht Front gemacht.

Die Begriffsgeschichte wurde zu einem spezifisch deutschen Sondergebiet (Koselleck 1989, Lehmann/Richter 1996). Frankreich hat eine Sonderform der semantischen Forschungsrichtung entwickelt (R. Reichardt/E. Schmitt 1985). Einflussreich aber wenig greifbar blieben die apokryphen „im Nebel liegenden Wissenslandschaften" bei Foucault (Lottes 1996: 43), die eine ganze Industrie zur Umschreibung der bisherigen Theoriegeschichte hervorbrachte. Foucaults (1993: 197) „Archäologie des Wissens" war mit seinen Studien über Gefängnisse oder über Geisteskrankheit als überspitzte Antithese zur herkömmlichen Theoriegeschichte gedacht. Greifbarer war nach der kulturalistischen Wende in der Postmoderne der französische Beitrag, der sich der „Kulturgeschichte des Sozialen" zuwandte. Lesepraktiken und Massenkonsum von Büchern haben die Theoriegeschichte verändert (Chartier 1995, Gilcher-Holtey 2001) und auf die politische Theorie zurückgewirkt. Soziale und politische Bedingungen von „Bestsellern" wurden zum wichtigen Datum in der Theoriegeschichte. Über die Konstituierung eines Meinungsklimas verändern Bücher die Politik (Darnton 1995: 169 ff).

Die Cambridge-Schule in England hat vor allem anhand der Frühmoderne mit John G. A. Pocock und Quentin Skinner eine neue Orthodoxie eingeleitet. Der Überdruss mit abgehobenen ideologischen Höhenwanderungen in der Theoriegeschichte führte zu einer Suche nach der Verbindung von Theorien und politischem Handeln der sozialen Gemeinschaft. Beide waren durch eine politische Sprache verbunden (Rosa 1994: 199). Der politische Kontext wurde wieder stärker betont. Man wandte sich ab von den „ewigen Texten" im „Lagerhaus der politischen Probleme", die von der älteren Theoriegeschichte betont wurde (vgl. Kristeller 1946: 364, v. Beyme 1969: 50).

Diese ältere Ansicht und die neuere diskurstheoretische Konzeption sind sich wenigstens in einem einig: es gibt keinen unilinearen Fortschritt des politischen Denkens, der Theorien ein für alle Male überholt erscheinen lässt. Unterschiedlich sind beide Konzeptionen jedoch in der Stellung zur Geschlossenheit von Theoriesystemen. Neuere Diskurssysteme werden nicht mehr als abstrakte geschlossene Systeme angesehen, sondern als Deutungen, die auf politisches Handeln gerichtet waren. Der Kuhnsche Paradigmen-Begriff begann sich auf den Theoriewandel zu beziehen (Wolin 1980). Paradigmatische Begriffssysteme sind von Skinner auch als „Ideologien" bezeichnet worden.

Theorien konstituieren und legitimieren soziale Gemeinschaften. Der Verstehens-Ansatz der älteren Theoriegeschichte, etwa bei Collingwood, entwickelte sich auf der Basis von Wittgensteins philosophischen Untersuchungen weiter (Tully/Skinner 1988: 8). Wittgenstein (1984, § 23) hatte den Begriff „Sprachspiel" lanciert, um zu demonstrieren, dass das Sprechen ein Teil einer Lebensform darstellt. „Worte sind Taten" lautete Wittgensteins Message. Im Gegensatz zu Habermas wird kein normativer Ansatz gesucht, der erklärt, was politisch „wahr und gerecht" ist. Es geht dem Historiker eher darum zu zeigen, „was gilt als wahr und recht" im jeweiligen historischen Kontext (Tully 1988: 20).

Die deutsche Begriffsgeschichte hatte die Entwicklung der Konzepte als relativ unabhängig vom Meinen der anderen Akteure konzipiert (Hampsher-Monk u. a. 1998: 5). Das änderte sich im kontextuellen Ansatz. In Verbindung mit der These von der Entwicklung in Sprüngen durch Paradigmenwandel statt durch inkrementale Schritte, bedeutete dies, dass die politischen Theorien in normalen Phasen sich überwiegend auf die Rechtfertigung und Erklärung bestehender Ordnungen beschränken. In Umbruchszeiten aber kommt es zur theoretischen Revolution. Der Wechsel zu einem alternativen Paradigma des Denkens lässt sich nicht mehr aus kumulativen Einzelschritten erklären. Namiers Analyse von Parteien und Parlamenten in Großbritannien hatte die politischen Theorien nur als ex-post-facto-Rechtfertigungen für handfeste Interessen aufgefasst. Die negative Bewertung von Ideologien, die im pragmatischen England tiefer verankert war als auf dem Kontinent, fand so ihren Ausdruck. Das änderte sich in der Cambridge-Schule.

Auf der Basis der Unterscheidung von Dimensionen der Sprechakte werden in zwei Schritten die Wortbedeutung des Textes rekonstruiert und die Absichten, die der Theoretiker mit seinem Text verfolgt, entschlüsselt. Die neue „exakte" Methode der Entschlüsselung von Absichten eines Theoretikers verhinderte nicht erbitterte Kämpfe um den richtigen Zugang. Die Cambridge-Schule warf vor allem den Politikwissenschaftlern vor, die sich mit Theoriegeschichte noch befassten, die klassischen Texte „eindimensional" gelesen zu haben. Die Intentionen der Autoren wurden von der Skinner-Schule gewissenhaft rekonstruiert. Die Intentionen der kritisierten Kollegen hingegen „eindimensional" missdeutet. Viele Erwähnungen klassischer Texte in der zeitgenössischen Theorie der Politik waren gar nicht auf methodisches Studium der Theorie gerichtet. Sie benutzten Versatzstücke von klassischen Autoren, um den Reflexionsprozess der Gegenwart voranzutreiben. Nicht historische Kontexte werden beachtet, sondern zeitlose Abstraktionen in historischer Analogie geboten (Minogue in: Tully 1988: 179; Hellmuth/ von Ehrenstein 2001: 161).

Die Konzeption der Ideengeschichte als „Lagerhaus politischer Probleme" ist vor allem in der politischen Philosophie nicht ausgestorben. Je mehr ein Wissenschaftler sich als politischer Philosoph und je weniger er sich als politischer Historiker fühlte, umso stärker war dieser für die Cambridge-Schule „a-historische" Umgang mit Texten ausgeprägt. Und dennoch ist er legitim, selbst wenn man die historische Botschaft Kosellecks (1989) internalisiert hat, dass der Gemeinspruch *„historia magistra vitae"* nicht mehr zu halten ist. Wenn jeder außerhistorische Gebrauch der Theorien verboten ist, würde eine „Beerdigung der Theorien" in ihrer Zeit durch einen „unreflected antiquarianism" propagiert (Gunnell 1979: 126; Warrender 1979: 939).

Der Kontextualismus wurde zur konstruktivistischen Obsession. Sprachliche Analogien wurden vielfach zum Abbild der realen Prozesse aufgebauscht. Es ist kein Zufall, dass die frühe Neuzeit das Substrat der Cambridge-Schule bei Pocock und Skinner war. Das sprachliche Umfeld der älteren politischen Theorien war schwerer zu rekonstruieren als bei den Theorien des 19. Jahrhunderts. Die Cambridge-School hat den zu Metasprachen verdichteten Konstrukten – wie dem „civic humanism" bei Pocock (1993: 33 ff) – eine Kohärenz verliehen, die sie nie besessen haben (Lottes 1996: 164). Wo ein Autor wie Hobbes *„more geometrico"* vorzugehen behauptet, ist die Kohärenz jedoch noch größer als bei weniger methodenbewussten Autoren. Letztere aber überwiegen bei weitem in einem

Sample von ca. 170 behandelten Theoretikern (v. Beyme, 2002). Die Inkonsequenz des Kontext-Rigorismus lag auch darin, einerseits die Fülle der Quellen zu erweitern – notfalls um Poesie und Alltagsäußerungen – andererseits diese jedoch dann in ihren unterschiedlichen Sprachebenen zu nivellieren und in ein Gesamtimage eines Theoretikers einzuordnen. Selbst die Gefahr einer neuen Hierarchisierung der Quellen war bei dieser Methode gegeben. Die Hierarchie der Quellen schien sich aus ihrer Nähe zu dem konstruierten „ideellen Gesamttheoretiker" zu ergeben.

Nichtsprachliche Kontexte wurden von der Cambridge-Schule häufig unterbelichtet. Institutionen, politische Gruppierungen und soziale Milieus spielten eine zu geringe Rolle und wurden von den „Sprachspielen" absorbiert. Die Kontexte wirkten gelegentlich umso konstruierter als sie mit Makrobegriffen der Soziologie zusammengefasst wurden, wie „Revolution", „Krise" oder „Moderne" (Gunnell 1998), die sich einer quellennahen Begrifflichkeit nicht gerade leicht erschließen. Politische Theoretiker wurden gleichsam als Geiseln ihrer sprachlichen Umwelt vereinnahmt. Die Theoriegeschichte entwickelte eine Parallele zur Institutionen- oder Sozialgeschichte. Die Methode verselbständigte sich. Was mit einer Methode nicht zu entschlüsseln war, wurde ausgeblendet. Kritiker aber stellten zu Recht fest: „There cannot be a logic of discovery for the history of ideas" und warnten die Historiographie vor dem certistischen Bestreben, sich vermittels einer Methode eine Gewissheit verschaffen zu wollen, die selbst exaktere Naturwissenschaften nicht mehr erreichen. Der pragmatische Rat zum Eklektizismus endete in der Einsicht: „We should concentrate on the reasonableness of the histories people write, not the reasons why they write what they do" (Bevir 1999: 87).

Dennoch bleibt es ein Verdienst dieser Form von Sozialgeschichte politischer Theorien, dass die Diskursgewohnheiten, die Organisation von Diskursmacht der Publikationsunternehmen und der Rezensionskartelle bis hin zu den Rücksichten, die sie auf die Zensur zu nehmen hatten, in den Blick gerieten. Im Zeitalter der Ideologien erscheint ein unbekümmert eklektischer Approach unproblematischer als in der frühen Neuzeit, in der vielfach apokryphe religiöse Traditionen im Werk von Bodin oder Hobbes entschlüsselt werden mussten. Dafür gibt es mehrere Gründe:

1) *Ideologie* – nicht nur im weiteren Sinne des Cambridger Kontextualismus – hat die Denktraditionen seit 1789 stärker präformiert. Es war Pococks (1993) Verdienst, dass er im Denken der Neuzeit schon immer konträre Paradigmen entdeckte. Dem legalozentrischen Paradigma, auf dem sich ein bürgerlich-liberales Denken aufbaute, stand das oppositionelle republikanische Paradigma gegenüber, das er „bürgerhumanistisch" nannte. Insofern ist in der Sattelzeit zwischen 1750 und 1850 kein ganz so grundlegender Bruch eingetreten, wie die Idee des binären Codes im Denken von Carl Schmitt bis Niklas Luhmann unterstellte. Neu

war jedoch im Zeitalter der Ideologien, dass institutionalisierte Bewegungen die Diskurse stärker genormt haben als im alten oppositionell-republikanischen Denken der frühen Neuzeit. Immer weniger ließ sich die Unterscheidung von „allgemeinen Diskursen" und bloßen „Lagerdiskursen" aufrechterhalten. Nur in der Gruppe Sozialismus/Anarchismus/Kommunismus kam es jedoch gelegentlich auch zu einer „Hauptverwaltung für ewige Wahrheiten", welche Abweichungen vom „Lagerdiskurs" ahndete.

2) Machiavelli, Bodin oder Althusius waren in der frühen Neuzeit auch direkte *politische Akteure*. Hobbes, Locke oder Pufendorf dienten im Dunstkreis von Königsthronen als Politikberater und gelegentlich sogar schon als Propagandisten. Aber mit dem Zerfall der „societas civilis" und der Spaltung des allgemeinen Diskurses in mehrere Lagerdiskurse änderten sich auch die Intentionen der Theoretiker. Die Zäsur der französischen Revolution hat keine gänzlich neuen Diskursformen hervorgebracht, hat aber die Gewichte der Häufigkeit der Diskursformen in den Lagern verschoben.

Die Machthaber haben zunehmend selbst politische Theorie „organisiert" oder wenigstens „alimentiert". Das System Metternich mit einem Kranz von professionalisierten Schreibern um Gentz und Müller war der sichtbarste Ausdruck des Wandels. Immer schon hatten Theoretiker ihre Politikberatung den Autokraten „angedient" – selbst der in mancher Hinsicht weltfremde Bentham. Im Zeitalter der Ideologien war die ideologische Motivation gestärkt worden, das Wissen der politischen Theoretiker dem Staat notfalls ungefragt anzubieten wie bei Bonald, Fichte, Baader, Donoso Cortés, oder Stahl. Soweit ein Parteiensystem entstanden war, wurde nicht die Staatsspitze sondern die „Parteileitung" mit Stellungnahmen konfrontiert, von Burke bis Constant bei den Liberalen, Chateaubriand, Görres oder Stahl bei den Konservativen, und von Kautsky, Labriola, Plechanov oder den Webbs im sozialistischen Lager. Nur gelegentlich sah ein Theoretiker sich selbst als das Haupt der Partei wie Guizot, Cánovas, Marx, Lassalle, Naumann. Der Diskurs ging nur selten über die Lagergrenzen hinaus, wenn Oppositionelle sich an die Krone wandten, wie Mazzini an König Carlo Alberto, Proudhon an Napoleon, Lassalle an Bismarck.

3) Weit häufiger als vor 1789 waren die *Diskurse oppositionell*. Das leuchtet ein in den Parteifamilien Liberalismus/Radikalismus und Sozialismus. Aber selbst die konservative Theorie war vielfach oppositionell, wenn ein Restaurationsregime nicht entschieden genug konservativ schien. Maistre, Bonald oder der junge Lamennais – oder ein Teil der Slawophilen in Russland – standen in einer Opposition zu dem Regime. Diese Opposition war vielfach peinlicher für die Macht als die Feindseligkeit eines regime-feindlichen Liberalismus. Die Fundamentalopposition wurde je nach Bedeutung schon präventiv verfolgt, und musste neue Diskursstrategien einer Samizdat-Presse schaffen. In Autokratien hat die Willkür zu

jahrelangen Verbannungen gegriffen. Aber selbst in einem Rechtsstaat wie dem Deutschen Reich wurde Rosa Luxemburg 1916 widerrechtlich in „Schutzhaft" genommen.

4) Mit einem wachsenden Engagement der politischen Theoretiker im modernen Repräsentativsystem seit 1789 *vervielfältigten sich die Quellen* der politischen Theorie.

a) Mit der Professoralisierung der Theorieproduktion nahm die Zahl der schwerblütigen *Lehrbücher* zu. Der „Cours de politique constitutionnelle" von Constant in acht Bänden war ein Urbild dieses Literaturtyps. Er war in der Ära der Kameralistik und Polizey-Wissenschaft schon vor der französischen Revolution in den Ländern üblich, in denen zahlreiche Hochschulen miteinander konkurrierten und der Grundsatz „cuius regio – eius tractatus" sich durchsetzte, der den regionalen und religiösen Besonderheiten des Teilstaats jeweils Rechnung trug. Die Professoren unter den politischen Theoretikern schufen Lehrbücher zur Politik, für die es kaum eine Spezialdisziplin gab. Sie konnten von Juristen wie Rotteck oder Mohl, von Philosophen wie Stahl oder von Historikern wie Dahlmann und Treitschke stammen. Nicht nur die Professoren leisteten Beiträge zur politischen Theorie sondern auch ihre Studenten. Prüfschriften wurden gelegentlich zur Quelle des politischen Denkens, wie Černyševskijs Magisterdissertation. Sie konnten wissenschaftlichen Rang beanspruchen, wie Rosa Luxemburgs Dissertation über die Ökonomie Polens. Die Erstlingswerke wurden im Rückblick oft für eher „unbedeutend" vom Autor selbst eingestuft, wie bei Mohl. Allenfalls dort, wo eine flammende Botschaft einfloss, wie bei Fichtes Jugendschrift 1793, konnte der Autor sich auch später am meisten mit diesem Werk identifizieren. Prüfschriften eignen sich generell wenig für eine offen parteiliche Stellungnahme. Rosa Luxemburg brachte es freilich fertig, einen flammenden politischen Appell ans Ende ihrer Arbeit zu setzen, ohne dass die Züricher Fakultät daran Anstoß genommen zu haben scheint.

b) Gewichtige Werke der politischen Theorien entstanden aus staatlichen Aufträgen zu *Gutachten* – von Tocquevilles Amerikabuch (der Auftrag war freilich auf das Rechtssystem der USA beschränkt gewesen) bis zu Lorenz von Steins Geschichte der sozialen Bewegungen in Frankreich. Gutachten konnten auch unverlangt publizistisch lanciert werden, von Benthams Memoranden und Baaders Zuschriften an die drei Kaiser der Heiligen Allianz bis zu einigen Schriften Max Webers um 1914–1920.

c) Wo staatlich alimentierte Stellen den meist oppositionellen Theoretikern verschlossen schienen, mussten diese von der Publizistik leben. *Zeitungsartikel, Rezensionen* wurden zu Hauptquellen der politischen Theorie. Bei den Russen haben sie eine Weile sogar überwogen. Politische Theorie musste weitgehend in Literatur-Rezensionen gesucht werden.

d) In der frühneuzeitlichen Literatur gab es keine *Memoiren* von der subjektivistischen Art, die Rousseau mit seinen „Confessions" kreiert hatte. Auch nach ihm konnten diese recht exhibitionistisch ausfallen, wie die „Mémoires d'outre tombe" von Chateaubriand. Bei vielen dienten die Memoiren der Herausstreichung der eigenen politischen Bedeutung. Tocquevilles „Mémoires" haben sich darin erfreulich zurückgehalten. Liberale Wissenschaftler mit Schwierigkeiten auf dem agitatorischen politischen Parkett haben in ihren Memoiren ihre politische Rolle eher als bescheiden eingestuft – von Mill bis Mohl. Bei radikalen Autoren waren die Memoiren eine wichtige Quelle zur Absteckung ihrer Netzwerke, von Proudhon bis Herzen. Eine Synthese von wissenschaftlichen und politischen Erörterungen gelang Kropotkin. Ein Unikum war die nicht für die Öffentlichkeit bestimmte Beichte Bakunins an den Zaren. Generationen von Interpreten haben gerätselt, was die Meinung des Autors war und was Konzession an die Autokratie schien, um die Erleichterung der Haftbedingungen zu erlangen.

e) Da über ein Viertel aller Theoretiker Erfahrungen im parlamentarischen Raum sammelten, wurden *Parlamentsprotokolle* und *gesammelte Parlamentsreden* zur wichtigen Quelle der Theorie von Burke und Constant bis zu Stahl und Donoso Cortés. Vor allem Italien und Frankreich haben exzessiv solche Quellen herausgegeben.

f) Je stärker der Kontext der politischen Theorie auch bei Denkern ohne direkte politische Tätigkeit in die Analyse einbezogen werden soll, umso mehr werden die *Briefe* zu einer entscheidenden Quelle. Sie sind selbst für relativ abstrakte Theoretiker wie Fichte, Hegel oder Schelling eine Fundgrube. Die Kommentierung der politischen Tagesprobleme hat Licht auf die Theorie geworfen. Umstritten war unter den Historikern freilich, ob ein flüchtig hingeworfener Brief den gleichen Stellenwert haben solle wie ein ausgereifter theoretischer Traktat, der mehrere Auflagen erlebte. Selbst wenn das theoretische Werk ergiebig genug ist, wie bei Marx, sind die Briefe eine wichtige Quelle für die Frage, was war taktische Rücksicht bei einer Äußerung, und was war die wirkliche Meinung des Autors?

5) Im Vergleich zur frühen Neuzeit spielte die Frage der *beruflichen Existenz* im bürgerlichen Zeitalter des 19. Jahrhunderts eine größere Rolle. Nur in sehr zurückgebliebenen Ländern wie Russland konnte in der ersten Hälfte des 19. Jahrhundert die politische Theorie noch ganz überwiegend von Aristokraten mit Vermögen bestritten werden. Im bürgerlichen Zeitalter teilten sich die Revenuequellen in staatliche Alimentierung und privaten Lebensunterhalt durch publizistische Tätigkeit. Viele Publizisten der Linken lebten kümmerlich wie Godwin, Marx oder Proudhon und die meisten Frühsozialisten. Berufsrevolutionäre, wie Blanqui, Mazzini, Bakunin oder Tkačëv konnten schon mangels eines kontinuierlichen Wohnsitzes kein geregeltes Einkommen produzieren. Die individuellen Einkommenserwartungen einer Klasse von Lohnschreibern hat die Art des poli-

tischen Diskurses beeinflusst – nicht nur durch die ständige Rücksichtnahme auf
die Zensur.

6) Im Zeitalter der Ideologien hat sich der *Diskurs internationalisiert.* Am
stärksten marktmäßig geschah dies bei den Liberalen, am stärksten organisiert
bei den Sozialisten. Die Konservativen hatten hingegen ein gebrochenes Verhältnis zum Theorietransfer. Er fand gleichwohl statt. Auch vor 1789 hatte es Rezeptionen gegeben. Er intensivierte sich in der Ära der Aufklärung, als Frankreich
intellektuell dominant in der damaligen Welt wurde. Aber im Zeitalter der Ideologien hat sich die positive und vor allem die negative Rezeption intensiviert. Es
gab schwerlich ältere Beispiele – außer in der Pamphletistik der Religionskon-
flikte – für die Art wie Zeitgenossen Donoso Cortés oder Marx Proudhon angriffen, und wie umgekehrt Herzen Donoso Cortés attackierte. Neu war auch der organisierte Transfer durch eine „Heilige Allianz", den Ultramontanismus oder die
sozialistischen Internationalen. Die Einheitlichkeit der Rezeption soll dabei nicht
überschätzt werden. Selbst im organisierten Transfer gab es Rezeptionsfraktionen,
wie die von Jaurès und Guesde im französischen Sozialismus.

2 Determinanten der Entwicklung politischer Theorien

Nur die sechs größten Länder Europas haben nach 1789 in allen drei Grundfami-
lien der politischen Ideologie beachtliche Beiträge geleistet. Von den kleineren
Ländern wurden vor allem politische Denker der Schweiz wie Rousseau, Constant,
de Staël und Haller dem Kontext der großen Nationalstaaten zugeschlagen, innerhalb derer sie wirkten. Frankreich hat keine Mühe, sich mit Denkern wie Rousseau, Constant und de Staël zu identifizieren. Die Deutschen müssen sich stattdessen Haller zurechnen lassen, denn er hat vornehmlich im Kontext des Deutschen
Bundes seine geistigen Wirkungen entfaltet.

Die historische Entwicklung drängte in allen europäischen Nationen auf mehr
Inklusion und weniger Exklusion der Menschen im Regime. Am Anfang wurde
der *Rechtsstaat* entwickelt. Er schloss alle Menschen ein – wenigstens in einigen
Grundrechten. Es folgte als Integrationskonzept der *Nationalstaat,* vor allem in
den Ländern, die ihn noch nicht verwirklicht hatten. Die Gleichheit als „Volks-
genossen" – wie das vielfach archaisierend genannt wurde – drängte auch auf
die Gleichheit der politischen Partizipationsrechte und erzeugte den *demokratischen Staat.* Als dieser schließlich mit seinem Minimalkriterium eines allgemeinen Wahlrechts realisiert wurde – auch in England nicht vor dem Ende des ersten Weltkrieges – entdeckten die unterprivilegierten Schichten erneut die Kluft
zwischen politischen und sozialen Rechten. Der *Wohlfahrtsstaat* musste der Demokratie hinzugefügt werden. Der Nationalstaat und der demokratische Parti-

Matrix   Entwicklung der tragenden Prinzipien moderner Staaten

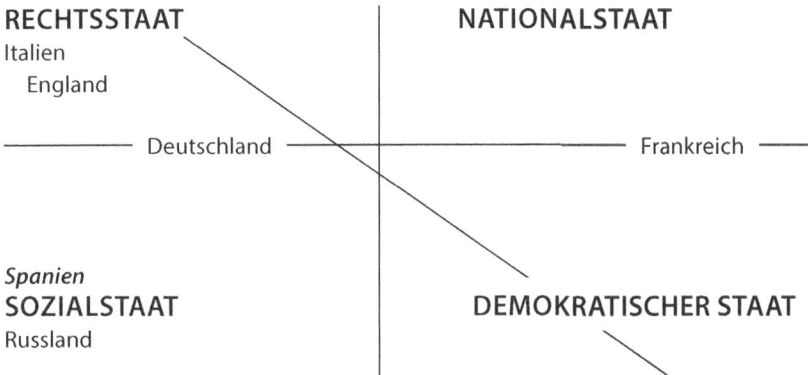

RECHTSSTAAT   NATIONALSTAAT
Italien
  England

——————— Deutschland ————————————— Frankreich ———

Spanien
SOZIALSTAAT   DEMOKRATISCHER STAAT
Russland

zipationsstaat waren inklusiv nur für Staatsbürger. Der Wohlfahrtsstaat entwickelte – wenigstens im „postideologischen Zeitalter" nach 1945 – die Tendenz, alle Menschen in einem Territorium zu inkludieren. Auch Ausländer hatten nicht nur gewisse Grundrechte, sondern auch ein Anrecht auf ein soziales Existenzminimum.

Je nach historischer Entwicklung haben die Nationen einen anderen Schwerpunkt ihrer Prioritätenliste in der politischen Theorie entwickelt (Matrix). Spanien und England bedurften des Kampfes um den Nationalstaat nicht, und haben sich in der Entwicklung des Sozialstaats erst spät hervorgetan. Russland brauchte den Nationalstaatsgedanken nicht, und sein Nationalismus konnte sich gleich theoretisch im Panslawismus auf die Sammlung stammesverwandter Völker kaprizieren. Der starke Sozialismus in russischen sozialen Bewegungen hat den Sozialstaatsgedanken früh betont, ohne dass davon viel vor 1917 in staatliches Handeln umgesetzt wurde. Deutschland hat den Mangel an partizipatorischer Demokratie – trotz allgemeinen Wahlrechts seit 1871 – durch frühe Betonung des Sozialstaatsgedankens auch von konservativer Seite kompensiert. Frankreich hat die Integration durch einen nicht nur verfassungspatriotisch sondern auch kulturellsprachlich geprägten Nationalstaat – in Verbindung mit starkem Einsatz für partizipatorische Demokratie – bewirkt.

Auch diese Schwerpunkte der theoretischen und praktischen Politikbemühung blieben erstaunlich konstant über die Zeit. Erst im „nachideologischen Zeitalter" und durch die Europäisierung näherten sich die Rechtssysteme, die Partizipationsformen, die Staatsbürgerschaftsdefinitionen und die Minimalstandards der Wohlfahrtsstaaten einander an. Dennoch blieben auch in dieser Nivellierung die historischen Schwerpunkte noch sichtbar. Lediglich die theoretische Überhöhung zum Sonderweg hat im politischen Denken der europäischen Länder – mit Ausnahme von Russland vielleicht – aufgehört.

Quentin Skinner hat in seinen „Foundations" (1978 I: XI) dafür plädiert, dass politische Theoriegeschichte weniger auf klassische Texte und mehr auf die Geschichte der Ideologien konzentriert sein sollte. Wer – wie Skinner – eine Studie über Jahrhunderte politischen Denkens anstrebt, kann nicht umhin, sich an dieses Desiderat zu halten. Texte von mittlerer Originalität bekommen auf diese Weise mehr Gewicht als in den traditionellen intellektuellen Höhenwanderungen. Was bei Pocock und Skinner an politischem Denken als Resultante im Kräfteparallelogramm von Problemdruck und Problemlösung expliziert wurde, muss im Zeitalter der Ideologien und organisierten Parteiungen weit direkter den konkreten politischen Kontext mit einbeziehen.

Das ausdifferenzierte Schema der drei Großideologien mit ihren Unterströmungen ist also cum grano salis zu nehmen. Die Darstellung wird im einzelnen die Rubrizierung relativieren und gelegentlich notfalls sogar zur chronologischen

Persönlichkeitsspaltung führen, wie im Fall von Fichte, Hegel, Lamennais oder Donoso Cortés, falls beide Phasen hinreichend originell erscheinen. Wo die liberale Grundstimmung sich durch viele ideologische Häutungen durchhielt, wie bei Struve oder Ortega, wird auf die Behandlung der einzelnen Phasen unter den jeweiligen Oberbegriffen verzichtet.

Bei einem Vergleich verschiedener Entwicklungspfade in den sechs größten europäischen Ländern liegt ein historistischer Ansatz nahe, der die jeweiligen Sonderwege der Problemlösungsversuche betont. Jedes Land und jede Epoche erscheint „gleich nah zu Gott". Aber die Individualisierung des Historismus hat zwei Grenzen: die erste ist mit der Vorstellung verbunden, dass der Historist auf einem festen Hügel – in Analogie zum Gesamtüberblick Gottes – den reißenden Strom der Geschichte überblickt (Ankersmit in: Küttler u. a. 1993: 67). Die zweite Grenze liegt in der Fixierung auf Völkerschicksale. Beide Grenzen der individualisierenden Betrachtung hat die Postmoderne überwunden. Der überzeitliche Betrachter und die feste Grundeinheit des Geschehens in den Nationen haben sich aufgelöst. Der Betrachter ist „Partei geworden" und muss sich umso mehr apodiktischer Urteile enthalten. Politische Theorien werden daher weitgehend nach dem immanent gegebenen subjektiv gemeinten Sinn beurteilt werden müssen. Gleichwohl kann kein Historiker der politischen Theorien jemals dem intellektuellen Klima seiner eigenen Zeit entkommen (Parekh/Berki 1973: 184). Dass ungerechte Werturteile des Autors, der sich nicht in gleich intensiver Weise in die russischen Dekabristen und die spanische Generation von 1898 versenken kann, trotz dieses perspektivischen Bemühens einfließen werden, ist nicht auszuschließen. Die Auswahl der Autoren kann durch flächendeckende Berücksichtigung aller leidlich originellen Denker immunisiert werden. Die Herausstellung der relevanten Grundkonzepte jedoch lädt immer zu Kontroversen ein (vgl. Richter 1995). Der hier gewählte Kompromiss führt zu anderen als den bisherigen Strukturierungen in der Theoriegeschichte:

(1) Die *großen Ideologien* sind das erste Kriterium. Dabei ist nicht zu übersehen, dass gerade die größten Denker nicht eindeutig zuzuordnen sind: Bei Fichte stehen borniert nationalistische Gedanken neben freiheitlich-jakobinischem Progressismus. Bei Hegel oder Baader steht ein etatistischer Konservatismus oder Romantizismus neben revolutionären Einsichten in die Klassenlage der „Proletairs". Nationalismus und christliches Staatsdenken lassen sich vielfach von den umfassenderen ideologischen Bewegungen nicht abgrenzen. Sie werden aber im Hinblick auf die Parallele zu den politischen Bewegungen und sozialen Cleavages nicht ausgelassen, obwohl viele Autoren unter verschiedenen anderen Rubriken behandelt werden müssten. Mazzini war nicht nur Nationalist.

Je marginaler die Länder, umso weniger eindeutig kann ihr politisches Denken in die herkömmlichen ideologischen Gruppierungen eingeordnet werden.

Das gilt selbst für Spanien, wo Liberale und Konservative sich früh unter diesem Namen gegenüberstanden. Aber die Generation der 98er, die nach der spanischen Niederlage gegen die USA für die geistige Modernisierung Spaniens eintraten, wie Unamuno, Ganivet, Azorín oder Ortega y Gasset, waren keineswegs als liberal zu bezeichnen. Maeztu wurde sogar ausgesprochen reaktionär. Noch stärker gilt dies für Russland. Čaadaev löste einen Skandal mit seinen Thesen über Russland aus, aber er war abnehmend liberal zu bezeichnen, obwohl er die Westler vertrat. Waren die Slawophilen „konservativ" zu nennen? Theoretisch scheint dies zu bejahen, aber in der politischen Konstellation galten sie dem offiziellen Russland als subversiv.

(2) Die ideologischen Positionen waren jeweils mit *sozialen Bewegungen* verbunden, die zu ihrer Zeit „neu" waren. Man kann sie mit theoretischen Grundprinzipien verbinden (Außenseite des Sterns im Schema unten) und mit den Kristallisationspunkten von Konflikten in Beziehung setzen (Innenseite des Sterns). Die schöne Symmetrie des fünfeckigen Sterns kann jedoch die Asymmetrien der theoriebildenden Kraft von Bewegungen und Cleavage-Linien nicht verdecken. Drei der möglichen Konflikte, ethnische Gruppen (Sprache), Glaube und soziale Schicht haben je eine mächtige soziale Bewegung hervorgebracht, welche sich in eigenen Theorien niederschlug: Nationalismus, christlich-konservative Theorien und den Sozialismus. Die Rasse blieb hingegen in Europa marginal – mit Ausnahme des Antisemitismus, während sie in den USA ein eigenes Corpus theoretischer Bemühungen hervorbrachte.

Der hier gewählte Zeitraum für das Zeitalter der Ideologien, der mit 1945 endet, soll nicht suggerieren, dass nach diesem Datum keine Ideologien mehr entstanden. Einige haben sich sogar im Parteiensystem niedergeschlagen, wie die ökologische Bewegung. Die Cleavage-Linie „Gender" hat eine ausdifferenzierte feministische Bewegung und zahlreiche feministische Theorien hervorgebracht. In neueren Überblicken über die Ideologien werden auch Feminismus und Ökologismus in den Kreis der traditionellen Ideologien (Liberalismus, Konservatismus, Sozialismus, Anarchismus, Faschismus) aufgenommen, obwohl sie nicht so beherrschend für die gesamte Gesellschaft geworden sind, wie die fünf ersten Gruppierungen (Vincent 1993, Eccleshall 1985). Weniger einleuchtend ist die gesonderte Ausweisung eines Kapitels Demokratie, da Demokratie – und seine Variationen – ein Grundthema aller Ideologien ist.

In der Cleavage-Theorie von Stein Rokkan dominieren zwei Achsen: „Arbeit/ Kapital", die sich in den Konflikt „liberal" und „konservativ" gegen „sozialistisch" umsetzen und „Zentrum/Peripherie", eine Linie, die nationale, gelegentlich auch religiöse Konflikte widerspiegelt, wenn sie sich territorialisieren lassen, wie in den Niederlanden, in Deutschland oder in der Schweiz. Sie decken immerhin mit Ausnahme des Rechtsextremismus/Faschismus nach dem ersten Weltkrieg alle hier

Matrix   Liberale und radikale Ideologien und nationale Schulen der Politik

Ideologie	Frankreich	Großbri-tannien	Deutsch-land	Italien	Spanien	Russland
L I B E R A L I Libera-lismus	Sieyès, Condor-cet, Constant „Doctrinaires" juste milieu-Theoretiker: Royer-Collard Guizot, Tocque-ville, Renan Prévost-Paradol Durkheim	J. St. Mill Spencer Macaulay Acton T. H. Green Hobhouse	Kant Der junge Hegel Humboldt Rotteck Dahlmann Mohl Friedrich Naumann Max Weber Jaspers	Romagnosi Rosmini Gioberti D'Azeglio Balbo Cavour Mosca Croce	Jovellanos Cortes de Cádiz Argüelles Toreno Der junge Donoso Cortés Cánovas del Castillo Ortega y Gasset	Dekabristen Čaadaev Granovskij Stankevič Čičerin Kovalevskij Kistjakovskij Struve Miljukov
S M U S Linkslibe-ralismus Radikalis-mus	Jakobiner, der späte La-mennais, Alain	Priestley Bentham Paine J. Mill Cobden	Der frühe Fichte Junghege-lianer, Feuerbach Bauer Ruge	Ital. Jako-biner Mazzini Ferrari Cattaneo Gobetti	De Lara y Sánchez	Pečërin Belinskij

behandelten Theorieströmungen ab. Schon der Nationalismus wirft Probleme auf, wenn man ihn als umgreifende Ideologie absondert. Die Nation war immer auch Thema liberaler, konservativer und sogar vieler sozialistischer Denker. Die Vordenker nationalistischer Theorien von Herder und Fichte bis Mazzini und Barrès haben nicht nur über die Nation nachgedacht und müssen unter verschiedenen Ideologien behandelt werden. Unter welchen freilich? Fichte bietet vom Jakobinismus bis zum Konservatismus viele Facetten. Kant unter „liberal" und Hegel unter „konservativ" zu verbuchen wird der Differenziertheit zweier großer Theoretiker schwerlich gerecht. Schopenhauer oder Nietzsche einzuordnen fällt schwer, nicht nur weil in ihrem Werk hinreichend viele Bissigkeiten über die Torheit eines solchen Versuchs zu finden wären.

Literatur

J. Austin: How to Do Things with Words. Oxford, Clarendon, 1975.

T. Ball u. a. (Hrsg.): Political innovation and conceptual change. Cambridge, Cambridge University Press, 1989.

M. Bevir: The Logic of the History of Ideas. Cambridge, Cambridge University Press, 1999.

K. v. Beyme: Politische Ideengeschichte. Probleme eines interdisziplinären Forschungsbereichs. Tübingen, Mohr, 1969.

K. v. Beyme: Politische Theorien in Russland. 1789–1945. Wiesbaden, Westdeutscher Verlag, 2001.

K. v. Beyme: Politische Theorien im Zeitalter der Ideologien 1789–1945. Wiesbaden, Westdeutscher Verlag, 2002.

K. v. Beyme: Geschichte der politischen Theorien in Deutschland 1300 bis 2000. Wiesbaden, VS Verlag für Sozialwissenschaften, 2009, 2011.

E. Braun u. a.: Politische Philosophie. Ein Lesebuch. Reinbek, Rowohlt, 2008 Neuaufl.

M. Brocker (Hrsg.): Geschichte des politischen Denkens. Ein Handbuch. Frankfurt, 2007.

H. Buchstein/G. Göhler (Hrsg.): Politische Theorie und Politikwissenschaft. Wiesbaden, VS, 2007.

R. Chartier: Die kulturellen Ursprünge der Französischen Revolution. Frankfurt, Campus, 1995.

R. Darnton: Literaten im Untergrund. Lesen, Schreiben und Publizieren im vorrevolutionären Frankreich. München, Hanser, 1985.

R. Darnton: The Forbidden Best-Sellers of Prerevolutionary France. New York, Norton, 1995.

J. P. Diggins: The Oyster and the Pearl. The Problem of Contextualism in Intellectual History. History and Theory, Bd. 23, 1984: 151–169.

R. Eccleshall u. a.: Political Ideologies, London, Hutchinson 1985, 2. Aufl.

G. R. Elton: Return to Essentials. Some Reflections on the Present State of Historical Study. Cambridge, Cambridge University Press, 1991.

I. Fetscher/H. Münkler (Hrsg.): Pipers Handbuch der politischen Ideen. Bd. 4 und 5. München, Piper, 1986, 1987.

M. Foucault: Archäologie des Wissens. Frankfurt, Suhrkamp, 1993.

D. Germino: Modern Western Political Thought. Chicago, Rand McNally, 1972.

I. Gilcher-Holtey: Die Nacht des 4. August 1789 im Schnittpunkt von Aufklärung und Revolution. Geschichte und Gesellschaft. Bd. 27, Nr.1, 2001: 68–86.

J. Gunnell: Political Theory. Tradition and Interpretation. Cambridge/Mass, Winthrop, 1979.

J. Gunnell: Time and Interpretation: Understanding Concepts and Conceptual Change. History of Political Thought, Bd. 19, 1998: 641–658.

I. Hampsher-Monk u. a. (Hrsg.): History of Concepts: Comparative Perspectives. Amsterdam, Amsterdam University Press, 1998.

B. Heidenreich (Hrsg.): Politische Theorien des 19. Jahrhunderts. Konservatismus, Liberalismus, Sozialismus. Berlin, Akademie Verlag, 2002, 2. Aufl.

E. Hellmuth/Ch. Von Ehrenstein: Intellectual History Made in Britain: Die Cambridge School und ihre Kritiker. Geschichte und Gesellschaft, Bd. 27, Nr. 1, 2001: 149–172.

M. C. Horowitz (Hrsg.): New Dictionary of the History of Ideas. Detroit, 2005.

R. H. Hume: Constructing Contexts. The Aims and Principles of Archaeo-Historicism. Oxford, Oxford University Press, 1999.

H. Koenigsberger (Hrsg.): Republiken und Republikanismus im Europa der frühen Neuzeit. München, Oldenbourg, 1988.

R. Koselleck: Vergangene Zukunft. Zur Semantik geschichtlicher Zeiten. Frankfurt, Suhrkamp, 1989.

P. O. Kristeller: The Philosophical Significance of the History of Thought. Journal of the History of Ideas, 1946: 360–366.

W. Küttler u. a. (Hrsg.): Geschichtsdiskurs. Bd. 1: Grundlagen und Methoden der Historiographiegeschichte. Frankfurt, Fischer, 1993.

H. Lehmann/M. Richter (Hrsg.): The Meaning of Historical Terms and Concepts. New Studies on Begriffsgeschichte. Washington, German Historical Institute, 1996.

G. Lottes: „The State of the Art". Stand und Perspektiven der „intellectual history". In: F.-L. Kroll (Hrsg.): Neue Wege der Ideengeschichte. Festschrift für Kurt Kluxen zum 85. Geburtstag. Paderborn, Schöningh, 1996: 27–46.

H. Mason (Hrsg.): The Darnton debate. Oxford, Voltaire Foundation, 1998.

R. von Mohl: Die Geschichte und Literatur der Staatswissenschaften. Graz, Akademische Druck- und Verlagsanstalt, 1960, 3 Bde.

H. Ottmann: Geschichte des politischen Denkens. Die Neuzeit, Bd. III, 2 und III, 3 Stuttgart, Metzler. 2008, Bd. IV, 1, 2010.

B. Parekh/R. N. Berki: The History of Ideas: A Critique of Q. Skinner's Methodology. Journal of the History of Ideas, Bd. 34, 1973: 163–184.

J. G. A. Pocock: Virtue, Commerce, and History. Essays on Political Thought and History, chiefly in the Eighteenth Century. Cambridge, Cambridge University Press, 1985, 1986.

J. G. A. Pocock: Die andere Bürgergesellschaft. Zur Dialektik von Tugend und Korruption. Frankfurt, Campus, 1993.

R. Reichardt/E. Schmitt (Hrsg.): Handbuch politisch-sozialer Grundbegriffe in Frankreich 1680–1820. München, Oldenbourg, 1985 ff.

M. Richter: Begriffsgeschichte and the History of Ideas. Journal of the History of Ideas, Bd. 48, 1987: 247–263.

M. Richter: The History of Political and Social Concepts. A Critical Introduction. Oxford, Oxford University Press, 1995.

H. Rosa: Ideengeschichte und Gesellschaftstheorie. Der Beitrag der „Cambridge School" zur Metatheorie. Politische Vierteljahresschrift, 1994, Bd. 35, H. 2: 197–223.

G. Sabine: A History of Political Theory. New York, Henry Holt, 1937, 1950 und spätere Auflagen.

Qu. Skinner: The Foundations of Modern Political Thought. Cambridge, Cambridge University Press, 1978, 2 Bde.

Qu. Skinner: Meaning and Understanding in the History of Ideas. History and Theory, Bd. 8, 1969: 3–53.

J. Tully/Qu. Skinner (Hrsg.): Meaning and Context. Quentin Skinner and his Critics. Oxford, Polity Press, 1988.

V. Vallespín (Hrsg.): Historia de la teoría política. Madrid, Alianza, 1990–1995, 6 Bde.

A. Vincent: Modern Political Ideologies. Oxford, Blackwell 1992, 1993.

W. H. Walsh: The Causation of Ideas. History and Theory. Bd. 14, 1975: 186–199.

R. Walter: Liberalismus. In: O. Brunner u. a. (Hrsg.): Geschichtliche Grundbegriffe. Stuttgart, Klett-Cotta, 1975, Bd. 3: 741–781.

H. Warrender: Political Theory and Historiography. A Reply to Professor Skinner on Hobbes. Historical Journal, Bd. 22, 1979: 931–940.

L. Wittgenstein: Philosophische Untersuchungen. Frankfurt, Suhrkamp, 1984.

Sh. Wolin: Paradigms and Political Theories. In: G. Gutting (Hrsg.): Paradigms and Revolutions. Appraisals and Applications of Thomas Kuhn's Philosophy of Science. Notre Dame, University of Notre Dame Press, 1980: 160–191.

R. Zippelius: Geschichte der Staatsideen. München, Beck, 2003, 10. Aufl.

3 Der Wandel der politischen Grundbegriffe

Die Grundbegriffe der Theorie der Politik haben sich in der „Sattelzeit" (ca. 1750–1850) nicht nur gewandelt, sondern waren nicht mehr konsensfähig. Die Bewegungen setzten jeweils andere Grundbegriffe zentral: Republik statt Monarchie, Freiheit statt Ordnung. Gleichheit wurde vielfach gleichberechtigt mit Freiheit. Auch in früheren Epochen kam es zu Konfrontationen der Begriffe wie Naturrecht, Gesellschaftsvertrag und Widerstandsrecht kontra Souveränität und Staatsräson. Aber die „res publica" war noch immer die Grundlage, auf der auch verfeindete Theoretiker diskutieren konnten. Nach 1789 kam es zum endgültigen Zerfall der Grundbegriffe, die in Lagern ideologisiert wurden (vgl. Ball u. a. 1989).

Die meisten Begriffe waren auch vor 1750 in der Debatte gewesen.

- Einige erlebten einen *Niedergang* im Zeitalter der Positivierung des Rechts, wie das Naturrecht oder der Gesellschaftsvertrag.
- Andere Begriffe wurden *weiterentwickelt*, wie Gewaltenteilung und Repräsentation.
- Weitere Begriffe wurden *unter neuen Worten anders gedeutet*, wie das Widerstandsrecht in der Lehre der Revolution.
- Wieder andere Begriffe waren vorhanden gewesen, wurden aber zentral und *ideologisiert* erst als ihnen die Selbstverständlichkeit abhanden kam, wie dem Legitimitätsbegriff.

Die alte *res publica* – vielfach mit Aristoteles' *politeia* in der Theorie gleichgesetzt – mit ihren noch nicht hinreichend ausdifferenzierten politischen, religiösen, wirtschaftlichen und gesellschaftlichen Funktionen, war in der frühen Neuzeit untergegangen. Der Absolutismus mit seiner Überhöhung des Politikbegriffs zum dominanten Subsystem hatte daran mitgewirkt. Er ging jedoch an seinem eigenen Erfolg zugrunde, als der Widerstand des aufgeklärten Bürgertums sich regte, das sich nicht mehr mit kameralistischen und merkantilistischen Integrationstheorien daran hindern ließ, die bürgerliche Gesellschaft auf der Basis einer dominanten Marktwirtschaft, die Gesellschaft begrifflich gegen den Staat abzusondern. In diesem Prozess wurde die traditionelle Lehre der Herrschaftsformen über Bord geworfen und die Begriffe für das wünschbare Regime der Zukunft normativ umgedeutet.

Der Terminus *Republik* war mit Niedergang der Stadtrepubliken in Italien und Deutschland zum Schulbuchtyp verkommen. Allenfalls auf die Schweiz schien er noch anwendbar, nachdem „aristokratische" Formen, wie Venedig oder die frühen Niederlande unter den Statthaltern darunter nicht mehr verstanden wurden (Koenigsberger 1988). Republik wurde nun normativ konzipiert. Im „Contrat

Social" (2.6) verstand Rousseau jeden Staat darunter, „der von Gesetzen geleitet wird". „Jede rechtmäßige Regierung ist republikanisch". Republik und Demokratie wurden vor allem in Amerika zunehmend schärfer unterschieden. Madison sah im „Federalist" (Nr. XIV) einen Hauptirrtum der Publizistik darin, Republik und Demokratie zu identifizieren. Demokratie wurde weiter „helvetisiert": kleine Gebilde mit direkter Volksgesetzgebung und mit wenig sozialen Differenzen.

Von Constants „Über die Freiheit der Alten im Vergleich zu der der Heutigen" bis zu Isaiah Berlin sind vielfach zwei Freiheitsbegriffe einander entgegengesetzt worden, die mit *„Freiheit von"* und *„Freiheit zu"* apostrophiert wurden. Der Freiheit als staatlicher Nichtintervention und der positiven Konzeption der Freiheit als Selbstverwirklichung der Bürger ist durch eine dritte Konzeption ergänzt worden: Freiheit als Nicht-Beherrschung, weil Nicht-Intervention begrifflich spitzfindig davon abgesetzt worden ist.

Die alte Dichotomie diente der Entwicklung eines Gegenmodells gegen die wieder belebte antike „totale" Konzeption des Zwangs zur Partizipation. Im freiheitlichen Repräsentativsystem ist die partizipatorische Seite nicht ausgeblendet, aber die zwanghaften Pflichten zur Partizipation sind gemildert. Die Nichtintervention ist ebenfalls nicht als absolut gesehen worden, so wenig die frühen Liberalen von Constant bis Humboldt die Staatsintervention auch in der Wirtschaft dulden wollten.

Der normative Republikbegriff als Rechtsstaat mit Repräsentation und Gewaltenteilung wurde aus den üblichen Klassifikationen der Staatsformen herausgenommen. Robespierre in seiner gemäßigten Phase sah in der Verfassung von 1791 eine Monarchie und eine Republik zugleich. Bei Kant – der stark von Sieyès beeinflusst wurde – ist die alte Unterscheidung von *forma imperii* (Inhaber der höchsten Gewalt) und *forma regiminis* (Regierungsart) weiter zugespitzt worden. Die *Repräsentativverfassung* als Form der Zukunft – gegenüber der alle anderen als despotische „Unformen" erschienen – wurde als *„Republikanism"* bezeichnet. Republik wurde zur regulativen Idee als Norm für eine bürgerliche Verfassung. Als Nahziel war die konstitutionelle Monarchie angestrebt, was eine demokratische Republik als Fernziel nicht ausschloss. Neben dem traditionellen Begriff von Republik (Nicht-Monarchie) und dem normativ aufgeladenen Republik-Begriff der französischen Revolution wuchs der Republikbegriff zunehmend in ein Synonym zur Demokratie hinein. Damit wurde von der Linken, die über die repräsentativstaatlichen Ideen von Sieyès, Kant und den frühen Liberalen hinausgingen, der normative Gehalt zugespitzt und forderte die Gegenbegriffe der Konservativen heraus. Soweit nach 1814 die Regime konstitutionalisiert waren, wurde das Wesen der Regierungsform „konstitutionelle Monarchie" unterschiedlich interpretiert: von den Liberalen als Dualismus der beiden Gewalten mit eigenständigem Ursprung des Parlaments und einem von monarchischer Gewalt unabhängigen

Matrix Entwicklung der Grundbegriffe der Politik

16. Jahrhundert	Staatsräson		Souveränität	
17. Jahrhundert	Gesellschaftsvertrag		Widerstandsrecht	
18. Jahrhundert	Zivilgesellschaft	Repräsentation		Gewaltenteilung
19. Jahrhundert	*Liberalismus*	*Radikalismus*	*Sozialismus*	*Konservatismus*
	Freiheit	Freiheit	Gleichheit	Monarchisches
	Verfassung	Republik	Freiheit	Prinzip
	Repräsentation	Demokratie	Gerechtigkeit	Legitimität
	Gewaltenteilung	Tugend	Solidarität	Ordnung
	Eigentum	Pouvoir consti-	Revolution	Religion, Kirche
		tuant	Klassen	
		Revolution	Partei	
			Ideologie	

Verfassung und andererseits als Monismus, als Herrschaft des monarchischen Prinzips mit oktroyierter Verfassung und absolutem Veto des Monarchen bei abgeleiteten Rechten der Legislative.

Freiheit bekam im neuen Republikanismus ganz neue Kombinationen, die nichts mehr mit den alten Begriffen ständischer Freiheit und „Libertät" gemein hatten. Freiheit wurde nun nicht nur die Freiheit der wirtschaftlich Selbständigen in ihrer beschränkten politischen Partizipationsmöglichkeit – wie noch bei Kant – sondern Freiheit ging mit Gleichheit eine Symbiose ein, die im Postulat nach der demokratischen Republik endete, wie beim jungen Friedrich Schlegel, ehe er „konservativ" wurde.

Der Begriff *Demokratie* hat wohl von allen Termini den stärksten Bedeutungswandel durchgemacht. Noch in der amerikanischen Revolution fochten keine Demokraten. Auch der Gegenbegriff „Aristokraten" wurde im Englischen vor 1789 kaum benutzt. Selbst Jefferson fühlte sich nicht als „Demokrat". Die Verfassung der Helvetischen Republik von 1798 war die erste, die unter französischem Einfluss sich als „repräsentative Demokratie" definierte (Art. 2). Überwiegend wurde die Demokratie negativ besprochen, am schärfsten von Pius VII, ehe er Papst wurde, der die Demokratie als nicht in Einklang mit dem Evangelium erklärte. Positiv tauchte der Begriff Demokratie vor allem bei Thomas Paine in den „Rights of Man" auf. Die repräsentative Demokratie war ein Grund, korrupte Systeme wie Monarchie und Aristokratie zu verwerfen und zugleich die Mängel der „einfachen Demokratie" ohne Repräsentation zu heilen. Republik wurde nun nicht mehr als eine spezielle Regierungsform neben den drei herkömmlichen (plus der repräsentativen Demokratie) angesehen. Robespierre hat in seiner berühmten Rede über die „Prinzipien der politischen Moral, welche die Nationalversammlung leiten sollen" vom 5. Februar 1794 hingegen Republik und Demokratie für Synonyme erklärt. Die Demokratie war für ihn auf „die Liebe zur Gleichheit" gegründet. Der frühere Brauch – selbst in der Schweiz – den Demokratiebegriff für kleine Gebilde wie die Kantone mit direkter Volksabstimmung zu reservieren, wurde aufgegeben. Robespierre sah Frankreich als die erste „véritable" Demokratie an. Auch wenn sich das System nicht in Richtung des Terrors entwickelt hätte, würden wir dem heute kaum zustimmen können, so lange auch die Radikalen der Revolution das allgemeine Wahlrecht nicht verwirklichten.

Alle zentralen Begriffe der Umbruchszeit wurden normativ-ideologisch aufgeladen. Daher ist in einem nächsten Schritt das Verhältnis von Theorie und Ideologie zu klären.

Literatur

T. Ball u. a. (Hrsg.): Political innovation and conceptual change. Cambridge, Cambridge University Press, 1989.

H. Koenigsberger (Hrsg.): Republiken und Republikanismus im Europa der frühen Neuzeit. München, Oldenbourg, 1988.

4 Konvergenzen und Divergenzen der politischen Theorieproduktion im Zeitalter der Ideologien

Zu den Divergenzen der Theorieentwicklung der sechs Nationalstaaten in Europa gehörten:

1) Die Rolle der Religion in der politischen Theorie,
2) Die Überhöhung der Kultur, die in politisch wenig modernisierten Ländern die Politik eskapistisch zu überschatten begann,
3) Die Akzeptanz der kapitalistischen Ökonomie und die Dominanz des ökonomischen Systems anstelle des politischen Systems.
4) Die Gewichtung von Staat und Gesellschaft in der politischen Theorie der Lander.
5) Die Sonderrolle, welche die Intelligenz sich für die Entwicklung und Modernisierung anmaßte.

(1) Die *Religion* hat positiv im konservativen Lager und negativ bei Radikalen und Sozialisten eine umso zentralere Rolle eingenommen, je weniger ein repräsentatives System politische Partizipationschancen eröffnete. Der Glaube von Carl Schmitt, dass hinter jedem politischen Begriff ein theologischer Begriff stecke, war in den verspäteten Nationen berechtigter als in modernisierten Kulturen. Nur in Frankreich hat in der Restauration die Religion im konterrevolutionären Denken noch eine so zentrale Rolle eingenommen wie in den marginaleren Ländern. Aber die religiöse Obsession blieb auf die Konservativen beschränkt. Sie färbte freilich auf den Antiklerikalismus der Radikal-Liberalen ab, der sich in gleicher Weise im protestantisch geprägten Deutschland nicht fand – nicht zu reden vom orthodoxen Russland oder von Spanien, das sein Sonderbewusstsein kultivierte, als einziges Land die Flamme des unverfälschten und nicht liberal verwässerten Glauben bewahrt zu haben. Nur in bikonfessionellen Ländern konnte der Übertritt von Künstlern und politischen Theoretikern (Novalis, Gentz, Müller, F. Schlegel) zum Katholizismus solche Ausmaße annehmen wie in Deutschland. Nur Schelling, dem gelegentlich ein heimlicher Übertritt unterstellt wurde, hat als schwäbischer Protestant dieser Versuchung widerstanden. Da die Kircheneinheit politisch nicht

wieder herstellbar schien, haben viele konservative Denker sie in ihrem Denken vollzogen. Die Wiederherstellung der angeblich organischen Einheit, die durch die Revolution verloren gegangen war, erwies sich in vielen Theorien als äußerst künstlich, wie bei Adam Müller. Sie war geradezu rationalistisch bei dem Schweizer Haller, trotz des verbal aufwendig geäußerten Hasses auf die rationalistischen Phantasien des Liberalismus. Die verloren gegangene Einheit des Christentums hat von de Maistre und Baader bis zu einigen Neoslawophilen wie Solov'ëv konservative Denker umgetrieben. Mit der Liberalisierung der Theologie wurde konservative politische Theorie gelegentlich zu einer Art „Ersatztheologie" hochstilisiert. Sie hatte ihr radikales Pendant in der religionskritischen Linken bei den Junghegelianern und der radikalen Intelligencija Russlands.

Die Entwicklung von großen Teilen der politischen Theoretiker nach rechts, die Anfang des 20. Jahrhunderts eintrat, hat nur in Russland und Spanien zu einer Wiederbelebung des religiösen Denkens in großem Ausmaß geführt. Die deutsche Konservative Revolution blieb bemerkenswert heidnisch. Selbst in der Action française fand sich mehr religiöses „revival" – jedoch in einer so explosiven Mischung, dass der Vatikan sich schließlich davon distanzieren musste.

(2) Die *Überhöhung der Kultur* war ein Charakteristikum im Denken der verspäteten Nationen. Bei den Slawophilen und den linkspopulistischen Narodniki war es manchmal schwer, den politischen Gehalt von Theoriebemühungen heraus zu präparieren, die sich in Kunst und Literatur konzentrierten. Die drückende Zensur hat diesen Eskapismus von der Politik in die Kultur noch verstärkt. In Deutschland wurde die „Kulturnation" mangels nationaler Einheit mystisch überhöht. Der Verzicht auf den Nationalstaat und die Abwendung von politischen Partizipationswünschen war weit verbreitet. Wo immer sich die Chance zu politischer Partizipation zu bieten schien, haben Dichter und Denker durchaus regen Anteil genommen, wie an der Nationalversammlung der Paulskirche. Aber die steckengebliebene politische Modernisierung ließ keine Verbindung von Politik und „homme de lettres" wie in Frankreich aufkommen. Auch dort konnten Politiker aufgrund einer literarisch-publizistischen Sozialisation damit kokettieren, dass Kultur über der Politik stehe. Aber dies war nicht so wörtlich zu nehmen wie in Deutschland. Erst mit der l'art pour l'art-Bewegung differenzierten sich Kultur und Politik stärker aus, die bei Lamartine oder Hugo noch verbunden schienen. Dank des demokratisch-parlamentarischen Systems konnte diese Tradition jedoch jederzeit wieder belebt werden, wenn die Republik in Gefahr schien, wie Zola oder Anatole France zeigten.

In allen Ländern von Spätentwicklern haben kulturelle Diskurse auch die politische Debatte beherrscht. Am krassesten war dies in Spanien mit der Diskussion um den Quijotismus der Spanier und in Russland mit der kulturellen Sonderrolle der Slawen der Fall. Aber auch in Deutschland fehlte es nicht an Missionsgedanken, die in das Reich des Dichtens und Denkens verlegt wurden, da politisch einheitliches Handeln im losen Deutschen Bund nicht möglich war, und die beiden deutschen Großmächte Preußen und Österreich sich recht bald in einen Antagonismus entwickelten, der eine latente Bürgerkriegssituation ahnen ließ.

In Deutschland kam es erst 1918/19 zu einer beispiellosen politischen Mobilisierung eines großen Teils der literarischen und künstlerischen Intelligencija, aber die Bewegung erwies sich als Strohfeuer – ähnlich wie in der Redemokratisierung der autoritären Regime seit den 1970er Jahren von Spanien bis Russland.

(3) Das *Verhältnis von Ökonomie und Politik* war umso gespaltener, je unterentwickelter ein Land ökonomisch und politisch war. Nur in England war die politische Theorie bis in die Linke von Bentham bis Godwin schon früh vom Denken der ökonomischen Klassiker imprägniert. Ein utilitaristischer Grundkonsens schien sogar den individualistischen Frühanarchisten Godwin einzuschließen. Auch der spätere demokratische Sozialismus war nie in Gefahr, eine völlig neue „politische Ökonomie" im Sinne der Marxisten zu proklamieren. Die französischen Theoretiker waren vielfach bemerkenswert wirtschaftsfremd – auch der Liberalismus von Constant blieb im juristisch-institutionellen Denken befangen. Selbst in Deutschland musste der Liberalismus von Rotteck bis Mohl früh eine soziale Dimension eröffnen, wie sie sich bei Mill, nicht aber bei den französischen Liberalen fand.

Die frühsozialistische Linke in Frankreich hat diese Wirtschaftsfremdheit in utopischen Modellen übernommen. Proudhon war da vergleichsweise eine rühmliche Ausnahme. Konservatives Denken hat die Aversion gegen die kapitalistische Modernisierung in fast allen Ländern außer Großbritannien internalisiert. Erst die „Konservative Revolution" hat wenigstens die technische Seite der wirtschaftlichen Modernisierung akzeptiert und gelegentlich sogar verherrlicht – sehr im Gegensatz zu den Denkern des neuen religiösen Denkens in Spanien oder Russland.

(4) Nur in Großbritannien war der *Primat der Gesellschaft* schon früh akzeptiert. In Frankreich ging der Etatismus des Ancien régimes zum Kummer der Konservativen und Liberalen fast bruchlos auf die Revolutionäre über. Immerhin stand einem Staatsdirigismus eine bemerkenswert fragmentierte gesellschaftliche Organisationslandschaft gegenüber. Deutschland hingegen hat die Nichtexistenz eines Zentralstaats häufig durch ein stark vereinheitlichtes Organisationswesen kompensiert. Wo der autokratische Staat so allmächtig schien, wie in Russland, wurde gelegentlich die Gesellschaft – in verklärter Form – gegen den Staat ausgespielt, wie bei den Slawophilen. Im aufgeklärten Spätabsolutismus hat auch Deutschland die Dichotomie von Staat und Gesellschaft akzeptiert. Aber gleichberechtigt waren die Pole nicht. Von Hegel bis Lorenz von Stein war die gesellschaftliche Landschaft der Korporationen und Stände begrifflich vom Staat vorgeformt

und dirigiert. Zur Verhinderung von Revolutionen schienen sie den gemäßigt und sozial denkenden konservativen Apologeten des preußischen Staates unerlässlich. Der latente Neokorporatismus dieser Konzeptionen blieb jedoch nicht organizistische Spinnerei. Die „erfundenen Stände" in den landständischen Systemen des Deutschen Bundes nach 1814 erlangten durch Normen à la longue auch eine gewisse Faktizität.

Die konservativen Revolutionäre verschiedener Länder haben gelegentlich nach 1900 noch einmal versucht, den Primat des Politischen – vor allem gegenüber dem erstarkenden Wirtschaftssystem – zu postulieren. Planung und Entscheidung wurde in dezisionistischen Theorien zum Instrument. Der Versuch ging in Deutschland, Italien und Frankreich (Vichy-Regime 1940–1944) in Blut und Tränen unter. Der Neokonservatismus nach 1945 gerierte sich daher postideologisch und technokratisch. Das demokratisch-parlamentarische System wurde nicht mehr frontal attackiert. Aber Nischen für eine Dezision von Verwaltungseliten wurden unterhalb des immer noch mit Häme bedachten parlamentarischen Treibens gesucht.

(5) Die *Rolle der Intelligencija* wurde umso stärker überhöht, je geringer die Chancen einer normalen politischen Partizipation im jeweiligen System erschienen. Am auffälligsten war dies bei den Linkshegelianern und der russischen Linken unterschiedlicher Couleur (mit Ausnahme der legalen Marxisten) der Fall. In Deutschland wurde nur die radikale Intelligenz marginalisiert. In Österreich und Deutschland war für ein Mitglied der Sozialdemokratischen Partei eine wissenschaftliche Beamtenkarriere ziemlich ausgeschlossen, wie noch Kautsky in der Frühzeit seiner Karriere erfahren musste. Erst nach 1918 wurden ihm zwei Ordinariate angeboten. Ein großer Teil der politischen Denker hatte Teil an der Möglichkeit, für ein Minimum an Staatsloyalität staatliche Alimentierung mit Lehrfreiheit in Grenzen einzutauschen. Die beamtete Professorenintelligenz spielte allenfalls in Frankreich noch eine ähnliche Rolle – immer aber stand ihr eine Opposition einer freischwebenden kritisch-publizistischen Intelligenz gegenüber, die einflussreich auf die Theorieentwicklung blieb. In Russland wurde sogar die kleine Professorenintelligenz, die sich an der politischen Theoriebildung beteiligte, bis 1905 immer wieder schon wegen Lappalien gemaßregelt – von Čičerin bis Kovalevskij.

Ein Sonderfall der Überhöhung der Rolle der Intelligenz wurde in Frankreich und England durch den Positivismus gefördert. Aber er diente nicht der Pauschalkritik des Systems sondern der Entwicklung von professionellem Expertentum: *„savoir pour prévoir"* (Comte). Seit Saint-Simon hatte die Erhöhung des Experten auch in einem Teil der Linken, soweit er nicht libertär dachte, Tradition. Ähnliches ließ sich vom Benthamismus sagen. Mills Elitismus kam aus dieser Tradition. Noch bei den Webbs und anderen Fabiern wurde auf eine Steigerung der nationalen und imperialen Effizienz hingedacht. Dabei waren ausländische Modelle des Elitentrainings wie das deutsche erstmals diskutabel für die britische Intelligencija geworden. Fehlentwicklungen des Parlamentarismus haben solche theoretischen Hinwendungen zu neuen Formen der Eliten stark gefördert. Italien hat vergleichsweise die empirisch haltbarsten Elitentheorien bei Mosca und Pareto hervorgebracht. Wo ein evolutionärer Weg verschlossen schien wie in Russland, kam es zur Elitentheorie der Berufsrevolutionäre von Bakunin und Tkačëv bis zu Lenin. Weitverbreitet war jedoch bis hinein in die konservativ liberalen Kreise die Suche nach neuen Substanzeliten, die eher moralisch als professionell gedacht wurden – von Ortega in Spanien, über Jaspers in Deutschland bis zu Berdjaev in Russland.

Erst als die Ideologien ihre dominante Stellung im Denken verloren, hat sich generell die Vorstellung von Elitenbildung meritokratisch professionalisiert, so wie er das in aufgeklärten Ländern – wie in England bei den Fabiern – schon länger gewesen ist.

5 Ideologie und Parteiungen

Die Französische Revolution hat von jeher zur hegelianisierenden Deutung der Entzweiung der Gesellschaft mit sich selbst gereizt. Krisen hat es immer gegeben. Die Krise, die sich in der französischen Revolution entlud, scheint jedoch von anderer Art. Fiktive Eschatologien waren dem Ereignis vorausgegangen. Der politische Prozeß wurde als moralisches Gericht beschworen. Die Entzweiung wurde vom aufgeklärten Bürgertum dualistisch interpretiert (Koselleck 1959: 145 f.). Der rechtshegelsche Dichotomismus hat über Carl Schmitt schließlich in Luhmann in der Idee des binären Codes seine Synthese gefunden, der seit der französischen Revolution und dem Untergang der ständischen Gesellschaft sich herausgebildet haben soll. Erst als das politische System nicht mehr ständisch geschichtet war, ließ sich der soziale Schematismus durch einen Zeitlichen ersetzen. Die Zeitgerichtetheit – der Einfluss von Koselleck auf Luhmann wird deutlich – führte zur Scheidung von Progressiven und Konservativen. Seither werden dem Bürger jeweils zwei Sichten der gleichen Sache angeboten (Luhmann 1981). Die Idee einer epochalen Zeitenwende lag schon Kosellecks Begriff der Sattelzeit (ca. 1750–1850) zugrunde, in der die Begriffe der politischen Theorie sich wandeln. Kollektivsingulare begannen zu dominieren: „Geschichten" wurden zu „Geschichte", „revolutionäre Wandlungen" zu „Revolution". Die Bedeutungsinhalte älterer Begriffe wurden verzeitlicht, ideologisiert und politisiert (Koselleck 1972: XV ff.). Die klare Dichotomie der Standpunkte und Interpretation von politischen Ereignissen herrschte nur in Zeiten blutiger Radikalisierung. Am Anfang aller großen Revolutionen stand zwischen den Extremen eine Mitte, die sich in rechte und linke Mitte weiter ausdifferenzierte.

Die klassischen Republikaner wie Harrington oder Milton und später de Gironde konnten in der wachsenden Polarisierung nicht in der Mitte bleiben. In anderen Ländern polarisierte sich die politische Theorie nach dem Grad der Betroffenheit. Burke hatte sein Desinteresse erklärt, solange die Revolution auf Frankreich beschränkt bleibe. Aber sie hat geistig auch England erfasst, und die kontinentalen Länder von Preußen bis Spanien waren direkt mit der Sogkraft der Revolution konfrontiert. Vielfach schlug die „Befreiung anderer Völker" im Namen der Brüderlichkeit in einen schlichten imperialistischen Landgewinn um, der die betroffenen Gesellschaften nicht indifferent lassen konnte.

Das Fünfparteienschema, das seinen Niederschlag in den theoretischen Positionen der Zeit fand, wurde durch die Polarisierung von Revolution und Gegenrevolution hinfällig. Die Extreme – erst die Linken, später die Rechten – wurden von den dominanten Kräften der Revolution unterdrückt.

Mit der Erosion der absolutistischen Macht hatte Politik abnehmende Kraft, die Gesellschaft zu steuern und die theoretischen Angebote an geschichtlicher Vorausschau zu kanalisieren oder zu unterdrücken. Politik als Fach hatte sich im Absolutismus auf „*Polizeywissenschaft*" verengt – vor allem in Deutschland, wo Staatsräsonlehren besonders im Protestantismus immer noch unter dem Imperativ sozialer Verantwortung standen. Die *Dynamisierung der Politiktheorie* ließ nicht nur die Systematisierung des Herrschaftswissens im Dienst der obrigkeitsstaatlichen Beamtenausbildung zu: *Evolutionistische Selbstlauftheorien* hatten aufgrund der Moralisierung der theoretischen Abrechnung mit dem alten Regime Konjunktur von Condorcet bis Comte. Wo der Selbstlauf der Geschichte in den Verkrustungen des Spätabsolutismus hängen blieb, wurde einer vorausschauenden Intelligencija das Recht zugesprochen, notfalls revolutionär der Entwicklung auf die Sprünge zu helfen. In bürgerlichen Theorien fand sich diese Vorstellung bei den Linkshegelianern in Deutschland und Russland, bei den radikalen Republikanern der romanischen Länder und bei den Propheten der nationalen Einheit, wie Mazzini in Italien. Bei den sozialistischen und anarchistischen Denkern wurde dies zu einer zentralen Argumentationsfigur. Das taktisch-strategische Denken der Implementation von Theorien drohte sogar den Gehalt der Analyse und Prognose zu überwuchern, am krassesten bei den Aufstandstheoretikern von Babeuf bis Blanqui in Frankreich und Tkačëv in Russland.

Die Theoretiker der Politik wuchsen in *neue soziale Rollen* im Zeitalter der Ideologien hinein. Es hatte in der frühen Neuzeit immer Universitätslehrer als Theoretiker der Politik gegeben, vor allem in der Jurisprudenz, wie Conring oder Pufendorf, Wolff oder Thomasius. Althusius war ein Praktiker als Syndikus von Emden, der in Herborn auch als Professor gelehrt hat. Daneben gab es die Prak-

Schema   Parteiungen in den großen Revolutionen

Englische Revolution	Divine right of the king, uneinge-schränkte Fürsten-souveränität: Filmer, Hobbes	Presbyteria-ner: Baxter	Klassische Re-publikaner: Milton, Har-rington	Leveller Lilburne Army, Ireton	Diggers Winstanley
Französische Revolution	Royalisten: Bonald, de Maistre	Konstitutio-nalisten: Mirabeau	Gironde Lally-Tollendal Clermont-Tonnère	Jakobiner	Kommunis-ten: Babeuf, Buonarroti

tiker in der Polizei-Wissenschaft von Reinkingk bis Seckendorff – und später außerhalb dieser Tradition – bei Justus Möser, die ihre Erfahrungen zu politischer Theorie verarbeiteten (vgl. v. Beyme 2009, 2011: 99 ff). Die moderne bürgerliche Gesellschaft hat Pädagogen für die gehobenen Stände produziert, die Fürsten, Hochadel und ihre Kinder belehrten, wie Hobbes, Locke und – als Gelegenheitsbeschäftigung – noch Fichte oder Adam Müller.

Bis in die Zeit der Kameralwissenschaften waren die Praktiker der Politik eher aus der Administration hervorgegangen, obwohl einzelne wie Bodin auch Ständevertreter gewesen waren. Im Zeitalter die Ideologien trat der Repräsentant in Parlamenten und Ständeversammlungen hinzu, wie Sieyès, Mill, Constant, Mohl bei den Liberalen, aber auch bei den Konservativen wie Burke, Stahl oder Donoso Cortés. Wo diese Integration nicht gelang, entstand der Berufsrevolutionär. In Deutschland in Ansätzen bei den Linkshegelianern, die unter normalen Umständen – bis hin zu Marx – gern eine Universitätslaufbahn akzeptiert hätten. Da gab es einmal die „reuigen Edelmänner", vor allem in Russland, die ordentlich studiert hatten. Gelegentlich waren sie wohlhabend genug, wie Alexander Herzen, ihre revolutionäre Tätigkeit buchstäblich als auch finanziell „freischwebende Intelligenz" zu gestalten. Vielfach waren sie jedoch Autodidakten. Aus den höheren Ständen aufgrund besonderer Umstände wie bei Saint Simon, die Angehörigen der unteren Mittelschichten von Proudhon bis Mazzini oder Černyševskij aus Mangel an Zugang und Mitteln.

Die Ideologie war bei Antoine Destutt de Tracy (1754–1836): Éléments d'idéologie (1800, 1815 publiziert) zunächst als empirische Wissenschaft der Ideen konzipiert worden. Zunehmend hat diese Verbindung aus „eidos" und „logos" als politische Doktrin schlechthin gegolten, die sich im Gegensatz zur Metaphysik setzte. Napoleon gab dem Wort seinen negativen Sinn. Er nannte nun die Intellektuellen, die ihn unterstützt hatten, sowie er sie nicht mehr brauchte „Metaphysiker" und „Doktrinäre".

Die „Antiideologen" wurden von Napoleon bis Marx gerade als die Ideologen bezeichnet. Charakteristisch für die Ideologie wurde eine Mischung aus Mythos und Wissenschaft angesehen. Auch die Weltbilder, die sie entwarfen, enthielten wissenschaftliche Elemente, waren aber zu holistisch konzipiert, um überprüfbar zu sein. Ideologie schien die Frucht einer Verdrängung des Religiösen zu sein. Vielfach nahm sie selbst religiöse Züge an: in den Stadienlehren des Evolutionismus und dem Mythos eines einst glücklichen Urzustands und eines wieder herstellbaren Endzustandes. Es gab keine Transzendenz mehr. „Pursuit of happiness" wartete nicht mehr auf Belohnungen im Jenseits, sondern wollte Glück schon in dieser Welt herstellen.

Das Bedürfnis nach einem positiven Begriff theoretischer Gesamtschau wurde im Deutschen durch den Terminus Weltanschauung befriedigt, der zu den meist rezipierten Fremdwörtern in anderen Sprachen werden sollte. Aber nur in Deutschland war die Neigung weitverbreitet, mit dem Fremdwort „Ideologie" das Verbohrte und Schlechte zu assoziieren, die „Weltanschauung" aber für die eigenen Ansichten positiv zu reklamieren. Am stärksten zugespitzt wurde diese Neigung im Marxismus. Ideologie wurde zu einer durch die soziale Entwicklung überholten Weltanschauung, verbunden mit einem *„falschen Bewußtsein".* Weltanschauung hingegen war die progressive Sicht auf die Welt, welche aufgeklärte Intellektuelle dem Proletariat andienten. Weltanschauung und Ideologie sind auch in anderen Ländern auseinander dividiert worden. Erstere schien umfassend – wie die Utopie – und die Ideologie schien nur eine Sichtweise von einem bestimmten sozialen Standpunkt aus. Utopie ist umfassend wie die Weltanschauung. Der Unterschied aber liegt darin, dass sie die Realität transzendieren und die Spannung zwischen Ideal und Wirklichkeit aufdecken (Walicki 1975: 6 f.).

Erst ein szientistischer Neo-Positivismus – der ältere Positivismus bei Comte bot selbst noch Weltanschauung – hat auch auf eine Weltanschauung verzichtet und nur noch wissenschaftliche Theorie akzeptiert. Dennoch kamen immer neue holistische Weltanschauungen auf, die ein dogmatischer Positivismus als Ausfluss metaphysischen und ontologischen Denkens ablehnte oder schlicht der menschlichen Dummheit anlastete (Kolakowski 1971: 238). Als Verteidigungsposition wurde daher von Wissenschaftlern, welche die Wertgebundenheit jeder Wissenschaft nicht verleugneten, die Differenzierung von Theorie und Ideologie aufgebaut: Philosophische Theorie ist *„argumentativ",* während die reine Ideologie eher *„persuasiv"* ist und Inhalte eher *assoziativ* erschleicht als *stringent* ableitet. Theorie ist *selbstreflexiv* bis zur Selbstironie, während reine Ideologie *agitiert* und von der eigenen Wahrheit kritiklos überzeugt ist. Theorie richtet sich an ein professionelles Publikum – Ideologie hingegen an alle Menschen (Ionescu 1984: 24).

Diese idealtypische Konfrontation kann nicht verwischen, dass die Übergänge zwischen Theorie und Ideologie vielfach fließend sind. Sie sind es umso mehr, je stärker politische Theorien an politische Bewegungen gebunden und auf konkrete historische Ereignisse gerichtet sind. Je stärker die Praxisorientierung, umso größer die Ideologiegefahr.

Die Ideologiefreiheit war keineswegs proportional zum Anspruch, Ideologien zu bekämpfen, auch bei den szientistischsten Theoretikern nicht. Das ist unmittelbar einleuchtend bei Marx mit seinem Anspruch auf einen wissenschaftlichen Sozialismus, der sich erhaben dünkte über den utopischen Sozialismus. Weniger offensichtlich ist das bei einem radikalen Denker wie Bentham, der mit „pain" und „pleasure" eine wissenschaftliche Messlatte für tatsächliches und normativ gewünschtes Verhalten gefunden zu haben glaubte. Auch Bentham hat seine Grundaxiome dogmatisch gesetzt und die Werte der aufstrebenden Mittelklassen ideologisiert.

Als die Ideologien in zwei Weltkriegen blutig abgewirtschaftet hatten, kam es zur Gegenbewegung. Die praktische Philosophie, die als Aristotelismus erstarrt war, ehe sie von der wirklich praktisch orientierten Kameralistik abgelöst wurde, ist nach 1945 wieder belebt worden. Die praktische Philosophie – antiszientistisch und antitechnokratisch – erhob den Anspruch auf Ideologiefreiheit, erwies sich jedoch bei Strauss, Voegelin, Oakeshott und anderen als eine neue Variante des Konservatismus. Je stärker die Beimischungen von Werterörterungen, umso größer war die Gefahr der Ideologisierung der Theorie.

Einige Autoren haben von Ideologie nur dort sprechen wollen, wo die Wertentscheidungen als Grundlage für politische Aktionen dienen sollten. Das ideologische Element ist auch verteidigt worden, mit dem Argument, dass ohne dieses jede Politik inkohärent werden müsse (Seliger 1976: 103 f.). Je stärker der kollektive Anwendungsbezug einer *Doktrin* – wie man sie im Gegensatz zu einer rein wissenschaftlichen *Theorie* nennen könnte – umso größer ist der Anteil an einer *operativen Ideologie,* der vor allem beim Marxismus, Anarchismus oder Syndikalismus stark war. Der ideologische Anteil ist am stärksten dort, wo es sich bei den Theoretikern zugleich um Parteiführer handelt, von den Autoren des Federalist bis zu Lenin. Aber es gab auch selbst ernannte „Chefideologen" von Bewegungen ohne Auftrag von der Bewegung, wie Paine, Cobden oder Plechanov. Da ein großer Teil der Theoretiker zugleich in der praktischen Politik stand, wie Burke, Chateaubriand, Constant, Tocqueville, Mill oder Mohl, war die Interaktion von Theorie und Doktrin umso enger, je wichtiger diesen Denkern ihre öffentlichen Ämter waren. Politik ist immer mit Ideologie verbunden, um ein kohärentes Angebot an die Wähler zu ermöglichen, die auf der Basis bestimmter Werthaltungen beruht. Unideologische Politik wäre ein technokratischer Traum. Es gibt allenfalls dogmatische und pragmatischere Politik – aber keine gänzlich von Ideologie freie Politik.

Die Ideologien, welche die politische Theorie durchsetzten, als es zum Zerfall der alten Aufklärungsdiskurse kam, waren unterschiedlicher Art. Es gab *Komplementärideologien*, wie in der christlich-sozialen Lehre, in denen christlich antilaizistische Parteien nur komplementär zu einem Reich gedacht waren, das eigentlich nicht von dieser Welt ist. Es gab *Verschleierungsideologien*, die von den wahren sozialen Sachverhalten ablenkte. Der Antisemitismus ist dazu gezählt worden. Es gab auch eher *symbolisch gemeinte Ausdrucksideologien,* die auf Gemeinschaft gerichtet waren (Lenk 1971). Je nach Typ war der analytische Gehalt der Ideologie, die als Theorie auftrat, verschieden groß.

Der Fokus auf die „politischen Theorien im Zeitalter der Ideologien" unterstellt nicht, dass alle politische Theorie vordergründig Ideologie gewesen sei. Das Mischungsverhältnis wird jeweils auszumachen zu sein. Stilistische Eigenarten erschweren die Arbeit: blumenreiche Metaphernsprache macht sich leicht als Ideologie verdächtig – vor allem bei Konservativen. Eine trocken-wissenschaftliche Abhandlung à la John Stuart Mill oder Mohl kann jedoch ebenfalls starke ideologische Elemente enthalten, auch wenn sie nicht schon rein sprachlich ins Auge springen. Normative Theorien einerseits und ein rigoroser Positivismus andererseits – insbesondere, wenn er sprachanalytisch an die Theorien heranging – glaubte eine Weile, Ideologien säuberlich von Wissenschaft absondern zu können. In neuerer Zeit wird die Toleranz gegen Ideologien wieder größer, seit das Ende der Ideologie-Debatte sie weniger gefährlich erscheinen ließ. Die Einsicht wächst, dass Weltbilder gewisse unvermeidliche Orientierungswirkungen für die Menschen entfalten und dass ideologische Elemente in keinem Denken ganz auszuschalten sind.

Zwei Ansätze der politischen Theorie gehen davon aus, dass das Ende der Ideologien wörtlich genommen werden kann. Für die Pioniere der modernen amerikanischen behavioralistischen Theorie von Merriam bis Lasswell war die Ideengeschichte bis ins Zwanzigste Jahrhundert weitgehend „politische Doktrinen", voller Forderungen und Erwartungen einer normativen politischen Philosophie oder sogar politischer Mythen voller *„miranda"* und *„credenda"* oder *„soul stuff"*, wie Arthur Fisher Bentley das genannt hatte. Ideologiefreie Theorie fing damit erst im 20. Jahrhundert an (Merriam 1934: 102; Lasswell/Kaplan 1950: 118).

Der Mainstream-Positivismus der Empiriker berief sich gern auf Max Weber (1951: 151), der in seiner Schrift über „Die Objektivität sozialwissenschaftlicher und sozialpolitischer Erkenntnis" klarstellte, dass empirische Wissenschaft immer nur lehren könne, was „man kann" – unter Umständen auch „was man will" – nie aber „was man soll". Weltanschauungen konnten für Weber (1951: 154) „niemals Produkt fortschreitenden Erfahrungswissens sein". Die Ideale der anderen werden sich in ewigem Kampf mit den eigenen befinden. Auch der Versuch einer Synthese in der „mittleren Linie" war für Weber um nichts besser, als die „extremsten Parteiideale von links und rechts", weil sie suggeriert, es sei wissenschaftliche Gültigkeit für praktische Normen gefunden worden. Da Weber aber selbst die Ideen und religiösen Grundvorstellungen zur unabhängigen Variablen gegenüber Herrschaftsformen erklärte, wäre es leichtfertig, die Versuche der großen Ideologien, ihre Wissenschaftlichkeit zu steigern, von vornherein für gescheitert zu erklären. Die Weltanschauungen haben die Kluft zwischen Sein und Sollen nicht geschlossen, aber verringert. Selbst normative Theorien sind nach Abflauen der großen Glaubenskriege nach 1968 ängstlich um Empirie bemüht und entfremdeten sich gelegentlich vom eigentlichen normativen Anliegen. Seinssätze werden nicht mehr nur von Ideologen usurpiert und manipuliert, sondern gehen direkt in die nicht unbedingt bewegungsgebundene Theorie der politischen Philosophie ein.

Die andere Schule, die glaubte, jenseits der Ideologien zu stehen, waren die Normativisten von Strauss bis Voegelin, die jenseits bloßer *„doxai"* (Meinungen)

zu räsonieren und die Ismen überwunden zu haben glaubten (Germino 1967: 15).
Dies geschah unter Rückgriff auf die griechische Philosophie und Theoretiker, die
für eine Wiedererweckung der praktischen Philosophie geeignet schienen, und
ging gerade nicht davon aus, dass der modernen szientistischen Theorie der Politik eine neue Qualität innewohne.

Eine umstrittene Vermittlungsposition hat zwischen prämodernen und modernen (und postmodernen) Theorien unterschieden. Eine ideologieferne moderne Theorie der Politik erfordert einige Besonderheiten, die in der Geschichte
der Theorie selten gegeben war, wie die Differenzierung von Theorie und Praxis,
die Differenzierung von Geschichte und Evolution, die Entwicklung eines systematischen Vergleichs unter Gleichberechtigung der Differenz- und der Überein-
stimmungsmethode und eine Differenzierung der Lebensbereiche unter Verzicht
auf den Primat der Politik. Die drei Epochen lassen sich aber auch in dieser Epo-
cheneinteilung nicht säuberlich sondern. Evolutionistische Einsprengsel und normative Propositionen haben in der Ära postmoderner Theoriebildung sogar wieder zugenommen.

Die drei wichtigsten ideologischen Strömungen, die eine reiche Literatur zur
Theorie der Politik hervorbrachten, Liberalismus und Konservatismus und Sozialismus haben sich zu rasch ausdifferenziert, um auf historische Gegebenheiten zu antworten. Jede dieser Strömungen hat ihre radikale Variante hervorgebracht: der linke *Liberalismus* den *Radikalismus,* der vielfach „Republikanismus"
genannt wurde, weil der Konsens der Mehrheit und der Basis einer konstitutionellen Monarchie nicht akzeptiert wurde. Der *Konservatismus* brachte eine
stark soziale Variante auf christlicher Basis hervor. Er wird hier als *„christlich-
sozial"* verbucht. „Christdemokratisch" wäre ein zu starker Neologismus, weil
die Demokratie überwiegend erst spät akzeptiert worden ist. Ausnahmen, wie
der späte Lamennais, hat es freilich immer gegeben. Der *Sozialismus* schließlich
brachte auf der Basis des marxistischen Denkens den Zweig des *Kommunismus*
hervor, der als Herrschaft gewalttätiger Minderheiten für ein kurzes Jahrhundert
(1917–1991) geschichtsmächtig wurde. Auch der *Anarchismus* hat seine radikalen Varianten – verglichen am Mainstream des Proudhonismus. Er dominierte
vor allem in Russland, hatte aber auch insurrektionistische Zweige in Frankreich
(Blanqui).

Die drei Großideologien liegen der Gliederung dieses Buches zugrunde. Der
Nationalismus wird als Partialtheorie nicht gesondert ausgewiesen. Er kann sich
mit Radikalismus (Mazzini), wie mit Konservatismus (Arndt) verbinden. Klaus
Epstein (1971: 19 ff) hat drei Typen des *Konservatismus* unterschieden: Reaktionäre, Status-Quo-Konservative und Reformkonservatismus. Ihnen fügt der Autor
die Christliche und Christlich-soziale Variante des Konservatismus hinzu. Die
fünfte Variante der „konservativen Revolutionäre" wird am umstrittensten sein.

Viele behandeln sie lieber als exklusives Phänomen des „Faschismus in seiner Epoche". Die Grundhaltung, durch aktive Veränderungspolitik einen negativen Lauf der Politik zu unterbrechen, ist jedoch älter als der Faschismus. Er findet sich bei Donoso Cortés in seiner nachdoktrinären Phase ab 1848. Barrès war kein Faschist und selbst Maurras, den Nolte (1963) dazu rechnete, enthielt auch ganz andere Elemente (katholisch-konservative). Faschismus als politische Theorie ist meistens uninteressant. Von den Akteuren haben allenfalls Mussolini und Primo de Rivera einige originelle Gedanken entwickelt.

Ähnlich schwierig sind die Abgrenzungen im Bereich *sozialistischen Denkens*. Sozialismus und Anarchismus lassen sich klar differenzieren, wenn man die marxistische Unterscheidung übernimmt. In Deutschland ist sie eindeutig, nicht jedoch in den romanischen Ländern und in Russland. Die Narodniki hatten frühsozialistische und anarchistische Elemente, die für Russland vor Lenins Dogmatisierung des „Marxismus-Leninismus" die Grenzen fließend sein ließen. Der Anarchismus hat in Spanien höchst eigene Ausprägungen erlangt, wie bei Pi y Margall und in Russland mit Tol'stoj eine pazifistische Variante hervorgebracht, die auch einige sehr konservative Züge aufwies.

Die Literatur folgte in der Einordnung vielfach der Selbstdefinition von Autoren. Als Moses Heß sich stärker zu Marx hinwandte und die „Sozialisten" kritisierte, wurde er als „Kommunist" eingeordnet (Mielcke 1931: 167). „Die Frühsozialisten" – es wird vermieden, das marxistische Etikett „utopischer Sozialismus" anzuwenden – enthielten vielfach Doktrinen, die auf einen Kommunismus hindeuten. Marx und Engels haben im Kommunistischen Manifest 1848 (MEW Bd. 4: 482 ff) jedoch die Grenzlinien für Generationen dogmatisiert. Kommunismus war eine proletarische Bewegung, Sozialismus eine „bourgeoise". Da gab es in der Untereinteilung einen „pfäffischen Sozialismus" als reaktionären Sozialismus, einen kleinbürgerlichen Sozialismus, einen deutschen oder „wahren" Sozialismus. Der konservative Bourgeoissozialismus umfasste auch den Proudhonismus, der überwiegend unter „Anarchismus" verbucht wird. Bei den „kritisch-utopischen" Denkern mit ihrer „rohen Gleichmacherei" von Saint-Simon bis Owen haben die beiden Theoretiker sich selbst nicht entschieden und von „Sozialismus und Kommunismus" gesprochen.

Dem Abgrenzungseifer von Marx und Engels muss in einer nüchternen historischen Theoriegeschichte widerstanden werden. Der Marxismus-Leninismus wird als dritte Untergruppe des Sozialismus aufgefasst, auch wenn einzelne Denker, wie Plechanov und Gramsci keine unkritischen „Leninisten" wurden. Der Sozialdemokratismus, der sich später gern als „demokratischer Sozialismus" selbst definierte, hat eine vierte Unterrubrik entwickelt. Dabei bleibt vermutlich die Frage umstritten, ob Lassalle in Deutschland, Labriola in Italien oder Costa in Spanien dazu gehören. Costa als „Agrarkollektivist" ist ohnehin fast nicht einzuordnen. Er figurierte manchmal unter Radikalismus, manchmal unter Anarchismus, um schließlich sogar als Vorläufer des Falangismus vereinnahmt zu werden. Das ausdifferenzierte Schema der drei Großideologien mit ihren Unterströmungen ist also *cum grano salis* zu nehmen. Die Darstellung wird im einzelnen die Rubrizierung relativieren und gelegentlich notfalls sogar zur chronologischen Persönlichkeitsspaltung führen, wie im Fall von Fichte, Hegel, Lamennais oder Donoso Cortés, falls beide Phasen hinreichend originell erscheinen. Wo die liberale Grundstimmung sich durch viele ideologische Häutungen durchhielt, wie bei Struve oder Ortega, wird auf die Behandlung der einzelnen Phasen unter den jeweiligen Oberbegriffen verzichtet.

Literatur

K. von Beyme: Theorie der Politik im 20. Jahrhundert. Von der Moderne zur Postmoderne. Frankfurt, Suhrkamp, 2007, 4. Aufl.

K. von Beyme: Die Funktion normativer Theorie in der politikwissenschaftlichen Forschung. In: M. T. Greven/R. Schmalz-Bruns (Hrsg.): Politische Theorie heute. Baden-Baden, Nomos, 1999: 81–99.

Ch. H. van Duzer: Contribution of the Ideologues to French Revolutionary Thought. Baltimore Johns Hopkins University Press, 1935

K. Epstein: Die Ursprünge des Konservatismus in Deutschland. Frankfurt, Propyläen, 1973.

D. Germino: Beyond Ideology. The Revival of Political Theory. New York, Harper & Row, 1967.

G. Ionescu: Politics and the Pursuit of Happiness. London, Longman, 1984.

L. Kolakowski: Die Philosophie des Positivismus. München, Piper, 1971.

R. Koselleck: Kritik und Krise. Ein Beitrag zur Pathogenese der bürgerlichen Welt. Freiburg, Alber, 1959.

R. Koselleck: Einleitung zu: Otto Brunner, Werner Conze, Reinhart Koselleck (Hrsg.): Geschichtliche Grundbegriffe. Historisches Lexikon zur politisch-sozialen Sprache in Deutschland. Stuttgart, Klett-Cotta 1972, Bd. 1.

H. D. Lasswell/A. Kaplan: Power and Society. A Framework for Political Inquiry. New Haven, Yale University Press, 1950.

K. Lenk: Volk und Staat. Strukturwandel der politischen Ideologien des 19. und 20. Jahrhundert. Stuttgart, Kohlhammer, 1971.

K. Loewenstein: Über die Verbreitung der politischen Ideologien. Zeitschrift für Politik, Bd. 3, H. 3, 1956: 193–206.

N. Luhmann: Der politische Code: Konservativ und progressiv in systemtheoretischer Sicht. In: Ders.: Soziologische Aufklärung. Opladen, Westdeutscher Verlag, Bd. 3 1981: 267–286.

C. Merriam: Political Power (1934). Glencoe, Ill., Free Press, 1950.

K. Mielcke: Deutscher Frühsozialismus. Stuttgart, Cotta, 1931.

E. Nolte: Der Faschismus in seiner Epoche. München, Piper, 1963.

F. Picavet: Les idéologues : essai sur l'histoire des idées et des théories scientifiques, philosophiques, religieuses, etc. en France depuis 1789. Paris: Alcan, 1891.

M. Seliger: Ideology and Politics. London, Allen & Unwin, 1976.

J. Walicki. The Slavophile Controversy. Oxford, Clarendon, 1975.

M. Weber: Gesammelte Aufsätze zur Wissenschaftslehre. Tübingen, Mohr, 1951.

II. Liberale Theorie im Zeitalter der Französischen Revolution

1 Das Zeitalter der Revolution und die Entzweiung des politischen Denkens

Der Zerfall der gesamteuropäischen Grundlagen der Politik und der Niedergang des Aristotelismus

Mit dem Zerfall der alten societas civilis zerfiel auch der Grundkonsens, der in der älteren Theorie der Politik geherrscht hatte. Selbst Katholiken und Protestanten hatten noch eine gemeinsame Basis im Aristotelismus und konnten sich sogar auf Varianten eines naturrechtlich begründeten Widerstandsrechts einigen. Der *Aristotelismus,* der die Universitäten der frühen Neuzeit von England bis Italien noch beherrschte, machte das Gros der politischen Theorie unoriginell. Es wurde zwar in den barocken Traktaten viel zitiert, aber eigentlich konnte man sich auf das gemeinsame Erbe der Antike berufen und rezipierte neuere Theoretiker sehr selektiv oder gar als gelehrte Arabesken. Das traf vor allem auf Deutschland zu. Außer Pufendorf – viel als Lehrbuchautor, und weniger als origineller Denker zitiert – und Althusius, dessen zeitgenössische Wirkung innerhalb der Minderheit der Calvinisten in Deutschland und Holland begrenzt blieb, hat das Land keine überregional bedeutenden politischen Denker hervorgebracht. Pufendorf wurde gelegentlich von Rousseau bis zu den Founding Fathers der amerikanischen Verfassung noch zitiert. Aber die deutschen Beiträge waren gering im Vergleich zu der Rezeption englischer Autoren von Harrington bis Locke. Die *Kameral- und Polizeiwissenschaften* in Deutschland blieben anfangs von französischen Importen abhängig und erlangten erst im aufgeklärten Absolutismus eine unverwechselbar deutsche Ausprägung. Die Reichspublizistik hatte es mit komplizierten Rechtsverhältnissen zu tun. Theoretiker, die nach einem einheitlichen Prinzip des Staates in der Souveränitätslehre suchten wie Bodin oder Pufendorf, haben das Reich gar nicht mehr als Staat perzipiert und fanden das Gebilde „monstro simile". Kein Wunder, dass aus den deutschen theoretischen Bemühungen eher eine Rechtslehre – angereichert mit empirischen und normativen Aussagen zu separaten Politikfeldern – herauskam.

Italien brachte mit Machiavelli, Frankreich mit Bodin, und England mit Hobbes einen der großen Denker hervor. Aber Hobbes war eine Breitenwirkung in England versagt und erlebte erst späte Renaissancen – meist auf dem Kontinent. Selbst der Protestantismus, von katholischen Vordenkern oft wie eine böse Einheit wahrgenommen, zerfiel in abgeschottete Konfessionen. Luther wirkte nur wenig außerhalb des deutschen Sprachbereichs – wie in Skandinavien. Calvin hatte immerhin starke Ausstrahlungen auf Holland und Großbritannien. Aber auch diese Glaubensspaltungen wurden rasch in Nationalkirchen „nationalisiert". Selbst der Katholizismus wurde zunehmend nationalen Tendenzen wie dem Gallikanismus ausgesetzt. Eigentlich erst mit der Aufklärung kam es zu lang anhaltenden Wellen einer transnationalen Rezeption von politischer Theorie. England bot Denker wie Hume und Locke, Frankreich Theoretiker wie Montesquieu und Rousseau. Vor allem an den französischen Aufklärern kam die Theorie anderer Länder nicht vorbei.

Französische oder amerikanische Revolution als Vorbild?

Die politische Theorie nach 1789 hat an der Überschätzung der französischen Revolution gekrankt. Nur wenige Theoretiker erkannten, dass im Zeitalter der Revolutionen zwei Modelle für eine rechtsstaatlich-demokratische Entwicklung angeboten wurden, das französische und das amerikanische Modell. Aber der Europa-Zentrismus hinderte die meisten Theoretiker, die amerikanischen Ereignisse in eine Theorie einzuarbeiten. Von den bedeutenden Theoretikern der Politik gelang dies nur Tocqueville.

Amerika wurde meistens nur als *Vorläufer oder Inspirator der französischen Ereignisse* gesehen. Obwohl Lafayette ursprünglich eher aus Ehrgeiz, Frustration und Britenhass denn aus Freiheitsliebe nach Amerika kam, hat er an der Legende der beiden Revolutionen in einem Geist kräftig mitgewirkt, so sehr auch die Interessen der beiden Länder bald in Konflikt gerieten. Patrioten überreichten Washington durch Thomas Paine den Schlüssel der Bastille, um dem Mythos der gemeinsamen Revolution Nachdruck zu verleihen. Die konservativen Theoretiker der Politik, die Gegner der Französischen Revolution waren, versuchten ihrerseits die amerikanische Komplizenschaft im Zeitalter der Revolution zu denunzieren. Typisch für diese Haltung ist eine Äußerung Friedrich Schlegels (Werke: Wien 1846, Bd. 14: 226): „Es ist eigentlich wohl eine Ungerechtigkeit, wenn man diese

Revolution immer nur die französische nennt, oder ausschließlich als solche betrachtet; es war eine politische Krankheit, ein epidemisches Völker-Übel des ganzen Zeitalters. ... Die eigentliche Pflanzschule aller dieser zerstörenden Principien, die revolutionäre Erziehungs-Anstalt für Frankreich und das übrige Europa war Nord-Amerika gewesen."

So sehr auch radikale britische Publizisten wie Paine und Price diesen Mythos verbreiteten, so wurde ihnen dennoch nicht von allen Amerikanern geglaubt. Die amerikanische Reaktion auf die Französische Revolution war durchaus eigenständig und wurde rasch von den aufkommenden Eigeninteressen der amerikanischen Parteien geprägt. Die Föderalisten in Amerika waren zwar auch für Freiheit und Republik, aber sie hatten durchaus Vorbehalte gegen die Radikalität der Jakobiner: „Möge uns Gott vor den Folgen eines solchen Fanatismus beschützen", schrieb ein amerikanischer Kritiker der Französischen Revolution.

Frankreich wirkte in Amerika eine Zeitlang parteibildend, während der Umkehrschluss nicht möglich ist. Washington und Hamilton hielten Amerika in den Revolutionskriegen neutral. Die Föderalisten aber waren im Herzen pro-englisch, die Antiföderalisten eine eher frankophile Partei. Burkes „Reflections" und Paines „Rights of Man" wurden Quellen der Inspiration für die parteiliche Stellungnahme zur Französischen Revolution. Spätestens seit dem Ende der Revolution in Frankreich durch den Staatsstreich Napoleons wurde selbst bei Jefferson das nationale Eigeninteresse höher gestellt als die gefühlsmäßige parteiliche Option.

Die Gleichsetzung der amerikanischen Revolution mit der Französischen wurde in Amerika nicht einhellig mitgemacht und wurde auch in Europa zunehmend kritisiert. Liberale, die die amerikanische Revolution begrüßt hatten, wurden zu erbitterten Gegnern der Französischen. Burke war die Inkarnation dieses ideologischen Wandels. Radikale wie Joseph Priestley (1791) haben diese Schwenkung nicht verstanden, wie sich aus einem Brief an Burke ersehen läßt: „Dass ein bekennender Freund der amerikanischen Revolution ein Feind der französischen Revolution sein sollte, die auf den gleichen allgemeinen Prinzipien beruht, und großenteils aus ihr hervorging, ist für mich nicht nachvollziehbar."

Burke war einer der ersten, die begriffen, dass die amerikanische Revolution weit mehr der Verteidigung altenglischer Freiheiten diente, als der holistische Rationalismus der Französischen Revolution mit seinen Grundsätzen vereinbar war. Die amerikanische Revolution war mit den neuformulierten Grundsätzen des Konservatismus kompatibel, die französische nicht. Auch auf dem Kontinent haben Burkes Bewunderer die Gleichsetzung der beiden Revolutionen nicht mitgemacht. Friedrich von Gentz (1800), später ein brillanter Publizist im Dienst Metternichs, hat den Unterschied der beiden Revolutionen schon im Jahr 1800 herausgearbeitet: „Nie sind im ganzen Laufe der Amerikanischen Revoluzion die Menschen-Rechte angerufen worden, um die Rechte der Bürger zu zerstören: nie hat man die Souveränität des Volkes zum Vorwande gebraucht, um das Ansehen der Gesetze oder die Fundamente der gesellschaftlichen Sicherheit zu untergraben: nie hat man zugegeben, dass ein Individuum, oder auch eine ganze Classe von Individuen, oder selbst die Repräsentanten dieses oder jenes einzelnen Staates, sich auf die Deklaration der Rechte bezögen, um positiven Verbindlichkeiten zu entgehen, oder dem gemeinschaftlichen Souverän den Gehorsam aufzusagen, nie ist es endlich einem Gesetzgeber oder Staatsmann in Amerika in den Sinn gekommen, die Rechtmäßigkeit fremder Staatsverfassungen anzufechten, und die Amerikanische Revoluzion, als Modell für irgendein anderes Volk, oder als eine neue Epoche in den allgemeinen Verhältnissen der bürgerlichen Gesellschaft darzustellen."

Auch bei Konservativen unterschied man zunehmend zwischen beiden Revolutionen, schon terminologisch wurden schwächere Worte für die amerikanische Bewegung benutzt, wie „Rebellion", „Aufruhr", „Frechheit" oder „Krieg" (Koselleck 1984: 724). Die Liberalen hingegen betonten den Revolutionscharakter der amerikanischen Unabhängigkeitsbewegung stärker, lobten aber zugleich die Mäßigung dieser Revolution: „Es ist bezeichnend für diese Revolution und den germanischen Volkscharakter, dass die endliche Entscheidung weniger durch Schlachten und rasch aufeinanderfolgende Schläge, als durch ein dauerhaft organisiertes System des zähen und passiven Widerstandes herbeigeführt wurde." (Rotteck/Welcker Bd. 13: 724).

Selbst in dem liberal-aufklärerischen Staatslexikon wurde die Differenz also weniger aus politischen Grundsätzen als aufgrund des Unterschieds zwischen Germanen und Romanen erklärt. Gelobt wurde an Amerika auch der Mangel an Missionsgeist im Gegensatz zum Fanatismus, der als Folge der französischen Revolutionskriege so viel Leiden für die Nachbarstaaten verursacht hatte.

In Deutschland entsprang die Amerikabegeisterung zum Teil einer Gegnerschaft gegen das „perfide Albion", das zur führenden Wirtschaftsmacht geworden war. Im Gegensatz zu Frankreich blieb die Amerikanophilie hier weitgehend folgenlos. Die Skepsis gegenüber der Vorbildwirkung Amerikas in Deutschland wurde von den Pamphletisten gleich mitgeliefert: „Amerikanische Patrioten träumten lange schon von Unabhängigkeit usw. – wo ist einem elenden Volk je dergleichen eingefallen? Schleppt dies nicht seine verwundenden Ketten, trägt es nicht die blutsaugenden Geißelschläge mit Geduld und kriecht vor seinem Tyrannen, um Gnade winselnd, auf allen Vieren?" (Schmohl 1782: 62 f.). Die spätere Geschichtsschreibung hatte detailliertere Kenntnisse über die amerikanische Revolution als die zeitgenössische Publizistik. Aber auch sie war in der Frage nach dem revolutionären Charakter der amerikanischen Unabhängigkeitsbewegung geteilter Meinung, und die Frage wurde vielfach nach dem jeweiligen politischen Standort entschieden. Konservative Betrachter von Bancroft bis Rossiter haben eher gegen die Annahme einer Revolution optiert. Es wurde ein fundamentaler Konsens der Amerikaner betont, der zu dem Paradoxon führte, dass die Revolution „ihrem Charakter nach äußerst radikal" war, „und doch ward sie mit so wohlwollender Ruhe zu Stande gebracht, dass selbst der Conservatismus in seinem Tadel vorsichtig und zurückhaltend war" (Bancroft 1852).

Spätere Historiographen haben versucht, diese Probleme der Beurteilung empirisch zu entscheiden. R. R. Palmer hat in seinem klassischen Werk „The Age of the Democratic Revolution" (1959) harte Daten für den revolutionären Charakter der Bewegung erbracht. Sein Argument: Es hat pro Kopf der Bevölkerung in Amerika mehr Emigranten und konfiszierten Besitz gegeben als in Frankreich; das Ausmaß der sozialen Umwälzung durch die amerikanische Revolution werde also unterschätzt. Auch Marxisten hatten nicht die geringsten Bedenken, die amerikanische Unabhängigkeitsbewegung als „bürgerliche Revolution" anzuerkennen.

Aber das blieben Ex-post-facto-Ehrungen. Sie waren folgenlos und Amerika wurde in Europa auch von Konservativen für etwas anderes bewundert. Hannah Arendt und andere haben die amerikanische Revolution vor allem dafür gerühmt, dass sie nicht die Gesellschaft verändert habe. Gerade die Neuerungen in dem, was Linke als „Überbauphänomen" gern geringschätzen, wurden hervorgehoben: die neue politische Ordnung, die man geradezu als Erbe aristotelischen Denkens feierte. Dass die neue Ordnung mit der Schaffung einer Verfassung begann, ist dabei kaum so einmalig wie manche Autoren annahmen. Selbst die Oktoberrevolution führte zu einer Verfassung, aber alle anderen revolutionären Verfassungen hatten weder den Stellenwert im neuen System noch den Bestand der amerikanischen Verfassung. Die bloß politisch-liberale Lösung ist vielleicht ebenfalls übertrieben worden. Psychologen (P. Watzlawick) haben herzlos vom „*Jefferson-Schwindel*" gesprochen, der durch die Formel des Rechts auf „Streben nach Glückseligkeit" *(pursuit of happiness)* in der von Jefferson redigierten Unabhängigkeitserklärung zum Ausdruck komme. In einer weniger liberalen Gesellschaft hätte der von europäischen Liberal-Konservativen verachtete eschatologische Zug durch solche Formeln in die Politik Eingang finden können. Obwohl Hannah Arendt (1965: 27, 164 ff.) auch Bedeutungsstränge des „öffentlichen Glücks" in die Formel hineininterpretierte, bleibt es bemerkenswert, dass die Glücksformel in Amerika doch überwiegend im Sinne des „possessiven Individualismus" einer Erwerbsgesellschaft von Individualisten aufgefasst wurde und keinen Kollektivismus auslöste. Es entstand im Gegensatz zu Frankreich kein „Ausschuß der öffentlichen Wohlfahrt", der den Glücksgedanken in einer Wohlfahrtsdiktatur enden ließ. Auch von modernen Psychologen wird das für Amerika typische Anspruchs- und Glücksdenken rein individuell gedeutet.

Der Seitenblick der Theoretiker auf die USA führte meist nur zu einem Goethischen Seufzer: „Amerika, du hast es besser". Sie blieben auf Frankreich fixiert und nur selten wurden die verschiedenen Revolutionen in einer Theorie befriedigend verarbeitet. Über Amerika konnte man seine Urteile oder Vorurteile kontinuierlich pflegen. Über Frankreich musste die Mehrheit der aufgeklärten Geister ihre Meinung ändern. Auch die späteren Konservativen wie Schelling, Gentz, Görres oder Hegel haben die Französische Revolution anfangs begrüßt. Die frühen Liberalen wie Kant und Humboldt hatten den Vorzug, relativ vorsichtig in ihrem Enthusiasmus über die Französische Revolution zu bleiben. Sie mussten daher ihre Ansichten nicht so drastisch revidieren wie mancher konservativ gewordene. Kant hatte Revolutionen ohnehin abgelehnt und nur die Anerkennung des status quo nach einem Umbruch empfohlen. Vorbildcharakter konnte das französische Regime ab 1792 allenfalls noch als Idee des „Republikanism" entwickeln, wo das Abstraktionsniveau der theoretischen Erörterung hoch genug angesetzt wurde. Die zweite Phase der Revolution nach der Flucht des Königs führte die politische Revolution, die viele begrüßt hatten, in eine „soziale Revolution", welche die Mehrheit der Aufgeklärten verschreckte, vor allem wenn diese sogar das Verhältnis des Menschen zu Gott im Kult des höchsten Wesens zu ändern trachteten.

In der Sattelzeit um die Französische Revolution entstand ein Archetyp von Herrschaftssystem, der durch eine geschriebene Verfassung, ein gewaltenteiliges Repräsentativsystem und verbriefte Menschenrechte gekennzeichnet war. Der Begriff der *„Konstitution"*, einst allgemein für jede „lebende Verfassung" oder aber auch synonym mit „Republik" verwandt, gewann in Verbindung mit der Lehre des *„pouvoir constituant"* an Konkretheit. Das rousseausche Prinzip der *Volkssouveränität* wurde repräsentativ und aufgabenbegrenzt einem Kompromiss zugeführt: in der Ausübung der verfassunggebenden Gewalt des Volkes liegt ein *Mandat* beschlossen. Robespierre und die Radikalen gingen von der Fiktion aus, dass das Volk die Gewalt behält durch das *Veto* einer Bestätigung der Verfassung durch Volksabstimmung. Das Veto war jedoch kein Selbstbeschließungsrecht des Volkes, weil der Parlamentsbeschluss jeweils Gesetz werden konnte. Anfangs haben Robespierre und Pétion ein Veto durch Referendum für jedes Gesetz gefordert: das Volk delegierte nur seine Befugnisse und kontrollierte die Repräsentanten. Die Mandatsidee hatte wegen ihrer ständischen Konnotationen nicht nur bei Radikalen Anklang. Anfangs beriefen sich in der Nationalversammlung auch gemäßigt-liberale Abgeordnete, wie Lally-Tollendal oder Clermont-Tonnerre auf ihr Mandat. Sieyès war der klarste Theoretiker der *Repräsentation,* die er aus der Arbeitsteilung erklärte. Das Volk hat keine Möglichkeit mehr, sich wie in der Antike permanent um Politik zu kümmern, weil die sozialen Verhältnisse (nur reiche Vollbürger, durch Sklaverei ökonomisch abgesichert) nicht mehr existierten.

Die Veto-Idee war jedoch die Minimalkonzession an die Theorie der Volkssouveränität. Der Protoliberalismus à la Montesquieu oder De Lolme, der das

Volk nicht für fähig hielt, sich direkt die Gesetze zu geben, hatte in der französischen Revolution gesiegt. Trotz gelegentlicher Identifizierung von „Republik und Demokratie" wurde sowohl in Amerika als auch in Frankreich ein *zensitäres Wahlrecht* geschaffen, das auf Bildung und Besitz beruhte. In diesem Punkt brauchte man von Rousseau kaum abzuweichen, der auch die Besitzlosen und die Frauen nicht für wahlberechtigt gehalten hatte.

Eine wichtige Abkehr von Rousseau, der eigentlich nur ein Grund- und Freiheitsrecht auf Partizipation kannte, war die Gewährung verbriefter *Menschenrechte,* die gegen wechselnde Mehrheit geschützt wurden, da auch der Gemeinwille für irrtumsfähig angesehen wurde. Rousseau hatte dies nur unter Bedingungen der Korrumpierung der guten Bürger für möglich gehalten. Die natürlichen Rechte bei Pufendorf waren auch in Amerika eine vielzitierte Quelle. Aber erst Locke hat die Kombination von Bürgerrechten und einem gewaltenteiligen Repräsentativ-System wegweisend vorgedacht. Montesquieu und Locke siegten in der französischen Revolution über Rousseau.

In der Sattelzeit rangen zwei politische Theorietraditionen um Einfluss. Man hat die *„geometrische Methode"* unterschieden, die entweder absolutistisch oder freiheitlich-abstrakt (Rousseau) genannt wurde. Ihr stand die *„historische Methode"* gegenüber, die von Montesquieu, Burke über Constant bis zu Tocqueville entwickelt wurde. Sie verdrängte in der Revolution die abstrakten Deduktionen aus dem Gemeinwillen und ermöglichte ein System aus „checks and balances", das schließlich in einem komplizierten Fünf-Gewaltenschema bei Sieyès und Constant endete.

Eine Konzession an die radikale Theorie der Volkssouveränität stellte das Einkammersystem dar, das sich in Frankreich durchsetzte (10. September 1789). In Amerika hingegen hat der Föderalismus dem Zweikammersystem eine demokratisch unverdächtige neue Basis gegeben. Aristokratische Tendenzen waren nicht zu befürchten, obwohl es in den USA im Senat später oligarchische Tendenzen gegeben hat, die zum funktionalen Äquivalent einer europäischen beharrenden Aristokratie zu werden drohte.

Der Sieg Montesquieus über Rousseau war kein vollkommener. In drei Fragen wich man auch von Montesquieu ab: in der Doktrin von der verfassunggebenden Gewalt des Volkes (pouvoir constituant), im Einkammersystem und im Wahlrecht.

Die *Vertragsidee* wurde endgültig als Fiktion akzeptiert, als „Probierstein der Rechtmäßigkeit eines jeden öffentlichen Gesetzes" wie Kant es im „Gemeinspruch" (II) ausdrückte. Die Notwendigkeit einer Verfassungsurkunde gegen die „mögliche Vergesslichkeit" wurde im Gegensatz zur englischen Tradition überall auf dem Kontinent und selbst in den USA angenommen. Die Art der Verfassungsentstehung war jedoch von Anfang an umstritten zwischen den Ideologien: (1) Der *pouvoir constituant* als realer Pakt, den der König akzeptieren musste. Robespierre hat es unnachahmlich knapp formuliert: „Nicht die Verfassung legen wir Ludwig XVI zur Prüfung vor, sondern nur die Frage: „Wollt Ihr König der Franzosen sein?" (1. Sept. 1791, Archives parlementaires Bd. 30: 138:). Wo kein revolutionärer Umsturz erfolgt war, kam eine *paktierte Verfassungsgebung* zwischen Krone und Repräsentation in Frage. In einigen dieser Prozesse, z. B. in Spanien, Schweden und Norwegen grenzte der Pakt jedoch an eine Nötigung des Königs (von Beyme 1999: 26 ff.). Eine dritte Form, die die Konservativen und „Ultras", wie sie im Anklang an die führende Partei der französischen Restauration genannt wurden, bevorzugten, war *die oktroyierte Verfassung*. Bei ihr war jedoch umstritten, wie weit der Monarch die einmal gewährte Verfassung auch wieder einschränken konnte. Es gab auch „gesetzesstaatliche" Konservative, wie Chateaubriand in Frankreich, die an diese Möglichkeit nicht mehr glaubten, weil das System sich in Richtung einer parlamentarischen Mehrheitsherrschaft entwickelt hatte.

Die Tradition der verbrieften Freiheitsrechte – die auch eine alte ständische Tradition für sich hatte – war aus dem *Widerstandsrecht* geboren wurden, vor allem der „Glorious Revolution". Bei Rousseau gab es eigentlich nur ein allgemeines Freiheits- und Partizipationsrecht, aber keinen Grundrechtskatalog als Schutz gegen einen irrenden Gemeinwillen. Ein kompliziertes System von Checks und Balances in der Tradition von Harrington, Locke, Sieyès, den Founding Fathers und später stark schematisiert bei Constant, wurde zur vorherrschenden Doktrin. Den *guten tugendhaften Bürgern* misstraute ein solches System und vertraute – trotz der hitzigen Tugenddeklamation der radikalen Phase der französischen Revolution – lieber den „*guten Institutionen*", die – nach Kant auch einem „Volk von Teufeln" ein Leben in Freiheit ermöglichen könnten.

Die beiden Revolutionen in der Sattelzeit des politischen Denkens führten zu paradoxen Konsequenzen: Amerika glaubte das britische Vorbild unter republikanischem Vorzeichen zu adaptieren, und schuf ein präsidentielles System sui generis. Frankreich entschied sich bewusst gegen das britische Modell, das von Montesquieu bis de Lolme in Frankreich so häufig gepriesen worden war, und hat sich mit einem parlamentarischen System, das sich bis 1792 zu entwickeln schien, an das britische Modell angenähert (Zweig 1909: 276).

Das Gleichgewicht des Verfassungssystems wurde durch die Flucht des Königs gestört. Die monarchische Partei (Feuillants) wurde schwächer. Die Mehrheit der Republikaner zerfiel anfangs noch in den Gemäßigten (Girondisten) und die Radikalen (Montagnards). Krieg mit Österreich, Erstürmung der Tuilerien, Septembermorde 1792 und die Abschaffung der Monarchie bei Einführung des republikanischen Kalenders (21. Sept. 1792), und schließlich die Hinrichtung des Königs aufgrund eines Beschlusses mit einer Stimme Mehrheit (21. Jan. 1793), waren die Eskalationsstufen, die in die Diktatur des Wohlfahrtsausschusses führte. Erst mit dem Sturz Robespierres und der Einführung der Direktoriumsregierung 1795 kam es wieder zu einem gemäßigten gewaltenteiligen System.

Die Zeit des *Terrors* hatte die Polarisierung der Parteien und der hinter ihnen stehenden Theoretiker der Politik mächtig vorangetrieben. Der *Revolutionsbegriff* wurde nun asymmetrisch. Der *binäre Code* gewann universalen Anspruch. Selbst feindliche Klassen sind noch theoretisch aufeinander bezogen. Der Terror teilte die Welt in Mensch und Unmensch ein. Terror strebt nach einer neuen Einheit und verlangt einen neuen Menschen. Terror wurde gerechtfertigt, weil die Revolution wegen ihrer Totalität nicht weiß, wer ihr Feind ist (von Stein 1959, Bd. 1: 300).

Die Guillotine war zur Humanisierung der Hinrichtungen gedacht. Sie erwies sich jedoch als ungeeignet für Massenhinrichtungen, wie nach dem Aufstand in Lyon. Gegen die konterrevolutionäre Vendée dachte man bereits über neue Mittel wie Gift und Gas nach. Schon 1793 kam in Straßburg das Wort „holocauste" auf, bezeichnete aber damals nur eine Haartracht. Die Revolution versenkte ein ganzes Schiff voller Priester, um die Tötung effizient zu gestalten. Künftige Grausamkeiten im Zeitalter der Ideologien waren bereits angelegt. Terror wurde zum technischen Problem. Die Technik verselbständigte sich im Dienst einer Idee der Totalität. Die Lehre der Herrschaftsformen musste weiter entwickelt werden. Der Begriff der *Despotie* bekam neue Aktualität. Die *Tyrannenlehre* erwies sich als zu individuell auf einzelne Wüteriche zugeschnitten. Bei Constant in „De la conquête" wurde die Kantsche Vorstellung, dass der Form der normativ gefassten Republik eigentlich nur eine „Unform" gegenüberstehe, in den Begriff einer modernen Diktatur weiter entwickelt.

Quellen

Archives parlementaires, Bd. 3 ff.

G. Bancroft: Geschichte der Vereinigten Staaten von Nordamerika. Leipzig, Wigand, 1852.

F. von Gentz: Der Ursprung und die Grundsätze der amerikanischen Revolution, verglichen mit dem Ursprung und den Grundsätzen der Französischen. Historisches Journal, Juni 1800, wiederabgedruckt in: E. Fraenkel: Amerika im Spiegel des politischen Denkens. Köln, Westdeutscher Verlag, 1959: 79—81.

J. Godechot (Hrsg.): La pensée révolutionnaire 1780–1799. Paris, Colin, 1964.

Marat: Textes choisis (Hrsg.: M. Vovelle). Paris, Editions sociales, 1963.

Oeuvres de Mirabeau (Hrsg.: L. Lument). Paris, Fasquelle 1921, 2 Bde.

J. Priestley: Letters to the R. H. Edmund Burke (1791). Reprinted in: The Theological and Miscellaneous Works of Joseph Priestley. New York (Kraus Reprint) Bd. 22: 147.

Robespierre. Textes choisis (Hrsg.: J. Poperen). Paris, Éditions sociales, 1956–58, 3 Bde.

Rotteck/Welcker (Hrsg.): Staatslexikon. Artikel: Revolution. Altona, Hammerich,
    1841, Bd. 13: 722–740
Saint-Just: Discours et rapports (Hrsg.: A. Soboul). Paris, Éditions sociales, 1957.
J. Ch. Schmohl: Über Nordamerika und Demokratie. Kopenhagen (tatsächlich:
    Königsberg), 1783.
L. von Stein: Geschichte der sozialen Bewegungen in Frankreich (1850). Nachdruck:
    Darmstadt, Wissenschaftliche Buchgesellschaft 1959, 3 Bde.

Literatur

H. Arendt: Über die Revolution. München, Piper, 1962, 2. Aufl.
S. Bernstein/O. Rudelle (Hrsg.): Le modèle républicain. Paris, PUF, 1992.
K. von Beyme: Die parlamentarische Demokratie. Entstehung und Funktionsweise
    1789–1999. Opladen, Westdeutscher Verlag, 1999.
Ch. H. van Duzer: Contribution of the Ideologues to French Revolutionary Thought.
    Baltimore, Johns Hopkins University Press, 1935.
Gh. Ionescu: Politics and the Pursuit of Happiness. London, Longman, 1984.
M. Kingsley: The Rise of French Liberal Thought. A Study of Political Ideas from
    Bayle to Condorcet. New York, New York University Press, 1959
R. Koselleck: Revolution. In: Otto Brunner u. a. (Hrsg.): Geschichtliche Grund-
    begriffe. Stuttgart, Klett-Cotta 1984, Bd. 5: 653–788
K. Loewenstein: Volk und Parlament nach der Staatstheorie der französischen
    Nationalversammlung von 1789. München. 1922. Nachdruck: Aalen, Scientia,
    1964.
D. Losurdo: Freiheit als Privileg. Eine Gegengeschichte des Liberalismus. Köln,
    Papyrossa, 2010.
R. R. Palmer: The Age of Democratic Revolution. Princeton, Princeton University
    Press, 1959, 2 Bde.
R. Redslob: Die Staatstheorien der französischen Nationalversammlung von 1789.
    Leipzig, Veit, 1912.
E. Zweig: Die Lehre vom pouvoir constituant. Ein Beitrag zum Staatsrecht der
    französischen Revolution. Tübingen, Mohr, 1909.

2 Liberalismus als politische Theorie und Ideologie

Die Französische Revolution wurde zum Prüfstein für die politischen Ideologien
mit der Frage: „Wie stehst Du zu dem neuen französischen Revolutionsregime"?
Systematisch gesehen muss die Behandlung des Liberalismus als Ideologie mit
Frankreich beginnen. Historisch gesehen ist jedoch gerade der Liberalismus im
modernen Sinn weit älter. Seine Geburt wird häufig in die Zeit des 17. Jahrhun-

dert in Großbritannien von der „großen Revolution" bis zur „Glorious Revolution" 1688 angesetzt, während in Frankreich der Liberalismus meist erst im 18. Jahrhundert mit den Philosophen der Aufklärung in Verbindung gebracht wird (Hutchinson 1994: 40). Es hat nicht an anachronistischen Versuchen gefehlt, die liberale Tradition bis zurück zu Sokrates zu verfolgen. Havelock (1968) sprach in seinem viel kritisierten Buch vorsichtig von „the liberal temper in greek politics", was Leo Strauss (1968: 26–64) nicht hinderte, das historische Missverständnis um den Liberalismus scharf zu geißeln.

Die unhistorische Überdehnung des Liberalismus-Begriffs ist als ein „von Moses zu Lenin-Syndrom" verspottet worden (Arblaster 1987: 12). Klassiker der Liberalismusforschung wie de Ruggiero (1964) haben den Beginn des Liberalismus nicht vor den Naturrechtlern der Neuzeit angesetzt. Die Entstehung dichotomischer Sichtweisen von politisch organisierten Strömungen war wichtig für die Entstehung und Wahrnehmung von „Ismen", die politische Theorien in Ideologien umschlagen ließen. Außer in England entstand jedoch ein dichotomisches Parteiensystem in Europa erst mit der französischen Revolution. Ein Liberalismus, der sich als solcher deklarierte, setzte sich in Frankreich und Belgien jedoch nicht vor 1830 und England 1832 mit der Reformbill durch (Schapiro 1975: 3). In der Zeit der französischen Revolution entstand die Redeweise von den „zwei Frankreichs" oder den „zwei Spaniens". Sie haben mit wechselndem Bürgerkriegsglück einander nicht nur politisch bekämpft, auch wenn die Ideologen gelegentlich von einer friedlichen Lagerbildung nach britischem Vorbild träumten.

Wo der Minimalkonsens im System nicht durch ständische Strukturen gestört wurde, konnte etwa in Nordamerika der Liberalismus in ganz anderer Weise als Begriff überdehnt werden. Obwohl sich in der Frühzeit die politischen Lager als „Republikaner", „Demokraten" oder „Föderalisten" bezeichneten, wurde sie vielfach als „natürlicher Liberalismus" in einer gemeinsamen Geisteshaltung zusammengefasst (Hartz 1955: 3). Diese Überdehnung hatte den Nachteil, dass man zwei Liberalismen differenzieren musste; den „konstitutionellen Liberalismus der „Federalists" und den „agrarisch-demokratischen Liberalismus" Jeffersons. Andere Historiker haben es vorgezogen, die Federalists – gestützt auf die antiegalitäre Rhetorik von Federalist Paper X – als Konservative in ihrer Zeit wahrzunehmen, was einleuchtend erscheint.

Auch in Europa hat ein Teil der Konservativen liberales Gedankengut aufgenommen, ohne seine konservative Identität zu verlieren. Nicht selten behalf man sich mit dem Kompositum: liberal-konservativ. Beide Begriffe gehörten nicht zum Vokabular der Selbstbeschreibung der politischen Kräfte in den USA, aber nur eine ideologisierte Vorstellung von „quellen-naher Begriffsbildung", wie sie Otto Brunner vertrat, würde es verbieten, im Nachhinein Termini zu benutzen, die zu ihrer Zeit weder der Selbst- noch der Fremdbeschreibung politischer Kräfte dien-

ten (Vorländer 1997: 72). Der hegemoniale Liberalismus wirkte – anders als in Italien von Depretis bis Giolitti oder in der Schweiz in der Zeit der Vorherrschaft des
Freisinns – in Amerika wirklich konsensuell. Die liberale Grundlage aller relevanten Gruppen war stark genug, um als Sperre gegen die Herausforderung durch sozialistische Bewegungen zu dienen, während in Europa die Radikalen sich entweder moderierten und den Liberalen zugesellten, oder ins sozialistische Lager
übergingen. Gelegentlich kam es dabei auch zu einem Etikettenschwindel, wie bei
den Radikal-Sozialisten in Frankreich, die nach dem Bonmot eines ihrer Führer
Herriot „das Herz links und das Portemonnaie rechts" trugen und sich auch in der
Praxis als eine ganz gewöhnliche liberale Partei zeigten.

Der Begriff „liberal" wurde im 19. Jahrhundert zum Ehrentitel. Nationale Traditionen wurden gesucht und würdige Ahnenreihen wurden konstruiert. Alles
was „antidespotisch" war, wurde daher als „liberal" bezeichnet. Die deutschen Liberalen beriefen sich auf die Klassik, den Idealismus und den Neuhumanismus.
Wo die liberale Vorläuferschaft dürftig erschien, wie in spätabsolutistischen marginalen Systemen, wurde der aufgeklärte Beamtenliberalismus entdeckt, von den
preußischen Reformern bis zu Speranskij in Russland. In der Zeit der Erhebung
der unterdrückten Völker gegen Napoleon von Spanien bis Deutschland und
Russland wurden als liberal vielfach Ideen bezeichnet, welche die Zustimmung aller vernünftigen, gebildeten und gutwilligen Menschen erwarten konnten (Vierhaus 1982: 741). Der frühe Nationalismus hat sich häufig mit dem Liberalismus
verbunden – und gelegentlich sogar mit dem Radikalismus, wie in Italien – aber
die nationalistischen Ideen waren als Ganzes kaum liberal zu nennen. Bei Mazzini
hat man – außer in Wirtschaftsfragen – Mühe Liberalismus zu entdecken und
wird eindeutig für Radikalismus plädieren. Bei Herder oder gar Fichte, die vor
allem in Osteuropa einflussreich waren, wird man ebenfalls nicht von liberalen
Theorien sprechen. Fichte wurde später eher von den Sozialisten entdeckt, nicht
nur bei Lassalle. Der Nationalismus der Erhebungszeit konnte sehr reaktionär
sein, wie in Spanien. Es ist kein Zufall, dass Kleist spanische Quellen übersetzte,
um seine Propaganda gegen Napoleon zu inspirieren. Der Kampf für nationale
Selbstbestimmung verband sich mit Kräften der Restauration wie mit Vorkämp-
fern liberaler Reformen.

Die Phasen der französischen Revolution führten zur Ausdifferenzierung des
progressiven Lagers. Die linken Liberalen nannten sich vielfach „radikal", von der
Wurzel her denkend und daher kompromisslos und neigten zur Orientierung am
revolutionären republikanischen Frankreich. Der Mainstream der Liberalen, der
die konstitutionelle Monarchie akzeptierte, hatte eher Sympathien für England.
Die USA hingegen erzeugten ein Paradoxon: auch Liberale konnten sich mit seinem Regierungssystem anfreunden, aber die egalitäre, „ungebildete", hemmungs-
los acquisitive Gesellschaft stieß weitgehend auf Ablehnung. Nach 1945 hat sich

dies Verhältnis bei der Linken umgekehrt: die freie kreative Gesellschaft Amerikas galt als vorbildlich, das Regierungssystem hingegen kam aufgrund der Weltpolizistenrolle der USA in Misskredit. Die Stimmung gegenüber der französischen Revolution schlug im progressiven Lager spätestens 1793 um. Die erste Phase der Revolution wurde als „liberales Regiment der Vernunft" anerkannt. Schiller (Über Anmut und Würde) räsonierte aber über die Unreife des Menschengeschlechts, das der vormundschaftlichen Gewalt noch nicht entwachsen sei und daher die bürgerliche Freiheit nicht reife

1895 als das Direktorium das System nach den radikalen Exzessen des Terrors im „Thermidor" das System normalisierte, wurde es von den Liberalen wieder angenommen. Aber nicht in Frankreich entstand der Begriff ‚liberal‘ sondern in Spanien in den Cortes von Cadiz, wo sich die „liberales" und die „serviles" gegenüberstanden. Das spanische Wort wurde maßgeblich für die Rezeption. Die Umbenennung der Whigs in England zu Liberalen fand in England nicht vor 1847 statt (Bertier de Sauvigny 1970). Seit der französischen Revolution entstanden die Kollektivsingulare wie „die Revolution". England zeigte die größte Resistenz gegen den semantischen Zeitgeist. Daher wurde auch der Liberalismus erst spät als Begriff akzeptiert. In der Restaurationsphase wurde Liberalismus als Mitte zwischen Konservatismus und Radikalismus angesehen. Eine Ausnahme bildete der Leipziger Philosoph Wilhelm Traugott Krug (1823:VII), der eine Zeit des „Ultraismus" anbrechen sah: „Nicht nur die sogenannten Liberalen übertreiben, ihre Gegner thun es auch". In seinem Resümee hat Krug jedoch die Äquidistanz zu Konservatismus und Radikalismus aufgegeben und seine liberale Parteilichkeit offenbart. Der Liberalismus mit seinem Streben nach Freiheit erschien nun als „natürlich" und von Gott selbst dem Menschen eingepflanzt. Das gegnerische Lager wurde nicht positiv benannt, sondern als „Antiliberalismus" bezeichnet (Krug 1823: 93). Die damalige Linke der Revolutionäre war mit den „Contre-Revolutionären" schon ähnlich verfahren. Die Abwertung des Gegners durch bloß negative Benennung, wogegen eine Bewegung ist, wurde zum Kunstgriff in den politischen Auseinandersetzungen des ideologischen Zeitalters.

Der Liberalismus verstand sich nicht als Derivat der Ideen der französischen Revolution. Er legte Wert auf die Feststellung, dass er allen Prinzipien abhold sei: „Programme sind Pogrome" wurde später zum Schlagwort. Dennoch wurden Prinzipien rekonstruiert, welche eine liberale Weltsicht ausmachten. Dazu gehörte die Priorität des Individuums vor der Gesellschaft. Die Trennung von Mensch und Welt, sowie die Unterscheidung von Sein und Sollen in der Analyse der Theorien war ein liberales Novum. Freiheit wurde zum Grundbegriff der liberalen Theorie der Politik, er stand über Kampfbegriffen der Herrschaftsformenlehre wie Republik und Demokratie. Der Mensch wurde als perfektibel angesehen, wo die Konservativen seine unvollständige sündhafte Natur betonten. Aber im Gegensatz zu radikalen Rousseauisten wurde der Mensch nicht als so eindeutig „gut" angesehen, dass er nicht der Institutionen bedürfe, die ihn am Bösen hindernten. Probleme galten als lösbar – durch Erfahrung und Vernunft. Religiösen Dogmen standen die Liberalen skeptisch gegenüber. Der Staat sollte seinen Einfluss auf das nötige Minimum beschränken. Die Bevormundung der Wirtschaft schien dem Liberalismus das Erzübel der spätabsolutistischen Gesellschaft. Häufig wurden die Klassiker des Freihandels und der Marktwirtschaft unter „Wirtschaftsliberalismus" zusammengefasst, obwohl auch dieser Terminus ein Neologismus ist. Der Antidogmatismus und Säkularismus führte die Liberalen folgerichtig zur Anerkennung des politischen Pluralismus und zur Akzeptierung einer organisierten Opposition, wo die Konservativen seit Bolingbroke die Opposition noch gleichsam als „die letzte Partei" ansahen, die sich um den Thron schart und gegen eine depraviertes liberales System kämpfte.

Der *Rechtsstaatsgedanke* wurde zentral. Gleichheit war vor allem Rechtsgleichheit. Es gab jedoch ziemlich früh auch „Sozialliberale" von Mill bis Mohl, die sich der sozialen Frage zuwandten, schon weil eher konservativere Denker von Hegel und Baader bis Lorenz von Stein die Deutungshoheit in diesem Bereich zu erlangen schienen. Nicht Revolution dominierte als Grundbegriff der Veränderung, sondern die Reform trat ins Zentrum der Theoriebildung. Vehikel der Reformen sollte der repräsentative Gesetzgeber sein – von Filangieri in Italien bis zu Bentham in England.

Die politischen Grundbegriffe differenzierten sich auch zwischen Radikalismus und Liberalismus aus. Der *liberale Mainstream* betonte die Reihenfolge Freiheit, Monarchie, Status Quo, Arrangement mit der Kirche. Der *Radikalismus* setzte die Gleichheit vor die Freiheit. Republik und nationale Einigung wurden als Ausdruck des Gemeinwillens betont. Im deutschen Sprachgebrauch hatte das Wort „Radikalismus" – im Gegensatz zu den romanischen Sprachen – keinen guten Klang. Hier wurden Liberalismus und Demokratismus gegenüber gestellt worden. Republikanismus und Demokratismus wurden dabei vielfach identifiziert, wenn nicht der „liberale" Sprachgebrauch seit Kant akzeptiert worden war, nach dem jedes rechtsstaatliche Repräsentativsystem eine „Republik" genannt werden konnte. Demokratische Denker, wie Julius Fröbel oder Arnold Ruge haben im Vorparlament und im Fünfzigerausschuss in der 48er Revolution gegen die „revolutionsbereiten" Demokraten vortiert und sich auf den Boden einer parlamentarischen Entwicklung Deutschlands gestellt (Backes 2000: 95).

In Deutschland schien die Frage Monarchie oder Republik wegen der Vielstaaterei für einige Radikale offen. Man musste ohnehin eine neue Staatsspitze schaffen. 1848 zeigte es sich, dass ein „Reichsverweser" eine Zwitterstellung zwischen Monarch und Präsident haben konnte. In Ländern mit monarchischer Tradition hingegen konnte die Staatsformdiskussion für die Parteigruppierungen nur

eine untergeordnete Rolle spielen. In England haben die „Birminghamer Radikalen" um Joseph Chamberlain die Gleichsetzung von Radikalismus und Republikanismus abgelehnt. Wo immer die Monarchie noch feste Wurzeln besaß – wie
in Skandinavien und in den Benelux-Staaten – galt das vielfach nicht nur für die
Radikalen sondern auch für die Sozialdemokraten, die gelegentlich die Radikalen
als Gruppe absorbierten. Ein militanter Antiklerikalismus verdrängte die gelas-
sene Kompromisssuche der Liberalen im Verhältnis von Staat und Kirche. Cavour
wurde noch auf dem Totenbett bei der letzten Ölung das urliberale Bonmot zugeschrieben: „freie Kirche im freien Staat", für die der Einiger Italiens lebenslang
gekämpft hatte.

Quellen

R. J. Arneson (Hrsg.): Liberalism. Cheltenham, E. Elgar, 1992, 3 Bde.

E. K. Bramsted/K. J. Melhuish (Hrsg.): Western Liberalism. A History in Documents
    from Locke to Croce. London, Longman, 1978.

A. Damico (Hrsg.): Liberals on Liberalism. Totowa, N. J., Rowman & Littlefield, 1986.

M. Freund (Hrsg.): Der Liberalismus in ausgewählten Texten. Stuttgart, Koehler,
    1965.

L. Gall/R. Koch (Hrsg.): Der europäische Liberalismus im 19. Jahrhundert. Berlin,
    Ullstein, 1981, 4 Bde. (Quellentexte).

Literatur

A. Arblaster: The Rise and Fall of Western Liberalism. Oxford, Blackwell, 1984, 1987.

U. Backes: Liberalismus und Demokratie. Antinomie und Synthese. Zum Wechsel-
    verhältnis zweier politischer Strömungen im Vormärz. Düsseldorf, Droste, 2000.

N. P. Barry: On Classical Liberalism and Libertarianism. Basingstoke, Macmillan,
    1987.

I. Berlin: Two Concepts of Liberty. Oxford, Clarendon Press, 1958.

U. Bermbach: Liberalismus. In: I. Fetscher/H. Münkler (Hrsg.): Pipers Handbuch der
    politischen Ideen. Bd. 4. München, Piper, 1986: 323–368.

G. de Bertier de Sauvigny: Liberalism, Nationalism and Socialism. The Birth of Three
    Words. Review of Politics, Bd. 32, 1970: 147–166.

A. Blatter (Hrsg.): Was heißt liberal? Basel, Reinhardt, 1969.

E. Brix/W. Mantl (Hrsg.): Liberalismus. Interpretation und Perspektiven. Wien,
    Böhlau, 1996.

I. Collins: Liberalism in 19th Century Europe. London, Routlege & Kegan, 1957.

L. Diez del Corral: Doktrinärer Liberalismus. Neuwied, Luchterhand, 1964.

R. Eccleshall, u. a. :Political Ideologies. London, Hutchinson, 1994, 2. Aufl.

H. G. Fleck u. a. (Hrsg.): Jahrbuch der Liberalismusforschung 1. Baden-Baden,
    Nomos, 1989.

F. Frischenschlager/E. Reiter: Liberalismus in Europa, Wien/München, Herold, 1984.

L. Gall (Hrsg.): Liberalismus. Königstein, Hain, 1980.

J. Gaulke: Freiheit und Ordnung bei John Stuart Mill und Friedrich August von Hayek. Frankfurt, Lang, 1994.

G. F. Gaus: The Modern Liberal Theory of Man. London, Croom Helm, 1983.

L. Hartz: The Liberal Tradition in America. San Diego, University of California Press, 1955.

A. Havelock: The Liberal Temper in Greek Politics. New Haven, Yale University Press, 1968.

K. Holl u. a. (Hrsg.): Sozialer Liberalismus. Göttingen, Vandnhoeck & Ruprecht, 1986.

D. Johnston: The Idea of a Liberal Theory. A Critique and Reconstruction. Princeton, Princeton University Press, 1994.

W. T. Krug: Geschichtliche Darstellung des Liberalismus alter und neuer Zeit. Leipzig, Brockhaus, 1823.

D. Langewiesche: Liberalismus in Deutschland. Frankfurt, Suhrkamp, 1988.

H.-J. Laski: The Rise of Liberalism. The Philosophy of a Business Civilization. New York, Harper, 1936.

H.-J. Laski: The Decline of Liberalism. Oxford University Press, 1940.

D. Losurdo: Freiheit als Privileg. Eine Gegengeschichte des Liberalismus. Köln, Papyrossa, 2010.

D. J. Manning: Liberalism. London, Dent, 1976.

Th. Meyer (Hrsg.): Liberalismus und Sozialismus. Marburg, SP-Verlag, 1987.

K. R. Minogue: The Liberal Mind. London, Methuen, 1963.

W. J. Mommsen (Hrsg.): Liberalismus im aufsteigenden Industriestaat. Göttingen, Vandenhoeck & Ruprecht, 1978.

M. Moore: Foundations of Liberalism. Oxford, Clarendon, 1993.

Th. P. Neill: The Rise and Decline of Liberalism. Milwaukee, Bruce, 1953.

W. Nigg: Geschichte des religiösen Liberalismus. Zürich, Niehans, 1937.

W. A. Orton: The Liberal Tradition (1945). Port Washington, Kennikat Press, 1969.

R. R. Palmer: Notes on the Use of the Word Democracy 1789–1799. Political Science Quarterly, Bd. 68, 1953: 203–226.

F. R. Pfetsch:Theoretiker der Politik. Von Platon bis Habermas. Baden-Baden, Nomos, 2012.

H. Reinalter: Lexikon zu Demokratie und Liberalismus 1750–1848/49. Frankfurt, Fischer, 1993.

R. D. Rotunda: The Politics of Language. Liberalism as Word and Symbol. Iowa City, University of Iowa Press 1986.

G. de Ruggiero: Geschichte des Liberalismus in Europa. München, Drei Masken 1930, Nachdruck Aalen, Scientia, 1964.

A. Ryan (Hrsg.): The Idea of Freedom. Oxford, Oxford University Press, 1979.

R. V. Sampson: Progress in the Age of Reason. The Seventeenth Century to the Present Day. London, Heinemann, 1956.

J. S. Schapiro: Liberalism and the Challenge of Fascism. Social Forces in England and France. New York, Octagon Books, 1975.

Th. Schiller: Liberalismus in Europa. Baden-Baden, Nomos, 1979.

St. Seidman: Liberalism and the Origins of European Social Theory. Oxford, Blackwell 1983.

J. Sheehan: Der deutsche Liberalismus. Von den Anfängen im 19. Jahrhundert bis zum 1. Weltkrieg 1770–1914. München, Beck, 1983.

Qu. Skinner. Liberty before Liberalism. Cambridge, Cambridge University Press, 1998.

G. Sorman: Der neue Liberalismus. Düsseldorf, Econ, 1986.

D. Spitz: The Real World of Liberalism. Chicago, University of Chicago Press 1982.

L. Strauss: Liberalism – Ancient and Modern. New York, Basic Books, 1968.

R. Vierhaus: Liberalismus . In: O. Brunner u. a. (Hrsg.): Geschichtliche Grundbegriffe. Stuttgart, Klett-Cotta Bd. 3, 1982: 741–785.

H. Vorländer (Hrsg.): Verfall oder Renaissance des Liberalismus. München, Olzog, 1987.

H. Vorländer: Hegemonialer Liberalismus. Politisches Denken und politische Kultur in den USA 1776–1920. Frankfurt, Campus, 1997.

F. Watkins: The Political Tradition of the West. A Study in the Development of Modern Liberalism. Cambridge/Mass., Harvard University Press, 1957.

N. Wintrop (Hrsg.): Liberal Democratic Theory and its Critics. London, Croom Helm, 1983.

3 Liberale politische Theorien in Frankreich der Revolutionszeit: Condorcet, Sieyès

Die Französische Revolution hat wenig stringente politische Theoretiker hervorgebracht, sondern eher Volkstribune, wie Mirabeau in der ersten Phase und Danton, Marat, Robespierre oder Saint Juste in der zweiten radikalen Phase. Mirabeaus (Oeuvres. Paris, Charpentier & Fasquelle 1921, 2 Bde.) Beiträge für die Herausbildung eines modernen Parlamentarismus waren beträchtlich, aber diese schillernde Figur wird man schwerlich als Liberalen vereinnahmen wollen. In der zweiten Phase traten die doktrinären Prinzipientreuen mit Beiträgen zur Theorie der Politik auf, die jedoch erst recht nicht mehr liberal genannt werden konnten (vgl. J. Godechot 1964). Es wurde im revolutionären Radikalismus schon früh ein Defizit an differenzierter Theorie sichtbar, das den Radikalismus bis hin zu

Mazzini oder Alain auszeichnete. Die Gironde, die in der radikalen Phase an ihrem mittelständischen Status-Quo-Denken und an ihrer protektionistischen Wirtschaftsgesinnung festhielt, könnte noch am ehesten als liberale Kraft verstanden werden.

Nur zwei Denker sind in einer repräsentativen Sammlung liberaler Texte in vier Bänden (Gall/Koch 1981) in die Ahnenreihe des Liberalismus aufgenommen worden: Condorcet und Sieyès. Sie waren die vergleichsweise originellsten. Aber auch sie – die sich nicht wie Danton zum „Despotismus der Vernunft" bekannten – waren weniger Praktiker als Intellektuelle. Bei Condorcet und der Gironde, welcher er zuneigte, blieb ein kollektivistischer Unterton erhalten, der dem englischen Liberalismus fremd war. Bei Sieyès steigerte sich die magische Überhöhung des dritten Standes zur „Nation" sogar zu einem gefährlichen Illiberalismus.

Quellen

L. Gall/R. Koch (Hrsg.): Der europäische Liberalismus im 19. Jahrhundert. Berlin, Ullstein, 1981, 4 Bde.

Literatur

D. Bagge: Les idées politiques en France sous la Restauration. Paris, PUF, 1952: 29–158.

L. Diez del Corral: Doktrinärer Liberalismus. Neuwied, Luchterhand, 1964.

Ch. H. van Duzer: Contribution of the Ideologues to French Revolutionary Thought. Baltimore, Johns Hopkins Press, 1935.

J. Kayser: Les grandes batailles du radicalisme 1820–1901. Paris, Rivière, 1961.

K. Martin: The Rise of French Liberal Thought. New York, New York University Press, 1954.

C. Nicolet: Le Radicalisme. Paris, PUF, 1957.

M. Prélot/F. Galloudec Genuys (Hrsg.): Le liberalism catholique. Paris, Colin, 1969.

R. Reichardt: Reform und Revolution bei Condorcet. Bonn, Röhrscheid, 1973.

T. F. Roquain: L'esprit révolutionnaire avant la Révolution 1715–1789. Paris, 1878.

R. H. Soltau: French Political Thought in the 19th Century. New York, Russell & Russell, 1959: 32–61, 251–366.

V. E. Staringer: Middlingness. Juste Milieu. Charlottesville, University of Virginia Press, 1965.

G. Weill: Historie du parti républicain en France. 1814–1870. Paris, Alcan, 1928.

Marie Jean Antoine Marquis de Condorcet (1743–1794)

Condorcet war der einzige der Aufklärungsphilosophen, der die Revolution selbst noch erlebte. Freiheit und Gleichheit waren auch bei ihm noch eingebettet in die Traditionen des paternalistischen Staates in Frankreich. Turgot hatte ihn 1776 zum Generalinspekteur der Münze ernannt. Er teilte mit seinem Gönner die Meinung, dass Reformen die Stärkung der Macht des Königs gegen die „parlements" und die traditionellen Interessen erfordere. Als Abgeordneter vollzog er mit der Gironde die Wendung zum Republikaner. Die Republik schien ihm nun im Sinne seiner These von der „Souveränität der Vernunft" als die logische Konsequenz der historischen Entwicklung. Seine Repräsentationsidee – in kompliziert erdachten Schemen für die Wahlen zu repräsentativen Versammlungen – blieb virtuell. Um die Leidenschaften und Demagogen auszuschalten, sollten sie per Korrespondenz operieren. Dahinter stand die technokratische Utopie, dass Politik zum wissenschaftlichen Diskurs werden müsse. Eine Expertenklasse sollte über die „öffentliche Vernunft" wachen und rationale Lösungen für die einzelnen Politikfelder vorschlagen.

1791 hatte er kurz dem Klub der Jakobiner angehört, er stimmte aber aus humanitären Erwägungen nicht mit den „Königsmördern". 1793 hatte er die Jakobiner gegen sich aufgebracht und musste sich im Untergrund verstecken. Nach seiner Verhaftung starb er unter ungeklärten Umständen. In der Zeit seines Abtauchens hat er die optimistische Skizze über den Fortschritt des Menschengeschlechts geschrieben, die bis hin zu Comte und der Soziologie des 19. Jahrhunderts einflussreich werden sollte. 1789 war Condorcet vom Anhänger des aufgeklärten Despotismus zum Liberalen geworden und blieb es trotz seines Intelligenzler-Aristokratismus in vielen Grundzügen. Obwohl er Praxis in der Verwaltung und als Abgeordneter hinter sich hatte, blieb er letztlich ein unpolitischer Denker. Auch als gemäßigter Girondin ähnelte er in seiner Geisteshaltung noch den Jakobinern, welche eine Balance zwischen Theorie und Praxis nicht mehr anstrebten und eine kompromisslose Ideenpolitik rechtfertigten. Condorcet glaubte aber so unverdrossen an den evolutionären Fortschritt der Aufklärungsgesellschaft, dass er der Versuchung des Terrorismus widerstand.

1789 kam es bei Condorcet mit dem Bastille-Sturm zu einem Meinungsumschwung aufgrund einer „moralischen Revolution". Fortan trat er für das allgemeine Wahlrecht ein. Einmalig war er in der Befürwortung auch des Frauenwahlrechts. Anfangs erwog er noch Zensusvorschriften. Später schienen ihm finanzielle Barrieren die „Reichtumsaristokratie" zu begünstigen und die eigentlich erwünschte natürliche Elite der Aufgeklärten zu benachteiligen. Diese Wende war umso bemerkenswerter, als Condorcet nicht aufhörte, den Massen zu misstrauen. Er sah sie als gefährliches Rohmaterial in den Händen politischer Scharlatane.

1791 wurde der Terminus „Sozialwissenschaft" erstmals in einem Pamphlet eines Freundes benutzt und wurde von Condorcet übernommen. Er kam zu den Anhängern Benthams, aber nicht direkt aus Frankreich, sondern über spanische Quellen, die auf den Ideen Saint-Simons fußten (Baker 1975: 394). Im Juni 1793 erschien unter der Herausgeberschaft von Condorcet, Sieyès und Duhamel eine neue Zeitschrift: „Journal d'instruction sociale", die bald vom Sicherheitskomitee verboten wurde. Sie sollte den neuen Methoden und Prinzipien der moralischen und politischen Wissenschaften dienen. Zielgruppe war nicht mehr die politische Elite, sondern die Masse der Wähler, welche die repräsentative Demokratie stabilisieren sollte, aber nicht hinreichend dafür vorgebildet war. Condorcet (O I: 541) benutzte bevorzugt den Begriff „soziale Mathematik". Die neue Wissenschaft war nicht eine Handreichung für den Gesetzgeber, sondern eine Wissenschaft zur Rationalisierung des individuellen Verhaltens.

Beim Übergang der Republik hat Condorcet als Mitglied der Verfassungskommission wesentlich Einfluss auf das Verfassungsprojekt der Gironde genommen. Die englische Literatur beanspruchte meist für Thomas Paine den größten Einfluss (M. D. Conway: Thomas Paine. London 1892: 265 f.). Die französische Literatur betonte Condorcets Priorität (Cahen 1904: 470). Wichtiger ist der Inhalt des Projektes. Die Verfassung war dualistisch und nicht parlamentarisch konstruiert, da beide Gewalten aus einer Volkswahl hervorgehen sollten. Mitglieder des Exekutivrates sollten in der Versammlung nur zugelassen werden, wenn sie ein Memorandum verlesen oder Erklärungen abgeben wollten. Damit war immerhin der Ansatz zu einer direkten Kommunikation der beiden Gewalten gegeben.

Diese Verfassungsvorstellungen lagen ganz auf der Linie der Vorschläge, die Condorcet am 15. und 16. Februar 1793 der „Convention" eingereicht hatte. In Condorcets Projekt sollten die Bürger zu ihren „assemblées primaires" die Mitglieder des Exekutivrates unmittelbar wählen. Das Verhältnis dieser Exekutive zur Legislative war notwendigerweise locker. Die Exekutive war rechenschaftspflichtig und durfte ihre Ansichten verteidigen. Vorschläge zur Gesetzgebung sollte sie jedoch nur machen dürfen, wenn sie darum gebeten wurde (O: XII: 452, 457). Entwicklungsmöglichkeiten eines parlamentarischen Systems waren in diesem System nicht gegeben.

Condorcet war schon in der Zeit, da die parlamentarische Regierung noch größere Chancen gehabt hatte, mit originellen Vorschlägen hervorgetreten. In einer Schrift von 1790 „Sur le choix des ministres" (O: X: 53 ff.) hatte er dem Monarchen einige Bedingungen für die Ministerwahl auferlegen wollen. Die Minister sollten zwar dem Monarchen genehm sein, er sollte jedoch nicht das Recht haben, sie aus einer Partei, die „gegen die Freiheit ist" auszuwählen. Das Parlament sollte eine Vorschlagsliste einreichen dürfen, und jedesmal, wenn der Monarch einen Minister abberufen wollte, sollte das Parlament bis zu ein Drittel der möglichen

Nachfolger von der Liste streichen dürfen. Diese absurd anmutenden Vorschläge waren gleichsam Vorboten jener Schizophrenie bei Gironde und Bergpartei zur Zeit der „Convention". Einerseits strebte das Parlament nach Vorherrschaft – und wollte nach dem Wunsch der Linken auch schon in der Zeit, als die Monarchie noch bestand, Einfluss auf die Regierungsernennung gewinnen –, andererseits hielt man am doktrinären Gewaltenteilungsdenken fest. Die Frucht dieses Widerspruchs war die jakobinische Verfassung. Nachdem die Gironde-Verfassung, die in einem Komitee ausgearbeitet worden war, in dem sich die Jakobiner in der Minderheit befanden, wurde am jakobinischen Projekt weitergearbeitet. Dem Verfassungsausschuss gehörten wiederum Condorcet und Sieyès an, die von keiner Partei beansprucht werden konnten. Die Montagne-Partei hatte nur Danton und Barère hineinwählen können. Robespierre war zu seinem Kummer nicht gewählt worden. Thomas Paine, als enger Freund Brissots, konnte in dem neunköpfigen Gremium den Jakobinern zugerechnet werden.

Angesichts dieser offenen Mehrheitsverhältnisse war es nicht verwunderlich, daß Condorcets Grundgedanken der Gironde-Verfassung übernommen wurden, nur die antirepräsentative Komponente wurde stärker betont. Entwicklungsmöglichkeiten eines parlamentarischen Systems bot das jakobinische Projekt noch weniger als die Gironde-Verfassung. Der Widerspruch zwischen der gewaltenteiligen Grundkonzeption bei faktischer Machtkonzentration in einer Versammlungsregierung hatte sich noch verschärft.

Condorcets letztes und berühmtestes Werk, der „Tableau historique" hat die Weltgeschichte in geraffter Form skizziert, um zu demonstrieren, daß der Mensch die Zukunft rational kontrollieren konnte. Die „soziale Kunst" war für ihn auf „Fakten, Erfahrung, Vernunft und Kalkulation" gebaut (O: X: 71). Die Vernunft sollte systematisch eingesetzt werden, ohne dogmatisch zu werden, um langfristig eine neue Ordnung zu errichten. Jede Entdeckung war für ihn ein Sieg über die Natur und eine Chance für die Zukunft (O: I: 420) in einem ewigen Kampf zwischen Mensch und Natur. Die Geschichte, die einst eine Magd der Theologie gewesen war, sollte nun der neuen Sozialwissenschaft dienen. Das Tableau sollte die Prinzipien nicht diktieren, sondern seine ohnehin wirkende Macht demonstrieren und die üblichen Irrtümer und abergläubischen Annahmen falsifizieren.

Robespierre hat einmal bemerkt, daß Condorcet in den Augen der „hommes de lettres" ein großer Mathematiker sei, hingegen bei den Mathematikern als „homme de lettre" gelte (Baker 1975: 383). Seine mathematischen Verdienste lagen in der Tat auf dem Gebiet der Anwendung auf die Sozialwissenschaften. Politik sollte der Ausdruck von Vernunft, nicht die Durchsetzung irgendeines souveränen Willens sein.

Im „tableau historique" wurde in der neunten Epoche der Beitrag zur Aufklärung nach Ländern besprochen. England und Schottland wurden neben Frankreich gewürdigt. Der deutsche Beitrag nahm sich eher bescheiden aus. Den Philosophen der verschiedenen Nationen wurde nachgesagt, die Interessen der ganzen Menschheit zu umfassen, ohne Unterscheidung von Land, Rasse oder Religion (Tableau 1789: 251). Für die Perfektibilität der Menschheit hatten nach Condorcets Überzeugung vor allem Turgot, Price und Priestley wesentliches geleistet und sich von den üblichen „Vorurteilen" gelöst. Korruption und Ignoranz der Regierungen hat jedoch den Fortschritt vorübergehend aufgehalten. Nur die Amerikaner werden von diesem Verdikt ausgenommen (Tableau 1789: 257). Weil es in Amerika keine feudalen Strukturen und privilegierte Korporationen zu zerstören gab, konnten sich die USA mit einer politischen Revolution begnügen, während die Französische Revolution die gesamte Gesellschaft und Wirtschaft umfassen musste (Tableau 1789: 261). Amerika wurde als günstiger Sonderfall angesehen, weil jeder Freiheitsliebende der Welt mit ihm sympathisierte, während Frankreich in eine Welt von Feinden sah, wo nur einige „Weise" die Stimme für das neue System zu erheben wagten. Die Irrtümer die Politik beruhten für Condorcet auf „philosophischen Irrtümern", die es auszuräumen galt.

In der zehnten Epoche wagte er sich an Prognosen über die „Wahrscheinlichkeit der Ereignisse in der Zukunft" (1789: 309). Drei Hauptziele der Entwicklung wurden skizziert: die Aufhebung der Ungleichheit unter den Nationen, die Förderung der Gleichheit innerhalb der Völker und die „reale Perfektionierung des Menschen" (1789: 310). Frankreich wurde dabei die Führungsrolle zuerkannt, weil die Prinzipien seiner Verfassung bereits die Prinzipien aller „aufgeklärten Menschen" darstellten. Bei Durchsicht der Nationen zeigten sich überall fördernde und hemmende Elemente für die Übernahme dieser Prinzipien (1789: 313). Scharf ging er mit den Verfehlungen der europäischen Kolonialmächte in den Ländern Afrikas und Asiens ins Gericht, hoffte aber, daß „wir" noch zu „nützlichen Instrumenten" und „generösen Befreiern" werden würden. Wieder schien England auf diesem Weg schon am weitesten fortgeschritten. Der Gleichheit der Nationen und der Bürger in ihnen wurde auch ein Einsatz für die Frauen hinzugefügt, der selbst für die Zeit der Revolution ungewöhnlich war.

Condorcets Einfluss auf die Sozialwissenschaften des 19. Jahrhunderts war beträchtlich. Bei Saint Simon und Comte wurde jedoch nicht mehr die aufgeklärte Balance zwischen Liberalismus und Rationalismus erreicht, die bei Condorcet dem wissenschaftlichen Elitismus einen demokratischen Liberalismus hinzufügte und Politik auf die Zustimmung gleicher und vernünftiger Bürger gründete.

Quellen

Condorcet: Œuvres (Hrsg.: A. Condorcet/O'Connor/F. Arago. Paris, Firmin-Didot 1847–49, 12 Bde. (zit.: O).

Condorcet: Œuvres. Reprint. Stuttgart-Bad-Cannstatt, Fromann-Holzboog, 1968, 12 Bde.

Condorcet: Esquisse d'un tableau historique des progrès de l'esprit humain. Ouvrage posthume. Paris, ohne Verlag, 1795 (zit.: Tableau).

Condorcet: Entwurf einer historischen Darstellung der Fortschritte des menschlichen Geistes (Hrsg.: W. Alff). Frankfurt, Europäische Verlagsanstalt 1963 (zweisprachig).

D. Schulz (Hrsg.): Marquis de Condorcet: Freiheit, Revolution, Verfassung. Kleine politische Schriften. Berlin, Akademie Verlag, 2010.

Literatur

K. M. Baker: Condorcet. Chicago, Chicago University Press, 1975.

L. Cahen: Condorcet et la révolution française. Paris, Thèse, 1904.

H. Dippel: Individuum und Gesellschaft. Soziales Denken zwischen Tradition und Revolution: Smith, Condorcet, Franklin. Göttingen, Vandenhoeck & Ruprecht, 1981.

St. Lüchinger. Das politische Denken von Condorcet (1743–1794). Bern, Haupt, 2002.

R. Reichardt: Reform und Revolution bei Condorcet. Bonn, Röhrscheid, 1973.

J. S. Schapiro: Condorcet and the Rise of Liberalism. New York, Octagon, 1934.

M. Steinhauer: Die Soziologie Auguste Comtes und ihre Differenz zur liberalen Gesellschaftstheorie Condorcet. Meisenheim, Hain, 1966.

A. Stern: Condorcet und der girondistische Verfassungsentwurf von 1793. Historische Zeitschrift, 141, 1930: 479–496.

D. Williams: Condorcet and Modernity. Cambridge, Cambridge University Press, 2004.

Emmanuel Joseph Sieyès (1748–1835)

Einflussreicher in Theorie und Praxis als Condorcet war unter den Liberalen der französischen Revolutionszeit Sieyès. Schon vor der Revolution hatte er als Priester seine Skepsis gegen die Theologie in eine Vorliebe für die Philosophie der Aufklärung umgesetzt. Als der König im August 1788 die Einberufung der Generalstände ankündigte, wurden vier Pamphlete aus seiner Feder zum Fanal der Bewegung, vor allem der „Essai über die Privilegien" und „Was ist der dritte Stand?" Sie sicherten ihm die Wahl als Abgeordneter. Sein Einfluss bei der Vereinigung der drei Stände in einer Nationalversammlung war entscheidend. Auch auf die Verfassung von 1791 hat Sieyès eingewirkt. Ab Mai 1799 war er kurze Zeit Mitglied des Direktoriums, zuvor diente er 1798–99 als Gesandter in Preußen. Er war in dieser Zeit ein Exponent der Ausdehnungspolitik der französischen Republik. Trotz seiner Mitwirkung am Staatsstreich Napoleons (18. Brumaire) und der Ernennung zum Konsul zog er sich bald aus der Politik zurück. In der Restaurationszeit musste er nach Brüssel emigrieren. 1830 konnte er erst zurückkehren und offenbarte das Geheimnis des unbeschadeten Überlebens in mehreren Regimen mit dem Bonmot: „J'ai vecu" (ich habe gelebt) – hauptsächlich im Verborgenen.

Auch Sieyès war ein abstrakter Aufklärungsphilosoph mit einem naiven Vertrauen in die Institutionen, nur dass seine Vorstellungen von Repräsentation simpler und praxisnäher waren als die von Condorcet. Freilich gab es ebenfalls unpraktisch-konstruierte Elemente in seinem Repräsentationsmodell wie die Beschränkung auf Dreijahres-Mandate (Wiederwahl nur nach einer Unterbrechung). Trotz einer rousseauistischen Terminologie mit einem fast mystischen Glauben an das Volk trat er für die Repräsentierbarkeit des Volkeswillens ein. Die Demokratie, die er im Gegensatz zu Montesquieu akzeptierte, wurde zu einer repräsentativen Demokratie. Mit der Überwindung des ständischen Partikularismus wurde das Volk reif für die Ausübung der verfassunggebenden Gewalt. Die Demokratie war jedoch beeinträchtigt durch die auch von Sieyès mitgetragenen Bindungen des Wahlrechts an Steuerleistungen. Mit dieser zensitären Beschränkung waren die Konflikt der Nationalversammlung mit dem Volk von Paris, das die Jakobiner 1793 zu mobilisieren begannen, bereits vorprogrammiert.

In dem „Versuch über Privilegien" suchte er nach dem Zweck des Gesetzes und fand es im Urgesetz (Loi-mère), auf das alle anderen zurückgehen müssen. „Tu dem anderen kein Unrecht". Diesem Prinzip dienen zahlreiche Annäherungen in einzelnen Gesetzen. Die Privilegierten stellten sich nach Ansicht von Sieyès (PSchr: 94) außerhalb der Maxime und sagten sinngemäß: „ihr dürft dem anderen Unrecht tun".

Die Schrift über den Dritten Stand war wie ein Katechismus angelegt: „Der Plan dieser Schrift ist ganz einfach. Wir haben uns drei Fragen vorzulegen: 1. Was ist der Dritte Stand? ALLES (Großbuchstaben im Original). 2. Was ist er bis jetzt in der politischen Ordnung gewesen? NICHTS. 3. Was verlangt er? ETWAS ZU SEIN" (PSchr: 119; Qu'est-ce 1789: 3). Die dritte Antwort klang bescheidener als sie in der ersten schon impliziert war. Tatsächlich hat der dritte Stand sich mit dem Volk gleichgesetzt und verlangt, als ALLES anerkannt zu werden. Zur Realisierung des Programms untersuchte er, was die Minister und ihre Gegner, die Privilegierten vorschlagen, was man hätte tun sollen, und schließlich was der Dritte Stand tun muss, um den ihm gebührenden Platz einzunehmen. Die Sozialanalyse war ähnlich holzschnittartig. Die Aktivitäten im Staat bestehen aus Arbeit und öffentlichen Funktionen. Die Arbeit leistete der Dritte Stand, die öffentlichen Funktionen (Degen, Robe, Kirche und Administration) nehmen die Privilegierten, für die er die Zahl von 200 000 für die zwei ersten Stände errechnete, ein. Der dritte Stand, der 95 % der Gesellschaft ausmache und 26 Millionen umfasse, sei mit allem belastet, „was wirklich mühsam ist". Die Regierung ist zur „erblichen Beute einer besonderen Klasse" geworden, und hat sich über alle Maßen aufgebläht, um Stellen für die Privilegierten zu schaffen. Der Kaste der Adligen räumte er keinerlei Stelle unter den „Grundelementen der Nation" ein. Die Nation wurde schließlich als „eine Körperschaft von Gesellschaftern, die unter einem gemeinschaftlichen Gesetz leben und durch dieselbe gesetzgebende Versammlung repräsentiert werden" definiert. Recht und Repräsentation wurden so zu Grundpfeilern des Systems, das noch keineswegs als Demokratie bezeichnet werden konnte. Die Repräsentanten hatten für Sieyès kein imperatives Mandat (PSchr: 124). Mit den anglophilen Gemäßigten setzte er sich durch Relativierung des von Montesquieu bis De Lolme verherrlichten englischen Systems auseinander: „Ich leugne nicht, daß die englische Verfassung für die Zeit ihrer Entstehung ein staunenswürdiges Werk ist. Doch obgleich man bereitwillig über den Franzosen spottet, der nicht vor ihr auf die Knie fällt, wage ich zu sagen, daß ich in ihr nicht die Einfachheit der guten Ordnung, sondern eher ein Gerüst von Vorkehrungen gegen die Unordnung erblicke" (PSchr: 162). Das ehrwürdige Alter der englischen Verfassung ließ er nicht gelten. Die meisten Einrichtungen – selbst die Despotie – sind von langer Dauer. Als besseren Prüfstein für seine „art social" schlägt er die Wirkungen des Systems vor. Kopie Großbritanniens kam für ihn nicht in Frage, auch wenn einzelne britische Einrichtungen wie das Geschworenengericht seine Bewunderung fanden: „Schwingen wir uns doch mit raschem Entschluß zu dem Ehrgeiz auf, unsererseits den Nationen ein Beispiel zu sein" (PSchr: 163). Die Konkurrenz der beiden Modelle hat das gesamte Zeitalter der Ideologien künftig in der Debatte bewegt. Erster Schritt zum französischen Modell war die „verfassunggebende Stellvertretung ... ohne Rücksicht auf die Standesunterschiede". Mit den beiden anderen Ständen konnte die Nationalrepräsentation nicht gemeinsam abstimmen. Ein Bündnis war für ihn ausgeschlossen. Den „gemäßigten Leuten" wird ins Gewissen geredet, welche das „vorsichtige Verhalten des Administrators" mit „der freien Tatkraft des Philosophen" verwechselten (PSchr: 193). Die Gedankenspiele der Philosophen und ihrer Theorie waren für Sieyès keine Hirngespinste, sondern eine wichtige handlungsanleitende Theorie, welche nur die „gedankenlosen Schwätzer", von denen es nicht wenige gab, verkannten.

Sieyès wurde Mitglied des Verfassungsausschusses, der ihn beauftragte, eine Erklärung der Bürgerrechte auszuarbeiten. In den Vorbemerkungen stellte er klar, daß er seine große Wahrheit nicht als „Glaubensartikel vorschreiben" wolle, sondern an die Vernunft und Einsichtigkeit zu appellieren. Zu den Grundsätzen, die er verkündete, gehörte, dass jedes öffentliche Amt künftig nicht mehr als Eigentumspfründe, sondern als Auftrag verstanden wird. Ausübung öffentlicher Ämter wurde vom Recht in eine Pflicht verwandelt. Zu den Grundrechten gehörte das Eigentumsrecht (Art. VIII, IX). Neu waren ein Widerstandsrecht, Gewalt mit Gewalt zu begegnen (Art. XXII) und der Anspruch auf die Unterstützung seiner Mitbürger, für den, der nicht imstande ist, für seinen Lebensunterhalt selbst zu sorgen (Art. XXV). Die Verkündung der verfassunggebenden Gewalt des Volkes wurde vom Recht des Volkes, seine Verfassung zu überprüfen, fast zu einer Pflicht verwandelt: „Es wäre sogar gut, feste Zeitpunkte zu bestimmen, zu denen diese Revision, aus welcher Notwendigkeit auch immer, stattfinden soll" (Schlussartikel XXXII).

In der Regierungsformenlehre, die er in einer Rede über das königliche Veto der Nationalversammlung am 7. September 1789 erläuterte, unterschied er „wahre Demokratie" und die „repräsentative Regierungsform". Der Begriff Demokratie war noch kaum verbreitet und bezog sich auf ein System mit direkter Gesetzgebung (vgl. Palmer 1953). Die direkte Volksgesetzgebung in einer Demokratie schied für ihn aus, weil die größte Mehrheit des Volkes weder genug Bildung noch genug Muße haben, um sich unmittelbar mit den Gesetzen zu befassen. Frankreich durfte keine Demokratie für ihn werden, aber auch kein föderaler Staat, in dem die Republiken nur locker miteinander verbunden sind. Er sah fünf bis sechs Millionen Aktivbürger in Frankreich. Sie verzichten auf direkte Gesetzgebung, aber: „Auf die Person ihrer Beauftragten stehen ihnen aller Einfluß und alle Macht zu, mehr aber nicht" (PSchr: 267). Er bekräftigte dabei noch einmal die Ablehnung des imperativen Mandats. Im Verhältnis von Wählern und Gewählten gab es für ihn nur die Möglichkeit, Eingaben, Ratschläge und Empfehlungen zu formulieren. Alle Bürger des Landes sind Auftraggeber der Gewählten, nicht der einzelne Wahlkreis. Selbst die strengen Demokraten müßten aus Zweckmäßigkeitsgründen ähnlich verfahren, um nicht ständig nach Hause gehen und „immer wieder individuell von vorne zu beginnen". Erneut setzte sich Sieyès vom britischen Modell ab, weil England keinen Unterschied zwischen der verfassunggebenden und der gesetzgebenden Gewalt mache. Folglich könne das britische Parlament notfalls die königlichen Prärogativen angreifen. Daher benötige die Krone dort ein Veto und das Recht der Parlamentsauflösung. In Frankreich sei dies nicht nötig. Ein königliches Veto wäre in Frankreich „unnütz und fehl am Platz". Bei Gewaltenkonflikten sollte weder „Aufstand" und „Steuerverweigerung" vom Volk einerseits noch das Veto vom König andererseits eingesetzt werden: „All diese Mittel sind schlimmer als das Übel selbst" (PSchr: 271). Den Ausweg sah er in der außerordentlichen Anrufung der verfassunggebenden Gewalt.

In der parlamentarischen Willensbildung ließ Sieyès die getrennte Beratung von Gruppen zu, solange die Einheit der Entscheidung gewahrt blieb, musste es keine Einheit der Debatte geben. In diesem Punkt bewahrte er sich einen liberalen Zug, während die radikalen Jakobiner aus der „unteilbaren Nation" dann auch die „unteilbare Deutung ihres Willens" durch eine entschiedene Minderheit in despotischer Weise folgerten.

Mit der holzschnittartigen Artikulation der Bedürfnisse des Dritten Standes hatte er den richtigen Ton getroffen. Es wurde vermutet (Schmitt 1968: 140), daß der dritte Stand kaum positive Vorstellungen hatte, was er wollte. Aber er fühlte sich tief von Sieyès verstanden, weil er wusste, was er zu fürchten hatte: einen Kompromiss zwischen Krone und den oberen Ständen auf seine Kosten.

Dieses Pamphlet wurde die erfolgreichste Flugschrift aller Zeiten. In wenigen Tagen wurden 30 000 Exemplare verkauft – ein ungewöhnlicher Erfolg für einen Rationalisten, der kompromisslos eine ganz neue politische Ordnung entwarf. Das Comité breton als radikalste Fraktion des Dritten Standes forderte erst die beiden anderen Stände auf, sich mit dem dritten Stand zur Verfassungsarbeit zu vereinigen. Als keine Antwort erfolgte, deklarierte sich die Versammlung des Dritten Standes am 17. Juni 1789 zur Nationalversammlung. Sieyès war der Wortführer dieser radikalen Gruppe, die als eine Wiege des späteren Jakobinerclubs interpretiert worden ist (Schmitt 1968: 143).

Sieyès hat in seiner zweiten aktiven Politikerzeit als Konsul versucht, Napoleon verfassungsmäßig in Schranken zu halten. Sein Entwurf für eine Verfassung des Jahres VIII war jedoch ein so kompliziertes Räderwerk, dass sie nicht akzeptiert wurde (Schaffner 1907). Sieyès ist als Opportunist wegen seiner Mitwirkung an verschiedenen Verfassungsprojekten kritisiert worden. Tatsächlich ist er jedoch nicht vom extremen Linken zum rechten Steigbügelhalter eines Diktators geworden. Seine Verfassungsvorstellungen wurden immer komplizierter. Aber die Grundlinien haben sich – ähnlich wie später bei Constant – nur wenig geändert.

Sieyès Verdienst war es, die Repräsentationsidee, die sich zuvor allenfalls pragmatisch aus einer Konstruktion der Gewaltenteilung ergab, über Locke hinaus mit der Idee der Volkssouveränität verbunden und moralisch überhöht zu haben, so daß sie mehr als ein Organisationsproblem war. Auch in der Theorie der subjektiven Rechte des Volkes gab er den historischen Dualismus Fürst-Volk bei Locke auf und verband die Menschenrechte mit einer monistisch konstruierten Lehre der Volkssouveränität im Sinne Rousseaus (Loewenstein 1922: 37; Zweig 1909: 126). Neben Constant wurde er so zum einflussreichsten Verfassungstheoretiker des 19. Jahrhunderts, weil er die Sicherung der Menschenrechte durch die Repräsentation der nationalen Rechte miteinander verbunden hatte. Diese schöpferische Tat fand jedoch in den Augen von konservativen Liberalen wie Tocqueville (Oeuvres II.2: 147) keine Gegenliebe. Er sah in Sieyès letztlich den „Priester selbst im Milieu seiner revolutionären Leidenschaften: seine Rigorosität, sein Hochmut, sein Geschmack an Metaphysik, sein despotisches Naturell".

Quellen

Sieyès: Qu'est-ce que le tiers-etat? Paris ,ohne Verlag 1789, 3. Aufl. (zit.: Qu'est-ce).
Sieyès: Was ist der dritte Stand? (Hrsg.: O. Brandt). Berlin, Hobbing, 1901.
Sieyès: Politische Schriften 1788–1790 (Hrsg.: E. Schmitt/R. Reichardt) Darmstadt,
    Luchterhand, 1975 (zit.: PSchr).
Sieyès: Abhandlung über die Privilegien. Was ist der dritte Stand? (Hrsg.:
    R. H. Foerster) Frankfurt, Insel, 1968.
O. W. Lembcke/F. Weber (Hrsg.): E. J. Sieyès: Was ist der dritte Stand? Ausgewählte
    Schriften. Berlin, Akademie Verlag, 2010.

Literatur

P. Bastid: Sieyès et sa pensée. Paris, Hachette, 1939.
J.-D. Bredin: Sieyès. La clé de la Révolution française. Paris, Fallois, 1988.
Ch. Ph. Dijon de Monteton: Der lange Schatten des Abbé Bonmot de Mably.
    Divergenzen und Analogien seines Denkens in der Politischen Theorie des
    Grafen Sieyès. In. U. Thiele (Hrsg.): Volkssouveränität und Freiheitsrechte.
    C. J. Sieyès. Baden-Baden, Nomos, 2009: 43–110.
Ch. Hibbert: De Days of the French Revolution. New York, William Morrow, 1982.
A. Riklin: Emmanuel Joseph Sieyès und die Französische Revolution. Bern, Stämpfli,
    2001.
S. Schaffner: Die Sieyés'schen Entwürfe und die Entstehung der Verfassung des Jahres
    VIII. Leipzig, Diss., 1907.
E. Schmitt: Sieyès. In: H. Maier u. a. (Hrsg.): Klassiker des politischen Denkens. Bd. 2.
    München, Beck 1968: 135–160.
E. Schmitt: Repräsentation und Revolution. Eine Untersuchung zur Genesis der
    kontinentalen Theorie und Praxis parlamentarischer Repräsentation aus der
    Herrschaftspraxis des Ancien régime in Frankreich. 1760–1789 München, Beck,
    1969.
G. G. Van Deusen: Sieyès: His Life and His Nationalism. New York, Columbia
    University Press, 1968.

4 Britischer Radikalismus in der Zeit der französischen Revolution: Paine, Pristley, Wollstonecraft

In keiner der fünf hier behandelten „theoretischen Großmächte" der Politik
konnte man sich so leicht auf einen Vorläufer des Liberalismus einigen wie in
Großbritannien, wo Locke unangefochtener eine Vordenkerrolle hatte als selbst
Kant in Deutschland. Es ist kein Zufall, daß Locke diesen Konsens erzeugte, da er
beide Seiten der modernen Repräsentativverfassung, die Gewaltenteilung und die

checks and balances für die Machtbeschränkung einerseits und die rechtsstaatliche Seite andererseits wie kein anderer in seinem Denken zur Synthese brachte. In der „Sattelzeit" der französischen Revolutionsepoche tauchten in Großbritannien eher radikale als liberale Denker auf. Noch heute wird Bentham häufiger dem Radikalismus als dem Liberalismus zugeordnet. Die lange Vorherrschaft der Whigs hatte den Liberalismus ins Unklare und Korrupte verzerrt. Das bloße Wort „liberal" tauchte nicht vor 1816 in England auf und wurde auch dann noch lange als Lehnwort aus dem Spanischen und Französischen empfunden (de Sauvigny 1970: 153).

Die Dominanz des Radikalismus in England, einem Land, das nicht revolutionsreif wie Frankreich erschien, erklärt sich aus der Hegemonie eines liberalen Klimas. Ein Land, in dem der Adel sich mit dem Besitzbürgertum mischte, eine stehende Armee als Stütze despotischer Neigungen der Krone nicht existierte (die Flotte operierte dezentral und ernährte sich außerhalb des Landes) und wo ein Grundbesitz früh dem possessiven Individualismus huldigte und sich mit dem Kapital des Bürgertums verband, konnte die politische Herausforderung nur „radikal" sein. Schon die gemeinsamen Grundlagen der beiden großen Parteien erforderten eine Zuspitzung des kritischen Profils der Radikal-Liberalen. Die Whigs waren von den Tories oft kaum zu unterscheiden. Sie sympathisierten mit den spanischen „liberales", ohne zur Intervention bereit zu sein. Sie waren vielfach sogar langsamer als die Tories in der Adaption der Idee des Freihandels. Der Radikale Francis Place äußerte seine Enttäuschung über den halbherzigen Liberalismus der Whigs: „There is no real difference between the Whig and Tory factions". Den einzigen Unterschied sah er darin, daß die Tories Sorge hätten, der König könne auf dem Adel und dem Volk herumtrampeln, während die Whigs eine aristokratische Oligarchie bildeten, um auf dem König und dem Volk herumzutrampeln (zit. in: Cobban 1955: XXXIX).

Schon die amerikanische Revolution hatte eine Debatte in Gang gebracht, in der radikale Pamphletisten auch die Republik für England erwogen und sich auf die alte Tradition der „klassischen Republikaner" wie Milton, Harrington und Algernon Sidney besannen. Mit der französischen Revolution bekam diese Debatte neue Nahrung. Die Pamphletisten stammten vielfach aus den Kreisen dissentierender nonkonformistischer Pastoren. *Richard Price* (1723–1791), ein solcher Dissenter, verband 1789 das Lob der französischen Revolution mit der Bestätigung der Errungenschaften der Glorious Revolution von 1688, eine Parallele, die spätestens 1792 obsolet wurde. Price wurde zum Auslöser des Burkeschen Buches und von hunderten weiterer Pamphlete (Price 1789).

Joseph Priestley (1733–1804), ein Pfarrer der Unitarier, wurde 1791 Opfer eines Aufruhrs in Birmingham, bei dem zwei unitarische Versammlungsstätten und Priestleys eigenes Haus geplündert wurden. 1794 ging er entnervt nach Amerika. In seiner Stellungnahme über die Riots machte er die religiöse Bigotterie und die Animosität der staatlichen Hochkirche gegen die Dissenter für die Unruhen verantwortlich (Dok. in: Cobban 1963: 424). Priestley hatte in seinen Briefen an Edmund Burke schon die Beziehungen von Staat und Kirche in England kritisch unter die Lupe genommen. Paine, Mackintosh (1791) und Priestley gehörten einer radikalen Strömung an, welche vor allem Rechte der einzelnen Bürger einforderten. Ein kollektivistischer Zweig des Radikalismus hat bei Mary Wollstonecraft (1790, 1994) oder William Godwin stärker den Gedanken der Gemeinschaft und der moralischen Wahrhaftigkeit betont.

Mary Wollstonecraft (1759–1797) brachte eine Innovation in die Debatte über „Rights of Man". 1790 hat sie als Antwort auf Burke ihre Schrift „A Vindication of the Rights of Men" veröffentlicht. 1792 folgte „A vindication of the Rights of Women", die Talleyrand gewidmet war. In der Widmung betonte die Autorin, daß sie für ihr Geschlecht und nicht für sich selbst plädiere, zumal in Frankreich „mehr Verbreitung von Wissen als in irgendeinem anderen Land der Welt" zu finden sei (Wollstonecraft 1994: 65). Sie plädierte für eine gleiche Erziehung wie die Männer sie erhielten auch für Frauen, weil diese sonst in „Wissen und Tugend" im Vergleich zu den Männern zurückfallen müßten. Der angeblich homophile Burke ist nach einer feministischen Deutung (Janet Todd in Einl. zu: Wollstonecraft 1994: XXIII) bewusst als Zielscheibe für die Angriffe einer homophoben Frau ausgesucht worden. Ihre Vorbilder waren Rousseau (außer seinen unliebenswürdigen Einlassungen über die Frauen in dem berüchtigten Brief an d'Alembert) und Priestley. Für eine Einforderung der Frauenrechte gab es nur wenige Vorbilder – außer Condorcet – der, wie Wollstonecraft, die äquivalente Erziehung für Frauen betont hatte. Wollstonecraft forderte sogar Koedukation. Selbst Thomas Paines Reklamation der Rights of Man enthielt keine Auseinandersetzung mit der Frauenfrage. Es war eine Männerwelt, in denen auch aufgeklärte Geister wie Horace Walpole auf das Buch mit der Invektive „Hyena in petticoats" reagierte. Wie bei vielen Radikalen von Rousseau bis zu ihrem alten Mentor Priestley wurde die Vision Smiths für die moderne Marktwirtschaft nicht akzeptiert, weil sie Luxus und Egoismus fürchtete, weit mehr als Paine, der den steigenden Handel immerhin noch als freiheitsfördernd wertete. Das wortreiche und repetitive Plädoyer war eigentlich keine Analyse der Menschenrechte, sondern zielte mehr auf die „manners" als auf die „civil rights" ab. Das Buch beklagt das Eingesperrtsein des fraulichen Selbst in weiblicher Sexualität, die Unterwerfung des Gehirns unter den Körper, die Seele unter die Sensualität, was Frauen und schließlich die ganze Gesellschaft versklavt. Ihr rationaler Feminismus verlangt hingegen einen natürlichen geschlechtsunabhängigen Geist in einer Revolution der „female manners". Selbst William Godwin, den sie kurz vor ihrem Tod heiratete, fand das Buch „rigide und etwas amazonenhaft". Der Einfluss von Mary Wollstonecraft lag weniger bei ihren Zeitgenossen. Aber sie wurde zur Ikone einer späten feministischen Wiederentdeckung, auch wenn Wollstonecrafts „präfreudischer Feminismus" von der modernen Frauenbewegung als „überholt" angesehen wurde (ebd.: XXX). Ihr Radikalismus hat verhindert, daß selbst die frühe Frauenbewegung in England kaum wagte, sich auf sie zu berufen.

Thomas Paine (1737–1809) wurde von den frühen Radikalen am einflussreichsten auf die Debatte, schon allein durch das Echo, das er in Amerika hatte. Aus einer Quaker-Familie stammend hat er vom Seemann und Ladenbesitzer bis zum Laienprediger alle möglichen Metiers ausprobiert. Seine moralische Sensibilität führte zu monatelangen Petitionen für die Steuerbeamten, was ihm seine Ehe, seinen Job und sein Geschäft kostete. Er emigrierte nach Amerika und fand Anstellung in einer Zeitung in Pennsylvania. 1776 erschien das Pamphlet „Common Sense", in dem er sich für die Amerikanische Unabhängigkeit aussprach. Im Erscheinungsjahr erreichte die Flugschrift bereits 25 Auflagen. Paine wurde aufgefordert, sich an der Schaffung einer liberalen Staatsverfassung für Pennsylvania zu beteiligen. 1787 war er wieder in Europa und verteidigte seine radikalen Freunde gegen Burke in der Schrift „Rights of Man" mit scharfen Attacken gegen die Monarchie. England verfolgte ihn wegen Aufruhrs, während Frankreich ihn in die Nationalversammlung wählte. Paines Republikanismus hinderte ihn nicht, gegen die Hinrichtung König Ludwig XVI zu sprechen. Er kam in der Zeit des Terrors in Konflikt mit der Staatsmacht, wurde eingesperrt und um ein Haar selbst hingerichtet. In Frankreich schrieb er „The Age of Reason" (1794) mit scharfen Angriffen auf die Religion. 1802 ging er nach Amerika zurück, wo er von der Presse der Federalisten scharf angegriffen wurde. Er starb einige Jahre später in Isolation und Vergessenheit.

Teil 1 der „Rights of Man", der Washington gewidmet war, ist den Ursprüngen der Revolution bis zur Erklärung der Menschenrechte gewidmet. Er warf Burke vor, weder über Verfassungen noch über die Französische Revolution geschrieben zu haben (1958: 74). In der Konklusion kam er zu einer schlichten Typologie der Regierungsformen von „Regierung durch Wahl und Repräsentation" und Regierung durch Erbfolge, die er ablehnte. Den Mythos des „mixed government" tat er als unverantwortliche Regierung ab. Der Grundsatz „the king can do no wrong" hieß für Paine (1958: 131), ihn auf einer Stufe mit Idioten zu stellen. Er verkündete drei Prinzipien: Menschen sind frei und gleich. Die Rechte des Menschen sind Freiheit, Eigentum, Sicherheit und Widerstand gegen Unterdrückung. Die Nation ist die Quelle der Souveränität und nicht ein Individuum oder ein „body of men".

Über Teil II der Rights of Man ging das Gerücht, daß die Regierung versucht habe, das Copyright aufzukaufen. Jedenfalls wurde der Druck verzögert und 1792, als das Buch dann erschien, gleichwohl ein Erfolg. Dieser Teil war Lafayette gewidmet. Treuherzig bot er Burke an, ihn zu treffen, wann immer dieser es wünsche. Sehr unenglisch hat er alle Gesetze aus dem Naturrecht gefolgert (1958: 160). Burke hat er erneut seine Ignoranz vorgehalten, er habe Demokratie und Repräsentation verwechselt. Die Republik – wie bereits in der begriffsgeschichtlichen Einleitung angedeutet – war für ihn gar keine Regierungsform. Zu den drei herkömmlichen Regierungsformen trat bei ihm als vierte die Repräsentativverfassung hinzu. Die amerikanische Regierungsform war für ihn „Repräsentation in die Demokratie eingeprägt" (1958: 177). Die repräsentative Demokratie war die beste, weil sie das Übel der Korruption in Aristokratien und Monarchien heile, aber auch die Nachteile der direkten Demokratie vermeide.

Die „Rights of Man" wurden später Schullektüre, vor allem in Amerika. Sie galten jedoch als eher seicht und unoriginell. Der Autodidakt Paine zeigte im Vergleich zu Burke eine sehr lückenhafte Bildung. Der agitatorische Wert überstieg den theoretischen.

Mit der Radikalisierung der französischen Revolution wurden viele der radikalen Einwände gegen Burke und die Konservativen obsolet. Als der Spuk mit dem Sturz Napoleons vorbei war, hat *Mary Shelley* (1989), Tochter des radikalen und anarchistischen Philosophen Godwin (vgl. Band 3: Anarchismus) ihren „Frankenstein" (1817) geschrieben. Der Monstermacher, der von seinem Produkt verschlungen wurde, galt vielfach als die fiktionalisierte Parabel auf die Französische Revolution, die mit ihrem hemmungslosen Rationalismus und Drang nach „happiness" scheiterte. Als Botschaft wurde herausgelesen: jedes System bringt seine Monster hervor. Sie wurde auch als Persiflage auf den Ordnungswahn der Restauration verstanden (Sterrenburg 1979). Das „Monster der Konterrevolution" hat auch England nicht verschont. 1794 wurden einige Habeas-Corpus-Rechte suspendiert. Per Dekret konnten vorsorglich Personen verhaftet werden, welche „gegen die Person des Königs und der Regierung konspirieren" (Dok. in: Cobban 1963: 333). Die Französische Revolution sicherte in England den Tories eine lange Herrschaft. Dem Ausbau der Macht diente die ständige Propaganda gegen die „fünfte Kolonne" der Jakobiner in England. Der Konservatismus in Großbritannien war jedoch verglichen mit den Mächten der Heiligen Allianz noch von milder Repression in einem Land, wo ein führender Staatsmann wie Castlereagh die Grundsätze der Heiligen Allianz als eine „Mischung aus Metaphysik und Dummheit" bezeichnete.

Quellen

A. Cobban (Hrsg.): The Debate on the French Revolution. London, Black, 1950.
S. Maccoby (Hrsg.): The English Radical Tradition 1763–1914. London, Adam & Black, 1952, 1966, 2. Aufl. (Dokumente).

J. Mackintosh: Vindiciae Gallicae. defence of the French revolution and its English admirers against the accusation of the right hon. Edmund Burke. London, Robinson, 1791.

T. Paine: Selected Writings. New York, Random House (Modern Library), 1943, 1945.

T. Paine: The Age of Reason. New York, Paine Foundation, 1950.

T. Paine: Rights of Man (März 1791). London, Dent (Every Man's Library), 1958.

T. Paine: Rights of Man, Common Sense, and other political writings (Hrsg.: M. Philp). Oxford, Oxford University Press, 1998.

R. Price. Discourse on the Love of Our Country. London, G. Stafford, 1789.

J. Priestley: An essay on the first principles of government, and on the nature of political, civil, and religious liberty. London, J. Johnson, 1768.

M. W. Shelley: Frankenstein or the Modern Prometheus. Oxford, Oxford University Press, 1989.

M. Wollstonecraft: Political Writings. Oxford, Oxford University Press, 1994.

M. Wollstonecraft: Selected Letters (Hrsg. J. Todd). London, Penguin Classics, 2004.

M. Wollstonecraft: A Vindication of the Rights of Women (1792). Oxford, Oxford University Press, 2009.

Literatur

G. Bock: Frauen in der europäischen Geschichte. München, Beck, 2002.

Z. Eisenstein: The Radical Future of Liberal Feminism. London, Longman, 1981.

R. R. Fennessy: Burke, Paine and the Rights of Man. Den Haag, Nijhoff, 1963.

E. Gibbels: Mary Wollstonecraft zwischen Feminismus und Opportunismus. Tübingen, Narr, 2004.

E. Halévy: The Growth of Philosophic Radicalism. Boston, Beacon Press, 1955, 1960.

J. Keane: Thomas Paine. Ein Leben für die Menschenrechte. Hildesheim, Claassen, 1998.

G. Levine/U. C. Knoepflmacher (Hrsg.): Essays on Mary Shelley's Novel. Berkeley, University of California Press, 1979: 143–171.

C. Nelson: Thomas Paine. New York, Viking, 2006.

K. Priester: Mary Wollstonecraft, eine Leben für die Frauenrechte. München, Langen Müller, 2002.

B.Taylor: Mary Wollstonecraft and the Feminist Imagination. Cambridge, Cambridge University Press, 2003.

W. Thomas: The Philosophic Radicals. Oxford, Clarendon, 1979.

5 Deutscher Liberalismus und Jakobinismus in der Zeit der französischen Revolution

Die verspäteten Nationen wie Deutschland und Italien in ihrer Zersplitterung in spätabsolutistische paternalistische Herrschaften wurden von der französischen Revolution naturgemäß am stärksten ideologisch aufgewühlt. Beide Länder wurden jedoch rasch dem hegemonialen Druck des revolutionären Expansionismus ausgesetzt. In Deutschland, wo es sogar zu Annexionen kam, hat diese Entwicklung noch stärkere Vorbehalte gegen die Französische Revolution genährt als in Italien.

Wie in anderen Ländern haben die Historiker darum gestritten, ab wann man in Deutschland von „Liberalismus" sprechen könne. Einige haben die Beschwörung ständischer Freiheiten im aufgeklärten Absolutismus bereits als „Liberalismus" anerkannt. Spätestens in Hegels Schrift über Württemberg (1817) wurde jedoch klar, dass die Berufung auf „das gute alte Recht" ab einer bestimmten Phase sogar „reaktionär" werden konnte. Andere Historiker haben die gesamte Spätaufklärung von Wolf bis Justi als „Frühliberalismus" eingeordnet (Wilhelm 1995). Wo nur theoretische Strömungen untersucht wurden, wie bei Valjavec (1951) konnte der Beginn des liberalen Denkens schon um 1770 angesetzt werden. Wo hingegen der Liberalismus als organisierte Bewegung im Brennpunkt der Untersuchung stand, wurde der Beginn nicht vor 1815 angesetzt (Langewiesche 1988: 13).

Die Suche nach Vorläufern des Liberalismus war umso eifriger, je weniger das System den liberalen Forderungen Rechnung getragen hatte. In Deutschland war das Bedürfnis stark, den ganzen deutschen Idealismus für „liberal" zu erklären. Auch die Weimarer Klassik musste zum Liberalismus dazu gehören, auch wenn Goethes Verdikt in den „Maximen und Reflexionen" diese Einordnung erschwert: „Wenn ich von liberalen Ideen höre, so verwundere ich mich immer, wie die Menschen sich gern mit leeren Wortschällen hinhalten: eine Idee darf nicht liberal sein! Kräftig sei sie, tüchtig, in sich selbst abgeschlossen" (Werke, Hamburger Ausgabe, München, Beck 1981, 9. Aufl., Bd. 12: 384). Dies vielzitierte Wort ist auch viel falsch interpretiert worden. Es ging nicht um einen politischen Liberalismus-Begriff. Goethe hat einen allgemeinen Liberalitätsbegriff im Vertreten von Meinungen zugrunde gelegt, und gleichsam gegen alle „Softies" Stellung genommen. Ein führender Liberaler wie Rotteck, der bekannt dafür war, dass man liberale Ansichten auch kompromisslos hart vertreten konnte, hat sich geweigert, Goethe in Weimar zu besuchen. Der aufrechte Liberale hatte eine Abneigung gegen jedes elitäre und vornehme Getue, dass „der Olympier" in reichem Maße zur Schau trug.

In vergleichenden Studien (Ruggiero 1964) wurde das liberale Denken auch auf den späten reichlich konservativ gewordenen Hegel und die ganze Roman-

tik ausgedehnt. In Deutschland war die Neigung, den jakobinischen Radikalismus unter den Oberbegriff „Liberalismus" zu subsumieren, sehr viel geringer als
in den romanischen Ländern. Aber auch hier wurden Radikalismus und Liberalismus anfangs nicht sehr scharf unterschieden. Gruppen, die sich liberal nannten,
tauchten erst in den 1840er Jahren in Baden auf (Valjavec 1951: 26). Die marxistische und die DDR-Historiographie haben später Radikalismus und Republikanismus scharf vom Liberalismus gesondert, und die Jakobiner als „Vorläufer des
Marxismus" besonders herausgestellt.

Es galt vielfach die Daumenregel, dass Liberale England und Radikale Frankreich bewunderten. Die England-Bewunderung hatte jedoch bei deutschen Liberalen ihre Grenzen. Weder der Utilitarismus noch der Manchester-Liberalismus
wurden akzeptiert. Eine sozialliberale Strömung war auch nach der Überwindung
der paternalistischen „Polizey-Wissenschaft" von Anfang an stark. Selbst der im
Verfassungsrecht originellste deutsche Liberale, Robert von Mohl, hat noch das
letzte wichtige Buch über „Polizei-Wissenschaft" geschrieben. Auch Liberale, denen man geheime republikanische Neigungen nachsagte, wie Rotteck (Schriften IV: 65), blieben weit skeptischer gegenüber der französischen Entwicklung als
die italienischen und spanischen Liberalen jener Epoche.

Dass es in Deutschland so wenig theoretisch ausdifferenzierten Radikalismus
gegeben hat, ließ sich durch die religiöse Sonderentwicklung erklären. Eine vor
allem in Preußen und ganz Norddeutschland typische Mischung von Aufklärung
und Pietismus mit Zentrum in Halle (Thomasius, Wolff und Francke) führte zu
der Möglichkeit, Amtskirche und persönliche Frömmigkeit zu trennen. Daher
fehlte es weitgehend an einem Antiklerikalismus, wie er typisch für den Radikalismus der romanischen Länder wurde. Liberale wie Kant und der junge Fichte haben den Atheismus-Vorwurf immer wie eine persönliche Beleidigung behandelt.
Die protestantisch-preußische Synthese von Aufklärung und Pietismus war auf
den praktischen und gottesfürchtigen Untertanen gerichtet. Aber auch die aristokratische Oberschicht übernahm dieses stark auf soziales Engagement gerichtete
Ethos als Staatsideologie. Sie färbte auch auf den Liberalismus – und vielfach sogar auf den katholischen Konservatismus – ab.

Mit diesem Ethos war politisch ein Rückzug in die Innerlichkeit angelegt. Das
sozial Gute war im kleinen Kreis zu tun. Statt politischer Aktivität wurden Bildung und Kultur zu zentralen Begriffen der Lebensorientierung. Sie sind als säkularisierte pietistische Prinzipien gedeutet worden (Bollenbeck 1994). Zur politisierten rousseauistischen Nationalerziehung wurden sie nur selten eingesetzt, wie
bei Fichte und einigen Denkern, bei denen der Nationalismus den Liberalismus
überlagerte (Arndt, Jahn u.a.). Diese Aufklärungstradition führte zu einem Erziehungsoptimismus in der liberalen Theorie, unter Vernachlässigung der sozialen
und ökonomischen Analyse (eine Ausnahme war in der frühen Zeit List).

Politische Theorien wurden auch in Deutschland von konkreten Ereignissen vorgeformt. Ein früher Radikaler wie Fichte wurde daher zum glühenden Staatsinterventionisten und forderte anachronistisch einen „geschlossenen Handelsstaat". Das mochte noch in der Logik des republikanischen Überschwangs liegen, der auch in Frankreich „alles machen" wollte. Aber selbst einer der wenigen lupenreinen Liberalen der Zeit wie Humboldt, wurde nach der Niederlage von Jena 1806 staatsinterventionistisch gesonnen. Er forderte die Universität Berlin für die Verbesserung der Nationalerziehung – uneingedenk der Skepsis, die er einst in der Frühschrift über „Die Grenzen des Staates" 1792 gegen einen solchen Versuch verbreitet hatte. Selbst hinsichtlich der nötigen Verteidigungsanstrengungen gegen Frankreich bewegte er sich in Richtung „Etatismus". Auch ein sozialistischer Theoretiker wie Engels, der etatistisch aber antipreußisch gesonnen war, zollte dieser Wende Preußens hohes Lob: „Zwei gute Einrichtungen hatte Preußen vor anderen Großstaaten voraus: die allgemeine Wehrpflicht und den allgemeinen Schulzwang ... und damit erhielt Preußen die Möglichkeit, die in der Volksmasse schlummernde potentielle Energie eines Tages in dem Grade zu entfalten, der für eine gleiche Volkszahl anderswo unerreichbar blieb" (MEW, Bd. 21: 422). Die levée en masse des revolutionären Frankreich konnte so auch durch einen gemäßigten Beamtenliberalismus ein funktionales Äquivalent entwickeln.

Je stärker der Nachholbedarf an Modernisierung in einem Lande war, umso mehr hat ein „Beamtenliberalismus" die fehlende Politisierung des Volkes ersetzt. Die Liberalisierung bezog sich aber nur auf den Abbau feudaler Abhängigkeiten. Weniger fortschrittlich war der Beamtenliberalismus angesichts des Prüfsteins „konstitutioneller Rechtsstaat". Ein Gesetzesstaat, in dem der Monarch sich selbst an die Gesetze hielt, schien vielen Beamtenliberalen ausreichend. Das „allgemeine Landrecht" war der wichtigste Schritt in Preußen gewesen. Der Freiherr vom Stein galt vielfach als der klassische Liberale dieses Typs. Er war jedoch ein konservativer Gegner von Aufklärung und Rationalismus und ein noch größerer Gegner der liberalen Wirtschaftsordnung. Ähnliches gilt für Hardenberg, nur dass dieser weniger „ständisch" dachte. Das hat einen wirklichen Liberalen wie Humboldt nicht gehindert, mit beiden befreundet zu sein. Dieser Umstand hat freilich auch Hardenberg nicht gehindert, Humboldt, Boyen und Beyme die Entlassungsurkunde zu überreichen, weil sie gegen die Karlsbader Beschlüsse waren. Der Beamtenliberalismus ging im Allgemeinen nicht über das hinaus, was Hegel (Rechtsphilosophie 1821, § 205) als „allgemeinen Stand" bezeichnete, der „die allgemeinen Interessen des gesellschaftlichen Zustandes zu seinem Geschäfte" machte. Dieser allgemeine Stand war zwar bürgerlich-aufgeklärt konzipiert. Aber er war keineswegs gewillt, seine Macht mit einer nach Kopfzahl abstimmenden Repräsentativversammlung zu teilen.

Quellen

H. Brandt (Hrsg.): Restauration und Frühliberalismus 1814–1840. Darmstadt, Wissenschaftliche Buchgesellschaft, 1979.

F. Federici: Der deutsche Liberalismus. Die Entwicklung einer politischen Idee von Immanuel Kant bis Thomas Mann. Zürich, Artemis, 1946 (Antologie von Texten).

M. Neumüller: Liberalismus und Revolution. Düsseldorf, Schwann, 1973.

Th. Stammen/F. Eberle (Hrsg.): Deutschland und die Französische Revolution. Darmstadt, Wissenschaftliche Buchgesellschaft, 1988.

Literatur

L. Albertin: Liberalismus und Demokratie am Anfang der Weimarer Republik. Düsseldorf, Droste, 1972.

H. Boldt: Deutsche Staatslehre im Vormärz. Düsseldorf, Droste, 1975.

G. Bollenbeck. Bildung und Kultur. Glanz und Elend eines deutschen Bildungsmusters. Frankfurt, Insel, 1994.

L. Krieger: The German Idea of Freedom. History of a Political Tradition. Boston, Beacon Press 1957.

D. Langewiesche. Liberalismus in Deutschland. Frankfurt, Suhrkamp, 1988.

P. Luchtenberg/W. Erbe (Hrsg.): Geschichte des deutschen Liberalismus. Köln, Westdeutscher Verlag, 1966.

D. G. Rohr: The Origins of Social Liberalism in Germany. Chicago, Chicago University Press, 1963.

G. de Ruggiero: Geschichte des Liberalismus in Europa. Nachdruck: Aalen, Scientia, 1964: 202–262.

G. Sell: Die Tragödie des deutschen Liberalismus. Stuttgart, DVA, 1963.

J. J. Sheehan: Der deutsche Liberalismus. Von den Anfängen im 18. Jahrhundert bis zum Ersten Weltkrieg 1770–1914. München, Beck, 1983.

F. Valjavec: Die Entstehung der politischen Strömungen in Deutschland 1770–1815. München, Oldenbourg, 1951.

O. Westphal: Welt- und Staatsauffassung des Deutschen Liberalismus. München, Oldenbourg, 1919.

U. Wilhelm: Der deutsche Frühliberalismus. Von den Anfängen bis 1789. Frankfurt, Lang, 1994.

H. A. Winkler: Liberalismus und Antiliberalismus. Studien zur politischen Sozialgeschichte des 19. Und 20. Jahrhunderts. Göttingen, Vandenhoeck & Ruprecht, 1979.

a) Die deutschen Jakobiner

Der Radikalismus der Jakobiner zeigte sich in einem Wandel des Adressaten von politischer Theorie. Der Radikalismus hörte auf, Bittschriften an die Fürsten zu schreiben, wie das die „Gemäßigten", die Liberalen, weiterhin taten. Die Jakobiner appellierten an das Volk. Während die liberalen Idealisten die Revolution in Deutschland als „Revolution des Geistes" umdefinierten, wurden die Jakobiner zu praktischen Revolutionären nach französischem Vorbild. Rasche Maßnahmen der politischen Emanzipation erhielten Vorrang über die langfristig angelegten Pläne zur sittlichen Emanzipation des Volkes. Anfangs waren die Grenzen zwischen Radikalen und Liberalen fließend. Die Gruppen passten nicht in das Schema Forsters, das klare Fronten schaffen sollte: der Liberalismus spricht den Menschen als „bourgeois" an, der Radikalismus hingegen den Menschen als „citoyen" (zit. Grab 1984: 36). Die Gegenüberstellung war schon deswegen schief, weil in Frankreich auch die radikalsten Jakobiner die Ungleichheit des Besitzes respektierten, und damit den „bourgeois" förderten. Das Volk wurde zwar gelegentlich mobilisiert, aber die intellektuellen Vertreter des Bürgertums zeigten ihm den Weg. Für die Inkonsequenz der Radikalen war *Adolf Franz Freiherr von Knigge* (1752–1796) typisch, der gern radikale politische Ansichten mit platter religiöser Erbauung verband. In seinem Namen verzichtete er auf das „von". Den „Freiherrn" behielt er bei, unter dem Vorwand, dem Titel seinen ursprünglichen Sinn wieder zu verleihen (Spengler 1931).

Große theoretische Originalität konnte nicht erwartet werden, wo schon die politische Theorie der französischen Revolutionäre ein Amalgam von Klassikermeinungen gewesen ist. *Johann Benjamin Erhard* (1766–1827), einer der profiliertesten deutschen Jakobiner, hat in seinem Buch „Über das Recht des Volkes zu einer Revolution" (1795) den hilflosen Satz riskiert: „Da ich kein Buch kannte, auf welches ich mich mit sicherem Beifall des Publikums hätte berufen können, worin sich diese Deduktion vorfände, so hielt ich es für nötig, sie in der ersten Abhandlung selbst zu versuchen" (Erhard 1970: 9). Das klang stark nach dem „Schulmeisterlein Maria Wuz" von Jean Paul. Erhard musste sich mangels Geld und Literaturkenntnis seine revolutionäre Literatur selbst schreiben. Diese Zögerlichkeit hat nicht verhindert, dass Erhard ein großer Einfluss auf den jungen Fichte nachgesagt worden ist (Batscha 1981: 84).

Die deutsche Publizistik war reich an antirevolutionärer Literatur in der Nachfolge Burkes, wie bei Ernst Brandes, August Wilhelm Rehberg oder Friedrich Schlegel (vgl. Bd. II, Konservatismus). Selten profilierte sich eine differenzierte Position, wie die von Johann Friedrich Schink in „Briefe über die deutsche Sansculotterie" (1794): „Es gibt einen geläuterten und reinen Sansculottismus, der mit dieser schmutzigen und ungewaschenen Beinkleiderscheu nichts zu thun hat; der mit diesem verdächtigen Namen sehr respectable Ideen verbindet" (Dok. in: Stammen/Eberle 1988: 299). Während der später ultrakonservative *Friedrich Gentz* (1795, ebd.: 320 ff) mit einiger Sympathie über die „Hauptbegebenheiten des Jahres 1794" berichtete, hat der später christlich-konservative Vordenker *Joseph Görres* (1776–1848) in seinem „Glaubensbekenntnis" noch 1798 die Beseitigung der Despotie begrüßt. Er machte jedoch Einschränkungen, weil er glaubte, „dass das Jahrhundert für die Einführung der demokratischen Form noch nicht erschienen ist, und auch noch sobald nicht erscheinen wird." Die Verfassung des Jahres II hielt er in ihren Grundsätzen für philosophisch „richtig", wenn auch Stückwerk, „und kam um Jahrtausende zu früh" (ebd: 405).

Für die nachholenden Modernisierer wie Deutschland und Italien waren die Bedingungen der Rezeption jakobinischer Gedanken unterschiedlich. Italien hatte kein staatsrechtliches Dach mehr für seine Vielstaaterei, sondern nur den österreichischen Hegemon als Ordnungsmacht. Deutschland hatte noch das morsche Dach des Reiches, an dem nicht wenige Aufklärer noch immer hingen. Liberale und Radikale waren sich vielfach einig, dass eine freiheitliche Ordnung in Deutschland nur auf den Trümmern des Deutschen Reiches entstehen konnte. Diese Ansicht vertrat auch der junge Hegel. *Christoph Martin Wieland* (1733–1813), der Nestor der klassischen Literatur, der als Aufklärer galt, hielt jedoch in seiner Schrift „Über deutschen Patriotismus" (1793, Dok. in: Günther 1985 II: 580) die Rechtszustände im Reich noch für reformierbar, wo Goethe sein Desinteresse am alten Reich schon mit Ironie zu Protokoll gab. Dissens unter den gemäßigten Aufklärern, die später als Liberale bezeichnet worden sind, tauchte in der Frage des Interventionskrieges gegen Frankreich auf. Selbst Wieland konnte sich in seiner Abneigung gegen den „Demokratismus in Frankreich" nicht entschließen, den Interventionskrieg gut zu heißen („Über Krieg und Frieden, 1794, Dok. in: Günther II: 596).

Nur wenige ursprünglich liberale Konstitutionalisten haben alle Entwicklungen der französischen Revolution enthusiastisch nachvollzogen, wie *Johann Georg Forster* (1764–1794). Die Radikalisierung der Revolution beschrieb er in seinen „Parisischen Umrissen" (1794, in: Günther II: 627) in hymnischen Worten. Die „Tugend und Opfer" der Bergpartei wurden in vollem Einklang mit der „öffentlichen Meinung" gewähnt. Solange über innerfranzösische Entwicklungen publiziert wurde, blieb die Debatte politisch folgenlos. Aber als die Mainzer Jakobiner den Anschluss an Frankreich erklärten, wurden publizistische Meinungen zur „Reichsangelegenheit". Die Stimmung der meisten Aufklärer – in Spanien „afrancisados" genannt, es fehlte ein entsprechender Begriff im Deutschen – schlug um. „Nationaler Verrat" wurde gebrandmarkt. Als die deutschen Truppen der „Rheinischen Republik" ein Ende bereiteten, fiel Forster unter die „Reichsacht". Er floh und beendete seine Tage auf einem untergeordneten Posten in Paris.

Anfangs schien noch Hoffnung zu bestehen, dass der konstitutionelle Staat in Frankreich „Politik und Moral" wieder vereinen werde, wie Radikale und Liberale glaubten. Die beiden Gruppen konnten sich auf die „Rechte" einigen, die dem Bürger zustanden. Die „Liberalen" aber lehnten die „Pflichten" der citoyens ab, welche die Jakobiner mit zunehmendem Gesinnungsterror durchsetzten. Nach der Hinrichtung des Königs schieden sich die Geister. Von Kant bis Schiller wurde nicht akzeptiert, dass dieser Schritt von den Radikalen als Sicherheitsmaßnahme zur Rettung des Gemeinwesens dargestellt wurde (Reinalter 1977: 64). In England wurde er immerhin selbst vom radikalen Tom Paine abgelehnt (vgl. Kap.II.2).

Die nächste Bruchlinie zwischen Liberalen und Radikalen entstand durch die Besatzungspolitik der revolutionären Truppen Frankreichs auf deutschem Boden. Der kriegsgewinnlerische „bourgeois" verdrängte zunehmend den solidarisch-internationalistischen „citoyen". Die Ausplünderung des Rheinlandes durch die Besatzungsmacht hat der jakobinischen Sache bleibenden Schaden zugefügt. Der deutsche Jakobiner *Andreas Georg Friedrich Rebmann* (1768–1824) hat in seiner „Vollständigen Geschichte meiner Verfolgungen und Leiden" (1796, Dok. in: Stammen/Eberle, 1988: 366 ff) die Ursachen der Entfremdung schonungslos aufgedeckt. Sie reichten vom anarchischen Verhalten der deutschen Jakobiner und der Prahlerei der Franzosen unter Custine, die angeblich so ignorant waren, dass sie „Preußen für eine österreichische Provinz" hielten, bis zur Pöbelherrschaft und zur „Langsamkeit der kalten Deutschen", die in ihren dreihundert „Naziönchen" zu keiner Reform fähig gewesen sind. Als das französische Direktorium 1797 das Rheinland annektierte, wurde den Deutschen keinerlei Partizipationsrecht mehr eingeräumt. Die jakobinische Publizistik verstummte weit früher als in Italien.

Die Interessen der deutschen und französischen Jakobiner divergierten zunehmend. Forster hatte sich vom Anschluss an Frankreich eine Belebung des Rheinhandels versprochen. Aber die Wirtschaft lag darnieder. Auch die französischen Revolutionäre hatten kein klares Konzept. Die gemäßigten Girondisten, die bis 1791 das Übergewicht besessen hatten, waren expansionistisch gesonnen. Nach der ersten Niederlage der Revolutionstruppen bei Neewinden in Belgien, hat Danton im April eine Resolution eingebracht, die empfahl, sich nicht mehr in die Revolutionierung anderer Länder einzumischen. Auch Robespierre trat wiederholt gegen einen Export der Revolution auf, und empfahl erst einmal die demokratischen Grundsätze im eigenen Land zu konsolidieren (Quellen in: Grab 1984: 201). Dennoch kam es zu Anweisungen des Revolutionsausschusses, sich bei den Kämpfen aus dem fremden Gebiet zu ernähren. Custine erließ Aufrufe an die „Gedrückte Menschheit in Deutschland im Namen der Franken und der Republik". Sie troffen vor fraternalistischem Vokabular (Dok. in: Grab 1984: 202 f). Die Praxis Custines hingegen war harte Besatzungspolitik. Deutsche Jakobiner dienten in Städten wie Aachen oder Mainz in paritätischen Ausschüssen als „nützliche Idioten". Die revolutionäre Begeisterung des Volkes verflog. Eine eigenständige Theorie der frankophilen Intellektuellen konnte auf dieser Basis nicht mehr entstehen.

Quellen

J. B. Erhard: Über das Recht des Volks zu einer Revolution und andere Schriften. (Hrsg.: H. H. Haasis). München, Hanser, 1970.

G. Forster: Sämtliche Schriften, Tagebücher, Briefe. (Hrsg.: Deutsche Akademie der Wissenschaft zu Berlin (DDR), 1958 ff. (auf 19 Bände berechnet).

G. Forster: Kleine Schriften und Briefe. (Hrsg.: C. Träger). Leipzig, Reclam, 1964.

G. Forster: Revolutionsbrief. Frankfurt, Athenaeum Verlag, 1981.

H. Günther (Hrsg.): Die Französische Revolution. Berichte und Deutungen deutscher Schriftsteller und Historiker. Frankfurt, Deutscher Klassiker Verlag, 1985, 2 Bde.

A. Kuhn (Hrsg.): Linksrheinische deutsche Jakobiner. Aufrufe, Reden, Protokolle, Briefe und Schriften 1794–1801. Stuttgart, Metzler, 1978.

H. Scheel (Hrsg.): Jakobinische Flugschriften aus dem deutschen Süden Ende des 18. Jahrhunderts. Berlin, Akademie-Verlag, 1965.

Th. Stammen/F. Eberle (Hrsg.): Deutschland und die Französische Revolution. Darmstadt, Wissenschaftliche Buchgesellschaft, 1988.

Literatur

Z. Batscha: Studien zur politischen Theorie des deutschen Frühliberalismus. Frankfurt, Suhrkamp, 1981.

F. Dumont: Deutsche Jakobiner. Mainzer Republik und Cisrhenanen 1792–1798. Mainz, Hesse, 1981.

W. Grab: Ein Volk muß seine Freiheit selbst erobern. Zur Geschichte der deutschen Jakobiner. Frankfurt, Büchergilde Gutenberg, 1984.

H. Reinalter (Hrsg.): Jakobiner in Mitteleuropa. Innsbruck, Inn-Verlag, 1977.

H. Scheel: Deutscher Jakobinismus und deutsche Nation. Berlin, DDR, Akademie Verlag, 1966.

K. Spengler: Die publizistische Tätigkeit des Freiherrn von Knigge während der französischen Revolution. Bonn, Diss. 1931.

I. Stephan: literarischer Jakobinismus in Deutschland (1789–1806). Stuttgart, Metzler, 1976.

H. Voegt: Die deutsche jakobinische Literatur und Publizistik 1789–180. Berlin, DDR, Rütten & Loening, 1955.

b) Der deutsche Idealismus: Kant, Humboldt, der junge Fichte, der junge Hegel

Immanuel Kant (1724–1804)

Kant wurde in der Literatur häufig der ersten Phase der französischen Revolution zugeordnet, in der die absolute Monarchie in eine konstitutionelle Monarchie transformiert worden ist. Von allen Denkern des 19. Jahrhunderts hatte er wohl das ereignisärmste Leben. Die wissenschaftliche Karriere war damals in der Regel keine geradlinige: Hauslehrer, Privatdozent, der von Hörgeldern notdürftig lebte und ab 1770 Professor für Logik und Metaphysik in seiner Hauptstadt Königsberg, die er so gut wie nie verlassen hat. Ein preußischer Philosoph ist damals in der Regel im Geist der Wolffschen Metaphysik groß geworden. Der Einfluss Humes und Rousseaus hat ihm jedoch neue Welten erschlossen. In der „Kritik der reinen Vernunft" (1781) hat er seine neue Erkenntnistheorie entwickelt. Er suchte nach einem neuen wissenschaftlichen Fundament, nachdem er die Vermengung sinnlicher und intellektueller Erkenntnis in der herrschenden Metaphysik als Sackgasse des Denkens erkannt hatte. Kant trennte die sinnliche Erkenntnis, in antiker Terminologie auf das „Phänomenon" gerichtet, die sich in den sinnlichen Formen der Erkenntnis nach Raum und Zeit vollzieht, vom Verstandeswesen auf das „Noumenon" gerichtet. Beide Erkenntnisbereiche waren unverbunden. Damit schienen die Streitigkeiten in der Metaphysik überholt, welche den *mundus sensibilis* und den *mundus intelligibilis* nicht hinreichend unterschied. Das „Ding an sich", dass hinter den Gegenständen der Erfahrung liegt, blieb für Kant nicht erkennbar. Die Metaphysik sollte zurück gedrängt werden, um Platz für den Glauben zu machen. Das, was die Erscheinungswelt überstieg war für Kant – in seiner lutherischen Tradition – nur durch den Glauben zu erfassen.

1784, in einer Schrift über die „Idee zu einer allgemeinen Geschichte in weltbürgerlicher Absicht" hat Kant seine optimistisch-liberale Geschichtsphilosophie skizziert. „Liberal" war als Parteibezeichnung noch nicht gebräuchlich. Aber über „liberale Denkungsart" hat Kant (VI: 188) schon gesprochen. Sie war für ihn „gleichweit entfernt vom Sklavensinn, und von Bandenlosigkeit". Er erhoffte für die Ausbreitung dieser Denkungsart Hilfe vom Christentum, durch die Gewinnung der Herzen von Menschen, deren Verstand schon durch die Vorstellung des Gesetzes ihrer Pflicht erleuchtet ist. Beschränkungen der Bürger durch Gesetze wurde so für Kant durch das Gefühl der Freiheit „liebenswürdig" gemacht.

In der Geschichtskonzeption geriet Kant in Gegensatz zu *Johann Gottfried Herders* „Ideen zur Philosophie der Geschichte der Menschheit" (1. Teil, Riga, Hartknoch 1784). Eine Rezension dieses Buches trübte das Verhältnis der beiden großen Ostpreußen nachhaltig. Kant monierte den Sammlerfleiß dieses „sinnrei-

chen und beredten Verfassers" und vermisste in Herders Entwurf die Philosophie. Das Verdikt lautete gleichsam: „Thema verfehlt", oder: „passt nicht zu dem
tatsächlich Gebotenen". Herder bot nicht „eine logische Pünktlichkeit in Bestimmung der Begriffe oder sorgfältige Unterscheidung und Bewährung der Grundsätze", sondern verlor sich in Analogien und kühne Einbildungskraft (VI: 781). Die
Rezension geriet zu einem wichtigen Beitrag zur vergleichenden Systemforschung.
Sie leitete an zur theoretischen Vorarbeit, um aus der „unermesslichen Menge von
Völkerbeschreibungen" die richtigen Daten, Kant sprach von „Nachrichten", auszuwählen. Die Rigorosität, mit der Kant die Herderschen Beschreibungen geißelte,
klang etwas ungerecht im Lichte seiner eigenen Ausführungen über fremde Völ-
ker, wenn er Kärrnerarbeit als Vorlesung zu halten hatte. In seiner „Anthropologie"
(W VI: 658 ff) schreckte er notfalls nicht vor Kalauern in der Folklore von Ima-
ges der Völker zurück, und nannte Frankreich „Modeland", Spanien „Ahnenland",
England „Land der Launen", Deutschland „Titelland" und Polen „Herrenland".
Man kann Kant freilich zubilligen, dass er über die historische Entwicklung von
Nationen einen weniger naturhaften und theoretischeren Zugang hatte. Herders
Denken galt im deutschen Idealismus auch sonst als veraltetes „Auslaufmodell",
voller theologisch-moralischer Phrasen, und unsystematischer Betrachtungsweise.
Hegel äußerte über Herder: „Ein veralteter Schriftsteller". Das hat Herders Wir-
kungsgeschichte im Ausland wenig beeinträchtigt. Durch seine positive Würdigung der Slawen im Gegensatz zu Hegel blieb er ein beliebter Autor in Osteuropa.
Dem Streit zwischen Kant und Herder lag letztlich eine methodische Verschiedenheit zugrunde. In der positivistischen Terminologie, die Mill später entwickelte:
Kant bevorzugte Vergleiche, die nach strengen Kriterien Konkordanzen feststellte,
während Herder unbekümmert eine Differenzmethode anwandte und sich mit der
liebenden Versenkung in die Verschiedenheit der Systeme begnügte.

Kants eigene Geschichtsphilosophie war weniger ein harmonisches Neben-
einander unterschiedlicher Entwicklungen wie bei Herder als ein Konfliktmodell.
Die Natur bedient sich nach dieser Schrift zur Entwicklung aller ihrer Anlagen des
„Antagonism derselben in der Gesellschaft, so fern dieser doch am Ende die Ursache einer gesetzmäßigen Ordnung derselben wird". Der Antagonismus war für
ihn die „ungesellige Geselligkeit der Menschen", die einerseits in die Gesellschaft
integriert werden möchten, andererseits aber Widerstände gegen die Vergesell-
schaftung zeigen (W VI: 37). Dieser Widerstand ist jedoch positiv zu bewerten,
weil er alle Kräfte der Menschen erweckt, ihn seinen Hang zur Faulheit überwinden lässt und durch Ehrsucht, Herrschsucht oder Habsucht aktiv wird und damit
die ersten Schritte „aus der Rohigkeit zur Kultur" einleitet. Im Gegensatz zu den
Lehren der Traditionalisten wurde bei Kant der Konflikt positiv bewertet: „Der
Mensch will Eintracht; aber die Natur weiß besser, was für seine Gattung gut ist:
sie will Zwietracht." Das schwerste Problem in diesem Gesellschaftsmodell war

nun für Kant die Konstituierung einer Rechtsordnung, da der Mensch ein Tier sei, das einen Herrn im Zusammenleben nötig habe. Dieser Herr hat die Aufgabe notfalls seinen Willen zu brechen und ihn zu nötigen, „einem allgemein-gültigen Willen, dabei jeder frei sein kann, zu gehorchen" (ebd: 40).

Das wegweisende an dieser Konflikttheorie war jedoch, dass der Konflikt innenpolitisch durch die Rechtsordnung begrenzt werden sollte, und auch außenpolitisch möglichst gezähmt werden musste. Die „bürgerliche Verfassung" war nicht ohne die Regelung eines „gesetzmäßigen äußeren Staatenverhältnisses" denkbar. Die Idee eines „Völkerbundes" tauchte auf. Saint Pierre und Rousseau hatten es nach Kant nicht verdient, für diese Idee so häufig verlacht zu werden. Voraussetzung war für Kant die Idee der Moralität, die zur Kultur gehöre. Er sah die Menschen durch Kunst und Kultur für „kultiviert" an. Die Menschen seien auch schon „zivilisiert, bis zum Überlästigen, zu allerlei gesellschaftlicher Artigkeit und Anständigkeit". Aber „moralisiert" – als die höchste Stufe der Versittlichung des Zusammenlebens – sei der Mensch noch nicht. Die Idee der Moralität aber gehöre zur Kultur.

Geschichte war für Kant die „Vollziehung eines verborgenen Plans der Natur", um eine innerlich und äußerlich vollkommene Staatsverfassung zustande zu bringen. Er verwahrte sich gegen die Unterstellung, dass er mit seinen „Leitfaden a priori" die Bearbeitung der eigentlichen empirischen Historie verdrängen wolle. Aber er war optimistisch, dass auch die Historiographie letztlich nur die Gesichtspunkte herausgreifen werde, die anzeigen, was „Völker und Regierungen in weltbürgerlicher Absicht geleistet oder geschadet haben" (ebd.: 50).

Als er 1793 die letzte der drei Kritiken, die „Kritik der Urteilskraft" veröffentlichte, war die beschauliche Welt einer marginalen Stadt durch die Französische Revolution erschüttert worden. Kant hat sie zunächst mit wohlwollender Anteilnahme verfolgt. Selbst in die letzte „Kritik", die fernab von politischer Theorie angesiedelt zu sein schien, hat er ein Telos aus den Zwecken der Natur herausgelesen, dass auf eine freiheitliche republikanische Verfassung gerichtet war. Endzweck der Schöpfung konnte für Kant nicht nach der utilitarischen Lehre die Glückseligkeit sein, weil es keinen Endpunkt der Befriedigung geben könne und die Menschen nicht glücklicher seien als die Tiere. Allenfalls die Vervollkommnung der Kultur, da der Mensch im Gegensatz zum Tier seine Zwecke frei wählen kann, war für die Erfassung dieses Endzwecks geeignet. Das Konzept eines Fortschritts der Kultur wurde als Korrektur des Geschichtspessimismus aufgefasst, den Rousseau verbreitet hatte. In der „Idee zu einer Geschichte" vermutete Kant (W VI: 45), dass die Philosophie „ihren Chiliasmus" haben könne, um seine optimistischen Theorien in der Realisierung zu beschleunigen.

Kants Schrift „Über den Gemeinspruch" erschien 1793 in der „Berlinischen Monatsschrift", in der der Philosoph nicht ungern publizierte, um ein breiteres gebildetes Publikum zu erreichen. Was als Antwort an einige Kritiker gedacht war, wurde zu einer Abhandlung über die Staatstheorie. Gegen die Meinung eines Kritikers, der sich über das Unvermögen der Schriftsteller, Empörungen zu bewirken, hat Kant die These gesetzt, dass eine Theorie in der Tat keine Empörung bewirken könne, aber nicht weil der „Gemeinspruch" zutreffend sei, dass eine Theorie nicht für die Praxis tauge, sondern weil die Theorie ein Recht auf Revolution nicht begründen könne.

Diese Schrift brachte eine wichtige Klärung von Kants Verhältnis zur französischen Revolution. Die französische Verfassung hat Kant in dieser Schrift über die früher bevorzugte englische gestellt. Es tat sich jedoch das Paradoxon auf, dass er das gute Resultat der französischen Verfassung lobte, ohne aber auch die Revolution zu billigen. Eine Revolution im Namen einer höheren Moral, die sich über das geltende Recht hinwegsetzt, konnte Kant nicht anerkennen. Um die Schlüssigkeit seiner Thesen nicht mit der gefühlsmäßigen Sympathie für diese Revolution in Gegensatz zu setzen, hat „er sich eine elegante Lösung ausgedacht" (Henrich 1967: 32). Kant vertrat die These, dass es sich gar nicht um eine Revolution gehandelt habe. Der König selbst habe die Stände einberufen. Nachdem er jedoch floh, ohne einen Nachfolger einzusetzen, war gleichsam der Naturzustand wieder eingetreten. Es gab für Kant kein Recht auf Revolution oder ein Widerstandsrecht. Letzteres war eingeschränkt auf wenige Fälle, in denen der Monarch widerrechtliche oder unsittliche Anweisungen gebe. In diesem Fall war Widerstand nicht nur erlaubt sondern sogar geboten.

In der Schrift „Die Religion innerhalb der Grenzen der bloßen Vernunft" (1793) hat Kant sich gegen die Meinung gewandt, dass die Menschen der Zeit für die Freiheit im Glauben wie im Wissen noch nicht reif seien. Diese pessimistische Ansicht konnte nach seiner Meinung nur dazu führen, dass die Freiheit nie reifen werde. Er verkannte nicht, dass die Anfänge „freilich roh" sein würden, aber nach seiner Ansicht reifte die Vernunft nie anders, als durch eigene Versuche" (W IV: 709 ff).

Für die Religionsschrift ist Kant vom preußischen Kultusminister verwarnt worden. Unter Friedrich Wilhelm III schien ein etwas toleranterer Geist zu herrschen. Kant hat 1798 in der Schrift über den „Streit der Fakultäten" seine These weiter entwickelt, dass „die Revolution eines geistreichen Volks" den Wunsch nach „Teilnehmung" auslöse. In einer „Kurzfassung des republikanischen Naturrechts" (Fetscher 1986: 159) ist er dafür eingetreten, dass ein Volk nicht daran gehindert werden dürfe, sich eine bürgerliche Verfassung nach eigenem Gutdünken zu geben und dass eine Verfassung gut ist, wenn sie den Angriffskrieg meide (W. VI: 358). Zur Verteidigung gegen konservative Angriffe vermerkte er in einer Fußnote, dass ein Volk – wie in Preußen – das eine monarchische Verfassung habe, sich nicht das Recht anmaßen dürfe, diese abzuändern.

Ins Zentrum der politischen Theorie Kants führte der zweite Teil der „Meta-physik der Sitten" von 1797 (W IV: 309 ff). Kant ging von einem – nur hypothe-tisch – angenommenen Naturzustand aus. In ihm gibt es schon Besitz, aber er ist nicht rechtlich abgesichert. Dieser rein „privatrechtliche Zustand" wird durch das Postulat des öffentlichen Rechts überführt (§ 42). Eigentum kann nur an Sa-chen, nicht aber an Menschen erworben werden (§ 17). Übel vermerkt wurde seine Erwägung (§ 25), ob in der Ehe durch den „natürlichen Gebrauch, den ein Geschlecht von den Geschlechtsorganen des anderen macht" nicht ein Zustand einträte, in dem der Mensch sich selbst zur Sache macht, welches dem Rechte der Menschheit an seiner eigenen Person widerstreitet. Durch die Gegenseitigkeit wird dies jedoch mit seiner Rechtsauffassung vereinbar gemacht.

Im zweiten Teil wird das öffentliche Recht behandelt (§ 43 ff). Das öffentliche Recht wird als System von Gesetzen für ein Volk definiert. Der Zustand der sich vereinigenden Willen der Bürger bedarf für Kant einer Verfassung, welche die Ge-waltenteilung festschreibt. Die gesetzgebende Gewalt kommt nur dem vereinigten Willen zu. Durch Gesetz kann man anderen Unrecht zufügen – nie aber sich selbst (volonti non fit iniuria), daher müssen alle ein Mitwirkungsrecht haben. Nur die Fähigkeit der Stimmgebung macht die Qualifikation des Staatsbürgers aus. Früh-liberal war sein Katalog der Personen, die der bürgerlichen Persönlichkeit entbeh-ren: Gesellen und Dienstboten (sofern sie nicht im Dienst des Staates stehen), Un-mündige und „alles Frauenzimmer" (§ 46, W. IV: 433).

Auch bei Kant steht im Zentrum der Staatsbildung die Sicherung des Eigen-tums. Aber anders als bei früheren Vertragstheoretikern wird unter Einfluss von Rousseau vor allem die Beförderung sittlichen Verhaltens im Staat gesucht. Das Eigentum gewann freilich als Aspekt eine überhöhte Bedeutung, doch wieder durch die Vorsichtsmaßregel, dass „nur Eigentümer" volle Staatsbürgerrechte ge-nießen. Damit befand Kant sich jedoch in Einklang mit der französischen Revo-lution und mit Rousseaus Theorie der Politik. Kant dachte überwiegend an das Eigentum der Bürger. Beim adligen Großgrundbesitz sah er das Dilemma, dass er die Eigentumsbildung der Landbevölkerung hindere. Seiner auf Fortschritt ge-richteten Geschichtsphilosophie konnte der jeweilige Status quo der Eigentums-verteilung nicht genügen. Die Privilegien des Adels hat Kant nicht schlicht durch Revolution abschaffen wollen. In diesem Punkte folgte er Sieyès nicht, der seine Repräsentationsidee beeinflusste. Aber er ging davon aus, dass der Adel eines Lan-des unter einer monarchischen Verfassung nur „für ein gewisses Zeitalter" ein er-laubtes oder sogar notwendiges Institut sein könne. Das Staatsoberhaupt sollte bei Kant (Zus.8 D, W. IV: 495) durchaus die Möglichkeit haben, die Standesprivile-gien aufzuheben.

In der Lehre der Staatsformen wurde die Republik mit Monarchie wie mit Re-publik im engeren Sinn vereinbar. Im Gegensatz zu Rousseau war mit der Republik nicht die direkte Volksgesetzgebung verbunden. „Alle wahre Republik aber ist und kann nichts anders sein, als ein repräsentatives System des Volks" (§ 52). Die Konzession der Generalstände war für Kant (W IV: 465) ein „großer Fehltritt der Urteilskraft" gewesen, weil der König sich aus schierer Geldnot wichtiger Herrschaftsrechte damit begeben hatte. Das Recht der obersten Gesetzgebung war für Kant unveräußerlich, ein „allerpersönlichstes Recht". Die Fiktion der dualistisch denkenden Konstitutionalisten, dass die Gesetzgebung auf Zeit zur Regelung von Notständen übertragen worden sei, ließ Kant nicht gelten. Ein solcher Vertrag war in seinen Augen „nichtig", und „niemand kann zweien Herren dienen". Veränderungen der Staatsverfassung waren in Kants Augen (§ 49 A) nötig. Sie konnten aber nach seiner Ansicht „nur durch den Souverän selbst durch Reform, aber nicht vom Volk, mithin durch Revolution" verrichtet werden. Wenn eine Revolution gleichwohl geschehe, so könne sie nur die Exekutive, nicht aber die gesetzgebende Gewalt betreffen. Es gibt allenfalls einen „negativen Widerstand", die Weigerung des Volkes im Parlament. Es führte bei Kant kein Weg vom Sein zum Sollen in der Erkenntnistheorie und folglich auch nicht im Verhalten der Bürger zu ihrer Staatsverfassung. Wenn eine Revolution einmal gelungen war, dann galt das, was später „normative Kraft des Faktischen" genannt worden ist. Die Unrechtmäßigkeit der Umwälzung kann den Staatsbürger nicht von der Verbindlichkeit befreien, sich der neuen Ordnung der Dinge als „guter Staatsbürger" zu fügen. Kant hat sich daran als preußischer Bürger sogar gehalten, als Königsberg von außen durch Russland erobert wurde.

In der Schrift „Über den Gemeinspruch: Das mag in der Theorie richtig sein, taugt aber nicht für die Praxis" (1793) hat Kant (W VI: 143 ff) im zweiten Abschnitt sich mit Hobbes über das Verhältnis von Theorie und Praxis im Staatsrecht auseinander gesetzt. Zentralbegriff war für ihn die Freiheit. Die bürgerliche Verfassung ist ein Verhältnis freier Menschen. Der bürgerliche Zustand ist auf drei Prinzipien a priori gegründet: Freiheit jedes Gliedes als Menschen, die Gleichheit mit jedem anderen als Untertan, und die Selbständigkeit jedes Gliedes der Sozietät als Bürger. Noch einmal werden die Privilegien des Adels in Zweifel gezogen. Der „gnädige Herr" ist im Verhältnis zum Staatsoberhaupt auch nichts anderes als ein Mituntertan. Die „gnädige Frau", die als Anrede vielfach gebraucht wurde, ist in einer Fußnote als rechtlich relevant nur gegenüber dem männlichen Geschlecht bezeichnet worden, erfunden zum Zwecke der Galanterie, „nach welcher das männliche sich desto mehr selbst zu ehren glaubt, als es dem schönen Geschlecht über sich Vorzüge einräumt." Als Bürger im Sinne von *citoyen* – nicht Stadtbürger, *bourgeois* – wird bei Kant wiederum nur der Eigentümer anerkannt.

Der Vertrag wurde als eine „bloße Idee der Vernunft" dargestellt, wo Hobbes noch offen ließ, ob es ihn historisch-real gegeben habe. Die utilitarische Komponente des englischen Staatsdenkens wird angegriffen, indem die Macht, die Gesetze gibt, um die Glückseligkeit (das heißt die Wohlhabenheit) der Bürger zu fördern, noch keine bürgerliche Verfassung ausmachen, sondern bloß ein Mittel, den rechtlichen Zustand gegen äußere Feinde zu sichern. Das Prinzip der Glückseligkeit (welches eigentlich gar keines bestimmten Prinzips fähig ist, womit auf seine inhaltliche Leere angespielt wurde) hat im Staatsrecht für Kant viel Böses angerichtet: „Der Souverän will das Volk nach seinen Begriffen glücklich machen, und wird Despot; das Volk will sich den allgemeinen menschlichen Anspruch auf eigene Glückseligkeit nicht nehmen lassen, und wird Rebell".(W IV: 159). Die richtige Frage, die nach Kant zu stellen wäre, ist danach, was Rechtens ist. Dafür stehen die Prinzipien *a priori* fest und er sieht es als Vorteil an, dass „kein Empiriker darin pfuschen kann". Die Philosophie der Glückseligkeit, die in England überwog, wurde als rebellionsträchtig angesehen. Kant mokierte sich über Großbritannien, wo „das Volk mit seiner Konstitution groß tut, als ob sie das Muster für alle Welt wäre", weil man sich dort im Kontrakt von 1688 die Rebellion vorbehalten habe.

Den stärksten Einfluss auf das liberale Denken hatte die Schrift „Zum ewigen Frieden" von 1795. Die Vision eines allgemeinen freien Föderalismus auf der Basis der Freiheit und Gleichheit aller Bürger und eines Weltbürgerrechts war nicht als Utopie sondern als Prognose gedacht (Merkel/Wittmann 1996: 7). Die Schrift des bereits 72jährigen erregte Aufsehen und wurde vielfach übersetzt, vor allem ins Französische, wo sie unter den Revolutionären positiv aufgenommen wurde. In Deutschland war das Echo zwiespältig. Humboldt in einem Brief an Schiller vom 30. Oktober 1795 sah in dem Werk einen „zu grell durchblickenden Demokratismus". Kant hat diese Gelegenheitsschrift aus dem Anlass des Abschlusses des Baseler Friedens zwischen Preußen und Frankreich geschrieben. Mit diesem Frieden stahl sich Preußen aus der Allianz und ließ das Reich im Stich. Seine schwere Niederlage von 1806 gegen Napoleon ist manchmal als die gerechte Strafe für diesen „Verrat" angesehen worden. Verrat witterten vor allem die Nationalisten, weil das Rheinland an Frankreich überantwortet wurde, um sich umso schamloser am Rest Polens in der dritten polnischen Teilung schadlos halten zu können. In der Schrift „Der Streit der Fakultäten" hat er im 2. Abschnitt noch 1798 seine Freude über „Die Revolution eines geistreichen Volkes" nicht verbergen können, „die nahe an Enthusiasm" grenzt. Die moralische Ursache dieses Enthusiasmus ist das Recht, dass ein Volk von anderen Mächten nicht gehindert werden darf, sich eine bürgerliche Verfassung zu geben, wie sie ihm selbst gut zu sein dünkt. Ferner ist der Zweck – und zugleich die Pflicht – der Verfassung, den Angriffskrieg zu meiden. Die „konterrevolutionäre Koalition" hatte gegen den „wahren Enthusiasm", der aufs Idealische und zwar rein Moralische gerichtet ist, nur den „Eigennutz" aufzubieten. Die gegenrevolutionäre Armee wurde gleichsam wie Söldner von Kant

(W VI: 359) angesehen, und selbst der Ehrbegriff des Adels, der nicht unter dieses Verdikt fiel, „verschwand vor den Waffen derer, welche das Recht des Volks, wozu sie gehörten, ins Auge gefasst hatten".

Kant hatte das Vorbild des Abbé de Saint-Pierre, der 1713 seine Schrift „Projet de la paix perpetuelle" anlässlich des Friedens von Utrecht zur Beilegung des Spanischen Erbfolgestreits vorgelegt hatte. Kant folgte diesem Vorbild bis in die Details der Einzelpunkte und der „Artikel". Da er dem König Friedrich Wilhelm II hatte versprechen müssen, über Religion zu schweigen, begann er über Politik zu reden. Es konnte nicht unterstellt werden, dass seine Ansichten auf diesem Gebiet von den Herrschenden mehr geteilt werden würden. Die preußische Zensur hat in vorauseilendem Gehorsam denn auch die Passagen zum Lob der französischen Revolution erst nach dem Tod des Königs zugelassen. Aufrührerisch war diese Schrift jedoch nicht, wie Konservative wähnten. Sie wendete sich noch in herkömmlicher Manier an die Herrscher. Es wurden zwar die Prinzipien des Rechts und nicht die Erwägungen der Nützlichkeit in den Vordergrund gestellt. Aber Kant versuchte den Regierenden klar zu machen, dass die Staatsräson, der sie gern huldigten, nicht losgelöst von der moralischen Vernunft existieren könne. Indem er die notwendigen Wandlungen zur republikanischen Verfassung ganz in die Hände der Herrscher legt, und ein Revolutionsrecht kategorisch ausschließt, hätte er hoffen können, dass die Schrift als gutgemeinter Rat akzeptiert wird. Das Philosophenkönigtum wurde von Kant abgelehnt, aber den Fürsten wurde geraten, sich an philosophische Ratgeber zu halten. Kants Vorteil gegenüber Saint-Pierre war es, dass er jedoch das Gutdünken der Herrschenden nicht so wörtlich verstand, dass ein Staatenkongress seine Vorschläge anzunehmen hatte. Seine Schrift wendete sich zugleich an alle Bürger. Kant sah den Frieden als Forderung des Rechts an. Seine Sollensartikel blieben jedoch nicht im Sollensbereich, weil seine Geschichtskonstruktion dem Frieden als Endzweck der Menschheit zugleich teleologischen Nachdruck verlieh.

Schon bei Saint-Pierre sollten die christlichen Staaten von Europa sich zu einem ewigen Friedensbund vereinigen und künftig auf Intervention verzichten. Die Armeen sollten auf 6000 Mann reduziert werden und Annexionen sollte es nicht mehr geben. Streitigkeiten unter den Staaten sollten durch ein Schiedsgericht entschieden werden. Kant teilte die Kritik von Leibniz am Utopischen des Vorschlags, wollte aber den richtigen Gedanken des „Phantasten der Vernunft" weiter verfolgen. Voller Humor hat Kant im Vorwort sich gegen die „Erfahrungsgrundsätze" der praktischen Politiker abgegrenzt, welche die „sachleeren Ideen" vermutlich ablehnen würden. Die Grundsätze, die Kant vertrat, waren auf einen Friedensschluss gerichtet, der mit dem geheimen Vorbehalt des Stoffs zu einem künftigen Kriege gemacht werden könne. Staaten sind keine Habe, wie der Boden, über die man nach Belieben disponieren könne. Auch die Verdingung fremder

Truppen eines Staats an einen anderen – wie Hessen es vielfach praktiziert hatte – war nicht Rechtens. Stehende Heere sollten mit der Zeit ganz aufhören. Staats-schulden sollten im Hinblick auf Rüstungsausgaben nicht gemacht werden und Kant forderte ein Einmischungsverbot.

Humboldts Vorwurf gegen das demokratische Pamphlet war ungerechtfer-tigt. Im zweiten Abschnitt hat er sich dagegen verwahrt, die republikanische Ver-fassung, die er forderte, mit der demokratischen zu verwechseln, „wie es gemei-niglich geschieht". Regierungsart oder Form der Beherrschung (Fürstengewalt, Adelsgewalt, Volksgewalt) wurden unterschieden von der Form der Regierung, welche die Konstitution betrifft, und wo es nur die Alternative republikanisch oder despotisch gibt. Den „Republikanism" hat er durch die Gewaltenteilung und die Repräsentation definiert. Damals wurde als demokratisch – mit den Ausnahmen der jakobinischen Äußerungen oder bei Paine (vgl. Einleitung) – unter Demokra-tie noch die direkte Volksgesetzgebung verstanden. Diese, die nicht repräsenta-tiv war, erklärte Kant sogar zur „Unform, weil der Gesetzgeber in einer und der-selben Person zugleich Vollstrecker seines Willens" werde. Auch eine Monarchie wie die Friedrich II, der sich als „oberster Diener des Staates" empfand, konnte in dieser Konzeption eine Republik genannt werden. Je kleiner die Zahl der Herr-scher, desto mehr konnte nach Kants Hoffnung durch „allmähliche Reformen" der Republikanismus entfaltet werden. An Kants (1965 Anhang: 231 ff) Konzept des Republikanismus ist von Friedrich Schlegel 1796 – damals noch ein Radikaler – in einer Rezension Kritik geübt worden. Die Definition des Staates war ihm zu ähnlich, sodass der Republikanismus unter den Verdacht einer Tautologie geriet. Außerdem schien ihm die Ablehnung des Widerstandsrechts nicht mit dem Re-publikanismus vereinbar. „Insurrektion" war zur Verteidigung der Republik nötig, wenn sie von Usurpation bedroht schien.

Im zweiten Definitivartikel gründete Kant das Völkerrecht auf einen „Föde-ralism freier Staaten". Die „leidigen Tröster" des früheren Völkerrechts von Hugo Grotius, über Pufendorf zu Vattel neigten immer wieder „treuherzig zur Rechtfer-tigung eines Kriegsangriffes". Die Versittlichung der internationalen Politik durch Völkerrechtsregeln schien nicht ausreichend. Er hielt sich erneut an Humes De-vise „measures not men". Kant lehnte auch das platonische Philosophenkönigtum ab und huldigte nicht der Illusion, gute Herrscher würden aufgrund guter wis-senschaftlicher Berater Frieden und Wohlfahrt fördern. Kant war für eine strikte Trennung von Wissenschaft und politischer Entscheidung. Es mussten institu-tionelle Vorkehrungen zur Verhinderung des Krieges getroffen werden. Im drit-ten Definitivartikel wurde Kant sehr modern: Das Weltbürgerrecht soll auf Be-dingungen der allgemeinen Hospitalität eingeschränkt sein Es gibt somit kein Migrationsgastrecht. Kant dachte aber weniger an Massenwanderungen als an den Einfall privilegierter Händler in der Dritten Welt. Die Prävention gegen den Imperialismus wurde ins Auge gefasst, als der Imperialismus der europäischen Mächte noch längst nicht am Höhepunkt angekommen war.

Kant teilte mit Hobbes die Meinung über die Bösartigkeit der Menschennatur. Im Gegensatz zu Hobbes sah er jedoch das moralische Prinzip im Menschen als unauslöschlich an. Selbst die machiavellistische Staatsklugheit verzichtete nie auf moralische Begründungen. Aus dem Hobbesianischen Pessimismus führte ferner Kants teleologische Geschichtskonzeption. Es gibt eine Art „Vorsehung", die aus dem Konflikt doch noch die Förderung der moralischen Kultur bewirkt, eine Art ethischer „invisible hand". In der „Kritik der Urteilskraft" von 1790 (§ 28) hatte Kant in üblicher Manier – wie sie selbst bei Humboldt fortlebte – noch die erhabene Seite des Krieges gepriesen. Die Technisierung und die Verrohung der Kriegssitten im Zeitalter der Ideologien – die an Opfern weit mehr forderten als die traditionellen von Söldnern geführten Kabinettskriege – mögen dazu beigetragen haben, dass Kant in diesem Punkt seine Meinung binnen fünf Jahren änderte.

Die Präliminarartikel haben die Verbotsform angenommen. Die Definitivartikel ergänzen sie als Gebote für die bürgerliche Verfassung, das Völkerrecht und das Weltbürgerrecht. Im Lichte der Geschichte demokratisierter parlamentarischer Systeme im 19. Jahrhundert war Kants Hoffnung, dass eine repräsentative parlamentarische Verfassung aus dem Interesse der Schadensvermeidung im Volk die Gefahr der Kriege vermindern werde, voreilig. Ideologische Verblendung hat gerade Parlamente mit stark erweitertem Wahlrecht oft zur Bewilligung von Kriegskrediten getrieben.

In zwei Punkten ging Kant selbst über das hinaus, was zweihundert Jahre institutionell möglich wurde: Der Abbé Saint-Pierre hatte seine Hoffnungen auf die europäischen Mächte gesetzt. Bei Kant werden keine Grenzen für den weltumspannenden Friedenswillen gesetzt. Der Abbé hatte noch eine Art internationaler Streitmacht zur Friedenssicherung vorgeschlagen, falls die Schiedsgerichtsbarkeit versagte. Kants Versuch ist weniger realistisch aber normativ konsequenter pazifistisch. Kants Moralismus ist als gesinnungsethischer Rigorismus gedeutet worden, der die Verantwortungsethik der kleinen Friedensschritte mit einer Mischung von Herablassung und Selbstkritik abtat. Der politische Moralist gewann durch zwei Gegentypen ein Profil: den zynischen Machiavellisten, der moralische Gründen allenfalls funktional einsetzt, und den Doktrinär, der sich eine Moral so schmiedet, wie es der Vorteil des Staatsmannes zuträglich findet (1. Anhang).

Der weltweite Rahmen seiner Friedensordnung sollte bei Kant nicht in einem Weltstaat münden, der für ihn nur „seelenloser Despotismus" sein könnte. Eine Pluralität von Staaten war zur Sicherung der Freiheit nötig. Dem dienten ja sogar seine früheren positiven Hinweise auf die Funktion des Krieges. Soweit er normativ seiner Zeit und der Zeit des folgenden Jahrhunderts vorgriff, so wenig realistisch erschien Kants Festhalten an der Souveränitätslehre. Einen freiwilligen Verzicht auf Teile der staatlichen Souveränität, wie sie in Europa üblich geworden ist, schien ihm wie eine Aushöhlung des Staates an sich. In diesem Punkt blieb er in den Kategorien des preußischen Gesetzesstaates befangen. Die ausgehöhlte Souveränität der französischen Satellitenstaaten sollte Kant mit seiner Besorgnis vorübergehend recht geben. Die Drohung, dass das revolutionäre Frankreich die bestehenden Staaten von außen und von innen her auflöst, war zur Zeit der Abfassung der Friedensschrift gegeben. Auch Preußen hat mit dem schimpflichen Baseler Frieden nur eine ein Jahrzehnt währende Verschnaufpause herausgehandelt. Kant schien also gut beraten, die kommende Friedensordnung nicht durch einen einmaligen Rechtsakt durchsetzen zu wollen, bei dem unweigerliche hegemoniale Mächte die Vorhand gehabt hätten.

Kant war auch kein naiver Freihandels-Liberaler, dass er vom Handel automatisch friedensstiftende Wirkungen erwartete. Es musste dafür gesorgt werden, dass die Staaten im Frühimperialismus ihren Staatshaushalt nicht zugunsten einer imperialen Ausdehnungspolitik einsetzten.

Die Friedensschrift ist lange von den Philosophen, die sich den kritischen Philosophien widmeten, als Marginalie wenig beachtet worden. In neuerer Zeit – vor allem in Amerika, wo Fragen nach dem Zusammenhang von Geistesprodukten und Politik immer viel unbefangener gestellt wurden als in Europa – mehren sich die Stimmen, welche die Friedensschrift als zentral für die kritische Philosophie erkennen, weil sie die Einheit dieser Philosophie von der Selbstdefinition ihrer historischen Aufgabe im Prozess der Menschheitsgeschichte her betrachten (Wood in: Merkel/Wittmann 1996: 82; Cavaller 1992). Kants Vorbehalte gegen eine aktive Politik zur Friedenssicherung notfalls mit militärischer oder revolutionärer Gewalt ist ihm als konservative Grundhaltung angekreidet worden. Positiv gedeutet werden kann diese Haltung als Ablehnung des Chiliasmus. Dieser soll sich auf die Philosophie und ihre Aufklärungsrolle in der Weltgeschichte beschränken, nicht aber zur Schwärmerei einer politischen Bewegung werden.

Quellen

Kants gesammelte Schriften. Berlin, de Gruyter, 1902–1917, 7 Bde.

Kant: Werke (Hrsg.: E. Cassirer). Berlin, Cassirer, 1912–1922, 10 Bde.

Kant: Werke (Hrsg.: W. Weischedel). Darmstadt, Wissenschaftliche Buchgesellschaft, 1956–1964 6 Bde. (zit.:W).

Kant: Politische Schriften (Hrsg.: O. H. von der Gablentz). Köln, Westdeutscher Verlag, 1965.

Literatur

L. W. Beck: Kant and the Right of Revolution. In: Journal of the History of Ideas, Bd. 32, 1971: 411–422.

R. Beiner/W. J. Booth (Hrsg.): Kant and Political Philosophy. New Haven, Yale University Press, 1993.

K. Borries: Kant als Politiker. Leipzig, Meiner, 1928.

P. Burg: Kant und die Französische Revolution. Berlin, Duncker & Humblot, 1974.

R. Denker: Grenzen liberaler Aufklärung. Stuttgart, Kohlhammer, 1968.

G. Dietze: Kant und der Rechtsstaat. Tübingen, Mohr, 1982.

R. Eisler: Kant-Lexikon (1930). Nachdruck: Hildesheim, Olms, 1964.

N. Fischer (Hrsg.): Kant und der Katholizismus. Freiburg, Herder, 2010.

V. Gerhardt: Immanuel Kant. Vernunft und Leben. Stuttgart, Reclam, 2002.

J. Gronstein: Kant zur Einführung. Hamburg, Junius, 2004.

D. Henrich: Über den Sinn vernünftigen Handelns im Staat. Einleitung zu: Kant, Gentz, Rehberg. Über Theorie und Praxis. Frankfurt, Suhrkamp 1967: 9–37.

O. Höffe: Immanuel Kant. München, Beck 2007, 7. Aufl.

O. Höffe: „Königliche Völker". Zu Kants kosmopolitischer Rechts- und Friedenstheorie. Frankfurt, Suhrkamp, 2001.

G. Irrlitz: Kant-Handbuch. Stuttgart, Metzler, 2002.

L. Krieger: The German Idea of Freedom. Boston, Beacon Press, 1957.

R. Kroner: Von Kant bis Hegel. Tübingen, Mohr, 1961, 2. Aufl.

M. Kühn: Kant. Eine Biographie. München, Beck, 2004.

R. Merkel/R. Wittmann (Hrsg.): „Zum ewigen Frieden". Grundlagen, Aktualität und Aussichten einer Idee von Immanuel Kant. Frankfurt, Suhrkamp, 1996.

S. Neimann: The Unity of Reason. Rereading Kant. Oxford, Oxford University Press, 1994.

P. Riley: Kant's Political Philosophy. Totowa, NJ, Rowman & Littlefield, 1983.

R. Saage: Eigentum, Staat und Gesellschaft bei Immanuel Kant. Stuttgart, Kohlhammer, 1973.

H. Saner: Widerstreit und Einheit. Wege zu Kants politischem Denken. München, Piper, 1967.

U. Thiele: Repräsentation und Autonomieprinzip. Kants Demokratie-Kritik und ihre Hintergründe. Berlin, Duncker & Humblot, 2003.

G. Vlachos: La pensée politique de Kant. Paris, Presses Univ de France, 1962.

K. Vorländer: Kant und der Sozialismus. Berlin, Reuther & Reichard, 1900.

Wilhelm von Humboldt (1767–1835)

Humboldt war sein Leben lang wissenschaftlich tätig. Dennoch hat der Gründer der Universität Berlin, der seinen Antrag auf Errichtung der Universität Berlin im Mai 1809 an den König richtete, obwohl seine Ausführung „ruhigere und glücklichere Zeiten vorauszusetzen scheint" (W. IV: 29), selbst keine akademische Position eingenommen. Er lebte seinem Bildungsideal, das auf allen Stufen den Menschen dazu befähigen sollte, sein Leben frei und selbstverantwortlich zu gestalten. Ähnlich wie Bentham blieb er Privatgelehrter. Im Unterschied zu Bentham aber nahm er politische Funktionen wahr. Als Diplomat hatte er am Heiligen Stuhl (1802–1808) eine veritable Bildungssinekure, die Humboldt nicht nur für seine persönlichen Studien über die klassische Antike, sondern auch mit rastloser Förderung deutscher Künstler in Rom sinnvoll nutzte. Als Direktor der Sektion für Kultus und Unterricht im Innenministerium (1809) und als „Minister für ständische Angelegenheiten" (1819) – was als eine Art Verfassungsministerium interpretiert worden ist (Ostermann 1993: 23) – hat er beträchtlichen Einfluss ausgeübt. 1819 provozierte er mit Boyen und Beyme aus Protest gegen die Karlsbader Beschlüsse seine Entlassung, und widmete sich auf dem Familiensitz Schloss Tegel seinen Studien. Die spätere Mitgliedschaft im Staatsrat war eine diskrete Ehrung und Wiedergutmachung, war aber nicht mit wirklichem politischem Einfluss verbunden. Humboldts Memorandum an den König über die Karlsbader Beschlüsse war im Stil der Zeit „in tiefster Ehrerbietigkeit" vorgetragen, aber dennoch klar in der Aussage. Es war für einen Liberalen unerträglich, dass der Bundestag künftig seine reaktionäre Politik in unmittelbarer Einmischung in die Gesetzgebung und Verwaltung der deutschen Staaten vorantreiben konnte. Er leugnete nicht völlig, dass es „drohende Gefahren" von dem gab, was damals „Demagogen" genannt wurde, aber diese hätten sich nach seiner Ansicht durch eine befristete Ausnahmeregelung unter Kontrolle bringen lassen (W IV: 504 f).

Im Gegensatz zu vielen Dichtern und Denkern des deutschen Idealismus hat Humboldt keine Phase der Begeisterung für die Französische Revolution durchlaufen. Er wurde daher auch nicht enttäuscht. Humboldt (W I: 34) war schon 1791 skeptisch, dass das Werk der Nationalversammlung gelingen könne. In den „Ideen über Staatsverfassung, durch die neue französische Constitution veranlasst" äußerte er: „Nun aber kann keine Staatsverfassung gelingen, welche die Vernunft … nach einem angelegten Plane gleichsam von vornherein gründet; nur eine solche kann gedeihen, welche aus dem Kampfe des mächtigeren Zufalls mit der entgegenstrebenden Vernunft hervorgeht". Mir scheint, dass der Prozess der Ausübung des „pouvoir constituant" in Frankreich dieser Forderung durchaus entsprach. Zufall und Parteienkonflikt waren in hohem Maße am Werk. Humboldt ging in seiner Skepsis aber nicht so weit wie die Konservativen, die jeder künstlichen Verfassung die Durchführbarkeit absprachen. Er glaubte lediglich, dass es eines gradualistischen Übergangs von einem staatsrechtlichen Zustand in den anderen bedürfe.

Humboldt trat als politischer Theoretiker vor allem durch Denkschriften hervor. Die wichtigsten waren die „Denkschrift über die deutsche Verfassung an den Freiherrn vom Stein" (1813) (W IV: 302 ff) und die Denkschrift an den Staatsminister vom Stein „Über die Einrichtung landständischer Verfassungen in den preußischen Staaten". (W IV: 433 ff). Da der Rheinbund aufgelöst worden war, bestand für Humboldt die Notwendigkeit darüber nachzudenken, „was nunmehr aus Deutschland werden soll". Selbst wenn man keinerlei Vereinigung wollte und die Staaten alle souverän fortbestünden, „so müsste doch auch dieser Zustand zugerichtet und gesichert werden". Als Liberaler wäre es ihm lieber gewesen, nicht zu handeln: „Denn die Weltbegebenheiten gehen immer in dem Grade besser, in dem die Menschen nur negativ zu handeln brauchen. Allein hier ist dieses unmöglich; hier muss etwas Positives geschehen, erbaut werden, wo man gezwungen war niederzureissen" (W IV: 303). Humboldt sprach sich in der Denkschrift für einen Staatenbund aus und verband sein liberales Verständnis der Gesellschaft freier Bürger mit der Notwendigkeit, diese Konzeption in einer Verfassung der konstitutionellen Monarchie umzusetzen. Die Rechte der Stände sollten gesichert werden. Er hielt es aber nicht für nötig, die Vielfalt der Verfassungen „genau an die Eigenthümlichkeit des Nationalcharakters anzuschließen". Die einheitliche Reglementierung für ganze Länder gehörte für Humboldt zu den „gefährlichsten Missgriffen, die aus einem unrichtig verstandenen Verhältnis der Theorie zur Praxis entspringen können." (W IV: 317). Weite Passagen waren der Verteidigungsfähigkeit Deutschlands gewidmet. In einem Brief von 1814, den Humboldt an seinen Freund Friedrich Gentz über die deutsche Verfassung schrieb, wurde deutlicher ausgedrückt, dass selbst das Minimalmodell eines Staatenbundes noch auf den Widerspruch der mittleren und kleinen Fürsten stoßen würde. Diese empfahl er jedoch durch sanften Druck der deutschen Großmächte Österreich und Preußen zu überspielen, denn „sie haben nie eine uneingeschränkte Souveränität gehabt, nicht unter dem deutschen Reiche, nicht der Rheinbundakte nach" (W IV: 323).

Humboldts Denkschriftenliberalismus hätte ihn wohl kaum in das Walhalla der großen liberalen Denker befördert, wenn er nicht durch das Interesse zeitgenössischer Staatsmänner zu einer grundsätzlicheren Formulierung seiner Gedanken gedrängt worden wäre. Humboldt hatte seine Ideen zur Staatsverfassung in einem Brief an seinen Freund Friedrich Gentz (1764–1832) gerichtet. Dalberg, der damals in Erfurt residierte, bekam den Brief 1791 zu lesen und ermunterte Humboldt, seine „Ideen über die eigentlichen Grenzen der Wirksamkeit des Staates" niederzuschreiben. Die erste Fassung der „Ideen" war bereits 1792 fertiggestellt. Schiller druckte Teile in seiner Zeitschrift „Neue Thalia" ab. Die Zensur in Berlin verweigerte jedoch das Imprimatur für das Gesamtwerk. Durch Vermittlung Schillers hätte das Buch in Leipzig gedruckt werden können, aber Humboldt wollte es umändern und ruhigere Zeiten abwarten. Die ruhigeren Zeiten kamen, aber Humboldt hatte andere Prioritäten gesetzt. Erst 1851 wurde das vollständige Manuskript der Vergessenheit entrissen. Es hat bis hin zu John Stuart Mill seine verdiente späte Rezeption gefunden.

Der Zweck des Staates in der zeitgenössischen Theorie der Politik war ein doppelter: „Glück befördern oder nur Übel verhindern wollen" (W I: 70). Humboldts Vorliebe galt der zweiten Konzeption. Staaten setzen für ihre Zwecke unterschiedliche Mittel ein. Direkte Intervention durch Gesetze und Strafandrohung zielt nur auf einzelne Handlungen ab. Die mittelbare Intervention zielt darauf ab, die Bürger daran zu hindern anders als in der gewünschten Form zu handeln, und ein drittes Mittel versucht, „auf ihren Kopf oder ihr Herz zu wirken". Die eingesetzten Mittel steigern sich also in ihrer Wirkung. Die wünschbare Zweck-Mittel-Relation ergab sich für Humboldt aus der Grundfrage, ob der Staat den positiven Wohlstand der Nation oder bloß ihre Sicherheit „abzwecken soll" (W I: 70). Dem Staat wird eine „Lehrmethode" empfohlen, welche die Menschen nur vorbereitet, dass „schicklichste selbst zu wählen, oder noch besser, diese Auflösung selbst nur aus der gehörigen Darstellung aller Hindernisse zu erfinden". Die positive Wirkungsweise sollte sich vor allem auf die Nationalerziehung richten (W I: 73 f). Bei zu großer Aktivität des Staates sah Humboldt zwei Gefahren eintreten: es leidet „die Energie des Handelns überhaupt" und der „moralische Charakter". Er befürchtete einen vorauseilenden Gehorsam der Bürger, die zu viel geleitet worden sind, und schließlich den „Überrest der Selbstthätigkeit" freiwillig opfern und die Fürsorge für den Nächsten ebenfalls dem Staat überantworten. Dem Denken Humboldts liegt eine skeptische Anthropologie zugrunde: der Mensch bedarf des Staates, weil er nicht ohne andere zu schädigen von seiner Freiheit Gebrauch zu machen vermag. Andererseits ist der Mensch als lernfähiges Wesen gedacht, das zur Selbsthilfe angeleitet werden kann. Im Gegensatz zu den Aufklärern vor ihm hat Humboldt den Geschichtsprozess als offen angesehen, ohne ihm ein bestimmtes Telos vorzugeben. Im Versuch, sich vom übermächtigen Vorbild Kant zu emanzipieren, fand Humboldt vor allem durch seine Sprachphilosophie. Menschliches Sprachvermögen wird zur Grundlage von Geschichte und Fortschritt erhoben. Auf diesem Weg erscheinen Mann und Frau als gleichberechtigt. Er kam zu dem Schluss, dass „die Weiber eigentlich dem Ideale der Menschheit näher als der Mann" seien, auch wenn sie diese seltener erreichen, weil ihnen die Fähigkeit ermangele „den unmittelbaren steilen Pfad" und nicht den Umweg zu gehen (W I: 80).

Humboldt hat sich wie Kant von der Glückseligkeitsphilosophie der Utilitarier distanziert. Selbst wenn die Glückseligkeit und der Genuss, auf den die utilitarische Philosophie gerichtet war, sich nachweisen ließe, „so wäre sie dennoch immer weit von der Würde der Menschheit entfernt" (W I: 87). Glück wird im Sinne deutscher Innerlichkeit verstanden, nicht nach angelsächsischem Wirtschaftskalkül. Die Selbstverwirklichung der Bürger führt zu einem permanenten Kampf. Dieser kann die Gestalt des Wetteifers aber auch die des Krieges annehmen. Der Staat soll den Krieg nicht suchen, aber, „wenn die Nothwendigkeit ihn fordert"

ebenso wenig „gewaltsam verhindern". Dem Schillerschen Optimismus des Lie-
des „Auf, auf Kameraden auf's Pferd" setzte er nicht weniger lyrische Prosa an die
Seite und forderte, dem Einfluss des Krieges „auf Geist und Charakter sich durch
die ganze Nation zu ergießen völlig Freiheit verstatten", um die Nation zum Kriege
zu bilden. Dabei ging es Humboldt weniger um bloße Tapferkeit und „Subordi-
nation" als um den „Geist wahrer Krieger oder vielmehr edler Bürger" (W I: 102).
Die Nationalerziehung dachte sich Humboldt jedoch modern und liberal und verteidigte sie gegen die Griechenschwärmerei seiner Zeit. Was die Alten an moralischen Mitteln anwendeten von der Nationalerziehung bis zur Religion und
den Sittengesetzen, das „alles würde bei uns minder fruchten und einen grösse-
ren Schaden bringen". Einen großen Teil der Wirkungen, die man auf Gesetze zu-
rückführte, waren für Humboldt allenfalls vom Gesetz unterstützte „Volkssitte".
Hier sah er einen Vorteil der Monarchie gegenüber der Republik, die zu größerer
Bevormundung in der Erziehung neigte. Nichts war dem Liberalen verhasster als
der Versuch des Staates zu einer „Umformung der Sitten". Humboldts Konklusion
zum Thema Nationalerziehung blieb skeptisch: „Öffentliche Erziehung scheint
mir daher ganz außerhalb der Schranken zu liegen, in welchen der Staat seine
Wirksamkeit halten muß" (W. I: 109). So konsequent blieb Humboldt freilich als
Staatsmann nicht. 1809 hat er die Universität Berlin zur Förderung der „Nationalerziehung" von seinem König gefordert.

„Zwang und Leitung" brachten nach Humboldts Ansicht niemals Tugend her-
vor. Ein Wohlfahrtsstaat auch mit den besten Gesetzen könnte ruhig, friedlebend
und wohlhabend sein, und doch wie „ein Haufen ernährter Sklaven, nicht eine
Vereinigung freier … Menschen" wirken (W I: 142). Freiheit führte im Gegensatz
zur Meinung der traditionalistischen Anbeter der Fürstensouveränität zu erhöhter
Kraft und „Liberalität". Die Daseinsvorsorge des „Polizeistaats" im aufgeklärten
Absolutismus war Humboldt sowohl in ihren repressiven Zügen (Kampf gegen die
Ausschweifung der Sitten) als auch in ihren protektiven Zügen der Wohlfahrts-
pflege suspekt. Reformen waren für Humboldt nötig, aber sie sollten so viel wie
möglich „von den Ideen und den Köpfen der Menschen ausgehen" (W I: 216). Der
Gesetzgeber bekam eine Aufgabe als Komparatist, da er die reine Theorie und den
Zustand der individuellen Wirklichkeit, die er ändern will, ständig vergleichen
sollte. Schiller hat seine Anfrage an den Verleger Göschen vom November 1792
mit einer treffenden Charakteristik versehen: „Die Schrift enthält allerdings sehr
fruchtbare politische Winke und ist auf ein gutes philosophisches Fundament gebaut. Sie ist mit Freiheit gedacht und geschrieben; aber da der Verfasser immer im
Allgemeinen bleibt, so ist von den Aristokraten nichts zu besorgen" (Briefe 1986:
121). Die Zensur hätte das vermutlich auch erkannt, wenn Humboldt den Druck
dieser Schrift energischer betrieben hätte. Schillers Urteil ist jedoch nicht als Verdikt des politischen Theoretikers Humboldt zu werten. In seinen Denkschriften

hat er gezeigt, dass er nicht im Allgemeinen bleiben und dennoch auf einem soliden philosophischen Fundament aufbauen konnte.

Quellen

Humboldt: Gesammelte Schriften (Hrsg.: A. Leitzmann) Berlin, Preußische Akademie der Wissenschaften, 1903–36, Nachdruck 1968.

Humboldt: Werke in fünf Bänden (Hrsg.: A. Flitner/K. Giel): Darmstadt, Wissenschaftliche Buchgesellschaft. Bd. 1 Schriften zur Anthropologie und Geschichte. 1960, 1980, 3. Aufl., Bd. 4: Schriften zur Politik und zum Bildungswesen. 1964 (zit.: W).

Humboldt: Ideen zu einem Versuch die Grenzen der Wirksamkeit des Staates zu bestimmen. Stuttgart, Reclam, 1967, 1995.

Humboldt: Sein Leben und Wirken dargestellt in Briefen, Tagebüchern und Dokumenten seiner Zeit (Hrsg.: R. Freese). Darmstadt, Wissenschaftliche Buchgesellschaft, 1980.

Literatur

L. Gall: Wilhelm von Humboldt. Ein Preuße in der Welt. Berlin, Propyläen, 2011.

M. Geier; Die Brüder Humboldt. Reinbek, Rowohlt, 2009.

S. Kaehler: Humboldt und der Staat. Göttingen, Vandenhoeck & Ruprecht 1963, Neuauflage.

R. Ostermann: Die Freiheit des Individuums. Eine Rekonstruktion der Gesellschaftstheorie Wilhelm von Humboldts. Frankfurt, Campus, 1993.

B. Schlerath (Hrsg.): Wilhelm von Humboldt. Vortragszyklus zum 150.Todestag. Berlin, de Gruyter, 1986.

Der junge Johann Gottlieb Fichte (1762–1814)

Alle großen Philosophen des deutschen Idealismus sind von der französischen Revolution erfasst worden. Selbst der später konservativste der großen Philosophen, Schelling, gedachte in einem Brief an Hegel von 1795 des „Tübinger Geistes" revolutionärer Ergriffenheit und hoffte, dass er nie ermatten möge (Hegel, Br. I: 13). Dieser Geist ermattete unterschiedlich rasch. Nur Kant hielt seine liberalen Ansichten gleichbleibend durch. Auf der Suche nach handlichen Formeln hat man das Verhältnis der großen Denker zur französischen Revolution auf eine Drei-Phasen-Theorie vereinfacht: Kants Denken entsprach der frühen konstitutionellen Epoche der Revolution in der Nachfolge des Abbé Sieyès. Fichtes Frühschriften korrespondierten mit der radikalen jakobinischen Phase der Revolution. Hegel schließlich theoretisierte die Form, die Napoleon den Errungenschaften der

Revolution gab (Kojève). Die Entwicklung zur Rechtfertigung des Terrors hat keiner der großen deutschen Dichter und Denker mitgemacht. Der Terror schreckte selbst Fichte ab. *Hölderlin* distanzierte sich im „Hyperion" (1797/98) von frühen revolutionären Träumen: „Du führst sie zur Freiheit und sie dachten an Raub" (Sämtl. Werke. Stuttgart, Kohlhammer/Cotta 1958, Bd. 1: 136). Hölderlin wählte nach seiner Enttäuschung über die Revolution den am stärksten eskapistischen Weg in eine Priesterschaft der göttlichen Natur. Fichte hingegen wählte den aktivsten Weg der individuellen Anpassung. Zur Verwunderung der preußischen Regierung bot er sich 1806 als eine Art „weltlicher Feldprediger" an, um die Selbstbehauptung Preußens zu unterstützen. Die Regierung hatte für diese nationalistisch gewordene radikale Selbsttätigkeit keine Verwendung. 1790 (Briefw. I: 61) hatte er bereits seiner Verlobten geschrieben: „Ich will nicht bloß denken. Ich will handeln … Ich mag am wenigsten über des Kaisers Bart denken."

Fichte wählte zeitlebens die radikalste Variante der Anpassung an die Ereignisse. Er gehörte nicht zu der „schwäbischen Ingroup" und orientierte sich in der Frühzeit vor allem an Kant. Er stammte aus der vergleichsweise ärmsten bürgerlichen Familie unter den Großen und hatte genügend Demütigungen und Jahre kümmerlicher Existenz hinter sich, um auch sozial den Weg der „rebellischen Option" – im Sinne der Modi individueller Anpassung von Robert Merton – zu bevorzugen. Er bekannte in einem Brief: „In meinen akademischen Jahren drückte mich der herbste Mangel zu Boden, der desto trauriger für mich war, als … ich mich desselben bitter schämte; und dies benahm mir alle Möglichkeit empor zu kommen" (Briefw. I: 105). Erst seit der Zeit in Zürich als Hauslehrer 1788 ging es langsam bergauf. 1790 begann er sich mit Kants Philosophie zu befassen. Ein Jahr später traf er Kant persönlich. Die Demütigungen waren noch nicht zu Ende, denn er wurde reserviert empfangen. Um den Zugang zu verbessern dedizierte er ihm den „Versuch einer Kritik aller Offenbarung". Fichte spielte in einem Brief an Kant (Briefw. I: 238) auf die Äußerung des Königsberger Philosophen an, dass er „nur einen kleinen Theil meines Aufsatzes gelesen" habe. Er hatte jedoch einen hinreichend positiven Eindruck von der intellektuellen Kapazität des jungen Fichte, um ihn durch Empfehlungen zu fördern. Die Philosophiegeschichte hat daher nicht selten (z. B. Kroner 1961: 362 ff) Fichte zu einem Kantianer stilisiert.

Auf einer Hauslehrerstelle in Krockow/Westpreußen schrieb Fichte die zündende Kampfschrift: „Zurückforderung der Denkfreiheit von den Fürsten Europas, die sie bisher unterdrückten" (1793 publiziert) und den „Beitrag zur Berichtigung der Urteile des Publikums über die Französische Revolution". Aus Angst des Verlegers vor der Zensur erschien das Werk anonym und profitierte davon, dass es Kant zugeschrieben wurde, bis dieser den wahren Verfasser preisgab. 1792 hat Kant sich schon von Fichtes (Briefw. I: 237) „Kritik aller Offenbarung" distanzieren müssen, die ihm gelegentlich zugeschrieben wurde. Der „Beitrag zur Berichtigung der Urteile" blieb Fragment. Dass der zweite Teil nicht erschien, ist mit Fichtes Enttäuschung über die Politik des Direktoriums in Frankreich erklärt worden, das Fichte im Gegensatz zu Hegel negativ bewertete. Er sah in dieser Phase die „Totengräber der Freiheitsrechte" am Werk.

Der rekonstruierte Plan der gesamten ersten politischen Schrift sah eine Begründung der Rechtmäßigkeit der Revolution vor. Die Grundthese lautete, dass die Rechte des Volkes durch keinen Vertrag aller mit allen oder mit dem Fürsten und den Ständen aufgehoben werden konnte. Fichtes harscher Ton gegenüber den Fürsten in der „Zurückforderung" wurde durch die rhetorische Anordnung als Rede verstärkt. Sie war im Gegensatz zu den späteren „Reden an die deutsche Nation" jedoch eine Papier-Rede. Dennoch hat Fichte (Briefw. I: 319) diese Schrift in einem Brief einmal als seine liebste Veröffentlichung genannt. Die Schrift wurde als Agitation für die Revolution missverstanden. Sie war jedoch eher eine Ermahnung der Fürsten zu rationalem Handeln, damit in Deutschland die Revolution überflüssig werde. In der Vorrede hat Fichte (1967: 10) die Missverständnisse antizipiert und sich distanziert „von den gelehrten Herren, die uns eine nicht geringe Meinung von ihrer eigenen Gründlichkeit beizubringen glauben, indem sie alles was mit einiger Lebhaftigkeit geschrieben ist, mit dem Prädikat einer Deklamation abfertigen". Nicht ohne Humor versuchte der junge Philosoph den „gelehrten Herren" klarzumachen, dass die Schrift gar nicht für sie bestimmt sei, sondern für das „ununterrichtete Publikum", dem „mit Gründlichkeit ... nicht wohl beizukommen" sei. Den Fürsten wurde ironisch bescheinigt, dass sie sich „durch guten Willen und Popularität auszuzeichnen suchen". Der zentrale Satz war an die Völker gerichtet: „Nein, ihr Völker, alles, alles gebt hin, nur nicht die Denkfreiheit". Dem Volk versuchte Fichte klarzumachen, dass es eine viel zu hohe Meinung von den Fürsten habe. Die Fürsten selbst bekamen eine bescheidenere Rolle zugeteilt, als ihnen die meisten Bürger beimaßen: „Nein, Fürst, du bist nicht unser Gott. Von ihm erwarten wir Glückseligkeit, von dir die Beschützung unserer Rechte. Gütig sollst du nicht gegen uns sein; du sollst gerecht sein." (1967: 15) Fichtes Absage an eine utilitarische Glückseligkeitsphilosophie stand zweifellos noch unter dem Einfluss von Kant. Fichte (1967: 31) versuchte den Fürsten deutlich werden zu lassen, dass die Unterwürfigkeit der Bürger bei „jedem Vernünftigen" nicht ihnen als Person gelte, sondern dass man mit ihr die Gesellschaft ehre, die der Fürst repräsentiert. Eine Strohpuppe mit fürstlichen Insignien würde nicht anders behandelt.

Ähnlich wie Kant ließ er für seine normativen Erwägungen empirische Einwände nicht gelten. Er verbat sich sogar das „Urteil des Empirikers": „Ein spekulativer Denker sei mein Richter, oder Niemand!" (1973: 18 f). Auch die Geschichte – damals allgemein als „magistra vitae" gepriesen – kann über die Frage, ob es weise war, die Revolution zu beginnen, nichts beitragen. Er beruhigte die Historiker jedoch ironisch, er wolle die Historiographie keineswegs „ganz eingehen lassen". Er wollte die Frage nach der Legitimation der Revolution jedoch aus den „Händen der Nichtphilosophen" nehmen. Die Historiker konnten in seinen Augen immer nur „lernen", aber nie selbst etwas hervorbringen. Ihre höchste Schöpferkraft ging in seinen Augen nicht über das „Nachmachen" hinaus. Auch den pragmatischen dritten Einwand, seine Vorschläge seien nicht durchführbar, ließ Fichte (1973: 35) nicht gelten: „Aber ihr wollt, dass alles hübsch beim Alten bleibe, daher euer Widerstreben, daher euer Geschrei über die Unausführbarkeit unsrer Grundsätze. Nun, so seid wenigstens ehrlich, und sagt nicht weiter: wir können eure Grundsätze nicht ausführen, sondern sagt gerade wie ihrs meint: wir wollen sie nicht ausführen". Der Träumer Rousseau ist in seinen Augen viel zu schonend mit den Empirikern umgegangen. Eine Drohung des anarchoiden Libertären schloss sich an: „Man wird noch ganz anders mit euch reden, als er redete".

Der Einwand der Nichtmachbarkeit der Revolution war von Praktikern der Politik wie Brandes und Rehberg in Deutschland erhoben worden. Brandes hat Fichte in einer Fußnote (1973: 19) immerhin noch als „ehrlichen und selbstdenkenden Mann" behandelt. Gegen die Antirevolutionsschrift von August Wilhelm Rehberg (1757–1836) „Untersuchungen über die französische Revolution" (1793) (Band 2: Konservatismus) ging er hingegen polemisch und ungerecht vor. Rehberg hatte durchaus differenziert das korrupte Ancien Régime in Frankreich analysiert und erste Reformen der Nationalversammlung noch begrüßt.

Was Fichte gelten ließ, war ausschließlich das Sittengesetz: „Der Mensch kann, was er soll, und wenn er sagt, ich kann nicht, so will er nicht"(1973: 37). Des Menschen Zweck ist die Autonomie: die „völlige Unabhängigkeit von allem was nicht Wir selbst, unser reines Selbst ist" (1973: 51). Diese Selbstverwirklichung eines Antiautoritären wurde durch „Kultur" befördert. Kultur wurde definiert als „Übung aller Kräfte auf den Zweck der völligen Freiheit". Im Gegensatz zu den gouvernementalen Liberalen, die in Preußen überwogen, konnte der Staat seiner Ansicht nach zur Kultur nichts beitragen: „niemand wird kultiviert, sondern hat sich selbst zu kultivieren". Kultur ist Selbsttätigkeit. Alles leidende Verhalten ist Unkultur. Kein Wunder, dass in den siebziger Jahren die Frühschriften Fichtes mit der damaligen „Außerparlamentarischen Opposition" verglichen wurde (Einleitung: R. Schottky 1973: LV) . Diese aber las Marcuse, nicht den jungen Fichte.

Fichte machte sich sodann an die Demontage der Argumente für die traditionelle Kabinettspolitik in Europa. Diese hatte den Terminus „Gleichgewicht" zum Fetisch erhoben. Aber durch Gründe a priori und durch die Geschichte sah Fichte (1973: 59) die Wahrheit bestätigt: „Die Tendenz aller Monarchien ist nach Innen uneingeschränkte Alleinherrschaft, und nach Außen Universalmonarchie". Hier sollte die Französische Revolution nach ihrem Anspruch Abhilfe schaffen, hat aber die nichtfranzösischen Revolutionsfreunde in der Zeit der Republik stark enttäuscht.

Im dritten Kapitel argumentierte Fichte, dass der Vertrag, der zur Staatswerdung führte, jederzeit kündbar sei. Die Vertragstheoretiker begründeten die Notwendigkeit des Vertrages meist mit der Konstituierung einer Eigentumsordnung durch den Staat. In Fichtes Augen schuf der Staat keine rechtliche Garantie des Eigentums. Noch weniger trug er zur Kultur der Selbstverwirklichung der Bürger bei. Diese ist allein das Verdienst des Einzelnen. Der Bürger schuldet also dem Staat nichts. Ein konservativer Einwand lautete, dass der Zusammenschluss freier Individuen zur Privilegierung einzelner abgesonderter gut organisierter Gruppen führe. Fichte versuchte das Argument mit dem Hinweis zu relativieren, dass es schon mehrere Staaten im Staate gebe, den Adel, das Militär, einige Interessengruppen und die Juden. Seine Formulierung hinsichtlich der Juden durchbrach in subjektiv-bösartiger Weise die Abstraktionshöhe seines generellen Arguments: „Fast durch alle Länder von Europa verbreitet sich ein mächtiger feindselig gesinnter Staat, der mit allen übrigen im beständigen Kriege steht, und der in manchem fürchterlich schwer auf die Bürger drückt; es ist das Judentum". Nicht die Absonderung war in Fichtes Augen das Übel, sondern dass „dieser Staat auf den Hass des ganzen Menschengeschlechts aufgebaut ist" (1973: 114). Diese frühe Äußerung hat vielfach dazu geführt, Fichte als schlimmen Chauvinisten schon vor den Reden an die Deutsche Nation einzustufen. Gemildert wurde dieser Ausfall allenfalls durch das Verdikt gegen andere Absonderungsgruppen wie den Adel (Kap. 5). Fichte ließ den Adel allenfalls in der frühen Zeit als Notwendigkeit der „etwas rauen aber kräftigen Denkungsart der alten Ritterschaft" gelten. Aber inzwischen hatten das Hofleben, die flüchtige Bekanntschaft mit den Wissenschaften und eine dem Bürgerstand ähnliche „Biegsamkeit" den Adel nivelliert und funktionslos werden lassen (1973: 202).

Letztlich schien der Staat in den frühen politischen Schriften Fichtes überflüssig. Der Rechtsstaat war gleichsam ins freie Belieben freier Individuen gestellt. Der Gemeinwille konnte täglich etwa neues beschließen. „Car tel est notre plaisir" haben einst die Fürsten gesagt. Sinngemäß wird diese Devise nun nationalisiert und auf das Volk angewendet.

Wie bei allen großen Denkern – vor allem, wenn sich dunkle Passagen in ihrem Werk häufen – schwankten die Interpretationen. Die Mehrzahl der Forscher hat die frühen Schriften als „unreife" Fingerübungen behandelt. In wichtige Editionen von Fichtes Werken wurden sie nicht aufgenommen. Der Gegenschlag ließ nicht auf sich warten. Die „Philosophie der totalen Freiheit" wurde im Gegenzug als durchgängiges Motiv bei Fichte gedeutet (Willms 1967). Wie bei jedem großen Denker ließen sich ein paar sehr abstrakte Gedanken kontinuierlich nachweisen. Dazu gehörten der Wille zur Freiheit, die Ablehnung ungerechtfertigter Ungleichheit, und der Vorrang der sittlichen Bestimmung des Menschen vor historischen Gegebenheiten und Sachzwängen. Dennoch lassen sich in der Zeit von 1793 und 1796–98 Wandlungen der Ansichten Fichtes konstatieren. Die Vereinigung der Individuen im Staat und die Förderung des Staates wurden schon 1798 in der „Sittenlehre" zur Gewissenspflicht eines jeden (AW II: 640). Die Kultur zur Freiheit als eine Art „permanenter Revolution" wurde im Spätwerk von einer stabilen Staatlichkeit abgelöst. Der Staat wurde zum Gehäuse für die sittliche Dynamik des Lebens der Bürger untereinander. Vom Recht auf Revolution war nicht mehr die Rede. Ein liberal-radikaler Philosoph ist der späte Fichte nicht mehr gewesen, auch wenn der Radikalismus sich später selbst bei seinem Nationalismus „jakobinisch" zu färben schien. Der späte Fichte (Band 2: Konservatismus) ist von unterschiedlichen Ideologien in Anspruch genommen worden, vom Konservatismus, vom Nationalismus und aufgrund des „geschlossenen Handelsstaates" sogar vom Sozialismus.

Quellen

Fichte: Ausgewählte Werke in sechs Bänden (Hrsg.: F. Medicus). Darmstadt, Wissenschaftliche Buchgesellschaft, 1962 (zit.: AW).

Fichte: Beitrag zur Berichtigung der Urteile des Publikum über die Französische Revolution (Hrsg.: R. Schottky) Hamburg, Meiner, 1973.

Fichte: Schriften zur Revolution (Hrsg.: B. Willms). Köln, Westdeutscher Verlag, 1967.

Fichte: Ausgewählte politische Schriften (Hrsg.: Z. Batscha/R. Saage). Frankfurt, Suhrkamp, 1977.

Fichte: Briefwechsel (Hrsg.: H. Schulz). Leipzig, Haessel 1925–1930, 3 Bde (zit. Briefw.).

A. W. Rehberg: Untersuchungen über die Französische Revolution. Hannover, Ritscher, 1793, 2 Teile

Literatur

M. Buhr: Revolution und Philosophie. Die ursprüngliche Philosophie J. G. Fichtes und die Französische Revolution. Berlin, Deutscher Verlag der Wissenschaften, 1965.

E. Gelpcke: Fichte und die Gedankenwelt des Sturm und Drang. Leipzig, Meiner, 1928.

K. Lessing: Rehberg und die Französische Revolution. Freiburg, Bielefelds, 1910.

W. Schweitzer: Fichtes Verständnis von Revolution und Demokratie bis 1796. In: Ders.: Der entmythologisierte Staat. Gütersloh, Mohn, 1968: 135–147.

U. Thiele: Gerechtigkeit und demokratischer Staat. Fichtes Naturrechtslehre von 1796 zwischen vorkantischem und nachkantischem Naturrecht. Berlin, Duncker & Humblot, 2002.

B. Willms: Die totale Freiheit. Fichtes politische Philosophie. Köln, Westdeutscher Verlag, 1967.

Der junge Hegel

Der vergleichsweise Konservativste der drei großen idealistischen Philosophen in seiner Haltung zur französischen Revolution war Georg Wilhelm Friedrich Hegel (1770–1831). Im Vergleich zu Kant und Fichte waren seine politischen Frühschriften keine Erfolge. Ein Teil ist nicht zum aktuellen Anlass veröffentlicht worden.

In seiner Zeit als Hauslehrer in Bern hat Hegel die Berner Oligarchie in der Schrift „Vertrauliche Briefe über das vormalige staatsrechtliche Verhältnis des Wadtlandes zur Stadt Bern" gleichsam als revolutionsreifes Land aufs Korn genommen. Napoleons Schaffung einer Helvetischen Republik machte die Studie obsolet. Die Schrift zum Konflikt der Krone mit den Ständen in seinem Heimatland Württemberg (1798 entstanden) wurde nicht publiziert. Hegel plädierte darin für die Erweiterung der Repräsentation und eine Stärkung der Rechte des Landtags. Die Schrift über die „Verfassung des Deutschen Reiches" hätte den publizistischen Durchbruch bringen können. Aber der Reichsdeputationshauptschluss als Anfang vom Ende des Reiches überholte auch diese Schrift. Ihr vollständiger Text wurde nicht vor 1893 veröffentlicht. Erst mit der Schrift über die Landstände des Königreichs Württemberg (1817) hatte Hegel Erfolg (vgl. Bd. 2, Konservatismus).

Vor den politischen Jugendschriften lagen Werke, die seit Nohl als „Theologische Frühschriften" zusammengefasst wurden. In ihnen ging es um die Erneuerung der antiken Sittlichkeit. Die Erhebung dieser Werke zu einer theologischen Epoche im Werk Hegels wurde vor allem von Lukács (1948: 11) als „reaktionäre Verfälschung" zurückgewiesen, die seit den Neuhegelianern und seit Diltheys (1990) Werk über den jungen Hegel, eine „irrationalistisch-mystische Interpretation" Hegels eingeleitet habe. Diese marxistische Interpretation sah im Rekurs auf die Antike die Kontinuität zu Hegels „republikanischer Periode" und sogar noch zur Spätphilosophie in den „Vorlesungen über die Geschichte der Philosophie", die Hegel ab 1822 mehrfach gelesen hat. Selbst in diesem Spätwerk wurde das frühe Thema wieder aufgenommen. Die Fehler der Revolutionsepoche wurden nun unter der Rubrik „Liberalismus" kritisiert. Die „Abstraktion des Liberalismus" war für Hegel (W XII: 535) ein falsches Prinzip, weil sie unterstellte, „dass die Fesseln des Rechts und der Freiheit ohne die Befreiung des Gewissens abgestreift werden," und „dass eine Revolution ohne Reformation sein könne". Das theologische Thema der frühesten Schriften ist in der Tat nie aus Hegels Staatsphilosophie eliminiert worden.

Die Abhandlungen zwischen den Frühschriften und den politischen Schriften der republikanischen Phase (1793–96) lagen in ihrem volkspädagogischen Impetus. Hegel sah einen permanenten Kampf der ethischen Bewährung toben. Nicht der liberalen Befreiung von der Gemeinschaft galt dieser Kampf, sondern der Befreiung zur Gemeinschaft. Der Gang des Menschen zu sich selbst hatte auch nach der frühesten Phase immer eine religiöse Dimension, die Befreiung des Göttlichen im Menschen (vgl. Fetscher 1979: 212).

Die „Gesundheit eines Staates" hat Hegel (1966: 23) weniger an der statischen Fähigkeit zur Friedenswahrung als an der Bewegung des Krieges gemessen, weil sich im Krieg die „Kraft des Zusammenhanges aller mit dem Ganzen" zeige. Das Reich hatte im Krieg mit den französischen Revolutionsheeren diese Feuerprobe nicht bestanden. Die Folge waren der Verlust „einiger der schönsten deutschen Länder" und eine drückende Schuldenlast, vor allem in den süddeutschen Staaten.

Für die Trümmer des Reiches sah er die passende Überschrift: „Fiat justitia, pereat Germania!" Der Untergang Deutschlands war für Hegel (1966: 56) selbstverschuldet, weil das Reich eine „unnatürliche Vereinigung von Ländern" dargestellt hat. Daher war die Liste der Länder, welche im Lauf der Geschichte verloren gingen, so ungewöhnlich lang. Nicht einmal ein effektives Rechtssystem hatte das Deutsche Reich entwickelt. Die Zahl der anhängigen Prozesse vor dem Reichskammergericht überstieg bei weitem die Zahl der erledigten Fälle. Über die gemächliche Arbeitsweise dieser Einrichtung haben wir aus Goethes Wetzlarer Zeit anschauliche Kunde. Deutschland hatte durch den Mangel an rechtsbildender Qualität das Faustrecht gefördert. Kein Wunder, dass Frankreich die anarchische Masse von Kleinstaaten einfach durch Annexion aufheben konnte. Diese Zerrüttung des politischen Systems wurde für Hegel durch die „Trennung der Religion" in Deutschland noch verstärkt.

Als Staat erkannte Hegel (1966: 31) nur eine Menschenmenge an, „wenn sie zur gemeinschaftlichen Verteidigung der Gesamtheit ihres Eigentums verbunden ist". Anders als bei Fichte kam es beim Staat und der Verfassung darauf an, dass „sie wirklich ist". Dass in Deutschland Gesetze, Sprache, Kultur und Religion nicht von einem Mittelpunkt reguliert und guberniert" werden, wäre für Hegel kein Hindernis, Deutschland als Staat zu konstituieren, wenn eine Staatsgewalt existierte. Der Staat, „dessen Prinzip die allgemeine Maschinerie" ist, muss sich an zwei Aufgaben bewähren: der Verteidigung und der Finanzverfassung.

Zur Verbesserung der Herrschaft sah er ein „System der Repräsentation" als unerlässlich an. Die Montesquieu-Legende, nach der die Repräsentation in den Wäldern Germaniens entstanden sei, wurde relativiert. Germaniens Bräuche waren nur eine Quelle des Repräsentationsgedankens. Hegel hat in der Verfassungsschrift erstmals seine Repräsentationstheorie entwickelt. Seit 1789 tobte in Deutschland ein Glaubenskrieg zwischen den Anhängern einer ständischen Verfassung und den Verfechtern des Repräsentationsgedankens. Die Begriffe, die Hegel um 1800 herum benutzte, lehnten sich an Sieyès und die Lehren der französischen Nationalversammlung an. Eine gewichtige Abweichung war freilich, dass der dritte Stand nicht mit dem Volk identifiziert wurde. Es blieben ständische Elemente in Hegels Denken: nur die drei wichtigsten Stände zusammen machten für ihn das Volk aus (L: 160). Hegel war in dieser Frage noch weniger „modern" als Kant. Fichte hingegen hat die Institutionen in seiner libertären Phase ganz vernachlässigt. Bei Hegel sollte die ständische Repräsentation nicht abgeschafft, sondern von überholten Privilegien befreit werden. Eine radikale demokratische Gleichheit, ja nicht einmal eine liberale Rechtsgleichheit wurde von Hegel in dieser Phase postuliert. Die „Gleichheit der Bürgerlichkeit" (L: 466 f) war ihm als Konzept zu „abstrakt". Sein Idealismus in der Frühphase wurde sogar als „zynischer Realismus" bezeichnet (Hočevar 1968: 23). Das alte ständische Recht der vorrevolutionären Zeit war in seinen Augen ein Flickenteppich von „vernunftwidrigen Rechten" und Privilegien. Seine Konstruktion in dieser Zeit liest sich wie eine Vorwegnahme der „erfundenen Stände" der Zeit nach 1814. Die Ständelandschaft war bereinigt, hatte aber doch etwas künstliches, das der Sozialstruktur nicht in allen deutschen Ländern entsprach.

Hegels politische Frühschriften über Bern und Württemberg waren noch auf Belehrung der Herrscher gerichtet. Mit der Verfassungsschrift wurde eine neue kritische Dimension sichtbar, die zur Deutung der Philosophie des jungen Hegel als „revolutionär" geführt hat. Politische Philosophie wuchs in die Rolle der Fundamentalkritik hinein. Habermas (1966: 354) hat sogar Parallelen zu den Junghegelianern konstruiert, die auf eine verändernde Praxis ausgerichtet waren. Aber im Gegensatz zu den Linkshegelianern wurde nicht gewaltsamer Umsturz von Hegel favorisiert, sondern eine kluge Reformpolitik als Prävention gegen Revolutionen. Institutionen, die nicht mehr im Einklang mit ihrer ursprünglichen Funktion stehen, sollten abgeschafft werden. „Was da fällt, das soll man auch noch stoßen" äußerte Nietzsche später noch drastischer.

In den Schriften zur deutschen Politik wurde die Ersetzung des Reiches durch einen modernen Nationalstaat nahegelegt. Er sollte eine zentrale Verwaltung, ein modernes Finanzsystem und eine gut organisierte Armee aufbauen. Dieses Werk konnte nur durch kluge Führung gelingen. Da die deutschen Fürsten versagt hatten, musste ein Eroberer ihre Führungsrolle einnehmen. Ein „Theseus" wurde gesucht. Für die Leser war der eigentliche Name klar: Napoleon. Hegel hat nach seiner Berner republikanischen Periode seine Hoffnungen zunehmend auf Napoleon gesetzt. Er unterstützte in Briefen dessen Rheinbundpolitik. Er billigte sogar seinen Staatsstreich am 18. Brumaire. Der Zaungast Hegel sah in Erfurt den Kaiser, „diese Weltseele", vorbereiten und fühlte sich erhoben. Die bei Jena geschlagenen Preußen wurden in Briefen (I: 125 ff.) mit Hohn bedacht. Noch am 29. August 1807 schrieb er zu den deutschen Querelen an Niethammer: „Der große Staatsrechtslehrer sitzt in Paris": (185). Kritik an der napoleonischen Politik bezog sich vor allem auf den Zentralismus in der Verwaltung. Noch nach Napoleons Sturz hat er den Sieg der Mittelmäßigkeit beklagt. Alle diese Belege wurden benutzt, um die Kluft zwischen dem jungen und dem alten Hegel zu überbrücken. Aber selbst Lukács (1948: 576), der wohl am weitesten in einer Kontinuitätsannahme ging, konnte nicht übersehen, dass es nach 1814 zu einer „Versöhnung" mit der Restauration im Werk Hegels gekommen ist.

Trotz seiner offenen Frankophilie übersah Hegel nicht, dass die französischen Eroberer ihre Befreiungsrolle in Deutschland schlecht spielten. Italien wurde als abschreckendes Beispiel französischer Politik dargestellt, mit seinen Annexionen und Satellitengebilden von Napoleons Hand. Das linke Rheinufer war annektiert, und „die eine Hälfte von den Feinden überschwemmt und ausgeplündert". Aber eine Alternative war nicht in Sicht. Österreich wurde nahegelegt, die „Kaiserkrone wegzulegen" (1966: 123). Die Mittelmächte wie Sachsen und Bayern, das dritte System neben dem napoleonischen und den beiden deutschen Großmächten, verharrten im alten Egoismus. Das vierte System, die „norddeutschen Stände" hatten sich feige unter den Schutz Preußens gestellt. Die einzig positive Tendenz im untergehenden Reich, die Hegel ausmachen konnte, war, dass die „Sucht der katholischen Stände, der katholischen Religion die Obermacht zu verschaffen" entfallen sei.

Im Schlusskapitel 12 wurde zur Einigung Deutschlands dann doch noch ein deutscher Kaiser reklamiert. Dieser hätte vor allem der oberste Heerführer sein müssen. Alles Militär in Deutschland müsste zu einer Armee zusammengeschmolzen werden. Es wäre eine Staatsmacht zu errichten, „mit Mitwirkung der Teile" (1966: 139). Der deutsche „Theseus" hätte sein Werk ohne Gewaltanwendung nicht vollenden können. Widerstrebende Teile Deutschlands „müssten gezwungen werden, sich zu Deutschland gehörig zu betrachten" (1966: 139). Einen solchen Ausspruch hätte nicht einmal Bismarck in der Öffentlichkeit gewagt, umso glücklicher waren seine Anhänger, 1871 Hegel zitieren zu können. Hegel kämpfte gegen die „Entzweiung", welche die Absonderung bis zum Wahnsinn treibe. Dieser Wahnsinn wurde mit dem „Wahnsinn der jüdischen Nation" verglichen. Die viel strapazierte Parallele des Schicksals der Deutschen und der Juden hatte eine wichtige Referenzstelle gefunden.

Hegel hat auch nach 1802 nicht aufgehört, die reinigende Wirkung des französischen Revolutionsgewitters positiv zu bewerten. Der Beleg ist weniger die vielzitierte Geste des Philosophen, am Quatorze Juillet jeweils eine Flasche Rotwein zum Gedenken an den Sturm auf die Bastille zu leeren. Auch in den Vorlesungen des „konservativen" Hegel über „Geschichte der Philosophie" ab 1805 in Jena, Heidelberg und Berlin wurde die Unvermeidlichkeit der Revolution mit deutlicher Parteinahme wiederholt. In der Schrift über die Landstände Württembergs von 1817 hieß es: „Man muss den Beginn der französischen Revolution als den Kampf betrachten, den das vernünftige Staatsrecht mit der Masse des positiven Rechts und der Privilegien, wodurch jenes unterdrückt worden war, einging." Aber nach Hegels Ansicht wurde der Kampf inzwischen seitenverkehrt geführt: die Stände warfen sich zu Verteidigern des „guten alten Rechts" und damit der alten Privilegien auf (1966: 185). Die Revolution war für Hegel „das Wanken der Dinge". In der „Philosophie der Weltgeschichte" war die welthistorische Mission der französischen Revolution noch immer, dass der Gedanke des Rechts sich in einer Verfassung konkretisierte. Sie stellte einen säkularen Umbruch dar, der das „Ende der Geschichte" vorbereitete und sich in die vernünftige Linie der dialektischen welthistorischen Entwicklung einordnete. In der „Phänomenologie des Geistes" (1952: 414 ff) wurde aber auch die Entartung der Revolution nicht verschwiegen. Es gab einen Zusammenhang für Hegel von „absoluter Freiheit und Schrecken". Die Irrwege nach der Revolution wurden auf die Abstraktheit des Liberalismus und des Demokratismus zurückgeführt.

Am Ende seines Lebens wurde Hegel von Revolutionsfurcht befallen. Die Julirevolution von 1830 lehnte er ab. In seiner letzten politischen Schrift über die „Reformbill" von 1831 sah er die Gefahr, dass die Opposition im Volke ihre Stärke suchen könnte und dann „statt einer Reform die Revolution" herbeiführen könnte (1966: 321). Wenigstens diese Phase erlaubt es, den späten Hegel auch unter der Rubrik „Konservatismus" zu behandeln, ohne sich die Vergröberungen von Haym (1857: 385) über die reaktionäre „Platonisierung der preußischen Beamtenherrschaft" zu eigen zu machen. Aber auch eine gleichbleibende Revolutionsbegeisterung ist aus Hegels Werk schwerlich heraus zu interpretieren (anders: Ritter 1965: 19).

Ebenso umstritten wie Hegels Verhältnis zu revolutionären Veränderungen war seine Haltung als Liberaler. Hegel hat den Liberalismus ab 1822 scharf kritisiert. Er habe vor allem die romanischen Länder Frankreich, Italien und Spanien beherrscht. „Aber allenthalben hat er bankrott gemacht, zuerst die große Firma desselben in Frankreich, dann in Spanien, in Italien" (W XII: 535). Der Liberalismus war für Hegel gescheitert, weil er das „Prinzip der Atome, der Einzelwillen" auf seine Fahnen geschrieben hatte. Der „Wille der Vielen", der nicht zum Gemeinwillen findet, stürzte in seinen Augen ganze Regierungen und schaffte somit kein stabiles politisches System (W XII: 534). Der Marxismus hat Hegel gerade wegen dieses antiliberalen Zuges der Philosophie Kants vorgezogen. Bei Kant kam es nach der Kritik von Lukács (1948: 33) nur zur „nachträglichen Verknüpfung der individuellen Subjekte miteinander". Der auf das Praktische gerichtete Subjektivismus des jungen Hegel aber war von vornherein „kollektiv und gesellschaftlich" orientiert.

Einen liberalen Minimalstaat hat auch der junge Hegel nicht vertreten. Der späte Hegel hat schließlich die absolute Sittlichkeit einer aristotelischen Ordnung in das Zentrum der politischen Philosophie gerückt (Habermas 1966: 367). Die nationalistischen Beimischungen seiner Geschichtsphilosophie hat Liberale von Popper bis Croce (vgl. Kap. IV.4) gestört. Es gab jedoch auch italienische Libe-

rale wie Ruggiero (1964: 229), die Hegel enthusiastisch unter die Liberalen ein-
reihten. Das fiel im italienischen Kontext leicht, wo auch sehr konservative Denker wie Gioberti immer als „Liberale" behandelt wurden, weil sie eine italienische
Einigungssendung proklamierten. Wenn man Liberalismus nur als universales
Freiheitsprinzip und als Gleichheit der Bürger unter formalen Gesetzen versteht,
dann war Hegel durchgängig liberal. Aber zu den Minimalkriterien des Liberalismus aber gehört nicht nur der Rechtsstaat. Liberale des 19. Jahrhunderts wie Mohl
(I: 245) kritisierten mit Recht, dass Hegel nicht vom subjektiven Willen der Bürger
ausging, sondern von objektiven Gründen der Vernünftigkeit des Staates. Das Individuum wurde auch beim jungen Hegel wenig liberal vernachlässigt. Der Streit
um den Liberalismus oder Konservatismus Hegels kann hier abgebrochen werden.
Wenn man sich hütet, alles positiv bewertete „liberal" zu nennen und alles Negative dem Konservatismus anlastet, gibt es keinen Grund, den späten Hegel nicht
unter Konservatismus zu erwähnen. Es wird sich zeigen, dass der Konservatismus
viele positive Elemente des politischen Denkens entwickelte, die vom Liberalismus vernachlässigt wurden. Dazu gehört nicht zuletzt die soziale Frage und in ihrer Behandlung hat Hegel der „Rechtsphilosophie" den Radikalen und sogar den
Sozialisten den Weg gewiesen.

Ιn doppelter Hinsicht blieb Hegel immer ein Liberaler. Das trifft einmal auf
seine Gedanken zur Wirtschaft zu. Niemals hat er veraltete Produktionsverhältnisse verklärt wie die Konservativen. Zum anderen wurde er niemals ein Status-
quo-ante-Konservativer wie Bonald oder Maistre. Das Voranschreiten der revolutionären Entwicklung war für Hegel nicht nur ein Prozess der Zerstörung der
alten sozialen Verhältnisse, sondern auch die „Aufbewahrung konkreter gesellschaftlicher Inhalte in höheren Formen des Bewusstseins" (Negt 1974: 88). Renaissance, Reformation und Aufklärung wurden nicht als Etappen einer Depravat-
tion verketzert wie bei den erzkonservativen Theoretikern der Konterrevolution.
Sie waren jeweils notwendige Entwicklungsstufen. Es gab keine Möglichkeit der
Restauration in Hegels Werk, sondern nur die Möglichkeit, die Postulate der Revolution in der künftigen Gesellschaft zu integrieren.

Der deutsche Idealismus erlebte eine Weile die „Kant'sche Alleinherrschaft"
wie Mohl (I: 243) sich im Rückblick altväterlich ausdrückte. Selbst Hegel hatte
in seinen Augen nicht die gleiche Resonanz. Die Verbesserungen der Lehren der
Klassiker waren in den Augen des Liberalen Mohl die stärkere Herausarbeitung
der Selbständigkeit der Sphäre der Gesellschaft gegenüber dem Staat. Auch in diesem Punkt hat Hegel wichtige Vorarbeit für den späteren Liberalismus geleistet.

Quellen

Hegel: Werke in zwanzig Bänden (Hrsg.: E. Moldenhauer/K. M. Michel). Frankfurt, Suhrkamp, 1971 (zit. W).

Hegel: Schriften zur Politik und Rechtsphilosophie.(Hrsg.: G. Lasson) Leipzig, Meiner, 1913 (zit. L).

Hegel: Politische Schriften. (Hrsg.: J. Habermas) Frankfurt, Suhrkamp 1966.

Hegel: Die Verfassung des Deutschen Reiches (Hrsg.: G. Mollat). Stuttgart, Frommanns, 1935.

Hegel: Phänomenologie des Geistes (Hrsg.: J. Hoffmeister).Hamburg, Meiner, 1952, 6. Aufl.

Hegel: Briefe von und an Hegel (Hrsg.: J. Hoffmeister). Hamburg, Meiner, 1952–60, 4 Bde., 1969–81, 3. Aufl. (zit.: Br).

Literatur

W. Dilthey: Wilhelm Diltheys gesammelte Schriften, Bd. 4. Die Jugendgeschichte Hegels und andere Abhandlungen zur Geschichte des deutschen Idealismus. Berlin, Teubner, 1914. 16., unveränd. Aufl. 1990.

I. Fetscher: Hegels Lehre vom Menschen. Stuttgart-Bad Cannstatt, Frommann, 1970.

K. Griewank: Der neuzeitliche Revolutionsbegriff. Frankfurt, EVA, 1969, 2. Aufl.

J. Habermas: Hegels Kritik der französischen Revolution. In: Theorie und Praxis. Neuwied, Luchterhand, 1967, 2. Aufl.: 89–107.

R. Haym: Hegel und seine Zeit. Berlin, R. Gaertner, 1857.

J. Hočevar: Stände und Repräsentation beim jungen Hegel. München, Beck, 1968.

G. Lukács: Der junge Hegel. Zürich, Europa Verlag, 1948.

O. Negt: Die Konstituierung der Soziologie als Ordnungswissenschaft. Strukturbeziehungen zwischen den Gesellschaftslehren Comtes und Hegels. Frankfurt, EVA, 1974.

K.-H. Nusser: Hegels Dialektik und das Prinzip der Revolution. München, Pustet, 1973.

J. Ritter: Hegel und die Französische Revolution. Frankfurt, Suhrkamp, 1965.

U. Thiele: Verfassung, Volksgeist und Religion. Hegels Überlegungen zur Weltgeschichte des Staatsrechts. Berlin, Duncker & Humblot, 2008.

c) Die Junghegelianer: Rechtshegelianismus = liberal, Linkshegelianismus = radikal?

Feuerbach, Strauss, Bauer, Ruge, Oppenheim, Rosenkranz, Michelet

Der „kalte Systemdenker" Hegel schien nicht prädestiniert zu sein, begeisterte Schüler an sich zu binden. Ludwig Feuerbach (in: Löwith 1962: 229) beschrieb 1840 seine ambivalenten Gefühle: „Sonderbares Schicksal, dass der kalte leblose Denker allein es war, der mir die Innigkeit des Verhältnisses vom Schüler zum Lehrer zum Bewusstsein brachte".

Nach Hegels Tod 1831 wirkte seine Schule wie eine geschlossene Phalanx. Der preußische Kultusminister Altenstein förderte den Hegelianismus in der Kulturpolitik nach Kräften. Erst als Eichhorn ihn nach seinem Tod ersetzte, wurde die preußische Politik „antihegelianisch". Konservative wie Schelling und Stahl wurden auf die Schlüssel-Lehrstühle nach Berlin berufen, um „die Drachensaat" des Hegelianismus zu vernichten.

Der Wandel des politischen Klimas war verbunden mit einer Radikalisierung eines Teils der Hegelianer. Die Linkshegelianer wurden häufig als „Hegelinge" von den konservativen „Hegelitern" abgegrenzt (Leo 1838: 2, 40). Bis Anfang der vierziger Jahre wurde die Hegelsche politische Philosophie von seinen „linken" Schülern kaum angegriffen. Sie befassten sich eher mit einer Radikalisierung der Religionsphilosophie wie Feuerbach, Bauer oder Strauß. Anfangs gab es auch kaum eine Frontstellung gegen den Liberalismus. Noch 1841 hat Bruno Bauer (Briefwechsel 1844: 163) anlässlich eines Empfangs zu Ehren des badischen Liberalen Welcker Hegels Philosophie gepriesen, weil sie liberaler sei als der badische Liberalismus. Um 1842 kam es zu zunehmenden Polemiken zwischen Liberalismus und Radikalismus. Deutschland hatte diese Frontstellung weniger als Frankreich und Großbritannien schon in der Revolutionszeit mitgemacht. Die deutsche Revolution wurde von der Straße in die Köpfe der Menschen verlegt. Die „rohe" Revolution wurde in eine sublimierte Revolution des Geistes überführt. Der deutsche Idealismus war – mit Ausnahme des jungen Fichte – wenig radikal im Sinne der romanischen Länder, wo die liberale „Firma" – wie Hegel sich wegwerfend ausdrückte – bankrott gemacht habe. Die Linkshegelianer wandten sich am Ende des Vormärz einem „nachholenden Radikalismus" zu. Er war jedoch anfangs erstaunlich unpolitisch. Die erzwungene Arbeitslosigkeit hat die relegierten und zensierten jungen Wissenschaftler in das politische Kommentierungsgeschäft getrieben. Nur gelegentlich haben sie sich der politischen Geschichte der Bewegungen zugewandt, wie Bruno Bauer. Die Radikalisierung dieser Gruppe zeigte verwandte Züge mit einem Großteile der Intelligencija in Russland. Auch dort waren nur wenige wohlbestallte Professoren wie Granovskij unter den Theoretikern der Politik zu finden. Die Hoffnungsträger der linken Intelligenz in Deutschland mussten ihre Privatdozenturen aufgeben, wie Ruge in Halle, Feuerbach in Erlangen, der in der fränkischen Provinz überlebte, oder Bruno Bauer in Bonn. Marx wurde nicht zur Habilitation zugelassen und der ehemalige Lehrer Max Stirner musste mit Übersetzungen und den kargen Erlösen eines Milchladens sein Leben fristen. Ruge und Feuerbach waren in der günstigen Lage, vermögend geheiratet zu haben. Engels war selbst begütert, und hat Marx kräftig subventioniert, was bei diesem nicht nur eitel Dankbarkeit auslöste. Zum Glück sind die wichtigsten Briefdokumente des Undanks vernichtet worden.

Die Repressionen der Kulturpolitik in Preußen waren nicht ohne Einfluss auf die Radikalisierung der Junghegelianer. Arnold Ruge (Br. I: 167) schrieb noch 1839 einen ziemlich unterwürfigen Brief an Minister Altenstein, in dem er gestand, dass es schmerze, „wenn auch nur von der Unwissenheit, auf die Seite der Opposition gegen das Princip unseres Staats geschoben zu werden." Bruno Bauer hatte vor seiner Entlassung Preußen für einen modernen Staat gehalten. Die meisten Hegel-Schüler hielten auch in der Phase der Unterdrückung an ihren Postulaten einer verfassungsmäßig garantierten Freiheit fest, und blieben radikal-liberal. Die eher rechten Hegelianer wie *Carl Ludwig Michelet* (1801–1893) haben der Beschäftigung mit der „Verfassungsfrage" (1848) das Nachdenken über „Die Lösung der gesellschaftlichen Frage" (1849) hinzugefügt, da sich die sozialen Konflikte, die Hegel angedeutet hatte, inzwischen zugespitzt hatten. Auch die etabliertesten Rechtshegelianer, wie *Johann Karl Friedrich Rosenkranz* (1805–1879), der seinem Lehrer im Geist der preußischen Reformbewegung folgte (Herre 1919: 96), öffnete sich zunehmend den sozialen Problemen. Gerade die Kompliziertheit der sozialen Frage, schien ihm jedoch die Einfachheit einer revolutionären Methode auszuschließen. *Heinrich Bernhard Oppenheim* (1819–1880) (1866: 237) schrieb in der Schrift „Über politische und staatsbürgerliche Pflichterfüllung" (1864): „Wie bei den volkswirthschaftlichen Aufgaben, so müssen wir auch bei den politischen auf das System der Selbsthülfe verweisen … welche nicht die Revolution, sondern das direkte Gegentheil derselben bedeutet. Die feurigen Herzen, die im Beginn revolutionärer Epochen den neuen Ideen entgegenschlagen, ziehen sich nach einem gewissen Zeitpunkte von der sauren und undankbaren Praxis, die zur detaillierten Ausführung jener Ideen nöthig ist, enttäuscht zurück und wenden sich vielfach unreifen Utopien oder der Kultur der materiellen Gewalt zu". Der Frankfurter Oppenheim war so vermögend, dass er auf seine Heidelberger Dozentur verzichten konnte und sich ganz der Publizistik widmete. Er wurde am Ende der Laufbahn vom Liberalen zum deutschnationalen Reichstagsabgeordneten.

Eine solche Entwicklung war bei den Rechtshegelianern vorauszusehen gewesen. Erstaunlich aber war die Weiterentwicklung der linken Hegel-Schule. Die Revolution von 1848 hätte für diese Denker auch die soziale Befreiung bringen können, wenn sie nicht gescheitert wäre. Kurz vor der Revolution wurden zwei Wege sichtbar, die von den Linkshegelianern empfohlen wurden: den individuellen Weg einer Selbstbefreiung in Rebellion gegen die bürgerliche Religion verkörperte Kierkegaard seit seiner Schrift „Literarische Anmeldung" (1846). Den kollektiven Befreiungsschlag gegen die bürgerliche Wirtschaftswelt konzipierten Marx und Engels im „Kommunistischen Manifest" (1847/48). Nur der linkeste Flügel der Linkshegelianer brach dauerhaft mit den Lehren des Liberalismus. Marx und Engels (MEW Bd. 3: 177) verschonten auch den sonst hoch geschätzten Kant nicht mit ihrem Hohn. Während Frankreich die „kolossalste Revolution der Geschichte" machte, und England die Welt eroberte, „brachten es die ohnmächtigen deutschen Bürger nur zum ‚guten Willen'. Kant beruhigte sich bei dem bloßen ‚guten Willen', selbst wenn er ohne alles Resultat bleibt. Dieser gute Wille Kants entspricht vollständig der Ohnmacht, Gedrücktheit und Misere der deutschen Bürger".

Hegels Lehre schien hinreichend dunkel und widersprüchlich, um unterschiedliche Auslegungen zu ermöglichen. Seine dialektische Aufhebungen und die Ambiguität seiner Geschichtsphilosophie ließen sich sowohl konservativ als auch radikal ausdeuten. Das dialektische Schema wurde dabei höchst eigenwillig verdinglicht und den eigenen politischen Ansichten angepasst. Am krassesten geschah dies in Russland, etwa bei Čičerin. Der umstrittene Satz Hegels, dass das Wirkliche das Vernünftige sei, wurde von Engels in der Schrift über Ludwig Feuerbach dazu benutzt, eine anscheinend „reaktionäre" Aussage revolutionär zu deuten. Nicht das zufällige sondern das wahre Sein soll Hegel mit dem Satz gemeint haben. Die Linke hat bis heute die Gewohnheit nicht verloren, die teleologische Schubkraft ihrer Begriffe mit dem Zusatz „tendenziell" an die Wirklichkeit anzupassen.

Die Junghegelianer wurden als „Partei der Jugend" apostrophiert. Der Parteibegriff war noch unpolitisch gemeint, und kam über die religionstheoretischen Lager in die Philosophie. Ruge schrieb 1840 „Die Philosophie macht Partei". Damit war der Übergang von der „theoretischen Faulheit der Althegelianer" zur „Praxis der Arbeit" gemeint (zit.: Eßbach 1988: 165). Damit verbunden war eine Rhetorik des Übergangs, der aus der Beschaulichkeit Hegelscher „ex-post-Analysen" heraustritt. Die 11. Feuerbachthese bei Marx hat diese Haltung epochenmachend auf den Begriff gebracht: „Die Philosophen haben die Welt nur verschieden interpretiert, es kömmt aber drauf an, sie zu verändern" (MEW, Bd. 3: 535). Die Verwirklichung der Philosophie in der politischen Tat als Partei nahm unterschiedliche Formen an: vom vagen Bündnis des Radikalismus mit Sozialismus und den freireligiösen und pietistischen Gruppen bis zum ausgefeilten Partei- und Koalitionsbegriff bei Marx und Engels. Dieser Verschiedenheit von Parteikonzeptionen entsprach ein Mangel an „Parteidisziplin". Die Intellektuellen haben ihre Rolle vom philosophenköniglichen Berater über die Intellektuellen-Politiker und Publizisten bis hin zu den Revolutionären, den Sektgründern und den Intellektuellen die Konvertierten ausdifferenziert (Eßbach 1988: 419). Der Sentimentalisierung sozialer Bewegungen seit dem Sturm und Drang und ihren Verbrüderungsbewegungen folgte eine vergleichbare Distanzlosigkeit in der Entzweiung. Die Absolutheitsansprüche der ständig wechselnden Doktrinen schlugen in ein Freund-Feind-Denken in der publizistischen und in der politischen Auseinandersetzung um. Diese Gruppe verstärkte den eschatologischen Zug des Hegelschen Denkens. Ein philosophisches System schien nach Hegel nicht mehr möglich. Die Gruppe der Junghegelianer fühlte sich als die „letzte Philosophie", welche die Theorie in Praxis des „Andersseins" umsetzte. Termini wie „Philosophie der Tat" (Stuke 1963) kamen auf. Essentialistische Beiwörter wie „wahre" Sozialisten wurden zum Aufbau des Eigenbilds und zur Zementierung von Feindbildern benutzt. „Falsches Bewusstsein" wurde immer nur dem Gegner unterstellt. Systematische Theorie wurde allenfalls in der Religionskritik entworfen, nicht in der politischen Theorie. Die Schriften der Junghegelianer waren denen der radikalen Russen recht ähnlich: politische Theorie im Zeitalter der Konfrontation der Ideologien löste sich in Manifeste, Katechismen und Zeitungspamphlete auf. Die Dialektik verkam vielfach zur bloß rhetorischen Redeweise. Die theoretische Rechthaberei der sendungsbewussten Junghegelianer führte in einen unwissenschaftlich-agitatorischen Stil der Auseinandersetzung, den Marx und Engels schließlich auf die Spitze trieben. Politische Theorie wurde unter dem Primat der Praxis vielfach in „Strategie und Taktik" aufgelöst. Strauss und Feuerbach vermieden aggressive politische Aktivitäten. Bauer und Stirner begnügten sich mit der Rolle des Kritikers (Brazill 1970: 259 ff). Nur Ruge zielte auf direkte politische Aktionen, obwohl er mit dem Wunsch, die Junghegelianer als „Partei" zu konstituieren, scheiterte.

Der deutsche Radikalismus war anarchisch in Religion und Politik gesonnen (Moses Heß). Die „Halleschen Jahrbücher" wurden ab 1840 durch ihren Radikalismus der Beiträge mehr und mehr isoliert, was die Rechtshegelianer wie Rosenkranz (1854: 109) lebhaft bedauerten: „Aber Ruge, unstreitig eins der größten stylistischen und journalistischen Talente, hat sich ganz in den Radicalismus fallen lassen ... Die Jugend gefällt sich in der revolutionären Stimmung, und so sind die ‚Jahrbücher' gemach dahin gekommen, keinen Beitrag mehr aufzunehmen, der nicht in diesem brüsken, dictatorischen, atheistisch-republikanischen Ton einstimmt. Solche revolutionäre Lyrik hat es gar nicht mehr mit der Wissenschaft und Kunst, nur noch mit dem Wohlgefallen an ihrem Pathos zu tun." Als 1841 die preußische Regierung direkt angegriffen wurde, musste Ruge sich der Zensur stellen. Um deren Auflagen zu entgehen, wich er nach Dresden aus und änderte den Namen der Zeitschrift in „Deutsche Jahrbücher", die schließlich durch internationale Öffnung in „Deutsch-französische Jahrbücher" umfirmiert wurden. Die verschärften Zensurmaßnahmen in Preußen um 1842/43 trugen zur Auflösung der junghegelianischen Bewegung bei. Die meisten radikalen Denker gingen in das sozialistische Lager über (vgl. Kap. Marx, Engels, Moses Heß, Bd. 3) oder wurden Anarchisten wie Max Stirner (vgl. Bd. 3, Anarchismus).

Arnold Ruge (1802–1880) betonte am stärksten den Gedanken, dass die wahre Wirklichkeit das Zeitbewusstsein sei. Die Absolutheit des Geistes war für ihn (Br. I: 300) reell nur im historischen Prozess, der mit „Freiheit nicht wider Willen von dem politischen Wesen, welches der Mensch ist, gemacht wird." Die Hegelsche Philosophie wurde in diesem Denken auf das gleiche Niveau wie die Französische Revolution gestellt. Beide machten den freien Menschen zum Zweck des Staates. Die Menschenrechte hatten nach dieser Auffassung (Aus früherer Zeit IV: 126) in Hegel ihr philosophisches Bewusstsein erlangt. Hegel wurde aber zunehmend kritisiert, da er dem Bewusstsein der Freiheit als Konservativer zunehmend untreu geworden sei. Daher sahen die radikalen Junghegelianer es als ihre Aufgabe an, die Hegelsche Philosophie „von sich selbst und zu sich selbst zu befreien" (Löwith 1953: 99). Die Zuwendung zum Zeitgeist ereignete sich in der aktuellen politischen Publizistik. Die „Halleschen Jahrbücher" wurden gleichsam zum „event", weil keine ernsthafte Theorie je so direkt in die Intelligenz hineingewirkt habe. An Hegel wurde kritisiert, dass er in seiner Schrift über die „Reformbill" sich nicht der deutschen Realität stelle, sondern in einen „Stand der Dinge in Altengland" versetze. Dabei verkannte Ruge, dass mit der englischen Reform Weichenstellungen in allen konstitutionellen Staaten zur Debatte gestellt wurden, wenn auch nicht in so progressivem Sinn, wie sich die linken Schüler erhofft hatten.

Die Radikalisierung der Junghegelianer konnte an drei Punkten festgemacht werden, in denen sie sich fast alle von Hegel distanzierten: sie verloren den Glauben an eine sich selbst erfüllende Geschichte und wandten sich vom Christentum ab. Hegel hatte als Innovation die Trennung von Staat und Gesellschaft entwickelt. Die radikalen Zukunftserwartungen des linken Flügels der Hegelianer haben diese Differenz – dem jungen Fichte nicht unähnlich – im Überschwang von radikalem Engagement für „die Bewegung" wieder eingeebnet. Bei Hegel war der Staat über den Interessen der Individuen stehend. Die Junghegelianer verschrieben sich einem republikanischen Ideal mit allgemeiner Partizipation, allgemeinem Wahlrecht, und völliger Freiheit der Kritik und der Presse. Das hinderte sie so wenig wie die russischen Radikalen zur gleichen Zeit, noch eine elitäre Dichotomie zwischen dem „rein spirituellen" und dem „rein materiellen Element", den „Idealisten" und dem „Pöbel" zu konstruieren (Ruge: Br. 311). Was in Russland später „Intelligenzler-Aristokratismus" genannt wurde, war selbst deutschen Demokraten nicht ganz fremd.

Bruno Bauer (1809–1882) setzte die historische Sichtweise Hegels fort, wollte aber im Vergleich zu den radikalen Hegelianern die Philosophie nicht in die

Tat umsetzen, sondern in Kritik. Während die Konservativen eine neue „Partei" denunzierten, versuchte Bauer in den „Bekenntnissen einer schwachen Seele" (1842) zu demonstrieren, dass die Freiheit sich nicht mehr als Partei dem Bestehenden entgegenstellen könne, weil ohnehin alles zum Untergang verurteilt sei: „Die wahre Freiheit besteht darin, keinen Besitz, keine Heimat, kein Ziel und Ende zu haben. Man muß auch vom Selbstbewusstsein frei sein. Der Vagabund, der Landstreicher ist erst wirklich frei. Die vagabundierende Wissenschaft ist nicht nur frei, sondern auch heilig und vollkommen, denn sie strebt ins Blaue, sie sieht nicht auf die Erde, sondern ins Blaue" (Bauer 1968: 80). Im Jahre 1968 drängten sich Parallelen zwischen Marcuse und Bauer auf. Die gleiche Frontstellung gegen die Marxisten brach noch einmal auf. Bauer warf den Kommunisten vor, dass sie zwar alles kritisieren, aber die Arbeiterschaft unkritisiert lassen. Marx und Ruge haben damals gegen die Exaltiertheit der Bauerschen Kritik Stellung bezogen. Marx (MEW Bd. 27: 409) hat in einem Brief an Oppenheim 1842 gezeigt, dass er noch taktisch-politisch denken konnte. Eine allzu maßlose Kritik musste für Marx den Staat nur zu Repressionen provozieren und die Freisinnigen verschrecken, die sich um kleine Fortschritte der Reformen bemühten, „während wir von dem bequemen Sessel der Abstraktion ihre Widersprüche ihnen vordemonstrieren".

Bruno Bauer hat seine „Feldzüge der reinen Kritik" wie Marx das abschätzig nannte (MEW, Bd. 2: 82 ff) nur sechs Jahre geführt (1838–1844). Danach wurde er Eskapist. In Rixdorf bei Berlin widmete er sich dem Ackerbau und der Lohnschriftstellerei und endete als Mitarbeiter der konservativen „Kreuzzeitung". Auf dem Weg zum Konservatismus blieb Bauer dem Metier der Kritik treu, aber er übte sie an modischen und publikumswirksamen Gegenständen. Einer dieser Gegenstände war der Schrecken, den man dem Bürgertum mit der Drohung der künftigen Rolle Russlands einjagen konnte. In der Schrift „Russland und das Germanentum" (1853: 7 f) wurden weltumspannende Konflikte entdeckt. Die nationale Überheblichkeit, mit der Fichte und Hegel den Deutschen eine besondere Mission zuerkannt hatten, wurde in Frage gestellt. Bauer hielt es für möglich, dass das kommende Zeitalter das russische sein werde. Je hektischer Deutschland sich politisch zu organisieren suche, umso mehr wurde Bauers heroischer Nihilismus deutlich: mit dem Zerfall der Metaphysik hatte auch die deutsche Theorie abgewirtschaftet und brachte nur noch Wiederholungen (ebd.: 45 f).

Bauer erklärte die Möglichkeit eines Volkes zur Weltherrschaft aus der „Racenmischung". Sie schien vor allem in Amerika und in Russland gut gelungen. Alle Versatzstücke slawophiler Propaganda waren bei Bauer auf fruchtbaren Boden gefallen: die ländliche Lebensweise, die Stärke des Familiensinns, der religiöse Charakter der Menschen, ihr „In-die-Weite-streben". Im Gegensatz zu den Panslawisten sah Bauer jedoch nicht die Möglichkeit, die russische Kultur und Gesellschaft auf die eroberten Gebiete auszudehnen, wie er an der Resistenz Polens und des Baltikums zeigte. Bauers Verfallstheorien betrafen nicht nur die deutsche Metaphysik, sondern auch die politische Suprematie Frankreichs und die britische Ausdehnungsfähigkeit. Die revolutionären Ideale der März-Revolution hatten getrogen. Die Befreiung der Arbeit – welche die Sozialisten auf die Fahnen geschrieben hatten – ereignete sich nicht. Eine moderne Anarchie breitete sich in Bauers (ebd: 119) Augen aus. Die Frage der deutschen Einheit, die Fichte 1813 gestellt hatte, sah Bauer noch nicht beantwortet. Er vermutete jedoch, dass Russland den Schlüssel zur Beantwortung dieser Frage in der Hand hatte. Die Prognose traf erst 1989 zu.

Besonders umstritten war Bauers (1843) Beitrag zur Judenfrage. Bauer antwortete auf das Emanzipationsbegehren der Juden, dass niemand in Deutschland emanzipiert sei. Wenn die Juden die Gleichstellung mit den Christen verlangten, so unterstellte er, dass darin eine Anerkennung des christlichen Staates und seiner Unterdrückung liege. Bauers Lösung: die Aufhebung der Religion. Marx (MEW Bd. 1: 351) kritisierte an Bauers Position, daß die deutschen Juden sich in einem religiösen Gegensatz zum Staat befänden, dass das eigentliche Problem jedoch ein theologisches Problem darstelle. Sowie jedoch ein konstitutioneller Staat nach französischem Vorbild entstehe, werde das Judenproblem zum Politicum. Wo theologische Kritik aufhört, da war nach Marxens Ansicht Bauers Kritik nicht mehr „kritisch", weil sie die allgemeine soziale Entwicklung übersehe. In den USA sah Marx durch die Zersplitterung der Konfessionen bereits verwirklicht, was überall Zukunft werden müsse: Religion werde zur „schrulligen Privatsache". Marx (MEW Bd. 1: 361) zog den Schluss: „Wir sagen also nicht mit Bauer den Juden: Ihr könnt nicht politisch emanzipiert werden, ohne euch radikal vom Judentum zu emanzipieren. Wir sagen ihnen vielmehr: weil ihr politisch emanzipiert werden könnt, ohne euch vollständig und widerspruchslos vom Judentum loszusagen, darum ist die politische Emanzipation selbst nicht die menschliche Emanzipation". Marxens Ansicht war zweifellos die vorausschauendere. Die Leugnung Bauers, dass Juden die Menschenrechte in Anspruch nehmen könnten, war eine radikale Verblendung aus der Verabsolutierung des theologischen Blickwinkels, den der Theologe Bauer naturgemäß einnahm. Engels und Marx haben in der „Heiligen Familie" gegen „Bruno Bauer und Konsorten" die kritische Kritik mit Hohn übergossen, weil sie letztlich in der Sonderung von Fortschritt und Rückschritt orientierungslos bleibe und elitär die Masse zum „Gegensatz des Geistes" erhebe, statt eine klare soziale Analyse zu bieten. Daher bot Bauer in ihren Augen die „kritisch karikierte Vollendung der Hegelschen Geschichtsauffassung, welche wieder nichts anderes ist als der spekulative Ausdruck des christlich-germanischen Dogmas vom Gegensatze des Geistes und der Materie, Gottes und der Welt" (MEW, Bd. 2: 89). Für die Marxisten waren Ruge und Bauer nur noch „Nationalliberale". Allenfalls Ruge konnte anfangs noch den Zusatz „kleinbürgerlicher Demokrat" beanspruchen, Bauer nicht einmal mehr das.

Das intellektuelle Klima in Deutschland hatte sich seit Hegels Tod gewandelt. Als Schelling 1841 in Berlin seine Philosophie vortrug, war das Echo durchaus positiv, obwohl höchst unterschiedliche Hörer ihm zu Füßen saßen wie Engels, Bakunin, Kierkegaard oder Jakob Burckhardt. Die versteckten, aber wahrgenommenen Angriffe Schellings gegen Hegels Ontologie als bloß negative, welche nur das mögliche Sein begriffe, aber nicht das wirklich Seiende, das dem Denken zuvorkomme, hat die „Abnabelung" der Hegel-Schüler befördert. Wie so oft wurde eine politische Stimmung von einem Dichter am treffendsten auf den Punkt gebracht, nämlich Heinrich Heine (XIII, 2: 276 ff). In seinen „Geständnissen" kam zum Ausdruck, wie viele Hörer sich schlicht von der Anmutung der Hegelschen Philosophie abwandten: „Ich war nie eine abstrakter Denker und ich nahm die Synthese der Hegelschen Doktrin ungeprüft an, da ihre Folgerungen meiner Eitelkeit schmeichelten. Ich war jung und stolz, und es tat meinem Hochmut wohl, dass nicht, wie meine Großmutter meinte, der liebe Gott im Himmel residiert, sondern ich selbst hier auf Erden der liebe Gott sei ... Aber die Repräsentationskosten eines Gottes, der sich nicht lumpen lassen will und weder Leib noch Börse schont, sind ungeheuer; ... leider geschah es, dass eines Tages – im Februar 1848 – diese beiden Requisiten mir abhanden kamen, und meine Göttlichkeit geriet dadurch sehr ins Stocken ... Ja, ich bin froh, meiner angemaßten Glorie entledigt zu sein, und kein Philosoph wird mir jemals wieder einreden, dass ich ein Gott sei."

Der Radikalismus hat trotz der vielen Demütigungen vielfach in der Überanpassung geendet. In der 1848er Revolution wurde Ruge Abgeordneter in der Frankfurter Nationalversammlung. Sein bedeutendster Beitrag war eine Rede, in der er die allgemeine europäische Abrüstung und „Entwaffnung" verlangte. Ein Volkskongress, nicht mehr ein Diplomatenkongress schien ihm die Garantie, dass der Friede zwischen den Völkern gesichert werden könne (Text in: 1990: 99–113). Der Republikaner Ruge wurde von Marx und Engels während der 48er Revolution als „Bürger" mit Hohn übergossen, vor allem wegen seines naiven Internationalismus, der glaubte, schon unter bürgerlichen Bedingungen könnte es zur Völkerverständigung kommen. Nach dem Scheitern der Revolution hat er im „Europäischen Demokratischen Comité" mit Mazzini und Ledru-Rollin weiterhin dem gutgläubigen revolutionären Internationalismus angehangen, bis er als Nationalliberaler die preußische Militärdiktatur akzeptierte, um wenigstens mit der deutschen Einheit voranzukommen. 1866 feierte Ruge in einem Brief an Richard Ruge (Br. II: 271) den Sieg Preußens über Österreich in hymnischer Weise: „Die Revolutionärs, die sich jetzt nicht mit der Revolution verbünden wollen, weil Bismarck es thut, sind Philister und Narren". Ruges Weg zur Akzeptierung der preußischen Lösung war ein langer. In seiner Schrift über „Patriotismus" (1844 abgefasst) hieß es noch: „Der zivilisierte Mensch hat keinen Patriotismus" (1990: 10). Adel, Handelsbourgeoisie, sogar die Handwerker seien transnational orientiert: „ubi bene, ibi patria". Nur Republiken konnten für ihn einen Patriotismus in Freiheit haben, wie die USA. Der herkömmliche Patriotismus nehme die Nation als „Parthei" und sei „die irdische Religion der isolierten Volksungethüme". Ruge aber stellte eine internationalistisch-humanistische Partei über die Nationen (1990: 53, 49). In einem Brief hieß es 1846: „… das wahre Vaterland des Freiheit suchenden Menschen ist die Parthei" (Br. I: 409). Die Partei, die quer zu den Völkern liegt, wurde erstmals, lange ehe es eine Internationale gab, positiv bewertet, ein Begriff, der sonst bei Konservativen wie bei den gemeinwille-süchtigen Radikalen negativ besetzt war. Ruge war einer der großen Frankophilen im radikalen Lager gewesen, der den französischen „Patriotismus der Revolution" lange gepriesen hat. 1870 fand sich in seinen Briefen zeitbedingter Überschwang gegen die „große Nation", die alle anderen als Barbaren ansehe (Br. II: 358). Bismarckianer ist Ruge gleichwohl nie geworden. Er starb 1880 als britischer Staatsbürger in Brighton im Exil. Die hymnische Begrüßung der „Versöhnung von Soldaten und Bürgertum" wich bald der Sorge vor einem Primat des preußischen Militärs. Den Krieg 1870/71 konnte er sogar republikanisch rechtfertigen: die preußische Armee hatte den Diktator Napoleon III verjagt und die Republik in Frankreich wieder hergestellt. Eine Anpassung an den Nationalismus sah er nicht: „Bismarck ging zu uns über, nicht wir zu ihm" (Br. II: 7.9.1877).

Bruno Bauer wurde wirklich konservativ und arbeitete schließlich an der Enzyklopädie von Hermann Wagener mit, der Bismarck nahe stand. Der Vorwurf der „Orientierungslosigkeit" war angesichts so starker Amplituden der politischen Überzeugungen der profiliertesten Junghegelianer nicht ganz ungerechtfertigt. War die Gleichung Rechtshegelianismus = liberal, Linkshegelianismus = radikal zu einem Ende gekommen, indem es nur noch „Nationalliberale" gab? Das ist oft behauptet worden. Aber noch immer gab es Differenzen. Ruge hörte nicht auf, seinen Patriotismus als freiheitlichen Verfassungspatriotismus zu verstehen, der im Sinne Fichtes weiterhin einige „jakobinische Elemente" aufwies.

Quellen

B. Bauer: Die Judenfrage. Braunschweig, Otto, 1843.

B. Bauer: Rußland und das Germanenthum. Charlottenburg, Bauer, 1853.

B. Bauer: Vollständige Geschichte der Parteikämpfe in Deutschland. Charlottenburg, Egbert Bauer, 1847 Nachdruck Aalen, Scientia, 1964, 3 Bde.

B. Bauer: Feldzüge der reinen Kritik (Hrsg.: H. M. Sass). Frankfurt, Suhrkamp 1968.

E. Bauer: Bruno Bauer und seine Gegner. Berlin, Jonas, 1842.

Briefwechsel zwischen Bruno Bauer und Edgar Bauer während der Jahre 1839–42 aus Bonn und Berlin. Charlottenburg, Egbert Bauer, 1844.

E. Gans: Vermischte Schriften, juristischen, historischen, staatswissenschaftlichen und ästhetischen Inhalts. Berlin, Duncker & Humblot, 1834, 2 Bde.

R. Haym: Hegel und seine Zeit. Berlin, R. Gaertner, 1857.

M. Hess: Philosophische und sozialistische Schriften 1837–1850. (Hrsg.: A. Cornu/ W. Mönke). Berlin, Akademie Verlag, 1961.

H. Leo: Die Hegelingen. Halle. Ed. Anton, 1839, 2. Aufl.

K. Löwith (Hrsg.): Die Hegelsche Linke. Stuttgart-Bad Cannstatt, Frommann, 1962.

H. Lübbe (Hrsg.): Die Hegelsche Rechte. Stuttgart-Bad Cannstatt, Fromann, 1962.

C. L. Michelet: Die Lösung der gesellschaftlichen Frage. Frankfurt/Oder, Trowitzsch, 1849.

C. L. Michelet: Zur Verfassungsfrage. Frankfurt/Oder, Trowitzsch, 1848.

H. B. Oppenheim: Vermischte Schriften aus bewegter Zeit. Leipzig, Kröner, 1866.

K. Rosenkranz: Über den Begriff der politischen Partei. Königsberg, 1843.

K. Rosenkranz: Aus einem Tagebuch. Leipzig, Brockhaus, 1854.

K. Rosenkranz. Politische Briefe und Aufsätze (Hrsg.: P. Herre). Leipzig, Dieterich, 1919 (zit. Herre).

K. Rosenkranz: Kritische Erläuterungen des Hegel'schen Systems (1840). Hildesheim, Olms, 1963.

A. Ruge: Werke und Briefe (Hrsg.: von Hans-Martin Sass). Aalen, Scientia, 1985 ff, 12 Bde.

A. Ruge: Preußen und die Reaction. Zur Geschichte unserer Zeit. Leipzig, Wigand, 1838.

A. Ruge: Patriotismus (Hrsg.: P. Wende). Frankfurt, Insel, 1968, 1990.

A. Ruge: Briefwechsel und Tagebuchblätter aus den Jahren 1825–1880 (Hrsg.: P. Nerrlich). Berlin, Weidmann, 1886, 2 Bde. (zit.: Br).

A. Ruge: Aus früherer Zeit. Berlin, Duncker, 1862–1867, 4 Bde.

H. Steussloff: Die Junghegelianer. Ausgewählte Texte: Strauss, Bauer, Ruge. Berlin, Deutscher Verlag der Wissenschaften, 1963.

H. u. I. Pepperle (Hrsg.): Die Hegelsche Linke. Dokumente zu Philosophie und Politik im deutschen Vormärz. Leipzig, Reclam, 1986.

Literatur

W. J. Brazill: The Young Hegelians. New Haven, Yale University Press, 1970.

W. Breckman: Marx, the Young Hegelians and the Origins of Radical Socialist Theory. Cambridge, Cambridge University Press, 1999.

W. Eßbach: Die Junghegelianer. Soziologie einer Intellektuellengruppe. München, Fink, 1988.

J. Gebhardt: Politik und Eschatologie. Studien zur Geschichte der Hegelschen Schule in den Jahren 1830–1840. München, Beck, 1963.

K. Löwith: Von Hegel zu Nietzsche. Der revolutionäre Bruch im Denken des 19. Jahrhunderts. Stuttgart, Kohlhammer, 1953, 3 Aufl.

D. McLellan: The Young Hegelians and Karl Marx. London, Macmillan, 1969.

W. Neher: Arnold Ruge als Politiker und politischer Schriftsteller. Heidelberg, Winter, 1933.

J. Rattner/G. Danzer: Die Junghegelianer. Portrait einer progressiven Intellektuellengruppe. Würzburg, Königshausen & Neumann, 2005.

H. Reinalter (Hrsg.): Die Junghegelianer. Aufklärung. Literatur, Religionskritik und politisches Denken. Frankfurt, Lang, 2010 .

H. Stuke: Philosophie der Tat. Studien zur Verwirklichung der Philosophie bei den Junghegelianern und den Wahren Sozialisten. Stuttgart, Klett, 1963.

St. Walter: Demokratisches Denken zwischen Hegel und Marx. Die politische Philosophie Arnold Ruges. Düsseldorf, Droste, 1995.

III. Der konstitutionelle Liberalismus

1 Der konstitutionelle Liberalismus in Frankreich: Benjamin Constant de Rebeque (1767–1830), Germaine de Staël-Holstein, die „Doctrinaires", der liberale Katholizismus von Lamennais

Kein Denker der Zeit der Restauration war international so einflussreich wie Constant. Bei seinem Tod 1830 genoss er solches Ansehen, dass die Studenten versuchten, den Leichenzug ins Pantheon umzuleiten. Er blieb der Tradition des Intellektuellen als Träger der politischen Theorie in Frankreich treu und verachtete zugleich die bloß Intellektuellen. Die „professions libérales" waren in seinem System nur dann wahlberechtigt, wenn sie Eigentum vorweisen konnten (CdPC I: 297). Als Schweizer wurde ihm vorgeworfen, die französische Staatsbürgerschaft in der Zeit des Direktoriums mit zweifelhaften Mitteln erlangt zu haben. Es war jedoch die Voraussetzung für eine politische Tätigkeit. Als vielkritisierter Libertin und Opportunist hat ihn seine Gleichgültigkeit gegen Regierungsformen zur Kollaboration mit unterschiedlichen Systemen getrieben. Grundprinzip war die Freiheit, die es unter jeder Regierungsform zu maximieren galt. Obwohl der immer wieder in Geldnöten steckende Spieler Constant nicht gerade die Verantwortlichkeit zeigte, die nach seiner Theorie das Eigentum schafft, drängte er immer wieder in die Politik, im Tribunat und später in die „Chambre" als Abgeordneter. Trotz der äußerlichen Anpassungsfähigkeit blieb er hart in einigen Prinzipien. Obwohl es hieß, dass er sich das Tribunat ergaunert habe, wurde er in diesem Gremium einer der Führer der Opposition. Die antidiktatorische Schrift „Über die Gewalt" (la conquête) publizierte er stolz als „membre du Tribunat éliminé". Teils aus Ungeschicklichkeit (seine eitlen Selbstbespiegelungen nach innen und seine Taktlosigkeiten nach außen), teils aus Überzeugung schwamm er immer gegen den Strom. Als grenzenlose Naivität wurde ihm angekreidet, dass er während der „Hundert

Tage" nach Napoleons Flucht aus Elba sich dem Diktator zur Verfügung stellte. Seine liberalen Freunde waren entsetzt. Nur Lafayette schrieb ihm einen Brief voller guter Ratschläge und mit der Versicherung, dass er Constant für unfähig halte, mit dem Despotismus zu kooperieren. Schon einmal hatte Napoleon in Sieyès einen liberalen Staatsdenker missbraucht und später fallen gelassen. Constant hat die Niederlage von Waterloo diese Erfahrung erspart. Über die Motive Constants sich vom brutalen Charme des Diktators erneut bestricken zu lassen, ist viel gerätselt worden. War es seine Eitelkeit und die Hoffnung, ein moderner Solon zu werden. In den Memoiren über die Hundert Tage (Mém: 52) hat er sich später gerechtfertigt: 1815 habe eine breite Missstimmung über die Restauration geherrscht. Die Royalisten seien selbst schuld daran gewesen, dass das Volk Napoleon wieder zugejubelt habe, obwohl es ihn – wie Constant – vor kurzem noch als „Monstrum" beschimpft hatte. Die Schrift „Principes de politique applicables à tous les gouvernements représentatifs" gab die Rechtfertigung für den Opportunismus. Constant entwickelte zeit- und ortsungebundene Prinzipien für eine Repräsentativverfassung, deren Grundsätze unter jedem Regime zu verwirklichen seien.

Napoleons liberale Verfassung wurde nur als „acte additionnel" geführt – als Zusatz zu den Gesetzen des Empire. In doppelter Anspielung auf diese Spätgeburt und den Vornamen Constants, der an ihr arbeitete, wurde sie im Volksmund „la Benjamine" genannt, obwohl er sich nur zu einigen Artikeln an dieser Verfassung bekannte (Mém: 139). Seine zentrale Idee, die Schaffung eines *pouvoir neutre* in der Krone, wurde sowenig durchgesetzt wie sein Schema der fünf Gewalten. Dennoch war der „acte additionnel" freiheitlicher angelegt als die Charte, welche der Bourbonen-König nach seiner Rückkehr aus England gewährt hatte. Selbst der Konservative Chateaubriand – später in vielfältiger Konkurrenz mit Constant und ebenso eitel wie dieser – hat im Organ des Exil-Hofes „Journal de Gand" die Ähnlichkeiten mit der Charte von Louis XVIII gelobt als „Huldigung an die Weisheit des Königs".

Constants kurze Kollaborationszeit erschwerte das politische Comeback in der Restaurationszeit. 1818 fiel er aufgrund von Intrigen der Regierung als Abgeordneter für das Departement Sarthe bei den Wahlen durch. 1819 schaffte er es, gewählt zu werden. 1830 rief man den Todkranken, um die Julimonarchie zu legitimieren. Zentralstück von Constants Polemik war die Legitimitätstheorie, auf die sich das Restaurationsregime gestützt hatte, mit seinen dogmatischen Festschreibungen über das „monarchische Prinzip" (Verfassungsoktroi, absolutes Veto für den König). Als Abgeordneter für Straßburg schloss er eine viel beachtete Rede in der Kammer mit den Worten: „ich verwerfe diese Doktrin der Legitimität in deren Namen soviel Blut das Pflaster von Paris befleckt hat". Das waren schärfere Worte, als die Doctrinaires wie Guizot formuliert hätten, die zu den intellektuellen Trägern des Julikönigtums werden sollten. Chateaubriand opponierte nun im Senat

gegen das Wahlkönigtum Louis Philippes: „heute wählt ihr einen König, wer wird
euch daran hindern, morgen einen anderen zu erwählen. Das Gesetz sagt ihr? So?
Ihr macht doch das Gesetz". Die Ablehnung der konstitutionellen Idee eines Pak-
tes des Parlaments mit einem Prätendenten war bei Chateaubriand zugleich ein
Angriff auf das zugrundeliegende Prinzip der Parlamentssouveränität, zu der sich
Constant und andere durch die Zustimmung zum Wahlkönigtum implicite bekannt hatten, obwohl dies Prinzip in seinem extrem gewaltenteiligen Repräsentativsystem eigentlich keinen Ort hatte.

Eine Folge der jakobinischen Antikenschwärmerei, die bis zur historischen
Kostümierung ging – keineswegs nur in der klassizistischen Verarbeitung der Ereignisse durch Malerei bei Jacques Louis David – war die Notwendigkeit, den liberalen Freiheitsbegriff gegen den radikalen herauszuarbeiten, der nach Constants
Ansicht zum Terror geführt hatte. Die Antike kannte keine Repräsentation und
keine individuellen Rechte (CdPC IV: 244): „Die Menschen waren nur sozusa-
gen Maschinen, deren Zuständigkeiten das Gesetz regelte und deren Räder reguliert waren". Der antike Bürger war in dieser Freiheitskonzeption nur ein „Sklave
des Volkes" gewesen, dem er angehörte. Sein einziges Recht, war die Teilnahme
an der Schaffung des Gesetzes (Conquête: 84). Die Legalität des Gesetzes reichte
Constant nicht aus. Legalität und Legitimität wurden geschieden. Die Antike hatte
nur eine Freiheit zur Partizipation, nicht aber eine Freiheit von staatlichen und gesellschaftlichen Zwängen. Der Libertin Constant lieferte dafür eine eigene Glücks-
philosophie der Moderne: „Die Alten fanden mehr Genuß in ihrem öffentlichen
und weniger in ihrem privaten Leben. … Die Freuden der Moderne finden sich
fast alle innerhalb ihres privaten Daseins" (ebd.: 85).

Der Benthamismus war in der Zeit der Revolution auf dem Kontinent vor
allem in den romanischen Ländern bis nach Spanien außerordentlich einflussreich gewesen. Mit Constants Rechtsstaatidee hat ein gemäßigter Liberalismus
das Nützlichkeitsprinzip verworfen. Constant erklärte zwar Benthams Kreativi-
tät sehr zu bewundern, aber trennte die Idee des Rechts strikt von dem Begriff der
Nützlichkeit: „Das Recht ist ein Prinzip; die Nützlichkeit ist nur ein Ergebnis. Das
Recht der Nützlichkeit unterordnen zu wollen, heißt die ewigen Regeln der Arithmetik unseren alltäglichen Interessen zu unterwerfen" (CdPC I: 305, 302 f.).

Obwohl Constant gebürtiger Schweizer war, huldigte er nicht dem Ideal des
Kleinstaates. Auch hier stand er in strikter Opposition zu seinem Landsmann
Rousseau. Das Repräsentativsystem verlangte als Voraussetzung für Constant die
Anerkennung einer staatsfreien Sphäre und die Duldung eines politischen Passi-
vismus. Die Menschenrechte als herausgehobener Teil der Verfassung hatten für
Constant eine zentrale Stelle. Unter den Rechten wurde das Eigentumsrecht be-
sonders betont. Als Schriftsteller hat er sich vielfach für die Pressefreiheit einge-
setzt und als Protestant war ihm die Religionsfreiheit wichtig.

Ein liberaler Grundgedanke, der sich bis zu Herbert Spencer fand, war, dass der kriegerische Geist überholt sei und der Handel den Krieg abgelöst habe. Dieser antiquierte Geist lebte in Constants Augen jedoch in Napoleons Diktatur fort. Da er eine usurpierte Gewalt besaß, musste er die Herrschaft durch Gewalt aufrechterhalten. Ein weiteres Herrschaftsmittel war die Erzeugung ständiger sozialer Unruhe. „Man muss den Franzosen alle drei Monate etwas Neues geben" soll Napoleon gesagt haben (Conquête: 62). Der Usurpator muss daher ständig an der Spitze einer Armee stehen und seine Mitarbeiter ständig in Furcht und Schrecken halten. Das Regime führt zur Korruption. Geld muss Ehre und Überzeugung kompensieren, daher ist die Diktatur kostspieliger als die Monarchie.

Gegen die Ultrakonservativen, die wie Bonald Verfassungen als „künstliche Gesetze" für absurd erklärt hatten (Theorie du pouvoir politique, I., 1796: 150) oder wie bei de Maistre im „Essai sur le principe générateur des constitutions politiques" 1814, wo Rechte des Volkes, die aufgeschrieben seien, immer nur als Aufzeichnung früher ungeschriebener Rechte galten, waren gemäßigte Konservative wie Chateaubriand aufgestanden und haben die Charte verteidigt. Sie sei keine exotische Pflanze von England nach Frankreich verpflanzt, sondern ein Friedensvertrag von beiden Parteien, die Frankreich teilten. Für Constant hingegen war die Verfassung mehr als nur ein opportuner Friedenspakt, sie war das Herzstück seiner Theorie. Sein ganzes Werk verstand er als Material zur Anleitung für „constituants". Es ging dabei nicht um eine Idealverfassung, sondern um die Prinzipien, die für alle Regime gelten. Die Verfassung sollte mit dem Parlament vereinbart und nicht von der Krone oktroyiert werden.

Wie viele liberale Konstitutionalisten lehnte Constant den Begriff der Souveränität ab, der im Absolutismus eine zentrale Rolle eingenommen hatte. Die Doktrin der Volkssouveränität lehnte er nicht weniger ab als das monarchische Prinzip, weil sie die „Freiheit des Individuums" nicht mehre (O: 1103). Rousseau hat dies in den Augen Constants verkannt. Die Konkurrenz mit seinem Landmann Rousseau ist gelegentlich zu einem Ur-Gegensatz aufgebauscht worden – zu Unrecht. In der Schrift über die „Conquête" (W III: 332) stellte er in einer Fußnote klar: „Ich bin weit davon entfernt, mich auf die Seite der Lästerer J. J. Rousseaus zu stellen. Sie sind gegenwärtig zahlreich". Aber er anerkannte: „er hat als erster das Gefühl unserer Rechte volkstümlich gemacht. Sein Ruf hat die edelgesinnten Herzen, die unabhängigen Seelen erweckt". In der Darstellungsweise und dem Drang nach „confession" gibt es starke Parallelen zu Rousseau. In der Substanz der Theorie aber verdankte Constant weit mehr Montesquieu. Schon der Begriff „la conquête" war dem „Esprit des Lois" (VIII, 2) entliehen. Constants Feindbild war nicht in erster Linie Rousseau, sondern Mably, dessen „Législation ou principes des lois" mit seiner Feindschaft gegen das Eigentum und seiner unumschränkten Macht für den Gesetzgeber für ihn das „vollständigste Gesetzbuch des Despotismus" darstellte. Die Kritik an Rousseau war partieller. Sie richtete sich vor allem gegen die Gefahr, die Regierung zur Demagogie zu verleiten, da die Herrschaft auf die Zustimmung des Volkes gegründet war.

Die freiheitlichen Grundprinzipien machten Constant indifferent gegen einzelne Regierungsformen. Im Direktorium gerierte er sich als fanatischer Republikaner. 1819 hat er die Schrift „Des réactions politiques" erneut publiziert und begründete nun im Vorwort, warum die ehemaligen republikanischen Tiraden in der Neuauflage weggelassen wurden. Er war für die Beibehaltung der Republik – trotz ihrer blutigen Entstehung – eingetreten, weil er einen abermaligen Wechsel der Regierungsform mit Gefahren für die Freiheit verbunden sah. Revolutionen waren ihm verhasst, weil die Freiheit ihm teuer war. Zwischen konstitutioneller Monarchie und Republik gab es für ihn – unter dem Einfluss von Kant – nur einen Formunterschied, allein zwischen absoluter und konstitutioneller Monarchie bestand für ihn ein essentieller Unterschied („la différence est dans le fond" (CdPC III: 60). Selbst in der „Conquête" sang er noch das Loblied auf die Republiken der Niederlande und der Schweiz. Die Bekehrung zur konstitutionellen Monarchie erfolgte 1814. Für die Aristokratie wurde eine erbliche zweite Kammer gefordert. Die Idee eines *pouvoir neutre* schien in der Republik schlechter zu verwirklichen als in der Monarchie. Carl Schmitt hat sich mit seiner Vorstellung des Reichspräsidenten als pouvoir neutre über die Bedenken Constants leichtfertig hinweg gesetzt.

Das System der Gewaltenteilung war bei Constant weniger schematisch konzipiert als bei den Konstitutionellen der Revolutionszeit wie Lally-Tollendal, Bergasse oder Mounier. Es ging um eine Teilung der Funktionen, die gelegentlich auch verschränkt wurden. Er trat für die Vereinbarkeit von Ministeramt und Abgeordnetenmandat ein, was die „monarchiens" in der Nationalversammlung noch bekämpft hatten, weil ihnen das ihr Mandat (niedergelegt in einem „cahier") verbiete. Mirabeau hatte das Verdienst, aus pragmatischen Erwägungen von dieser Idee abgerückt zu sein. Funktionale Äquivalente dieser Durchbrechung der Montesquieuschen Dogmatik entstanden in allen frühen Parlamenten, die in Richtung parlamentarische Regierung drängten, so etwa bei Argüelles in den Cortes von Cádiz. In dieser Abweichung von der Gewaltenteilungsdogmatik zeigte sich sogar ein realistischeres Verständnis des britischen Systems als in der Literatur von Montesquieu bis de Lolme.

Constant hat andererseits das Dreigewaltenschema durch fünf Gewalten noch weiter kompliziert gestaltet (Principes, in: O: 1112 ff), was dazu reizte, immer weitere Funktionen auszudifferenzieren. Im italienischen Liberalismus bei Romagnosi wurden es schließlich sogar sieben Gewalten. Die Exekutive wurde bei Constant in den *pouvoir neutre* und die ministerielle Gewalt geteilt. Die Legislative wurde in Oberhaus und Volkskammer eingeteilt. Die richterliche Gewalt – bei

Montesquieu noch „quelque facon nulle" (Esprit des Lois VIII: 11) wurde zur voll-
wertigen Gewalt erhoben. Gelegentlich trat bei Constant als sechste Gewalt noch
der *„pouvoir municipal"* hinzu, die einem Schweizer besonders am Herzen liegen
musste, und die in Frankreich durch absolutistische und revolutionäre Zentralisierung ausgehöhlt worden war. Es sollte zum Topos des französischen Liberalismus werden, dass diese schädliche französische Tradition der Liquidierung aller
intermediären Gewalten – funktional oder territorial – beendet werden müsse.

Die Lehre vom pouvoir neutre gilt als der originellste Beitrag zur Gewaltenteilungslehre. Als Urheber der Ideen wurde gelegentlich Clermont-Tonnere genannt,
obwohl sich der Ausdruck nicht findet, wohl aber die Idee, dass die Exekutive zwischen König und Ministerium – nicht mehr zwischen Innen- und Aussenpolitik
wie bei Locke – geteilt werden müsse. Sieyès hatte ebenfalls die Vorstellung entwickelt, dass der „Chef der politischen Hierarchie" „auswählen aber nicht herrschen" solle. Antike Analogien wie das Ephorat und das Tribunat drängten sich
auf. Sieyès dachte ursprünglich an einen kollektiven pouvoir neutre in einer Art
„Verfassungsrat". Constant hingegen band seine Idee an die konstitutionelle Monarchie. In Republiken konnte seiner Meinung nach das gewählte Staatsoberhaupt
nicht neutral sein (O: 1120).Etwas künstliches hatte die Idee des pouvoir neutre jedoch auch in der Monarchie. Die Monarchen jener Zeit optierten im Zweifel klar
für eine Partei. Louis Philippe war für das „centre", König Leopold von Belgien
für die gemäßigten Katholiken. Die Liberalen hielt er für den Untergang – und
doch musste er sie an die Macht lassen. Königin Victoria von England hatte eine
Präferenz für die Whigs. Erst die Durchsetzung der parlamentarischen Minister-
verantwortung – mit der Konsequenz eines obligatorischen Rücktritts bei einem
parlamentarischen Misstrauensvotum, eine Konsequenz, die Constant noch ablehnte – hat die Neutralität der Staatsspitze prozedural erzwungen. MacMahon als
republikanischer Präsident wollte diese Neutralität nicht akzeptieren und wurde
1877 mit der Devise der Mehrheit „se soumettre ou se demettre" (sich unterwerfen
oder zurücktreten) schließlich gestürzt. Anhänger der parlamentarischen Regierung haben später Constant als „Apostel des herrschenden Vorurteils" kritisiert.
Der „pouvoir neutre" wurde als Trick empfunden, um die Gewaltenteilungslehre
zu retten (Gall 1963: 183).

Constants Büchlein über die Ministerverantwortlichkeit war für ganz Europa
einflussreich. In der Vorstellung der Ministeranklage waren noch Relikte eines
ständischen Widerstandsrechts enthalten. Walpole war in England der erste Ministerpräsident, der als gestürzter Premier nicht mehr angeklagt wurde. Constant
sah klar, dass die Anklage nicht mehr opportun sei. Ein Anklagegesetz müsste
ein Handbuch der gesamten Geschichte werden, um alle Formen des Amtsmiss-
brauchs zu antizipieren. Die Anklage blieb jedoch bei ihm erhalten, wenn auch
nur, um die Verantwortung der Minister vor dem Parlament zu erzwingen. Schär-

fere Mittel, wie das Misstrauensvotum oder die Budgetverweigerung (CdPC I: 86, Anm) lehnte Constant als Eingriff in die Prärogative des Königs ab. Misstrauensvoten erwog er sogar gesetzlich zu verbieten. Es blieb nur die Petition an den König mit der Bitte, das Ministerium auszuwechseln. Insofern war Constant noch kein Theoretiker der parlamentarischen Regierung, wie in der Literatur mit ermüdender Falschheit behauptet wird. Immerhin erleichterte seine Lehre die Herausbildung einer voll parlamentarischen Regierung durch:

- die Vereinbarkeit von Mandat und Ministeramt,
- die Gegenzeichnungspflicht für alle Akte der Krone. Minister übernahmen für ihn die Verantwortung und bekundeten nicht nur die Richtigkeit des Aktes.
- Den Kammern wurde die Gesetzesinitiative zugebilligt, die sie nach der Charte nicht hatten und erst 1830 erhielten (Art. 19 f).
- Das Recht der Krone, das Parlament aufzulösen, sollte von Willkür befreit werden und diente vor allem dem Zweck, den Willen des Volkes und der Parlamentsmehrheit zur Deckung zu bringen. Das Instrument sollte nicht benutzt werden, um missliebige Minister zu entlassen und Kampfregierungen der Krone an die Macht zu bringen.
- Der Wechsel von Mehrheit und Opposition war bereits vorgedacht, so häufig er auch noch gegen die Parteien polemisierte (Principes, O: 1157).

Paradoxerweise gingen die Ultra-Konservativen über Constant hinaus; als sie in der Mehrheit waren, kämpften sie für Missbilligungserklärungen, mit der Folge, dass der König die Regierung wechseln musste.

Die geteilte Legislative bei Constant war wenig innovativ. Sie blieb ein Topos der Liberalen bis zu Tocqueville in der 2. und den Gemäßigten in der 3. französischen Republik. In dieser Frage legte sich Constant in den „Hundert Tagen" sogar mit Napoleon an, der gegen eine Pairskammer war, weil es vor allem die Armee verletzen könne und weil er die alten Revolutionsnostalgiker, die von Gleichheit träumten, nicht vor den Kopf stoßen wollte (Mem: 155). Das Wahlrecht für die Erste Kammer sah eine integrale Erneuerung vor. Die partielle Erneuerung würde nur „jährliche Fieber" auslösen und den Parteienstreit verschärfen, wie er realistisch voraussah. Er nahm gegen zu lange Mandatsdauer (das Septenat) Stellung, aus Angst vor der Machtverfestigung bei den Ultras. Er trat gegen indirekte Wahlverfahren auf, blieb aber bei einem zensitären Wahlrecht.

Constants Theorien waren realistischer als die Montesquieus, weil das Wirken der Parteien und einer Opposition akzeptiert hatte. In der Schrift „De la doctrine politique qui peut réunir les partis en France" (1816) wurden die Parteien zur wichtigen Klammer zwischen Exekutive und Legislative erklärt. Die ganzheitlichen Ansprüche einer „Volkspartei", wie sie die Ultras gelegentlich erhoben, wurden abgewiesen. Polemik gegen Chateaubriand wurde eingeflochten, den er sogar des Plagiats verdächtigte. Sein Buch „Monarchie selon la Charte" müsse eigentlich „Aristocracie selon la Charte" heißen (CdPC II: 155). Gegen Intoleranz trat Constant für eine Koalition aller Konstitutionellen auf.

Im Vergleich zur seiner konstitutionellen Mechanik blieben seine sonstigen politischen Ansichten weniger profiliert. Als Protestant war er ein Bewunderer Luthers. Constant kannte wie kaum ein Theoretiker seines Jahrhunderts Deutschland durch Reisen und Studium – mit Ausnahme von Germaine de Staël. Constant trat vor allem gegen den Missbrauch der Religion durch die Macht auf (Conquête Kap. XIV). Die Trennung von Kirche und Staat wurde zum Kredo aller Liberalen in ganz Europa.

Das Eigentum war für Constant kein Urrecht, sondern soziale Konvention (CdPC I: 293). Eigentum werde erst durch den Staatsvertrag geschützt. Seine sozialen Auffassungen traten hinter der legalistischen Vorstellung zurück, man könne sozialen Wandel mit technisch-konstitutionellen Mitteln aufhalten. Im Gegensatz zu Saint Simon lehnte er staatliche Sozialpolitik ab. Im Vergleich mit Tocqueville, Mill oder Mohl war sein Liberalismus ein relativ herkömmlicher laisser-faire-Liberalismus – mit wenig Scharfblick für die kommenden sozialen Probleme des Jahrhunderts.

Germaine de Staël (1766–1817), Tochter des Finanzministers Necker, der Ludwig XVI gedient hat, wird häufiger in der Literaturgeschichte als in der Geschichte der politischen Theorien erwähnt. Es gibt auch im Werk der großen Partnerin Constants wenig politische Theorie, trotz einiger Buchtitel, die solche Bezüge suggerieren wie „Sur la littérature considerée dans ses rapports avec l'état moral et politique des nations" (1802) oder „De l'influence des passions sur le bonheur des individus et des nations" (1796). Für die Konfrontation der politischen Bewegungen mehr als für die Theorie der Politik wurde ein posthumes Werk über „Considérations sur la révolution française" von 1818 bedeutsam. Es löste als eine liberale Zusammenfassung der Meinungen über die Französische Revolution Kontroversen aus. Der Titel spielte bereits auf Maistres Werk an. Bonald hat sich einer scharfen Kritik gewidmet. Die Royalisten nahmen Madame de Staël übel, dass sie die erste Phase der Revolution bis 1791, in der ihr Vater eine dominierende Rolle spielte, positiv beurteilte. Die üblichen Verschwörungstheorien über die Entstehung der Revolution bei den Ultras wurden widerlegt. Wirkliche soziale Probleme der Massen wurden als Gründe für die Revolution anerkannt.

Bonald übersah in seiner Kritik, dass Madame de Staël das Regime des Terrors als Liberale nicht weniger ablehnte als die Konservativen (1967: 178, 182). Hauptvorwurf Bonalds war ihr ambivalentes Verhältnis zu Napoleon. Sie behauptet, von Anfang an dem Konstitutionalismus Napoleons misstraut zu haben. Mit der Einführung des Empire und der Ermordung des Herzogs d'Enghien waren die Fronten jedoch klar. Talleyrands Wort: „Das war mehr als ein Verbrechen, das war ein Fehler" wurde ohne Namensnennung einem Machiavellisten in den Mund gelegt. Der Fehler lag nach ihrer Meinung darin, dass revolutionäre und royalistische Opposition nun eine gemeinsame Plattform bekamen (1967: 224 f.).

Die Bedingungen der Herrschaft Napoleons wurden aber nicht apokalyptisch als das Erscheinen des Antichrist beschrieben, wie bei einigen Ultrakonservativen. Die Autorin (1967: 239, 249) verkannte nicht, dass die lange Herrschaft des Usurpators auf außen- und innenpolitischen Opportunismus zahlreicher Akteure gegründet war. Die Deutschen hätten nach 1811 Napoleon als „Mann ihres Schicksals" betrachtet, selbst viele Engländer ließen sich blenden. Polen und Italien erwarteten die Einheit von ihm. Der österreichische Kaiser gab ihm seine Tochter zur Frau. Innenpolitisch wurde auch die Opposition in Frankreich nicht geschont. Nicht wenige waren zurückgekehrt und hatten „passiven Gehorsam" geleistet. Für Bonald galt das weniger als Madame de Staël selbst und ihren Freund Benjamin Constant.

Bonald (Mél I: 530) bemängelte an dem Buch, deren literarisches Urteil er durchaus schätzte, die Affenliebe zu ihrem Vater und zu England, die sie blind gemacht habe. Die Verherrlichung Neckers war in der Tat gelegentlich penetrant. Zur Verfassungsankündigung des Königs von 1814 fiel ihr nur ein, dass die Charte alle Prinzipien enthielt, die Necker König Ludwig XVI schon 1789 empfohlen hatte (1967: 258). Die Wertschätzung Englands war weniger penetrant. Madame de Staël (1967: 311 ff.) behielt einen kritischen Sinn dafür, dass englische Institutionen in anderen Gesellschaften nicht die gleiche Wirkungen haben könnten. Sie übersah auch keineswegs, dass die britischen Politiker sich in der Außenpolitik keineswegs immer an die hehren Prinzipien gehalten hatten, die sie zu Hause vertraten. In diesem Punkt hätte es eigentlich wenig Differenzen mit den Konservativen geben müssen. Auch Maistre hat das britische System gelobt, ohne es sehr zu kennen. Von Spanien bis Russland gab es in der ersten Hälfte des 19. Jahrhunderts noch einen Konsens zwischen Liberalen und Konservativen im Adel auf dem Boden einer Wertschätzung Englands, gesehen durch die Brille von Edmund Burke (vgl. Bd. 2, Konservatismus).

Den Konservativen entgegengesetzt wurden die liberalen, optimistischen Konklusionen. Die Autorin (1967: 281) widersprach der konservativen Annahme, Frankreich sei nicht reif für die Freiheit. In dem Schlusskapitel über die „Freiheitsliebe" wurden die konservativen Aristokraten mit den Revolutionsanhängern und den Bonapartisten (1967: 331) in einem Atemzug als Gegner der Freiheit genannt.

Quellen

L. G. de Bonald: Observations sur l'ouvrage de Madame la Baronne de Staël. In: Ders.: Oeuvres. Mélanges littéraires, politiques et philosophiques. Bd. I Paris, Adrien le Clere, 1852, 3. Aufl.: 529–593 (zit: Mél).

Constant: Oeuvres (Hrsg.: A. Roulin). Paris, Gallimard (Pléíade), 1957 (zit: O).

Constant: Werke (Hrsg.: L. Gall). Berlin, Propyläen, 1970–1972, 4 Bde. (zit: W).

Constant: Cours de politique constitutionnelle. Paris, Plancher, 1818–1820, 4 Bde., 8 Teile (zit: CdPC).

Constant: Écrits et discours politiques (Hrsg.: O. Pozzo di Borgo). Paris, Pauvert, 1964, 2 Bde.

Constant: Mémoires sur les cent-jours (Hrsg.: O. Pozzo di Borgo). Paris, Pauvert, 1961 (zit: Mém).

Constant: Discours de M. Benjamin Constant à la Chambre des Députés. Paris, Ambroise Dupont, 1827 Bd. 1; 1828 Bd. 2 .

Constant. Über die Gewalt. Stuttgart, Reclam, 1963, 2. Aufl. (zit.: Conquête).

Germaine Baronne de Staël-Holstein: Oeuvres posthumes (1861). Reprint. Genf, Slatkine, 1967. Ein nicht nummerierter Band enthält: considérations sur les principaux événements de la révolution française 1818 (Hrsg.: Duc de Broglie/ Baron de Staël) und „Dix années d'éxil".

De Staël: Memoiren. Die Demaskierung Napoleons. Leipzig, Avox Verlag, 2011.

Literatur

S. Appel: Madame de Staël: Biographie einer Europäerin. Düsseldorf, Artemis & Winkler, 2006.

J. Baelen: Benjamin Constant et Napoléon. Paris, Peyronnet, 1965.

P. Bastid: Benjamin Constant et sa doctrine. Paris, Colin, 1966, 2 Bde.

N. Campagna: Benjamin Constant. Eine Einführung. Berlin, Parerga, 2003.

G. H. Dodge: Benjamin Constant's Philosophy of Liberalism. Chapel Hill, University of North Carolina Press, 1980.

L. Gall: Benjamin Constant. Seine politische Ideenwelt und der deutsche Vormärz. Wiesbaden, Steiner, 1963.

St. Holmes: Benjamin Constant and the Making of Modern Liberalism. New Haven, Yale University Press, 1984.

U. Schöning/F. Seemann (Hrsg.): Madame de Staël und die Internationalität der europäischen Romantik. Göttingen, Wallstein, 2003.

F. Weber: Benjamin Constant und der liberale Verfassungsstaat. Wiesbaden, Springer, 2004.

Die „Doctrinaires": Royer-Collard, Guizot

Auch die Doctrinaires waren Liberale, wenn auch Konservativ-Liberale. Der „Praktiker" Fouché soll ihren Spitznamen geprägt haben. Sie betonten noch stärker als die Schule Constants die Sicherungen, die der neue Repräsentativstaat gegen die Versuchungen revolutionärer Volkssouveränität brauchte. Ihr geistiges Haupt war Royer-Collard, und sein persönlicher Gegensatz zu Constant hat viel dazu beigetragen, die Kluft zwischen den liberalen Gruppen zu vertiefen.

Die Doctrinaires fühlten sich als das „Gewissen der Charte". Sie waren Feinde abstrakter Theorien und bemühten sich, die politischen Probleme in jeder Situation radikal neu zu durchdenken. Da sie das „System" ablehnten, mussten sie den Eklektizismus verherrlichen, den Cousin (1833: LV) als eine der glücklichsten Errungenschaften des 19. Jahrhunderts und als „Triumph des wahrhaft philosophischen Geistes" feierte. Eine weitere Folge war Opportunismus in der Politik und ein unvergleichlicher geistiger Hochmut, mit dem sie zwischen den Gruppen zu vermitteln suchten. Dieser Opportunismus zeigte sich nirgends so auffällig wie in der Haltung der Doctrinaires zur parlamentarischen Regierung. Zu dieser Gruppe gehörten einflussreiche Staatsmänner wie Guizot und Barante. Die kleine Gruppe, deren Einfluss in keinem Verhältnis zu ihrer Zahl stand, war eine wichtige Stütze der Regierungen der Mitte zwischen 1816 und 1821, ehe die Konservativen an die Macht kamen und zum ersten Male parlamentarisch zu regieren begannen. Ihr Führer, Royer-Collard, war ein Mann von scharfem Intellekt und distinguiertem Auftreten. Er hat seine politischen Gedanken niemals in einem Buch niedergelegt, und in der Praxis fehlte ihm die Eignung zu einem Parteiführer. Er scheute sich, einen verantwortlichen Posten zu übernehmen, und liebte weder „zu gehorchen noch zu befehlen" (Barante 1861, Bd. 1: 2 f.). Seine politische Theorie läßt sich nur aus Parlamentsreden rekonstruieren.

Royer-Collard zeigte sich 1816 in einer Kammerrede als scharfer Gegner des parlamentarischen Systems. Die parlamentarische Regierung beruhte in seinen Augen auf drei Voraussetzungen: (1) daß es eine feste Mehrheit in der Kammer gäbe, (2) daß die Regierung die Mittel habe, eine solche Mehrheit zu erlangen, und (3) daß die Regierung eine solche Mehrheit brauche. Royer-Collard bestritt, daß eine der drei Voraussetzungen in Frankreich gegeben sei. Er räumte ein, daß es den „moeurs anglaises" möglich sei, diese Voraussetzungen zu erbringen, in Frankreich aber befürchtete er, daß nur ein „heftiger Parteigeist" eine solche Mehrheit schaffen könne. Der französische Unabhängigkeitsdrang erlaubte es in seinen Augen nicht, daß sich das Individuum den Parteien unterordne. Die Grundlagen der doktrinären Weltanschauung wurden hier mit dem französischen Nationalcharakter gleichgesetzt. Daß es eine Mehrheit in der französischen Kammer nicht gab, rechnete er dieser zur Ehre an. Die parlamentarische Mehrheits-

regierung versuchte er mit einem Wortspiel lächerlich zu machen: „… je crains
qu'il ne fût beaucoup plus facile à la majorité de la chambre d'acquérir le ministère, qu'au ministère d'acquérir la majorité (on rit)." (Barante 1861, Bd. 1: 216). An
diesem Wort kann man ermessen, wie stark die Doctrinaires noch im dualistischen konstitutionellen Denken verhaftet waren. Royer-Collard konnte sich nur
die Möglichkeit vorstellen, daß die Minister des Königs eine Mehrheit suchten,
um sich die Arbeit zu erleichtern. Der Korruptionsparlamentarismus Guizots war
geistig mit dieser Einstellung vorbereitet. Die Möglichkeit, daß die Parlamentsmehrheit einen Anspruch auf die Regierungsgewalt erwirbt, wurde von Royer-
Collard mit einem Scherz abgetan.

Royer-Collard bekannte sich noch zum „monarchischen Prinzip", das verbot,
eine königliche Regierung durch Misstrauensvoten zu stürzen. Eine Stärkung der
Kammer zu einer Position, wie sie das britische Parlament hatte, erschien ihm
verfassungswidrig, da die Charte nicht einmal ein Initiativrecht für die Kammern
einräumte. Gegen die Begründung der parlamentarischen Spielregeln aus der
„Natur des Repräsentativsystems" – wie sie damals nicht selten versucht wurde –
polemisierte Royer-Collard mit der ganzen Verachtung, die er für die Deduktion
von abstrakten Prinzipien hatte: „Et qu'on ne dise pas que c'est la nature de gouvernement représentatif qui veut ces conséquences? Quelle est donc cette nature
mystérieuse qui commande de tels sacrifices?" (Barante 1861, Bd. 1: 217).

Weniger eindeutig waren die theoretischen Äußerungen seines jüngeren
Freundes Guizot. 1816 trat er als heftiger Gegner parlamentarischer Theorien in
einer Streitschrift gegen den Konservativen Vitrolles auf. Er sah mit Sorge, daß die
Parlamentsmehrheit sich als eine Art „vierte Gewalt" etablierte (Guizot 1869: 17).
Obwohl er die parlamentarische Gewalt von dem Vorwurf reinwusch, sie sei die
Inkarnation der Volkssouveränität, kam er zu dem Schluss, dass der König die vor-
herrschende Gewalt im Repräsentativsystem der Charte sei. Er billigte der Krone
zu, „zu wollen und zu handeln" (Guizot 1869: 41). Die Aufgabe des Parlaments sah
Guizot in konstitutioneller Weise rein negativ als „Registration und Kontrolle".
Eine abstrakte Idee der Repräsentativverfassung, aus der sich eine Ausweitung
der parlamentarischen Rechte herleiten lasse, erkannte er sowenig an wie Royer-
Collard. Versuche, die Repräsentativverfassung als parlamentarische zu deuten,
wies er als Missbrauch des Begriffs durch die „revolutionäre Faktion" zurück.

1820 änderte Guizot seine Meinung in der Schrift: „Du gouvernement de
la France depuis la Restauration et du Ministère actuel", da sich inzwischen die
Mehrheitsverhältnisse geändert hatten. Die kleine Schrift war nicht sina ira et stu-
dio geschrieben. In ihr schlug sich die Verbitterung über den Sturz des Ministeriums Decazes und seine Entlassung als „conseiller d'état" nieder. Ein so enger Vertrauter wie Rémusat hat daher behauptet, Guizot habe mit dieser Schrift
sein politisches Comeback vorbereiten wollen (Johnson 1965: 60). Bemerkenswert

war auch in diesem Fall, daß die Opposition das Bekenntnis zur parlamentarischen Regierung erleichterte, ein Vorgang, der sich im Kampf der von Guizot und Duvergier de Hauranne geführten „coalition" gegen Molé in der Julimonarchie wiederholen sollte.

Das zehnte Kapitel seines Buches, über den „Einfluß der Kammern auf den Sturz und die Bildung von Ministerien" gehört zum Besten, was in der Restauration über die parlamentarische Regierung geschrieben wurde. Im Gegensatz zu Constant wurde hier klar den Kammern ein Einfluss auf die Zusammensetzung des Ministeriums zugebilligt. Die parlamentarische Deutung des Repräsentativsystems, die Guizot vier Jahre zuvor bekämpft hatte, vollzog er nun selbst. Im Gegensatz zu früheren Äußerungen klammerte er sich nicht mehr an den Buchstaben der Charte, sondern urteilte nach den realen Machtverhältnissen. Die Kammer war für ihn der erste Ordnungsfaktor im französischen System der Restauration. Ohne sie wäre seiner Ansicht nach die neue Monarchie längst wieder verfallen, da die Kammern das Band zwischen der Regierungsmacht und dem Volk seien. Während er einst die „ruinöse Macht der Parteien" maßvoll überschätzt hatte, glaubte er nun, daß die Kammer die „Koterien" gerade in Schach halte, da die Parteien ihre Ansichten unter dem Druck der Gegenmeinung maßvoll halten müßten.

Der Abgeordnete ist weniger denn je der allseitig gebildete „Notable", der etwas an Weisheit in jede Sitzung trägt und bereichert aus ihr wieder herauskommt. Parteien und Gruppen zwingen den Abgeordneten heute, sich einzuordnen, und wenn die Wahrheit Funktion des Wettbewerbs von Meinungen ist, so ist sie es nicht von Meinungen isolierter Individuen, sondern von Parteiüberzeugungen und Kompromissen. Die Doktrin Guizots war daher für viele Kritiker einer „liberalen Metaphysik" eine beliebte Zielscheibe. Von Donoso Cortés bis zu Carl Schmitt ist der Parlamentarismus immer wieder zu Unrecht an diesem optimistischen Rationalismus gemessen worden. Der Guizotsche Idealismus verband sich gleichwohl mit einem starken Opportunismus und war unter anderem eine Folge der jeweiligen Mehrheitsverhältnisse. Als Guizot in der Julimonarchie an die Macht kam, gab er zwar seine aufklärerische Verehrung für das Repräsentativsystem theoretisch nicht auf, aber er hielt sich keineswegs immer an die strengen parlamentarischen Spielregeln, die er aufgestellt hatte. Soweit er die Mehrheit respektierte, liebte er – nach der bissigen Bemerkung eines zeitgenössischen Publizisten – am meisten das System, in dem er „die schönsten Reden vor der kompaktesten Mehrheit" halten konnte. Das parlamentarische System wurde zum organisierten Echo eines eigenwilligen Politikers, der daran gewöhnt war, an die Richtigkeit seiner Entscheidungen zu glauben.

Am Ende der Restaurationszeit kamen auch die Doctrinaires, welche die parlamentarische Vorherrschaft niemals theoretisch anerkannt hatten, praktisch zu einer parlamentarischen Auffassung des Systems. Das gilt teilweise sogar für Royer-Collard, der die berühmte Adresse der 221 an König Charles X. unterstützte, die ein Auftakt zur Revolution von 1830 und zur Durchsetzung der Parlamentssuprematie in Frankreich war. Die Auffassung des Repräsentationssystems als „gouvernement d'opinion" führte ihn zu der Ansicht, daß im Konflikt zwischen Kammer und Regierung das Parlament die öffentliche Meinung repräsentiere. (Rémond 1933: 49). Noch immer blieb er seiner Abneigung gegen einen allzu brüsken Ton gegenüber dem König treu und lehnte es ab, die Redaktion der Adresse selbst zu übernehmen, so sehr ihn seine Freunde auch drängten.

Die Geschichte der Theorien ist nicht immer gerecht. Die Doctrinaires waren keine größeren Theoretiker der Politik als so mancher italienische, spanische oder deutsche Denker im zweiten Glied. Dennoch wurden sie sehr viel berühmter. Das Schlagwort *„juste milieu"* war die Frucht einer antijakobinischen Ablehnung der radikalen Revolution unter Entwicklung gemäßigt fortschrittlicher Institutionen. Guizots Regime wollte „Vernunft" und „Mäßigung" als aristotelische Tugenden inkarnieren. Aus dem „juste milieu" wurde jedoch keine korrupte Bourgeois-Herrschaft, die den Kontakt mit der sozialen Realität verlor, so daß das Regime in eine Revolution einmündete – just das, was das „juste milieu" hatte verhindern sollen. Es sind Parallelen zwischen der Whig-Ideologie und den Doktrinären gezogen worden. Aber im Gegensatz zu den drei retardierten westeuropäischen Ländern, in denen die Doctrinaires ideologischen Einfluss hatten, handelt es sich hier eher um ein funktionales Äquivalent. Die Folge war in beiden Ländern die Radikalisierung des Linksliberalismus – in England jedoch ohne Revolution (Starzinger 1965: VIIIf.).

Guizot und der Doktrinarismus wurden zum Exponenten einer militanten Bourgeoisie, welche mit ihrem Bereicherungs-Laisser-Faire eine neue Revolution heraufbeschworen und zum Ansatzpunkt aller sozialistischen Kritik wurden. Von 1840 bis 1847 wurden drei Wahlreformen durchgeführt und der Zensus wurde herabgesetzt. Aber 1842 waren nur 224 000 wahlberechtigt in Frankreich, wenig mehr als doppelt so viel wie 1830.

Der possessive Individualismus hat mit dieser Unfähigkeit zur rechtzeitigen Erweiterung des Wahlrechts gegen seine eigenen theoretischen Prämissen verstoßen, denn die aquisitive Gesellschaft drängte auf ständige Ausweitung der Partizipationsrechte hin. Diese Dynamik haben aber erst Mill und Mohl später verstanden. Noch die spanischen Doktrinäre, wie Cánovas del Castillo, haben diese Dynamik in der spanischen Restaurationszeit nicht richtig eingeschätzt.

Quellen

G. de Barante: La vie de M. Royer-Collard. Paris, Didier, 1861, 2 Bde.

V. Cousin: Fragments philosophiques. Paris, Ladrange, 1833.

F. Guizot: Mémoires pour servir à l'histoire de mon temps. Paris, Lévy 1858 ff., 8 Bde.

F. Guizot. Du gouvernement représentatif en France (1816). In: Mélanges politiques et historiques. Paris, Michel Lévy 1869: 1–84.

Literatur

G. de Broglie: Guizot. Paris, Perrin, 1990.

L. Díez del Corral: Doktrinärer Liberalismus. Guizot und sein Kreis. Neuwied, Luchterhand, 1964.

D. Hoeges: Guizot und die Französische Revolution. Frankfurt, Lang, 1981, 2. Aufl.

D. Johnson: Guizot. Aspects of French History 1787–1874. Toronto, Toronto University Press, 1963.

G. Rémond: Royer-Collard. Paris, Thèse, 1933.

E. Spuller: Royer-Collard. Paris, Hachette, 1895.

V. E. Starzinger: Middlingness. Juste Milieu. Political Theory in France and England 1815–1848. Charlottesville, University Press of Virginia, 1965.

Vom liberalen zum radikalen Katholizismus: Félicité Robert de Lamennais (1782–1854) (ab 1829)

Lamennais gehört zu den seltenen Fällen, in denen ein Denker von der Ultra-Rechten zur Ultra-Linken überging. Angesichts der systematischen Anordnung der Autoren nach „familles spirituelles" tritt in diesem Fall eine Unregelmäßigkeit auf: der junge Lamennais musste nach dem späten Lamennais behandelt werden, da der Konservatismus dem Liberalismus nachgeordnet wurde. Anfangs stand Lamennais in der Tradition von Bonald und de Maistre. Von den großen deutschen Denkern interessierte ihn Schelling, bei dem er um eine Unterredung bat. Am Ende der Restaurationsperiode geriet er in offene Opposition zu dem Regime Karls XVIII.

Nach der radikalen Wende Lamennais' vertrat dieser keinen politischen Liberalismus im üblichen Sinn. Liberalismus wurde von ihm vielfach mit Atheismus identifiziert. Sein liberaler Katholizismus – es ist kein treffenderes Wort dafür gefunden worden – war in erster Linie auf religiöse Freiheit gerichtet, und erst in zweiter Linie dem Kampf um politische Freiheit gewidmet. Das Freiheitsstreben galt nicht dem Individuum, sondern der Kirche (Maier 1959: 134). Der späte Lamennais hatte – wie Tocqueville – die Vision, dass das demokratische Zeitalter heraufkomme. Bis dahin waren die beiden Nordfranzosen, die einander nicht leiden konnten, einig. In der Konklusion aus der empirischen Prognose unterschieden sie sich: Tocqueville suchte echt liberal nach guten Institutionen, um die Folgen des Demokratisierungsprozesses zu mildern. Der Priester Lamennais versuchte in erster Linie die Kirche zu retten. Er befürchtete, dass die Kirche mit der Demokratisierung zunehmend gesellschaftlich isoliert werde und keine dauerhafte Unterstützung von der Krone genießen könne. Die Verbindung von Thron und Altar im Absolutismus und im Spätabsolutismus unter der Geltung des „monarchischen Prinzips" hielt Lamennais sogar für ein Übel. Die Kirche sollte sich vom Staat emanzipieren und gleichsam allein „laufen lernen". Lamennais hoffte anfangs unverdrossen, in Einklang mit den Lehren der Kirche zu stehen. Mit Papst Leo XII verband ihn sogar ein freundschaftliches Verhältnis. Mit dem plötzlichen Tod dieses Papstes verlor Lamennais seine letzte Stütze gegen die Angriffe der französischen Bischöfe gegen seine Lehren. Als Einzelkämpfer versuchte er nun – wie ein Historiker sich spöttisch ausdrückte (Soltau 1959: 78) – „out-Papalizing the Pope in his Ultramontanism". Unter Papst Gregor XVI hat die Position der Kirche zu den neuen sozialen und politischen Bewegungen sich konservativ verhärtet. Lamennais kam daher in Konflikt nicht nur mit der Monarchie in Frankreich, sondern auch mit dem Vatikan.

Wie bei anderen Theoretikern des liberalen und sozialen Katholizismus (Montalembert, Ketteler, Gioberti) wurde die Kirche von Lamennais ausersehen, die unmündigen Massen in ihrem Emanzipationsprozess zu führen. Ab 1831 gab Lamennais die Zeitschrift „L'avenir" heraus, die dogmatische und politische Fragen aktuell diskutierte. Trotz seines zunehmenden Radikalismus hat Lamennais die Dogmen der Kirche nicht in Frage gestellt, sondern vor allem an der Kirchenverfassung und an der Stellung der Kirche in der Welt Anstoß genommen. Die Freiheit der Religionsausübung wurde für die Katholiken reklamiert. Seine Ideen waren von Einfluss auf den Kompromiss, den Katholiken und Liberale in der Belgischen Verfassung 1830/1831 gefunden haben. Ein Lamennais-Anhänger wie der Abbe Dehaerne deklarierte sich sogar offener als sein Meister vor 1848 für eine Republik. Dehaerne ist als „belgischer Lamennais" bezeichnet worden. Die Patenschaft Lamennais' bei der belgischen Verfassung war in den Augen des Papstes keine Empfehlung. Er hat sie in der Enzyklika „Mirari vos" als „Teufelswerk" verurteilt.

Die Neuorientierung Lamennais' kündigte sich in dem 1825–1826 entstandenen Werk „De la religion considérée dans ses rapports avec l'ordre politique et social" an. Seine Opposition war gegen den Gallikanismus der französischen Kirche gerichtet. Seine Sorge um die Einheit der „una sancta" ging bis zum Verfolgungswahn: er unterstellte gelegentlich, dass die Bourbonen-Dynastie mit der Loslösung der französischen Kirche von Rom letztlich den Katholizismus vernichten wolle. Der Ausweg aus dem vermeintlichen Übel war für Lamennais eine

radikale „Flucht nach vorn" aus konservativer Kirchentreue. Die „ewige Kirche",
sollten sich aus den weltlichen Verstrickungen zurückziehen, die dem Untergang geweiht schienen. Ein „apokalyptischer Royalismus" wurde die Triebkraft
seines Denkens (Gurian 1929: 105). Die Geistlichen sollten die Pairskammer in
Frankreich schaffen, um klare Fronten zwischen Staat und Kirche zu gewährleis-
ten. Lamennais hat sich für die volkserzieherische Rolle der Kirche an den kleinen unterdrückten katholischen Völkern inspiriert, die nach nationaler Selbstbestimmung strebten, wie Irland, Polen, Belgien oder Italien. Die Kirche sollte nach
Lamennais ihr Heil im Bündnis mit den nach Freiheit strebenden „Massen" suchen. Sein Republikanismus beruhte auf der Einsicht, dass die Monarchen mit
ihrer Förderung des Staatskirchentums die Kirche von ihrem biblischen Auftrag
ablenkten.

Das wichtigste Dokument von Lamennais' politischer Wende war das umstrittene Buch „Des progrès de la révolution et de la guerre contre l'église" (1829). In
Frankreich schien für Lamennais (1829: VIII) die Lage der Katholiken schlechter als die der Juden und der Protestanten. Er forderte für die Katholische Kirche
die Freiheiten ein, die von der Verfassung, der Charte von 1814, verkündet worden waren. Im Zentrum standen die Gewissensfreiheit, die Pressefreiheit und die
Freiheit der Erziehung. Der letzte Punkt sollte zu einem „hundertjährigen Krieg"
der laizistischen Republik mit den Gläubigen in Frankreich führen, der manchmal Formen annahm, die an Bismarcks Kulturkampf erinnerten. Katholizismus
wurde von Lamennais (1829: 35) mit einer Tendenz zur Freiheit gleichgesetzt. Er
versuchte dies durch gewagte Vergleiche zu belegen: nichtkatholische Länder wie
Preußen, England oder Russland seien den „intellektuellen Ideen" fremd geblieben und seien geistig „verroht". Zwei Verderber der Katholischen Völker wurden
ausgemacht: der Gallikanismus und das Staatskirchentum einerseits und der Liberalismus andererseits. Der Liberalismus führte zur Knechtschaft durch die Atomisierung der Gesellschaft, denn der Liberalismus sei doktrinär auf das individuelle
Gewissen festgelegt (1829: 40). In Frankreich sah Lamennais einen apokalypti-
schen Endkampf toben zwischen dem monarchischen Despotismus in der Tradition Louis XIV und dem radikalen demokratischen Prinzip. Das Christentum war
nach seiner Ansicht (1829: 110) an keine Regierungsform gebunden. Das Christentum müsse daher nur zwei Doktrinen ablehnen: den Despotismus und die Anarchie. In dieser Phase war er noch latenter Republikaner, der die konstitutionelle
Monarchie noch nicht aufgegeben hatte. Die aktuelle politische Brisanz dieses Buches lag in seiner Gegnerschaft gegen die königlichen Ordonanzen vom April und
Juni 1828, mit denen das Regime sich autokratisch verhärtete und den Willen der
Parlamentsmehrheit zu brechen versuchte (1829: 145). Diese Dekrete entpuppten
sich später als den Anfang vom Ende des Restaurationsregimes, das in der Julirevolution 1830 untergehen sollte. Am Schluss des Werkes hat Lamennais den Kle-

rus zum Widerstand gegen das Regime aufgerufen, das versuche, die Kirche zu
zerstören. Die Quadratur des Kreises war geboren: ein Priester wurde aus Traditionalismus revolutionär.

Das politische Echo auf diese Schrift war sehr geteilt. Lamennais hatte sich
zwischen zwei Stühle gesetzt: die Liberalen sahen einen unverbesserlichen „Ultra-
montanen" am Werk, der die päpstliche Universalmonarchie anstrebte und fühlten sich durch die Attacken gegen den „anarchischen Liberalismus" gekränkt. Die
Traditionalisten hingegen witterten demokratischen Umsturz. Die gewandelten
Ansichten von Lamennais waren noch immer vom Geiste Bonalds und Maistres
getragen, der künstliche Verfassungen verketzerte und staatlichen Institutionen
kritisch gegenüber stand. Hinzu kam aber etwas sehr untraditionalistisches: der
Glaube an das Volk und der Optimismus hinsichtlich der progressiven Entwicklung der Menschheit, wo die Konservativen Depravation eines in Sünde verfalle-
nen Menschengeschlechts witterten.

Die Kirche blies zur Gegenmobilisierung. Im November 1831 machten sich
drei „Pilger Gottes und der Freiheit", Lamennais, Montalembert und Lacordaire,
auf den Weg nach Rom. Es kam nicht zum Ausgleich. Lamennais wurde schließlich exkommuniziert. In der Enzyklika „Mirari vos" (1832) wurden Lamennais'
„Irrlehren" zur Kirche und zur Politik verurteilt. Inzwischen schien durch die Julimonarchie das politische Klima in Frankreich liberaler geworden zu sein. Montalembert und andere Anhänger Lamennais' haben hartnäckig für ihre Forderungen nach Presse- und Erziehungsfreiheit im Regime Guizots und der Doktrinäre
gekämpft. Aber Erziehungsfreiheit war noch lange nicht garantiert. 1831 wurde
Montalembert angeklagt, weil er eine „illegale" Grundschule aufgemacht hatte.
Lamennais hatte trotz einer gewissen größeren Freiheit das System der Julimonarchie nicht geschätzt.

Die Revolution von 1830 beseitigte seine letzten Bedenken. Er bekannte sich
zunehmend offener als Republikaner. Die Doctrinaires unter Guizot an der Macht
hatten für die repressiven Ordonanzen des untergegangenen Regimes gestimmt
und fielen ansonsten unter seine Kritik am „Liberalismus". Das Regime der Groß-
bürger widersprach seinen sozialen Anschauungen. Das stark eingeschränkte
Wahlrecht lehnte er ab. Nicht einmal die Pairskammer hatte das neue Regime zu
seiner Enttäuschung abgeschafft (L'avenir, 9.3.1830: 276). Gegen die despotischen
Traditionen des französischen Zentralismus hat Lamennais in seiner Zeitschrift
die Freiheit der Gemeinden und eine territorial gestaffelte Mitwirkungsmöglich-
keit gefordert. In diesem Punkt hatte er verwandte Ideen wie sein Gegenspieler
von 1848, Tocqueville. Besonders unbeliebt machte Lamennais sich in seiner Kirche mit der Forderung, der Staat solle die Zahlungen an die Kirche für die Gehäl-
ter der Priester einstellen. Von der strikten Trennung von Kirche und Staat versprach sich Lamennais (L'avenir, 29.6.1831: 335), dass der Staat umso stärker von

christlichem Gedankengut erfasst werde: „Die Freiheit wird den Glauben gebären" – im Rückblick eine säkulare Fehlprognose! Immerhin hatte die Trennung von Kirche und Staat im Denken von Lamennais den Vorteil, dass seine rousseauistische Wende nicht in eine als Volksherrschaft getarnte Theokratie umschlagen konnte.

In der Julimonarchie erzielte Lamennais Breitenwirkung mit populären Broschüren wie „Paroles d'un croyant" (1834) und „Le livre du peuple" (1838). Die Schriften erlangten eine ungeheure Verbreitung und vertieften den Graben zwischen Lamennais und der Kirche. Börne hat „Die Worte des Glaubens" ins Deutsche übersetzt. Das „Buch des Volkes" erschien 1838 auf Deutsch. Lamennais wurde von den Unzufriedenen der Kirche seither als Sozialist wahrgenommen. Aber noch blieb er in seinem Bekenntnisbuch bei Arbeiterassoziationen und der Forderung nach Sozialfürsorge für die sozial Schwachen stehen. Es war viel von Nächstenliebe nicht aber von der Aufhebung des Privateigentums die Rede. Das „Volksbuch" (1905: 89) hat wieder die Assoziation ins Zentrum gestellt. Die Biber wurden als Vorbild gepredigt, denn sie zeigen, wie man „wider die reißenden, tiefen Wasser einen unerschütterlichen Damm errichtet". Das „Eigentum" am Volk bei den Fürsten wurde in dieser Schrift angegriffen, als Quelle der Kriege (1905: 97). Aber die soziale Analyse wurde kaum konkreter. Der alttestamentarische Zorn des Propheten wurde beibehalten. Statt sozialer Analyse kam eine mitreißende Predigt heraus. Der doktrinäre Liberale Guizot nannte die „Paroles d'un croyant" eine „Apokalypse des Satans". „Das ist Babeuf – gepredigt von Ezechiel" und die „phrygische Mütze auf das Kreuz gesetzt". Der Papst hat im Juli 1834 eine neue Verdammungsenzyklika „Singulari nos" erlassen, in der das Buch ein „Erzeugnis von Gottlosigkeit und Frechheit" genannt wurde. Der Kommunismus-Vorwurf war weit hergeholt. Nicht einmal sozialistisch konnten diese Schriften genannt werden. Saint-Simon und Fourier, die Lamennais gelesen hatten, waren wesentlich weiter gegangen.

Das verhasste Regime der Julimonarchie währte nicht lange. Die Stellung der Kirche in der Revolution 1848 schien günstiger als 1830. Damals war die Kirche Verbündeter des fallenden Regimes gewesen. 1848 schien sie auf Seiten „des Volkes" zu stehen, da das Regime unter Guizot sich antiklerikal verhalten hatte. Lamennais bekam nun erstmals eine Chance, in der politischen Arena direkt für seine Ansichten zu kämpfen. Lamennais wurde Abgeordneter und Mitglied der Verfassungskommission in der Nationalversammlung der zweiten Republik. Tocqueville (O XII: 180) sah in dem achtzehnköpfigen Gremium, das die Verfassung ausarbeiten sollte, nur zwei Jakobiner: Lamennais und Considerant. Lamennais hielt er für einen „Träumer". Dieser legte als Vertreter der extremen Linken einen Verfassungsentwurf von 62 Seiten vor. Der Vorsitzende des Verfassungsausschusses, Cormenin, verbündete sich mit Lamennais und versuchte seinen eigenen radikalen Entwurf zu lancieren. Als die Mehrheit im Ausschuss sich nicht überfahren ließ, trat Lamennais enttäuscht zurück. Er hatte weder Geduld noch Organisationstalent für die politische Tätigkeit. Ein gemäßigter Liberaler wie Odilon Barrot (Mémoires posthumes. Paris, 1875, Bd.2: 325) sprach von Lamennais noch weit abschätziger als Tocqueville von einem „wahrhaft satanischen Stolz", mit dem er seine theokratischen Doktrinen vertrat. Der Liberalismus der Mitte konnte mit dem radikal gewordenen Katholizismus keine gemeinsame Plattform mehr finden.

Aus dem Scheitern der 48er Revolution zog mancher Radikale den Schluss, dass man den Radikalismus zurücknehmen müsse. Lamennais in seiner glaubensstarken Intransingenz reagierte mit der gegenteiligen Auffassung: er radikalisierte sich noch weiter. Nun verlangte er den Sozialismus als Ergänzung der Demokratie, um die wirtschaftliche Macht der Elite zu neutralisieren. Die demokratischsozialistische Republik als Einheit von Religion und „raison publique" soll die Voraussetzungen für eine freie Partizipation der Bürger schaffen. Der „Brumaire des Louis Bonaparte" 1851 machte diese Hoffnungen zunichte. Als zurückgezogener Privatier widmete Lamennais seine letzten Jahre der Übersetzung von Dantes „Göttlicher Komödie".

Lamennais starb einige Jahre nach seiner politischen Episode ohne seinen Frieden mit der von ihm so vergötterten Kirche gemacht zu haben. Der direkte politische Einfluss von Lamennais war gering. Was fortwirkte waren seine Ideen und sein kompromissloses Sendungsbewusstsein als Vorbild im liberalen Katholizismus, vor allem in Belgien, Polen und Italien (Rosmini, Gioberti). Wer von seinen Anhängern erwartet hatte, dass nach dem Bruch von Lamennais mit seiner Kirche eine Massenbewegung ihm folgen würde, blieb enttäuscht. Lamennais war kein Kirchenstifter und Organisator. Er blieb in erster Linie Theoretiker, der an die Macht seiner Konzeption glaubte und hoffte durch das geschriebene Wort zu überzeugen. In seinem Glaubensbekenntnis (IX: 14) hatte er gehofft: „Das Wort hat nur dann Wirkung, wenn es aufrichtige, gefestigte Überzeugungen ausdrückt". Lamennais hat sich an seine Devise gehalten. Er hatte Wirkung auf die Freiheit der Kirche. Getäuscht hat er sich in dem Gedanken, dass diese Freiheit auch eine religiösere Politik erzeugen werde.

Quellen

Lamennais: Œuvres complètes. Paris, Cailleux u. a. 1836/1837, 12 Bde.

Lamennais: Des progrès de la révolution et de la guerre contre l'église. Brüssel/Paris, De Belin – Mandar & Devaux, 1829, 2. Aufl.

Lamennais: Le pays et le gouvernement. Paris, o. A. 1840.

Lamennais: Œuvres posthumes (Hrsg.: E. D. Forgues). Paris, Paulin et Le Chevalier, 1859, 1863.

Lamennais: Lettres inédites de Lamennais à Montalembert (Hrsg.: E. D. Forgues). Paris, Perrin, 1898.

Lamennais. Das Volksbuch (1838). Leipzig, Hirschfeld, 1905.

Montalembert: Œuvres polémiques et diverses. Paris, Lecoffre, 1860, 2 Bde.

Literatur

E. Barbier: Histoire du catholicisme libéral et du catholicisme social en France. Bordeaux, Cardoret, 1924, 5 Bde.

J.-R. Derré: Lamennais, ses amis et le mouvement des idées à l'époque romantique 1824–1834. Paris, Klincksieck, 1962.

J.-B. Duroselle: Les débuts du catholicisme social en France 1822–1870. Paris, PUF, 1951.

W. Gurian: Die politischen und sozialen Ideen des französischen Katholizismus 1789–1914. Mönchengladbach, Volksvereins-Verlag, 1929.

K. Jürgensen: Lamennais und die Gestaltung des belgischen Staates. Der liberale Katholizismus in der Verfassungsbewegung des 19. Jahrhunderts. Wiesbaden, Steiner, 1963.

J. Lavoué: La prophétie de Félicité de Lamennais aux sources de l'évangile social de Lammenais. Lyon, Golias, 2011.

H. Maier: Revolution und Kirche. Studien zur Frühgeschichte der christlichen Demokratie 1789–1850. Freiburg, Rombach, 1959.

A. Philibert: Lacordaire et Lammennais. Paris, Cerf, 2009.

H. Soltau: French Political Thought in the 19th Century. New York, Russell & Russell 1959: 78–92.

A. Verhülsdonk: Religion und Gesellschaft: Félicité Lammenais. Frankfurt, Lang, 1991.

2 Der utilitarische Radikalismus in Großbritannien: Bentham, John Stuart Mill

Jeremy Bentham (1748–1832)

Bentham ist schon als Student durch die Vorlesungen von William Blackstone (Commentaries on the Law of England. New York, Strouse 1892), die in Buchform zur Bibel der Orthodoxie über die englische Gewaltenteilung wurde, gegen die realitätsfernen mechanistischen Formen der Gesetzesinterpretation aufgebracht worden. Blackstone schien ihm unsystematisch und reformfeindlich. Wie Locke seinen ersten Traktat gegen Filmer schrieb, um zu demonstrieren, was er für falsch hielt, so schrieb Bentham das „Fragment of Government" (1776) gegen Blackstone. Im zweiten Treatise brachte Locke seine eigene Theorie vor. Bentham tat dies in den „Principles of Morals and Legislation" (gedruckt 1780, publiziert 1789). Schon das erste Buch wurde ein Erfolg. Bei Hume war er auf das Prinzip der „utility" gestoßen, das seiner Philosophie den Namen geben sollte. Hume hatte gelehrt, dass moralische Aktionen dadurch gekennzeichnet seien, dass sie Glück produzierten. Wo die französische Aufklärungsphilosophie im Licht des späteren Utilitarismus gesehen wurde, konnte die überspitzte These vertreten werden, dass alle „philosophes" von Voltaire bis Helvétius (auf den Bentham sich sogar direkt bezog) und Diderot Utilitarier gewesen seien (Martin 1954: 77). Wo die Erfahrung ins Zentrum der Philosophie rückte – im rationalistischen Frankreich seltener als in England – kam es vielfach zur Inthronisierung einer wissenschaftlichen Psychologie, welche das Glück zum höchsten Wert deklarierte und an die Stelle der „Tugend" rücken ließ. In der französischen Revolution vermischten sich freilich beide Grundbegriffe in autoritärer Weise erneut, weil der individualistische Ansatz des Utilitarismus aufgegeben wurde. Der Utilitarismus musste soziale Unterschiede als zufällig und willkürlich empfinden. Wo Bentham's Bonmot galt: „Pushpin is as good as poetry" konnten ständische Sonderwerte wie Ehre oder Schönheit keine herausragende Rolle mehr beanspruchen. Jedes Individuum schien gleich, soweit es die gleichen rationalen Kriterien der Glückssuche anwandte. Der Utilitarismus führte somit zu einer radikalen Form des Liberalismus, welche auf Demokratie hinauslief.

Der Staatsmann Lord Shelbourne begann sich für den jungen Provokateur Bentham zu interessieren und machte ihn mit wichtigen Akteuren im System bekannt. Seine eigenen Gedanken, die er in den „Principles" niedergelegt hatte, schienen dem Autor noch defizitär, so daß er die Publikation hinauszögerte. Der Zeitpunkt der Publikation 1789 war gut gewählt, denn das Buch beeindruckte die Staatsmänner der französischen Revolution. 1785–87 reiste Bentham auf dem europäischen Kontinent. Bei einem Besuch des Bruders, der in Russland arbeitete, versuchte er vergeblich, seine Projekte der aufgeklärten Zarin anzudienen. Enttäuscht kehrte Bentham zurück. Der Kontinent hatte sein Denken wenig beeinflusst. Vorübergehend erwog er, für das Parlament zu kandidieren. Er verzichtete schließlich, um seine Unabhängigkeit zu wahren.

Bis 1809 hat Bentham sich mit politischer Theorie nur am Rande befasst. Er stand in der Tradition der großen italienischen Gesetzgebungsreformer von Beccaria bis Filangieri und strebte eine Durchrationalisierung aller wichtigen Politikfelder an. Nicht die „Polity" hatte sein Interesse. Für „politics" setzte er sein simples individuelles Glücksschema ein, das immer leicht mehrheitsfähige Entscheidungen zu produzieren schien. Eigentlich lagen ihm jedoch die „policies" am Herzen, das Resultat des politischen Prozesses. Er ging dieses Interesse nicht mehr in der absolutistischen Art der alten Kameralistik und Polizey-Wissenschaften an, sondern im Sinn einer strikten Aufklärung setzte er auf „Zustimmungsfähigkeit", nicht mehr auf paternalistisches Ersatzhandeln durch einen aufgeklärten Despoten. Sein unermüdlicher Reformdrang, Systeme für Gesetzgebung im Zivil- und im Strafrecht zu erdenken, schien fast sektiererisch in einem Land, das Dogmatik und Systematik in der Jurisprudenz überwiegend ablehnte und nie einen integralen Verfassungstext entwickelte.

Bentham wirkte in seinem Rationalismus auf viele Engländer „französisch". Manche seiner Schriften waren am erfolgreichsten in der französischen Version. Trotz seiner Bewunderung für die Französische Revolution blieb Bentham sehr englisch in der Ablehnung eines Katalogs von Menschenrechten. Diese wurden unter die „politischen Sophismen" gezählt. Es gab für ihn keine Naturrechte. Das zu Beweisende wurde bei ihm absolut gesetzt, wie Glück und utility. Sonst wurden die üblichen Grundbegriffe der politischen Theorie jedoch als vage Allgemeinheiten gegeißelt. Dazu rechneten die Termini „Constitution", „Gewaltenteilung" oder die „Glorious Revolution" (Handbook IV.3: 150 ff). Für alle diese Prinzipien gibt es eine Quelle: das Eigeninteresse. Nicht der mit Rechten ausgestattete Mensch, sondern der „homo oeconomicus" ist die Grundlage einer sittlichen und politischen Gesellschaft. Das Interesse bedarf keines staatlichen Dirigismus. Der Mensch ist selbst sein bester Förderer. Der Ausgleich von Interessen, der als staatliche Aufgabe übrig bleibt, ist die Feststellung, wann das Glück der größten Zahl erreicht ist. Das Grundprinzip erschien vielen nicht weniger revolutionär und despotisch als die Beglückungsphilosophie der Jakobiner und ihres Wohlfahrtsausschusses. Er hatte das Prinzip nicht erfunden. Es fand sich in Priestleys „Essay on Government" (1768). Bentham hat es jedoch zugespitzt und dogmatisiert. „Security" und „equality" wurden die tragenden Säulen des Glücks der größten Zahl. Im Konfliktfall war die Sicherheit der oberste Wert. Dies hat ihn vor dem revolutionären Fanatismus der Jakobiner bewahrt (Montague in Fragment 1951: 38). Erst der späte Bentham schlug sich zunehmend auf die Seite der politischen Gleichheit, die in einem Einkammerparlament mit jährlicher Erneuerung möglichst volksnah realisiert werden sollte.

„Politics" im Sinne einer Entscheidungslehre interessierte ihn vor allem als Parlamentsreformer. Die Parlamentsreform hatte seit dem Traktat des „single speech – Hamilton" eine Tradition in England. Benthams „Essay on Political Tactics" wurde der französischen Nationalversammlung übersandt. Dank zahlreicher Übersetzungen ins französische war er bereits ein berühmter Mann in Paris. Die Nationalversammlung verlieh ihm 1792 den Titel eines „citoyen". War Bentham anfangs noch einem aufgeklärten Absolutismus nahe, so hat die Bekanntschaft mit James Mill 1808 ihn zu einem radikalen Demokraten werden lassen. 1817 hat er sich in einem Plan zur Parlamentsreform für das allgemeine Wahlrecht eingesetzt, was über die Vorstellungen der Zeit auch im revolutionären Frankreich weit hinausging. Das Orakel der Radikalen nahm im Kreis seiner Bewunderer sektiererische Züge an. In Dumont verlor er einen Freund und Förderer, weil er ihn des „Whiggism" bezichtigte, so fern stand Bentham schon dem Mainstream-Liberalismus seiner Zeit. Seine Polemik wurde zunehmend schärfer. Burke war für ihn ein „madman". Bentham konstruierte seine eigene Sprache und entwarf völlig neue Rechtssysteme. Sie wurden nicht wirklich argumentativ entwickelt, sondern vielfach doktrinär postuliert.

Die simple Anthropologie auf der Basis eines individuellen Nutzenkalküls schien ihm ein Garant für rationales Verhalten aller Menschen zu sein. Daher gab es auch für Bentham keine Gründe, die weniger Gebildeten vom Wahlrecht auszuschließen, sofern sie nur lesen konnten. Die Reform des Wahlrechts wurde ein Hauptanliegen. Aber erst sein Schüler John Stuart Mill hat auch das Wahlrecht für Frauen reklamiert, obwohl nicht einzusehen war, warum Frauen für das Nutzenkalkül weniger fähig sein sollten. Je mehr sich Bentham der Monarchie entfremdete und zum Republikanismus neigte, umso stärker betonte er die Nationalerziehung, eine Lieblingsidee vieler Radikaler seit Rousseau. Im Gegensatz zum vorherrschenden Bildungssystem sollte die Nationalerziehung auf Nützliches und Praktisches ausgerichtet sein. Sein Wirtschaftsmodell war das von Adam Smith. Liberal war er hinsichtlich der Ablehnung von Staatsintervention. Radikal war jedoch mit seinen Vorstellungen über eine Daseinsvorsorge für die Armen.

Souveränität lag für Bentham in der unbegrenzten Macht zur Gesetzgebung. Dieser waren keine Schranken durch das Recht auferlegt, insofern blieb er in den Bahnen englischer Parlamentssouveränität. Aber diese Macht zur Gesetzgebung war nicht unbeschränkt wie beim Souverän, den Hobbes konstruiert hatte. Im Gegensatz zu Hobbes hat er auch ein Widerstandsrecht für das Individuum zugelassen, falls sein Nützlichkeitskalkül verletzt wurde.

Auch die Kirche wurde zum Objekt seines Reformeifers. Er war zutiefst irreligiös. Die Kirchengüter hätte er gern eingezogen. Sein Ideal war eine rousseauistische Bürgerreligion. Gerade zu ihr konnte jedoch die trockene Nutzenkalkulation des Utilitarismus wenig beitragen. Revolutionärer Elan konnte aus seiner Lehre schwerlich erwachsen. Die eigenständigeren Geister, wie John Stuart Mill haben sich daher der Enge dieser sektenartigen Schule rasch entzogen. Bentham war ein Theoretiker, der seinem Land zunehmend entfremdet wurde. Nur James Mill blieb ihm treu ergeben. Dennoch hatte er später Einfluss auf jene Eliten, die eine radikale Partei in England entwickelten. Zwei seiner Anhänger, Cartwright und Place wurden zu Führern der Chartisten-Bewegung. Sie drängte über den herkömmlichen Liberalismus hinaus in Richtung Sozialismus. Aber es handelte sich nicht um den kollektivistischen Sozialismus, der vor allem in Frankreich in immer neuen Spielarten angeboten wurde. Selbsthilfe und Assoziation wurde in dieser Tradition wichtiger als die Intervention des Staates. Benthams utilitaristisches Kalkül war eine mittelständische Ideologie – trotz seines unermüdlichen

Eifers zur Entideologisierung der Begriffssprache im „Handbook of Political Fallacies". Seine Theorie stand in der Tradition der aufklärerischen Fortschrittsgläubigkeit. Bentham glaubte, dass die wissenschaftlichen Methoden jede Generation weiser machten als die vorangegangene. Im Vergleich zu den Informiertesten der Zeit waren auch die weisesten Vorfahren „ignorant" (Handbook: 43 ff). Bentham verstand seine „experimentelle Methode" den Naturwissenschaften als ebenbürtig. In Wirklichkeit war seine Methode eher der konstruktiven mathematischen Geometrie vergleichbar, die keineswegs direkt auf beobachtbaren Fakten basierte(Manning 1968: 12). Mohl (I 305) nannte Benthams Decouvrierung anarchischer Trugsätze voller „ergötzlichem Tiefsinn", aber in der Hauptsache nur „Wortkritik, und diese nicht selten kleinlich und nörgelnd". Benthams Denken führte zu einem induktiven Positivismus, der letztlich in einer Addition von Informationen mit linearem Wachstum der Erkenntnis beruhte. Wie bei den meisten erfahrungswissenschaftlichen Theorien wurde ein Axiom zugrundegelegt: „Nature has placed mankind under the governance of two sovereign masters, pain and pleasure" (PML: 1). Diese beiden Prinzipien geben an, was wir tun sollen und was wir tun werden. Es werden dadurch Kriterien gewonnen für die Frage nach „richtig" und „falsch", sowie für die Frage nach „Ursache" und „Wirkung". Sein und Sollen wurden in dieser politischen Morallehre ständig vermischt. Freiheit beginnt mit der Einsicht in die Notwendigkeiten. „Necessity" erzwingt ein rationales Verhalten des Menschen. Zugleich ist der Mensch moralisch verpflichtet, den rationalen Weg zu wählen. Immoralität wird somit fast auf irrationales Verhalten reduziert.

Bentham hing einem linearen Geschichtsbild an. Der empiristische Ansatz führt dazu, dass Handlung *(action)*, nicht Denken *(thought)* (W. III: 200 ff) zum Medium wird. Die Zukunft ist nicht erkennbar, sondern nur durch Handlung zu durchdringen. Im 6. Kapitel der „Principles" wurden vierzehn Quellen von „pleasure" und zwölf von „pain" aufgezählt. Einige waren rein individuell gedacht, andere werden von anderen Individuen geteilt. Die Kalkulation für die Menschen fällt je nach unterschiedlichen Erbanlangen und den Umständen, welche die Sensibilität beeinflussen, ganz unterschiedlich aus. Die Grundannahme, die eine rationale Berechnung trotz solcher Unterschiede möglich macht, ist, dass die „pleasures" und „pains" in der Quantität und nicht in der Qualität differieren. Bentham (PML, IV: 31) meinte nicht, dass die Bilanzierung von Lust und Pein bei „jeder legislativen oder richterlichen Operation" vorgenommen werden müsse. Ganz auf diese Kalkulation zu verzichten bedeutete aber für Bentham das Abgleiten in irrationales Verhalten.

Zur Brandmarkung des irrationalen Verhaltens musste die Religion angegriffen werden. Er stellte jedoch befriedigt fest (PML, X: 126), dass die Vorschriften der Religion täglich stärker mit denen der Nützlichkeit zusammenfielen. Prinzipien, die Bentham ablehnte, waren der Asketismus. Wenn auch nur zehn Prozent der Menschen sich dem Prinzip des Asketismus zuwenden würden, würden sie das Land zur Hölle machen (PML X). Das zweite Prinzip, das Bentham ablehnte, war das Prinzip „Sympathie und Antipathie", das dritte Prinzip war die Vorstellung, dass Gott enthüllt habe, was gut und böse sei. Bentham ist in der Literatur vielfach als irreligiös verketzert worden. Daran änderte nichts, dass er vielfach seine Meinungen mit „God forbid" einleitete (Fragm.: 224). Er drückte sich jedoch relativ vorsichtig aus. Gottes Wille war für ihn nicht erkennbar. Aber auch ein Naturrecht war für ihn keine Richtschnur, weil es für ihn – modern gesprochen – nur eine Leerformel darstellte. Auch die Vertragstheorie, die zu seiner Zeit noch viel vertreten worden ist, wurde scharf kritisiert: „Verträge kommen von Regierungen – nicht Regierungen von Verträgen" (W. II: 502). Die Rechte, welche die amerikanischen und französischen Revolutionäre deklarierten, haben sie in Widersprüche verwickelt. Recht muss die Freiheit des Menschen beeinträchtigen, um so eine Sicherheit zu garantieren, und die Sicherheit des Menschen ist durch Strafandrohungen beeinträchtigt, wie das Eigentumsrecht durch Steuern geschmälert wird. Das Widerstandsrecht schließlich stößt an enge Grenzen, solange Staaten ihre bewaffnete Macht einsetzen können. Rechte waren für ihn entweder Herrschaftsrechte oder bloße „liberties", Rechte die von der Herrschaft eximieren (Limits: 83).

In vieler Hinsicht erinnerte Benthams Ausgangsüberlegung der Philosophie des Thomas Hobbes. Die Menschen sind von Furcht und von Wunsch nach „personal satisfaction" getrieben. Wo Hobbes vom „restless lust for power" sprach, die nur mit dem Tod endet, unterstellte Bentham (EW III: 430) einen „universal thirst for power". Allerdings stand ihm ein ebenso starker Hass gegen Unterwerfung zur Seite. Rousseaus vielzitiertes Wort vom Menschen, der frei geboren sei, war für ihn „absurde nonsense", denn ganz offensichtlich sei ein Teil der Menschen als Sklaven geboren. Er verkannte den normativen Abstraktionsgrad von Rousseaus Aussage. Gehorsam war für Bentham mit Regierung verbunden, das gilt nicht nur für absolute Monarchien, sondern auch für die Demokratie (W II: 504). Ähnlich wie bei Hobbes sind menschliche Beziehungen ständig von Anarchie bedroht, aber auch von „total political obedience". Sicherheit war für ihn der oberste Wert. Der Gesetzgeber, der das Glück der größten Zahl fördern will, wird Sicherheit und Gleichheit zu verwirklichen suchen. Diese quietistische Note seines Denkens hat Bentham von den radikalen Konsequenzen bewahrt, welche die französischen Jakobiner aus ihrer Glücksvorstellung gezogen haben.

Sicherheit erforderte im politischen System für Bentham vor allem „Stabilität". Diese aber wurde – im Gegensatz zu Hobbes – nicht auf autoritäre Weise gesucht. Stabilität konnte für ihn nur entstehen, wo die Regierung im Einklang mit der öffentlichen Meinung steht. Dazu waren die Pressefreiheit und der Rat von sozialwissenschaftlichen Experten nötig. Die Regierung war in seinem System mit allgemeinem Wahlrecht und Parlamentsperioden, die ein Jahr nicht überschreiten sollten, permanent unter Kontrolle der Wählerschaft. Vernünftige Regierungen werden sich daher strikt an die Grenzen der Verfassung halten und versuchen, die moralischen und rechtlichen Pflichten möglichst übereinstimmen zu lassen. Die traditionellen Vorstellungen von Legitimität hatten in Benthams System keinen Platz. Legitimität schien bei ihm nahezu auf Legalität reduziert. Eine legitime Regierung ist eine erfolgreiche Regierung. Es wurden in der Literatur (Manning 1968: 59) jedoch immer wieder Widersprüche im Werk Benthams entdeckt. In den politisch-philosophischen Schriften schien jede Regierung legitim zu sein, der gehorcht wurde. In seinen normativen Reformschriften hingegen wurden nur repräsentative gewählte Regierungen für legitim erachtet. Die Auflösung des Widerspruchs wurde durch Unterscheidung von Abstraktionsniveaus des Diskurses gesucht: Bentham bezweifelte nicht, dass die Regierungen seiner Zeit legitim waren. Das hinderte ihn jedoch nicht, die herrschende Klasse zu kritisieren, weil er ihre Politik ablehnte. Politische Erziehung sollte langfristig die Kluft zwischen Legitimität und Legalität überbrücken. Wo die Kluft zu groß wird, werden von Bentham Revolutionen konstatiert. Sie ähnelten aber mehr einem coup d'état gegen die jeweilige Regierung. Revolutionen, welche die ganze Gesellschaft umzugestalten versuchten, waren in seinem Werk nicht vorgesehen. Es deutete sich bei Bentham die Kantsche Einstellung zur Revolution an: es gab vor allem eine ex-post-facto Akzeptanz, falls eine neue Ordnung entstanden war. Im Zweifelsfall waren für ihn die „probable mischiefs of resistance" größer als die „wahrscheinlichen Nachteile der Unterwerfung" (Fragm: IV: 211)

Bentham wandte sich in seinem Denken erst der Demokratie zu, als er erkannte, dass auch gewählte Repräsentanten nicht dagegen gefeit sind, ihre Macht zu missbrauchen. Damit verschob sich die politische Arithmetik: kein aufgeklärter Despot konnte mehr allein seine Entscheidungen auf der Grundlage einer Kalkulation von „pleasure and pain" vornehmen. Diese Kalkulation musste sich beim demokratisch gewordenen Bentham in einer Auszählung von Abstimmungsergebnissen niederschlagen. Das begrenzte Wahlrecht in Großbritannien begünstigte für ihn die Korruption, weil man eine kleine Wählerschaft leicht bestechen konnte. Die Abgeordneten seiner Zeit hielt er für faul und inkompetent. Seine besondere Verachtung erregte das Oberhaus, das er abzuschaffen empfahl. Zunächst sah er nur eine schrittweise Erweiterung des Wahlrechts vor (W III: 562). Daß er nicht – wie später Mill – logischer Weise gleich das Frauenwahlrecht forderte, ist ihm zum Vorwurf gemacht worden, weil Bentham durchaus sah „there is no reason why a person of the one sex should have less happiness than a person of the other sex" (W. IX: 108). Aber Bentham wollte seine Wahlreformpläne nicht mit der Forderung nach dem Frauenwahlrecht belasten, das in der Öffentlichkeit sei-

ner Zeit noch erbittert abgelehnt wurde. Der Grundsatz „one man one vote" umfasste für Bentham jeden britischen Mann, der nicht minderjährig, Soldat, Ma-
trose oder bestraft war. Als Bedingung des Wahlrechts galt aber die Fähigkeit zu
lesen und eine gewisse Zeit der Residenz im Wahlkreis (26 Wochen). Kandidaten
mussten in seinem Vorschlag über 21 Jahre alt sein und von sechs bis zwölf Bürgern vorgeschlagen werden. Ferner war eine Summe von 120 Pfund zu hinterle-
gen. Die Wählerschaft musste permanent informiert werden. Daher verlangte er
die Pressefreiheit und empfahl eine Kommission zu bilden, welche permanent die
Regierung kontrolliere (W. VIII: 561 ff).

Abgeordnete mussten ihre Seriosität durch noch höhere Geldeinlagen bei
Clerk of the House beweisen. Von dieser Summe sollten zwei Pfund für jede Sitzung zurückgezahlt werden. Bentham erfand also eine Art „negativer Diäten". Die
Parlamentsreformvorschläge Benthams sahen vor allem eine Aufwertung der Ausschüsse vor, denen „civil servants" zur Information zur Verfügung stehen sollten.
Die Ausschüsse sollten Zeugen und Experten einladen können. Ständige Komi-
tees sollten das Parlament bei der Formulierung von Gesetzen beraten. Das Pa-
tronage-System der Regierung musste in Benthams Augen beseitigt werden. Die
Rekrutierung der Beamten sollte aufgrund von Konkurrenz und Examen vorgenommen werden (W. IX: 113) . Effizienz sollte maximiert und Kosten für das Personal sollten dabei minimiert werden. Für die Minister waren spezielle Fertigkei-
ten vorgeschrieben, wie etwa Kenntnisse von Sprachen, Geographie, Ökonomie
und Völkerrecht für Außenminister. Abgeordnete waren dem „recall" durch die
Wählerschaft in seinem System unterworfen.

Die Beamten sollten kein leichtes Leben haben: „the military functionary is
paid for being shot at. The civil functionary is paid for being spoken and written
at" (W. IX: 159). Das Zweikammersystem – auch in der für ihn vergleichsweise ak-
zeptabelsten Form des amerikanischen Senats – entsprach seinen Effizienzvorstel-
lungen nicht, weil es zur Duplizierung der Arbeit führen musste. Die Monarchie
wurde zunehmend kritischer betrachtet. Vorbei waren die Zeiten, da er Elogen auf
den „patriarchal wisdom" der Zarin Katharina von Russland schrieb (zit.: Mack
1962: 457). Zur Steigerung der Effizienz der Staatsmaschine sah er bereits Devolu-
tionsmaßnahmen und Dezentralisierung vor, bestand aber darauf, dass sie keine
Schmälerung der Macht der zentralen Regierung bedeuten dürften. Das Parlament war in seinen Augen weniger eine debattierende Kammer als eine „Kalku-
lationsmaschine". Abgeordnete sollten sich nicht rhetorisch profilieren, sondern
kühl die Interessen ihres Wahlkreises darlegen. Sein „Essay on Political Tactics"
sollte die französische Nationalversammlung inspirieren. Die weniger bekannte
Schrift „The Influence of Time and Place in Matters of Legislation" (W I: 188 ff)
zeigte jedoch, dass er den Völkern außerhalb Europas, welche britische Einrichtungen übernehmen wollten, ein uniformes politisches System vorschlug, dass für

alle Kulturen gelten konnte. Insofern widersprach Bentham dem Besonderheits-
denken, dem auch im Ausland von Bewunderern bereitwillig akklamiert wurde,
während die Sonderwege anderer Länder misstrauisch beäugt worden sind. Schon
im Vorwort zum „Fragment of Government" (Fragm.: 119) hat Bentham die Entdeckung seines Utilitätsprinzips zum Anlass genommen, zu unterstellen: „the
same arrangement that would serve for the jurisprudence of any one country,
would serve with little variation for that of any other". Immerhin, kleine Variationen ließ der Dogmatismus des Reformers zu. In der Literatur (Manning 1968: 75)
hat man darüber spekuliert, ob Bentham kompromissbereiter in der Theorie geworden wäre, hätte man unter Shelburnes Protektion ihm erlaubt, als Kandidat
für die Parlamentswahlen aufzutreten. Sein politischer Misserfolg wurde gern so
gedeutet, dass er sich als „Eremit vom Queen's Square" von der praktischen Politik zurückgezogen habe und in den politischen Raum hinein nur noch Manifeste
einer Art „Exilregierung" schleuderte. Vermutlich hätten die Enttäuschungen des
praktischen Politikers wie bei seinem Schüler John Stuart Mill zur Desillusionie-
rung über die Wähler geführt. In seiner Eremitage hat Bentham ein allzu naives
Vertrauen gehabt, dass die Wähler jeweils ein sinnvolles Programm als Mandat für
ihren Abgeordneten aufstellen könnten. Enttäuschung über die Rationalität von
Abgeordneten hätte jedoch auch auf der Elitenebene seine harsches Urteil gelegentlich gemildert, wenn man ihn hätte praktische Erfahrungen als Gesetzgeber
sammeln lassen.
    Bentham galt als ein früher Liberaler. Dennoch war sein Menschenbild weit
weniger optimistisch als das der Liberalen der Aufklärung. Jeder Mensch und besonders jedes Regierungsmitglied treiben potentiell Missbrauch mit ihrer Macht.
Im „Fragment" (106) schien er noch Beccarias Plädoyer zur Abschaffung der Tor-
tur zuzustimmen. Er hat gelegentlich bekannt, dass er weder gegen das Kriegs-
recht noch gegen die Folter war, wenn eine Regierung keine bessere Wahl zwischen mehreren Übeln hatte (W. IV: 211). Im Gegensatz zu späteren Denkern wie
Mill oder Tocqueville war er auch in einem anderen Punkt kein Liberaler, nämlich im entschlossenen Eintreten für die Rechte der Minderheiten. Schon die Erklärung der gesamten Politik aus einem Prinzip führte implizit zum Mehrheits-
despotismus in seinem System.

Quellen

Bentham: Collected Works (Hrsg.: J. H. Burns) London, Athlone Press. später Oxford,
    Clarendon, 1952 ff, Bandzahl unregelmäßig, unvollständig.
Bentham: The Works of Jeremy Bentham (Hrsg.: J. Bowring) Edinburgh, William Tait,
    1843, 11 Bde. (zit.: W).
Bentham: Jeremy Benthams Economic Writings. (Hrsg.: W. Stark). New York, Burt
    Franklin, 1952–54, 3 Bde. (zit.: EW).

Bentham: The Principles of Morals and Legislation. New York, Hafner, 1948, 1961
(zit.: PML).

Bentham: A Fragment of Government (Hrsg.: F. C. Montague). London, Oxford
University Press, 1891, 1951 (zit.: Fragm.).

Bentham: The Handbook of Political Fallacies.(Hrsg.: H. A. Larabee). New York,
Harper Torchbook, 1962 (zit.: Handbook).

Bentham: Tactique des assemblées legislatives. Genf, Paschoud, 1816, 2 Bde.

Bentham: The Limits of Jurisprudence. (Hrsg.: C. W. Everett). New York, Columbia
University Press, 1945 (zit.: Limits).

Literatur

D. Baumgardt: Bentham and the Ethics of Today. Princeton, Princeton University
Press, 1952.

Ch. W. Everett: Jeremy Bentham. London, Weidenfeld & Nicolson, 1966.

Sh. R. Letwin: The Pursuit of Certainty. Cambridge, Cambridge University Press,
1965.

D. G. Long: Bentham on Liberty. Toronto, University of Toronto Press, 1977.

M. P. Mack: Jeremy Bentham. An Odyssey of Ideas 1748–1792. London, Heinemann,
1962.

D. J. Manning: The Mind of Jeremy Bentham. London, Longmans, 1968.

St. Muik: Die Rezeption Jeremy Benthams in der deutschen Rechtswissenschaft. Köln,
Böhlau, 2003.

F. Rosen: Jeremy Bentham and the Representative Democracy. Oxford, 1983

N. L. Rosenblum: Bentham's Theory of the Modern State. Cambridge/Mass, Harvard
University Press, 1978.

Ph. Schofield: Utility and Democracy. The Political Thought of Jeremy Bentham.
Oxford, Oxford University Press, 2006.

L. Stephen: The English Utilitarians. London, Durckworth 1900; New York, Peter
Smith, 1950, 3 Bde.

John Stuart Mill (1806–1873)

James Mill (1773–1836) war der treueste Propagandist der Bentham-Schule. Sein
„Essay on Government" war ein Plädoyer für demokratische Institutionen und
eine repräsentative Regierung als Heilmittel gegen die Korruption, die er vor allem von den Sonderinteressen des Adels ausgehen sah. Sein Lob der Mittelklassen
war verbunden mit einer paternalistischen Haltung gegenüber den Unterschichten, die er der Führung der Mittelklasse empfahl. Der liberale Historiker Macaulay
(siehe unten) kritisierte sowohl die deduktive Methode seines utilitarischen Den-

kens als auch ihr inhaltliches Ergebnis mit der Anpreisung der „reinen Demokratie". Ganz rein war diese demokratische Konzeption nicht, weil James Mill noch nicht für ein ganz allgemeines Wahlrecht eintrat. Sein Sohn John Stuart Mill hatte einige Mühe, sich der Bevormundung und Funktionalisierung als Wunderkind durch seinen Vater zu entziehen.

Von seinem Vater wurde Mill früh im Geiste des Utilitarismus getrimmt. Mit drei Jahren beherrschte er schon griechisch, mit acht Jahren bereits Latein. Er arbeitete wie sein Vater James Mill zunächst in der East India Company. Mill musste sich gleichsam von zwei Übervätern befreien, von seinem Vater James Mill und von Bentham. Im Rückblick fiel mildes Licht auf den Vater, der zeitlebens im Schatten von Bentham stand, weil er nicht die Brillanz von Bentham hatte und doch eine wichtige Ergänzung zu ihm darstellte (Aut.: 172 f). Die Revolte gegen Bentham und die Entdeckung des Gefühls erfolgte recht spät, eigentlich erst als er zurückgezogen in Avignon lebte. In seiner Autobiographie (174) setzte Mill die Emanzipation früher an. Seine Zeitschrift „Edinburgh review", „the review", wie er sie verehrungsvoll nannte, sollte zum Vehikel werden, ohne den Vater und eigenständig „die liberale und demokratische Sektion der Öffentlichkeit" zu beeinflussen. Der Zeitschrift stellte Mill zwei Aufgaben: den philosophischen Radikalismus vom sektiererischen Benthamismus zu befreien und die „deklamatorischen Phrasen und vagen Allgemeinplätze" zu vermeiden, die er als charakteristisch für den Stil Benthams und seines Vaters ansah (Aut.: 181). Erst die Alterswerke „On Liberty" (1859), „Considerations on Representative Government" (1861), „On Utilitarianism" (1863), „The subjection of women" (1869) machten ihn als Theoretiker der Politik bekannt. 1865 wurde er mit fast 60 Jahren ins Parlament gewählt. Er betonte – wie vor ihm Burke – das freie Mandat und weigerte sich sogar, auf Wahlversammlungen zu sprechen (Aut.: 239). Kein Wunder, dass er 1868 nicht wieder gewählt worden ist. Mills Einsatz für das Frauenwahlrecht war nicht populär. Ein Spaßvogel kommentierte, dass „selbst Gott der Allmächtige keine Chance gehabt hätte mit einem solchen Programm gewählt zu werden" (Aut: 240). Im Parlament fühlte er sich als Einzelgänger, der sich vor allem jener prononciert liberalen Themen annahm, wie der Abschaffung der Todesstrafe, welche in der Partei meist liegen gelassen worden waren.

Mills politische Theorie basiert auf einer optimistischen Theorie über die Wissenschaft, die durch Erkenntnis den sozialen Wandel befördern soll. In Abweichung von Bentham nahm er eine Hierarchie der Bedürfnisse an, wo Bentham die Bedürfnisse gleichsetzte (etwa in dem saloppen Ausspruch: „pushpin is as good as poetry"). Mill stellte die intellektuellen und sozialen Fähigkeiten über die primär sinnlichen Tätigkeiten: „besser ein unbefriedigtes menschliches Wesen als ein zufriedenes Schwein" (GW I: 137). Die Lust wurde in solchen Äußerungen soweit abgewertet, dass man Mills Position nicht mehr als „utilitarisch" anerkannte. Mill ließ im Gegensatz zu Bentham die normative Frage zu, was sein soll und gab nicht vor, rein empirisch zu seinen Schlüssen gekommen zu sein. Humboldts kleine Schrift, die erst spät veröffentlicht worden war, hat ihn nach eigenem Urteil (Aut.: 217) stark beeinflusst und ihm das Stichwort für seine einflussreichste Schrift gegeben. Die Kritik hat ihm gelegentlich den enthusiastischen Stil à la Fichte und dem deutschen Idealismus vorgeworfen. Die Schrift hebt sich tatsächlich stilistisch ab von Mills sonst eher trockener Argumentationsweise, freilich immer wieder mit zugespitzten Bonmots durchsetzt.

Mills erster großer Publikumserfolg wurde seine „Logik" (1843), die dem Positivismus ein konsistentes erkenntnistheoretisches Fundament geben sollte. Die Rückständigkeit der Geisteswissenschaften hoffte er durch eine Orientierung an den Naturwissenschaften zu überwinden. In seiner einheitlich konzipierten Wissenschaft waren die Methoden überall die gleichen. Für die Politikwissenschaft wurde Mills (Log.: 253) Lehre zur vergleichenden Methode mit der Unterscheidung der Übereinstimmungs- und der Differenzmethode einflussreich.

Mills zweiter „Bestseller" wurden die „Prinzipien der Politischen Ökonomie" (1848), die zum erfolgreichsten Lehrbuch der zweiten Hälfte des 19. Jahrhunderts wurde. Das Kapitel über die arbeitenden Klassen eröffnete sozialistische Visionen. Es wurde vermutet, daß es ganz aus der Feder von Harriet Taylor stammte, die seine Orientierung nach links mit Intelligenz und Charme förderte, und der er sich zunehmend geistig unterlegen fühlte, obwohl er der erfolgreiche Publizist war. Nach dem Tod ihres Mannes hat Mill sie geheiratet. Während die klassische Ökonomie in der Stagnation der Produktion ein schweres Krisenphänomen sah, hoffte Mill, daß sie Anlass zur Schaffung eines harmonischeren Gesellschaftszustandes werden könne (GW VII: 67). Die Verteilung schien ihm wichtiger als die weitere Steigerung der Produktion. Ungeklärt blieb, wie diese Prognose einer post-expansiven Wirtschaft sich mit seinem Festhalten am Prinzip der Konkurrenz vertrug. Mills Ökonomie löste sich aus der Ablehnung jeder Staatsintervention, wie sie die Klassiker von Smith bis Ricardo vertreten hatten. Eingriffe des Staates waren nach Mills Ansicht auf einigen Gebieten unvermeidlich, wie beim Handel (wenn er auch gegen Festsetzung von Preisen war), in der Erziehung (bis 1870 gab es in Großbritannien noch kein einheitliches staatliches Grundschulsystem), in der Armenfürsorge, der Kolonisierung und der Infrastrukturplanung. Die Staatseingriffe sollten sich jedoch in möglichst engen Grenzen halten. Private Initiative schien ihm effektiver und die Staatsintervention entwickelte in seinen Augen die Neigung, sich zum Despotismus zu steigern (GW VII: 261).

Nach dem Tod seiner Frau Harriet, deren Andenken er die Schrift in anrührenden Worten widmete, schrieb er sein populärstes und wortgewaltigstes Buch: „On Liberty". Humboldts unlängst erstmals als Ganzes veröffentlichte Schrift über die „Grenzen des Staates" (von 1792) hatten nach eigenem Bekenntnis ebenso starken Einfluss auf seine Gedanken wie Tocqueville, der die Tyrannei der Mehrheit auf der Basis von sozialem Konformismus anhand von Amerika beredt angeklagt hatte.

Mill hat in der Schrift „On Liberty" erneut eine naturrechtliche Begründung der Freiheit verworfen und „die Nützlichkeit als letzte Instanz in der Behandlung aller ethischen Fragen" betrachtet. Die dauernden Interessen der Menschen rechtfertigten für ihn eine Unterwerfung der persönlichen Selbstbestimmung unter äußeren Zwang lediglich mit Rücksicht auf solche Handlungen, die das wohl anderer berühren. Der Despotismus war für ihn eine berechtigte Regierungsform – vorausgesetzt, daß er den Fortschritt im Auge hat – nur bei Barbaren. Die Freiheit kann erst gedeihen, wenn die Menschen zu „freier und gleicher Diskussion fähig sind". Bis dahin bleibt ihnen nach Mill (ULR: 73) nichts anderes übrig, als „einem Akbar oder einem Karl dem Großen zu gehorchen". Der Bereich der Freiheit umfasste für ihn den Bereich der Gewissensfreiheit und der Meinungsfreiheit, die Freiheit der Berufswahl und der eigenen Lebensplanung und schließlich die Freiheit, sich zu Gruppen zusammen zu schließen. Dies war vor allem hinsichtlich der Assoziationsrechte der Arbeiter eine wichtige Forderung, da die Frühliberalen wie Smith Gewerkschaften noch als Monopole auf dem Arbeitsmarkt verketzerten. Ein Streikrecht konnte es danach allenfalls innerhalb eines Betriebes geben. Die Liberalen haben sich jedoch lange mit der Monopoltheorie schwer getan, und die Assoziationsfreiheit lokal oder regional begrenzen wollen.

Mill beansprucht für seine Schrift nicht, völlig neue Gedanken geäußert zu haben. Er fasst die Gedanken des Liberalismus gleichsam aus gegebenem Anlass noch einmal zusammen, da er in der Welt eine wachsende Neigung witterte, die Gewalt der Gesellschaft über den einzelnen ungebührlich zu erweitern. Dies geschah nach seiner Ansicht auf zweierlei Weise: durch die Macht der öffentlichen Meinung und durch die Ausdehnung der Gesetzgebung. Früher haben Kirchen und Sekten die Freiheit der Lebensführung bedroht. In der moderne sind „gewisse moderne Reformer", die sich selbst in den schärfsten Gegensatz zu den Glaubensbekenntnissen der Vergangenheit gestellt haben, ähnlich unduldsam wie die Religionen geworden. *Auguste Comte* (vgl. Bd. 2: Konservatismus) wurde sogar namentlich genannt. Mill war mit Comte befreundet gewesen und hat Unterstützung für ihn mobilisiert, als er arbeitslos wurde. Er behandelte seine Sponsoren wie unmündige Jünger und traktierte sie mit immer neuen Forderungen. 1846/47 endete Mills Briefwechsel mit Comte. Als Comte seine „Système de politique positive" (unter dem Namen „Soziologie" in Deutschland bekannt geworden) veröffentlichte, kam es zum offenen Bruch. In einem konstruierten Religionssystem mit der Humanität als höchstem Wert war eine Erziehungsdiktatur entworfen, die bis hin zum täglichen Gebet alles regelte. Für Liberale unerträglich war die Prognose, daß die Mittelschicht verschwinden werde, und die Bücher – bis auf hun-

dert vom „Meister" ausgewählte – „verbrannt werden sollten". In der Freiheits-
schrift figurierte Comte nun als ein despotischer Denker, der alles übertreffe, was
die antiken Philosophen an ähnlichen Projekten einst entworfen hatten (ULR: 76).
Es hatte schon zuvor Verstimmungen gegeben, weil Comte Frauen für weniger in-
telligent als Männer erklärte, mit der Begründung, ihr Hirn sei physiologisch kleiner als das der Männer. Harriet Taylor war damals tief enttäuscht, daß Mill in dieser Frage nicht entschiedener gegen Comte aufgetreten sei.

1859 mischte Mill sich in die Debatte um eine parlamentarische Reform ein.
Der Mathematiker *Thomas Hare* schickte darauf eine Abhandlung über propor-
tionale Repräsentation, die Mill begeisterte, und versuchte die Wahlrechtsreform
1867 im Geist des Verhältniswahlrechts zu beeinflussen. 1861 erschienen die „Betrachtungen über die repräsentative Demokratie".

Regierungsformen wurden in ihrer Entwicklung bis ins 19. Jahrhundert vielfach entweder mechanistisch oder organizistisch erklärt. Mill konnte sich schwer
entscheiden, welche dieser Lehren unsinniger sei. Im Ganzen optierte er jedoch
eher für eine Ansicht, nach der Verfassungen nicht „wachsen während die Menschen schlafen", sondern ihr Vorhandensein allein dem menschlichen Willen ver-
danken. Regierungsformen aber sind keine Maschinen, die, einmal angestoßen,
von selbst funktionieren, sondern müssen durch aktive Teilnahme der Bürger am
Leben gehalten werden. Es kann jedoch nicht voluntaristisch jede beliebige Regierungsform konstruiert werden. Sie muss jeweils den sozialen Bedingungen angepasst sein. Dennoch wird ein Bild der „ideally best form of government" entworfen, an dem sich freiheitsliebende Bürger orientieren konnten (ULR: 57).

Das parlamentarische System – weiterhin immer nur als Repräsentativverfassung oder representative democracy bezeichnet – wird vor allem durch die Kon-
trollgewalt periodisch gewählter Volksvertreter definiert. Im Gegensatz zu Bagehots ausführlichem Katalog von parlamentarischen Funktionen wurden bei Mill
außer der Repräsentations- und Kommunikationsfunktion und der Kontrollfunk-
tion alle anderen Funktionen abgewertet. Eine Rekrutierungsfunktion wird abgelehnt: „Man hat es nie für erstrebenswert gehalten, daß das Parlament auch nur
die Mitglieder des Kabinetts nominieren solle". Aber auch hier übersah er die Realität nicht, weil das Parlament „virtually" entscheide, wer Premierminister werde
(ULR: 234; RD: 95).

Bei einem Liberalen mag die Herabsetzung der *legislativen Funktion* des Parlaments befremdlich erschienen. Konservative bis hin zu Luhmann haben es sich
nicht entgehen lassen, daß Mill eine vielköpfige Versammlung für „ungeeignet
für die eigentliche Aufgabe der Gesetzgebung" erachtete. Gute Gesetze könnten
allenfalls in einem Ausschuss gemacht werden. Dem Plenum, einem „Tribunal
der Ignoranz", sollte die Gesetzgebungsfunktion zugunsten einer vor der Krone
auf 5 Jahre ernannten *Kodifikationskommission,* die die Größe eines Kabinetts

nicht übersteigt, entzogen werden. Ein technokratisch-bildungsbürgerlicher Zug, der seine Ansichten bis zum Pluralstimmrecht nach Bildungskriterien durchzieht, machte auch vor der Parlamentssouveränität nicht halt. Die *Repräsentations- und Meinungsbildungsfunktion* des Parlaments wurde stark betont. Das Parlament sollte gleichzeitig „Beschwerdeausschuss der Nation" und „Kongress der Volksmeinungen" sein, wobei nicht eine fiktive Volksmeinung oder gar volonté générale unterstellt wurde. Es kam vor allem auch auf die Repräsentation der Meinungen der Gruppen und „sections" an (ULR: 239; R: 101). Das Anliegen wurde mit dem Kampf für das Hare'sche Proporzwahlrecht unterstützt. Zum Repräsentativsystem gab es für Mill keine Alternative. Monarchen ragten in neuerer Zeit kaum je über das Mittelmaß hinaus. Wo sie noch selbst herrschen wollten, wie in Russland oder Österreich, war das Regime faktisch eine Beamtenoligarchie. Das Repräsentativsystem hatte für Mill den Vorteil, ein Gleichgewicht der Interessen herstellen zu können, und nicht nur eine Oligarchie der Berufspolitiker und Bürokraten zu schaffen, wie die nicht repräsentativen Monarchien.

Das *Klassengleichgewicht* war durchaus im Sinne der sich anbahnenden Polarisierung zwischen Arbeiter (manual labourers) und Unternehmern (employers of labour) angelegt. Keine Mehrheit sollte so stark werden, daß sie die vereinte Koalition aller anderen Sektoren von Interessen ausmanövrieren konnte (ULR: 255; RD: 119). Seinem Pluralismusmodell lag jedoch nicht die Vorstellung zugrunde, daß Wahrheit gleich Mehrheit als Summe der Teilinteressen, die sich einigen, gesetzt werden könne. Der Mehrheit sollte auch verwehrt werden, sich gegen „Wahrheit und Gerechtigkeit" durchzusetzen. Repräsentative Demokratien waren für Mill vor allem zwei Gefahren ausgesetzt: einer mangelnden politischen Urteilsfähigkeit der Repräsentativkörperschaft und einer Klassengesetzgebung (class legislation) von Seiten der numerischen Mehrheit. Klassengleichgewicht schien Mill daher paradoxerweise ein ungleiches Stimmrecht zu erfordern. Erstaunlich, daß er gerade im Kapitel „wahre und falsche Demokratie" diese Gedanken zur neuen Ungleichheit für die Herstellung von Gleichgewicht entwickelte. Seine Ansichten zum Wahlrecht – in vielen Bereichen, vor allem beim Frauenwahlrecht wegweisend – waren in zwei Punkten fern davon, „demokratisch" zu sein: Nur als Fernziel sollte das „Wahlrecht" allgemein werden. Für lange war kein „gleiches Wahlrecht" vorgesehen; und dies war schwerlich als demokratisch zu bezeichnen. Die Gleichheitsdefizite hielt Mill für nötig, um die *Rekrutierungsfunktion* des Systems zu verbessern. Er hing einem Wettbewerbsmodell an, nachdem das Verhältniswahlrecht zu einer besseren Führungsauslese führen müßte. Selbst eine Mehrheitspartei würde unter dem Druck des Elitenangebots der Minderheiten bessere Kandidaten aufstellen (ULR: 265; RD: 130). Mill sprach schon von dem damals noch kaum gebräuchlichen Ausdruck „*élite*" – durch die Schreibweise als Anleihe aus dem Französischen gekennzeichnet. Es hat sich später der Ausdruck „parlamentarische Demokratie" eingebürgert. Aber auch Mills Rede vor der „repräsentativen Demokratie" verdeckte, daß im 19. Jahrhundert „parlamentarische Regierungsweise" noch nicht demokratisch war, weil das allgemeine Wahlrecht als Minimalkriterium der Demokratie fehlte.

Unter dem Einfluss seines Freunds Tocqueville fielen dabei auch Seitenhiebe für ein nichtparlamentarisches Repräsentativsystem ab, wie das der USA. Die amerikanische Demokratie nannte er sogar nach einem fehlerhaften Modell konstruiert, da die Tyrannei der Mehrheitsmeinung dazu führe, daß selbst die hochgebildeten Bürger ihre Urteilskraft opfern und zum Sprachrohr derer werden, die geistig unter ihnen stehen. Hier führte das allgemeine Mittelmaß dazu, daß die Gebildeten überhaupt nicht für den Kongress kandidierten. Von dieser Verallgemeinerung war es nur ein Schritt zu der Meinung von Lord Bryce, das bedeutende Leute nicht Präsidenten der Vereinigten Staaten werden könnten – was kaum geschrieben, Anfang des 20. Jahrhunderts, falsifiziert werden sollte. Daß in Amerika der Demos – wie in despotischen Monarchien, von Schmeichelei und Kriechertum verfolgt, – eine korrumpierende Wirkung der Macht entfaltet, hat Mill ebenfalls aus Tocquevilles Werk abgeleitet. Die Ausdehnung des Wahlrechts war ihm Herzensangelegenheit, und Mill hoffte, daß auf die Dauer jeder Bürger die nötige Urteilskraft haben würde. Seine Standards für den „literacy test" waren schließlich nicht sehr hochgehängt: Lesen und Schreiben und die Beherrschung der Grundrechenarten. Sein Plädoyer für Frauenwahlrecht hätte eigentlich für alle Menschen gelten müssen. „Man gebe der Frau das Stimmrecht, und sie wird Politik als Anspruch an ihre Ehre begreifen" (ULR: 265; RD: 159). Die mögliche abhängige Stellung der Frau ließ er als Gegeneinwand nicht gelten. Schließlich käme auch die Mehrheit der Männer nicht über niedere Handarbeit hinaus. Das Pathos für allgemeine Rechte und Partizipation war nicht immer harmonisch auf seine elitäre Grundauffassung vom Repräsentativsystem eingestimmt. Sein Verhältniswahlrecht und Pluralstimmensystem sollte den Einfluss der Parteien zurückdrängen. In den deutschen Übersetzungen geht die Abschätzigkeit gegenüber der organisierten Macht ein wenig verloren, wo Mill von „cliques", „sectarian combinations" (noch an den parteifeindlichen General Combination Act gemahnend!) und „associations for special objects" spricht. Wo das Partei-Listensystem in Amerika dominiert, haben· nur große Parteien eine Chance, was für Mill noch unerträglicher erschien (ULR: 272; RD: 13).

Mit der parteifeindlichen individualistischen Repräsentationsidee korrelierte eine mandatsfeindliche Auffassung des Abgeordnetenstatus. Mill – obwohl so sehr in eine Partei eingebettet wie Burke – teilte dessen Konzeption des freien Mandats, die dieser an die Wähler von Bristol richtete, mit dem Erfolg, daß sie ihm die Wiederwahl versagten. Mill ging im Grunde sogar weiter als Burke, weil er sich weigerte, Wahlkampfveranstaltungen zu besuchen und Geld für den Wahlkampf auszugeben. Nicht einmal Fragen zur Religion wollte er beantworten, was wohl das Minimum an „responsiveness" vermissen ließ, daß auch einer freien Mandatstheorie eignet. Meist zeigen Befragungen von Abgeordneten und Wählern, daß die Meinungen zur Repräsentation nicht so weit auseinander liegen, wie die von Mill aufgebauschte Dichotomie vermuten läßt. Zu seiner maßlosen Verwunderung wurde Mill gewählt. Seine Offenheit hat ihm nach seiner Einschätzung weniger geschadet, als es die Antworten hätten tun können, denen er sich verweigert hatte.

Es gibt keine Evidenz, daß Mill verlangte, daß jeder Abgeordnete sich so verhalte. Manches war vielleicht auch eher die Marotte eines Mannes, der einen trade-off zwischen Wissenschaft und Politik sah, und sich auf Politik nur einlassen wollte, wenn sie möglichst zeitschonend zu haben war. Seine parlamentarische Tätigkeit hat er keineswegs nur als Dissenter verbracht. Aber auch als Gewählter stellte er fest, daß bei Auftritten – wie dem für das Frauenwahlrecht, bei der er von seiner Partei abwich – der Schaden für ihn geringer gewesen sei als der Nutzen, der erreicht wurde, weil von der Rede eine Initialzündung für eine wachsende Bewegung ausging (Aut: 240). Mills Plädoyer für das freie Mandat zeigte jedoch wieder eine an der Evolution des Systems zu größerer Vollkommenheit hin orientierten Konzeption, die Kompromisse möglich machte. Er ließ die Ablehnung von Aufträgen nicht gelten, „falls ... die Wähler infolge ungünstiger sozialer Verhältnisse oder unvollkommener Institutionen in ihren Wahlmöglichkeiten so eingeengt sind, daß sie sich für jemanden entscheiden müssen, der vermutlich unter dem Einfluß einer dem Interesse der Wähler entgegenstehenden Richtung steht ..." (ULR: 323; RD: 197). In diesem Fall diente ein Mandat der künstlichen Herstellung des Klassengleichgewichts. Diese lobenswerte soziale Ader kollidierte jedoch an vielen Stellen mit dem elitären Bildungsanspruch in der Politik, denn gerade das Pluralstimmenrecht hätte in der Kandidatenaufstellung eigentlich dazu führen müssen, daß die Ausnahmesituation häufig auftauchte, weil Intellektuelle in einem Arbeiterwahlkreis antraten. Im Zweifel hat er eher Abstriche der sozialen Repräsentation als der intellektuellen Kapazität der Politikerelite hinnehmen können. Zwischen Freiheit und Organisation sah er einen Gegensatz, der ihn zu dem Bonmot verführte: „In England herrschte schon immer größere Freiheit, dabei aber eine schlechtere Organisation, während in anderen Ländern die Organisation besser ist, jedoch weniger Freiheit herrscht" (ULR: 347; RD: 226). Dies war zwar für kommunale Parlamente gesagt worden, wirkte aber auf allen Ebenen ab den 70er Jahren für England irreführend. Kein Land hat so früh stramme Parteiorganisationen entwickelt, wie England nach der zweiten Wahlreform, so daß die nächste Generation der Parteienkritiker à la Ostrogorski sich Anfang des 20. Jahrhunderts angewidert von der Macht des Parteicaucus zeigte.

Obwohl Mills Betonung der Repräsentationsfunktion des Parlaments als „Arena aller Meinungen" im Vergleich er Modelle des modernen Parlamentarismus archaisch wirkte, hat er auch in seiner gewaltenteiligen Konzeption des parlamentarischen Regimes etwas zukunftsweisendes gesehen: eine Elitenbürokratie ist das Handlungszentrum des Systems. Der Gesetzgebungsausschuss ist zwar nicht entstanden, aber lebt als „iron triangle" zwischen Minsterialbürokratie, Parlamentarsausschusselite und Interessengruppen auch in der Moderne in veränderter Form. Er hat allerdings zum Glück das Parlament – oder seine Ausschüsse – als institutionellen Referenzrahmen bewahrt. Die Auswirkungen, welche die Millsche Gewaltenteilung zwischen dem kontrollierenden Parlament und dem „grand législateur apart" in der Realität entwickelt hätte, ist schwer zu antizipieren. Voraussichtlich aber hätte diese Gewaltenteilung die Kontrollfähigkeit des Parlaments untergraben. Nicht so sehr wegen der mangelnden Qualität der Abgeordneten, wie Mill wähnte, sondern wegen der mangelnden Information und des fehlenden Sachverstandes der Parlamentarier in Materien, bei denen sie zu der Gesetzgebung weniger eine gestaltende als eine zustimmende Bestätigunsfunktion besaßen.

Quellen

Mill: Collected Works. Hrsg.: F. E. L. Priestley. Toronto, University of Toronto Press, 1963–86, 25 Bde.

Mill. Gesammelte Werke. Leipzig, Fues, 1869–1875, 12 Bde. (zit.: GW).

Mill: Über die Freiheit (1859). Frankfurt, Campus, 1987.

Mill: Über die Hörigkeit der Frau (1869). Frankfurt, Ulrike Helmer, 1991.

Mill: Der Utilitarismus (1861). Stuttgart, Reclam, 1985.

Mill: Utilitarianism. Liberty. Representative government. London, Dent, 1910, 1960 (zit.: ULR).

Mill: Betrachtungen über die repräsentative Demokratie. Paderborn, Schöningh, 1971 (zit.: R).

Mill: A System of Logic (1843). London, Longmans, 1959 (zit.: Log).

Mill: Über die Freiheit. Stuttgart, Reclam 1974, 1995.

Mill: Über die Definition der Politischen Ökonomie (Hrsg.: H. Nutzinger). Frankfurt, Campus, 1976.

Mill: Autobiography. London, Oxford University Press, 1924, 1958 (zit.: Aut.).

Mill: Zur Logik der Moralwissenschaften (Hrsg.: A. Mohr). Frankfurt, Klostermann, 1997.

Literatur

V. Bartsch: Liberalismus und arbeitende Klassen. Zur Gesellschaftstheorie John Stuart Mills. Opladen, Westdeutscher Verlag, 1982.

N. Capaldi: John Stuart Mill. A Biography. Cambridge. Cambridge University Press, 2004.

M. Cranston: John Stuart Mill. London, Longmans, Green, 1958.

J. Gaulke: John Stuart Mill. Reinbek bei Hamburg, Rowohlt, 1996.

J. Hamburger: Intellectuals in Politics. John Stuart Mill and the Philosophic Radicals. New Haven, Yale University Press, 1965.

F. Höntzsch (Hrsg.) John Stuart Mill und der sozialliberale Staatsbegriff. Stuttgart, Steiner, 2011.

D. Kuenzle/M. Schefczyk: John Stuart Mill zur Einführung. Hamburg, Junius, 2009.

J. M. Robson/M. Laone (Hrsg.): James and John Stuart Mill. Toronto, University of Toronto Press, 1978.

E. W. Streissler (Hrsg.): John Stuart Mill. Berlin, Duncker & Humblot, 2002.

D. Thompson: John Stuart Mill and Representative Government. Princeton, Princeton University Press, 1976.

P. Ulrich/M. S. Aßländer (Hrsg.): John Stuart Mill. Der vergessene Politökonom und Philosoph. Stuttgart, Haupt, 2006.

3 Konstitutioneller Liberalismus in Deutschland: von Rotteck bis Mohl

Karl von Rotteck (1775–1840) und der Liberalismus im Vormärz

Rotteck war als „thätiger Schriftsteller" (Mohl) eine Schlüsselfigur des deutschen Liberalismus im Vormärz. Er wurde viel bewundert für die Einheit von Denken und politischem Engagement. Im Studium an der Universität seiner Geburtsstadt Freiburg – später sollte er gutachtlich ihre Schließung verhindern helfen, weil der Großherzog glaubte, dass eine Universität in Baden (Heidelberg) genug sei – wurde er vom „Kantischen Fieber" erfasst (NS IV: 46). Trotz mangelhafter Geschichtskenntnisse und einem zeitlebens eher kompilatorischen Zugriff auf die Geschichte ohne vertieftes Quellenstudium wurde er Professor für Weltgeschichte. Seine „Allgemeine Weltgeschichte" in neun Bänden wurde zum Standardwerk für das Bildungserlebnis des deutschen Bürgers. Trotz seiner lothringischen Mutter erfasste ihn 1813 der Zeitgeist. Rotteck begann wie viele Intellektuelle von Arndt und Kleist bis Fichte gegen „die Franzosen" zu polemisieren. 1815 wurde die Konfrontation mit Frankreich in der Schrift „Ein Wort über die heutige Kriegsmanier" objektiviert. 1816 forderte Rotteck die Umwandlung stehender Heere in eine Nationalmiliz. Nur der Großherzog von Sachsen-Weimar folgte diesem Vorschlag. 1818 wechselte Rotteck auf einen Lehrstuhl der Staatswissenschaften. In seinen „Ideen über Landstände" (1819), das von Constant sogar ins Französische übersetzt wurde, hat er seine Ansicht zur Repräsentation angelegt, die schließlich in seinem monumentalen Hauptwerk „Lehrbuch des Vernunftrechts und der Staatswissenschaften" (1829–1836, 4 Bde) bleibende Gestalt annahmen. 1831 gründete er mit Welcker und anderen Liberalen die Zeitschrift „Der Freisinnige". Seit 1834 wurde das „Staatslexikon" erarbeitet, das neben Dahlmanns „Politik" zur Bibel der Liberalen wurde. Noch die liberale Mitte der Nationalversammlung in der Paulskirche 1848/49 war stark von den Ideen dieser Enzyklopädie geprägt. Nun trat freilich die Schwierigkeit auf, einen Liberalismus, der politische Macht erlangte, in den Gleisen von Doktrinen zu halten, die ein Liberalismus in der Opposition erarbeitet hatte. Das Modell war erfolgreich auch als Vorbild: die Konservativen ahmten es in kleinerem Stil nach in Hermann Wageners Staats- und Gesellschaftslexikon, an dem der Exradikale Bruno Bauer mitwirkte, und seinen „Antisemitismus der Kritik" verbreitete (vgl. Puchta 1972: 39 ff).

Das Staatslexikon knüpfte an die Tradition der französischen Enzyklopädisten um Diderot und d'Alembert an. Die Idee stammte von *Friedrich List*. Der Deutsche Bund hatte den beiden Herausgebern des „Freisinnigen" ein Publikationsverbot für fünf Jahre in der Herausgabe von Zeitschriften auferlegt. Das Lexikon schien eine Möglichkeit, das Verbot zu unterlaufen. Es kam mit List bald zu unerfreulichen Auseinandersetzungen, die um die Konzeption und das Geld gingen (Dokumente im Anhang zu: Zehnter 1929: 109–145). List wurde nicht Mitherausgeber, und bei wichtigen Artikeln, wie dem über die USA wurde er als Autor übergangen. Die Ziele waren die Propagierung liberaler Grundsätze im Allgemeinen und die Unterstützung der Liberalen in ihrem Kampf in den Landständen im Besonderen. Am leichtesten wurde noch das dritte Ziel erreicht: die geschichtliche Entwicklung hin zur gegenwärtigen Situation des Staatsrechts darzustellen. Dies gelang vor allem *Karl Theodor Welcker* (1790–1869), der die meisten Artikel verfasste (Zehnter 1929: 61). Rotteck hatte manchen Strauß auszufechten mit seinem Mitherausgeber, schon weil er dessen Theorie der Kulturstufen ablehnte. Rotteck und Welcker wurden wegen ihrer gemeinsamen Herausgeberschaft wie Dioskuren wahrgenommen. Aber der Schein trog. Rotteck hat sich anfangs der Berufung Welckers nach Freiburg widersetzt und auch später gab es mancherlei Meinungsverschiedenheiten. Rotteck war frankophil, Welcker orientierte sich eher an England. Der Hesse Welcker war stärker an der deutschen Einheit interessiert als der Südbadener Rotteck. Rottecks Katholizismus führte ihn zur strikten Trennung von Staat und Kirche. Der Protestant Welcker (1813, 1964: 26 ff) suchte hingegen noch nach einer christlichen Fundierung seiner liberalen Ordnung. Rotteck galt als doktrinär, Welcker dachte stärker historisch (vgl. Zumhammer 1995: 20 ff). Welcker hat die Revolution von 1848 noch erlebt. Er war zunächst „Großdeutscher", schwenkte aber angesichts der machtpolitischen Realitäten schneller auf die preußisch-kleindeutsche Lösung ein als Rotteck es vermutlich getan hätte. Im sozialen Bereich war das Staatslexikon noch weniger einheitlich als in konstitutionellen Fragen. Viele Artikel waren noch von vorkapitalistischen Anschauungen geprägt, und keineswegs so eindeutig „bourgeois" wie Marx, Engels und die Linke es unterstellte. Auch in diesem Werk zeigte sich die deutsche Neigung zu einem Sozialliberalismus und der Ablehnung eines strikten Laisser-faire-Liberalismus.

Rotteck war neben seiner Publizistik immer auch politisch tätig: 1819–1822 als Deputierter seiner Universität in der ersten Kammer des Badischen Landtags, 1831 bis zu seinem Tod 1840 als Abgeordneter in der zweiten Kammer. Rotteck konnte nicht mehr am „Hambacher Fest" teilnehmen, missbilligte aber von fern seine „radikalen Übertreibungen". In einer Rede im Jahre 1832, als nationale Heißsporne die deutsche Flagge anstelle der badischen Fahne hissen wollten, verteidigte er die Selbständigkeit Badens. Sein Bekenntnis: „ich will lieber Freiheit ohne Einheit, als Einheit ohne Freiheit" (NS IV: 399 f) war damals nicht sehr beliebt. Rotteck konnte nicht ahnen, dass diese Maxime später als die vorherrschende Ansicht in der Bundesrepublik Deutschland über hundert Jahre später konsensfähig werden sollte. Als der Deutsche Bund 1832 die Pressefreiheit einschränkte, hat Rotteck seine Stimme gegen diese repressiven Maßnahmen erhoben. Trotz vieler Verhaftungen wurde er verschont, was ihm die Radikal-Liberalen als Beweis für seinen „falschen Liberalismus" ankreideten (NS IV: 405). Immerhin wurden Rotteck und Welcker vorzeitig pensioniert und bekamen für fünf Jahre Editionsverbot für ihre Zeitschrift.

Als Parlamentarier war Rotteck zunehmend isoliert, da die Mehrzahl seiner liberalen Freunde sich dem gemäßigten Beamtenliberalismus des Innenministers Winter verschrieben. Dieser hat immerhin versucht, die Bundesbeschlüsse in Baden möglichst „sozialverträglich" abzumildern (Herdt 1967: 20). Aber er musste auch Rotteck immer wieder zur Mäßigung ermahnen. Rottecks radikal engagiertes Beharrungsvermögen wurde zunehmend als querulantisch gewertet. Aber das Volk bewunderte ihn. Ein Mann mit einem adligen Namen, der sich „berufen zum heiligen Krieg gegen Vornehmheit, Vorrecht und Unterdrückung" fühlte (NS IV: 513), hatte trotz seiner schwachen Rednergaben „Appeal" beim einfachen Volk. Als gewählter Oberbürgermeister Freiburgs wurde er von der Regierung nicht bestätigt. Das Volk wählte ihn erneut, aber er verzichtete nach der Wahl auf die Ausübung des Amtes. Er versank zunehmend in politischen Pessimismus. Bei einer Reise traf er in Wien sogar Metternich, den Erzfeind aller Liberalen. Dieser und Adam Müller sollen es lebhaft bedauert haben, einen so aufrechten Mann nicht aus „dem Lager der Feinde" zu sich herüber ziehen zu können (NS IV: 509 f).

In seinem Werk zur politischen Theorie schien Rotteck noch stark der Aufklärung des 18. Jahrhunderts verbunden. Daher haben viele liberale Zeitgenossen, wie

Mohl, sein Werk für achtenswert, aber antiquiert erachtet. Das allgemeine Pathos
für Menschenwürde, Freiheit und Toleranz erinnerte bei seinen Zeitgenossen am
ehesten noch an Romagnosi in Italien. Rotteck hat sich zeitlebens als „Knecht des
Rechts" stilisiert. Sein Ansatz galt als „doktrinärer Liberalismus". Er hatte jedoch
nur wenig mit den französischen „Doctrinaires" (vgl. Kap. III.1) zu tun, weil diese
weit konservativer schienen als Rotteck je gewesen ist. Die Rechtswissenschaft hat
sein Hauptwerk zum „Vernunftrecht" – schon der Titel klang altertümlich – wenig rezipiert. Dies mag auch daran gelegen haben, dass bei ihm das Staatsrecht immer mit dem verbunden blieb, was schon damals gelegentlich – wie bei Tocqueville – „politische Wissenschaft" genannt wurde. In seiner Antrittsvorlesung in der
Juristischen Fakultät hat er die „philosophische Rechtswissenschaft" im Gegensatz zum positiven Recht als „die wahre Braut seiner Jugend" bezeichnet (NS IV:
198). Constant schickte Rotteck als politischer Theoretiker ein enthusiastisches
Dankesschreiben, in dem er erwähnte, dass seine eigenen Bücher nur eine Fundgrube für Leute seien, die mehr Muße als er selbst haben, während Rottecks Werk
ein „dauerhafteres Monument" darstelle (zit.: Kopf 1980: 66). Angesichts der Eitelkeit Constants muss diese Geste der Bescheidenheit nicht ernst genommen werden. Aufrichtig aber war sicher Constants Bewunderung für das monumentale
enzyklopädische Werk, das viele seiner Gedanken enthielt, aber mit dem Syste-
matikerfleiß gearbeitet schien, den der umtriebige Bonvivant Constant nicht auf-
brachte. Rotteck wich in einigen Punkten durchaus von Constant ab. Er lehnte vor
allem die Konzeption des Monarchen als „pouvoir neutre" ab, weil sie den König zum bloßen „Schattenbild" degradiere, und ihn der Macht beraube, als „Con-
trepart" gegenüber den Ständen zu wirken (LdV II: 219): Er befürchtete aus eigener Anschauung im Badischen Landtag, dass die Oppositionshaltung der Stände
zu einer Blockade des Entscheidungsprozesses führen könne, und verlangte daher mehr Kompetenzen für die Krone als Constant ihr zubilligte. Rotteck ist gegen den Vorwurf in Schutz genommen worden, ein strikt dualistischer Frühkon-
stitutionalist gewesen zu sein, eine Position, die Constant überwunden hatte
(Boldt 1975: 159). Rotteck blieb ein Gegner eines parlamentarischen Systems: „Die
Landstände sollten identisch seyn mit dem Volk, mit der Regierung aber nur befreundet" (LdV IV: 160). In dieser Ansicht kam die Abneigung Rottecks gegen
eine Parteienregierung zum Ausdruck, die Constant bereits für unvermeidbar gehalten hatte, und die bei den deutschen Liberalen vor allem bei Mohl akzeptiert
worden ist. Im ganzen war bei Rotteck eine stärker mechanistische Auffassung des
Gleichgewichts der Gewalten vorherrschend. Er kritisierte etwa, dass der König
in der spanischen Cortes-Verfassung kein absolutes Veto gehabt habe. Rotteck hat
als Rationalist im Ganzen die französische Verfassung von 1791 als Orientierungs-
punkt genommen. Die Charte von 1814 war ihm zu konservativ, die britische parlamentarische Regierungsweise ging ihm zu weit. Das englische Wahlrecht mit

seinen rotten boroughs entsprach nicht seinen rationalen Vorstellungen eines modernen Systems. Selbst am System der Julimonarchie in Frankreich übte er zunehmend Kritik (NS I: 242 ff, 286 f).

Politisch gehörte der einst gefeierte südwestdeutsche Liberale „zu den Besiegten von 1848" (Ehmke 1964: 2), vielleicht sogar zu „den Besiegten von 1870/71", wenn man seine oben zitierte Freiheitsformel zu seiner Abneigung gegen eine deutsche Einheit unter preußischer Vorherrschaft in Beziehung setzt. In seiner Jugend war Rotteck eher ein Verehrer des aufgeklärten Monarchen Joseph II als ein Bewunderer Friedrich des Großen gewesen. Die willkürliche Verteilung deutscher Länder durch das Direktorium – das Breisgau kam zunächst an „Modena" – hat ihn in seiner Frankophilie tief erschüttert. Aber auch die reaktionäre Neuordnung des Wiener Kongresses schien ihm deutsche Lande zum Objekt des „Sachenrechts" zu degradieren. (NS IV: 42 f, Allg. Geschichte Bd. IX: 462). Rottecks Neigung, die Wissenschaft mit der praktischen Politik zu verbinden, kostete ihm schließlich seine Professur.

Rottecks monumentale Weltgeschichte wurde von den rechten Klerikalen und den linken Radikalen scharf angegriffen. Pauschalurteile über einzelne historische Größen, wie Alexander den Großen, haben Marx (MEW, Bd.3: 337) zu der bissigen Bemerkung veranlasst, darüber nachzudenken, wie die Geschichte wohl verlaufen wäre, wenn Alexander die Beurteilung von Herrn von Rotteck gekannt hatte. Diese wurde als ein Beleg für „bürgerliche Borniertheit" gewertet. Das Werk war weniger bedeutsam als wissenschaftliche Historiographie denn als volkspädagogisches Unternehmen zur Erziehung der gebildeten Stände, auch wenn es sich im Untertitel „allen Ständen" empfahl. Sein Staatsrecht war nicht weniger auf Unterweisung der Bürger abgestellt als seine historischen Schriften. Rotteck hat die Entwicklung zu einem positivistischen Staatsrecht ohne normative Dimensionen nicht mitgemacht. Bei ihm stand die „gerechte Ordnung des Gemeinwesens" noch im Zentrum der Erörterung. Im Staatslexikon wurde der Staat zwar auf die Rechtssicherung beschränkt definiert. Im Ganzen aber hat Rotteck den Staat – im Gegensatz zu Humboldt – nicht als bloßen „Nachwächterstaat" verstanden. Rotteck hielt sich gleich weit entfernt vom vorrevolutionären „Polizeistaat", der in fürsorglicher Vergewaltigung der Bürger Daseinsvorsorge betrieb, wie von der utilitaristischen Glückseligkeitskonzeption der Bentham-Schule. Der einzelne darf nicht vom Staat zu seinem Glück gezwungen werden – mit diesem Kredo blieb er Kantianer (LdV II: 56 ff). Im Gegensatz zu Humboldt hat er dem Staat jedoch Pflichten bei der Vorbereitung der Bildung der Bürger eingeräumt (LdV III: 573 ff). Staatliche Bildungspolitik wurde von Rotteck damit legitimiert, dass ohne diese der Staat seine Verpflichtung zum Vernunftrecht bei den wenig gebildeten Bürgern nicht einlösen könne. Die Bildungspolitik hatte zugleich den Zweck, Staat und Wirtschaft zu fördern. Der Staat brauche gebildete Bürger für seinen Dienst. In seinem Denken zum Verhältnis von Kirche und Staat hat Rotteck einen Rest von Paternalismus bewahrt. Ohne Staat konnte für ihn die Kirche nicht gedacht werden. Die Kirche war dem Staat untergeordnet (LdV III: 327).

Rottecks Beliebtheit bei dem einfachen Volk beruhte nicht zuletzt auf seinem Einsatz für Maßnahmen der sozialen Politik, des Armenwesens, der Abschaffung der Leibeigenschaft und der sozialen Emanzipation der Landbevölkerung (vgl. seine Reden in SKS, Bd. V). Zugleich blieb der „Sozialliberale" jedoch Gegner jeder Staatssubvention für bestimmte Erwerbszweige (LdV IV: 189). Der Staat war aber nach seiner Ansicht zu Ordnungspolitik berufen, da eine schrankenlose Gewerbefreiheit zu Wettbewerbsverzerrungen führen müsste. In kritischen Momenten durfte der Staat sogar die Handels- und Gewerbefreiheit einschränken (LdV IV: 198). Rottecks Bild vom Menschen war eher konservativ. Er lehnte die Smith'sche Konzeption ab, nach der der Egoismus die Triebfeder jeden menschlichen Handelns sei. Rottecks Staatskonzeption blieb dem Josephinismus treu, der in seiner Jugend auch die vorderösterreichischen Lande regiert hatte.

In der Staatsformenlehre vertrat Rotteck die üblichen liberalen Ansichten: die direkte Demokratie lehnte er ab, außer bei dem reinen Schulbuchtyp der Schweizer Kantonsdemokratie. Konventionell war das Eintreten für die „gemischte Verfassung". Von Kant hat Rotteck den Republik-Begriff übernommen. Republik war durch Herrschaft des allgemeinen Willens in repräsentativer Form, unter Wahrung der Gewaltenteilung, definiert. In diesem Sinn konnte England als republikanischer gelten als das angeblich republikanische Regime in Bern, das er für eine Despotie hielt (Allg. Gesch. I: 373).

Rotteck ist im Ganzen zu Lebzeiten einflussreicher gewesen als in seiner Nachwirkung. Der zweite große Liberale jener Epoche, Mohl (L II: 576 f) stand in vielen Punkten kritisch zu Rotteck. Er würdigte ihn aber in einer seltsamen Mischung von Lob und Tadel, die typisch für Rottecks theoretisches Nachleben gewesen ist: „Rotteck wird immer ein merkwürdiger, sowohl durch den Ernst seines Willens und die Kraft seines Charakters sehr achtenswerther, als durch seinen Einfluß ungewöhnlich bedeutender Mann bleiben. Er war mit sich ganz einig; daher fest und eifrig, Eindruck machend auf Vielseitigere und Schwächere … Er gehört nicht zu den großen deutschen Gelehrten; er hat auch als Denker keine neue Bahn gebrochen; er ist in keiner Wissenschaft als abschnittmachender Verbesserer und Umgestalter aufgetreten: aber er hat mehr gewirkt als viele Männer solcher Art zusammen". Es ist daher kein Zufall, dass er in allgemeinen Theoriegeschichten kaum erwähnt wird. Rottecks ausführliche Behandlung ist jedoch unerlässlich in einer „Sozialgeschichte der politischen Ideen", weil er als „politischer Professor" direkten Einfluss auf die Bildung der politischen Lager genommen hat. Selbst als „Denker" ist er schwerlich unorigineller als mancher Liberale in anderen marginalisierten Ländern, die hier behandelt wurden, von Jovellanos in Spanien bis Čičerin in Russland.

Die Würdigungen des Werkes von Rotteck zeigten bereits, dass die Theorie des Liberalismus in Deutschland sich an Originalität nicht mit Constant in Frankreich oder Mill in England messen konnte. Das gilt erst recht für die zahllosen Denker im zweiten Glied. Neben dem Staatslexikon war das Buch von *Friedrich Christoph Dahlmann* (1795–1860) über die „Politik" am einflussreichsten in der liberalen Diskussion. Der Untertitel: „Politik auf den Grund und das Maß der gegebenen Umstände zurück geführt" (1835, 1847, 3. Aufl.) zeigte bereits eine Distanz zu Rottecks rationalistischer Systematik. Dahlmann dachte historisch im Hinblick auf die „gegebenen Umstände" und hatte ein essentialistisches Fundament seiner Theorie unter dem Einfluss der Romantik und der historischen Rechtsschule. Sein Liberalismus war der denkbar konservativste. Er beschränkte sich auf die Weiterentwicklung der Debatte um den „deutschen Konstitutionalismus", denn Dahlmann hielt alle Staatenbildung für historisch bedingt. Rationale Vertragskonstruktionen des Staates lehnte er ab. Während die Romantik jedoch mit Begriffen wie „Volksgemeinschaft" und „Religionsgemeinschaft" den Staat gleichsam aufsog, blieb der Staat eine zentrale Kategorie in Dahlmanns Denken. Der Staat sollte im „Volksbewusstsein" vollendet werden: „Man kann mehr Volk als Staat sein, aber man kann nicht Volk ohne Staat sein" lautete eine Grundthese seiner Geschichtsphilosophie (1924: 15). Deutschland war noch mehr Volk als Staat. Als Schleswig-Holsteiner hat Dahlmann in der Auseinandersetzung der Stände mit der dänischen Krone, zu der das Land damals noch gehörte, vor allem die deutsche Staatswerdung betrieben.

Dabei kam Dahlmann in der Regel nicht über eine Variation des englischen Vorbilds und eine „Paraphrase zu den Besonderheiten der deutschen konstitutionellen Monarchie" hinaus (Boldt 1975: 181). Für Dahlmann ging dem Staat kein Naturzustand voraus. Der Staat war für ihn keine „Erfindung, weder der Note, noch der Geschicklichkeit, keine Aktiengesellschaft, keine Maschine, kein aus einem frei aufgegebenen Naturleben hervorspringendes Vertragswerk" (1924: 53). Mit solchen Sätzen hat er im Grunde nur Äußerungen des Konservativen Adam Müller in seinen „Elementen der Staatskunst" (I: 38) variiert. Wenn ein Liberaler diese Auffassung übernahm, so ging er im Grunde hinter den Vordenker des englischen Konservatismus Burke zurück, der die Metapher der Aktiengesellschaft für den Staat immerhin benutzt hatte, obwohl auch er eine mechanistische Deutung des Staates ablehnte.

Dahlmanns deutscher Patriotismus wurde konstitutiv für die Konzeption des „Staatskönigs", der den Staat nicht mehr wie Privateigentum behandelt, sondern die „Idee eines Gemeinwesens, in welchem der Staat sein Selbstbewusstsein sucht" tritt für Dahlmann „über den König hinaus". Die Argumentation ging in Richtung einer „Staatssouveränität", welche die leidige Kontroverse um „Volkssouveränität" vs. monarchische Souveränität bei Zachariae und dem Schweizer Bluntschli schließlich beenden sollte. Der Monarch war für Dahlmann an die Verfassung gebunden. Die Gesetzgebung stand den Ständen und dem König gemeinsam zu. Aber die Kammern sind nur „mitgesetzgebend", nicht „mitregierend" und „mitsouverän". Der Monarch hat ein absolutes Veto. Die Ministerverantwortlichkeit begründete Dahlmann (1924: 117) „teils politisch, teils strafrechtlich". Die politische Verantwortung der Regierung war eine allgemeine vor der Öffentlichkeit, da die Bürger eine Regierung „abwählen" konnten. Aber ein Regierungssturz durch Misstrauensvotum oder Budgetverweigerung war nicht vorgesehen. Nur der König hatte das Recht der Berufung und Entlassung der Minister. Im Fall einer Parlamentsauflösung musste das Volk als Schiedsrichter angerufen werden. Dahlmanns Neigung zum harmonistischen Glätten aller politischen Konflikte hat ihn in der von Gentz begonnenen Konfrontation von Repräsentativverfassung oder landständische Ordnung keine klare Position beziehen lassen. Gentz hat Dahlmann (1924: 123) vorgeworfen, durch Übertreibung eine Karikatur gezeichnet zu haben. Dahlmann blieb somit typisch für die Unentschiedenheit des deutschen Liberalismus zwischen einem konstitutionellen System mit Präponderanz der Krone und einem parlamentarischen System. Diese Ambivalenz hat die Literatur bis 1918 nicht verlassen und einer unsäglichen deutschen Sonderwegsdebatte den Weg geebnet.

Dahlmann wurde dennoch im liberalen Lager hoch geschätzt. Er hatte die richtige Mischung von starkem Nationalgefühl und einer verfassungspolitischen Anpassungsfähigkeit, welche den Mainstream des politischen Liberalismus charakterisierte. In der Märzrevolution 1848 wurde er Vertrauensmann Preußens beim Bundestag. In der Nationalversammlung schwang er sich zu einem der Führer der kleindeutschen Partei auf. Der Verfassungsentwurf der „Siebzehner" war weitgehend sein Werk. Aber schon vor der Paulskirche wurde seine „Politik" zum Leitfaden der deutschen Liberalen. Mohl (III: 391) hat das Werk relativ positiv besprochen. Später hat er Dahlmann jedoch zunehmend negativ beurteilt. In einem Brief (zit.: Angermann: Mohl: 63) hat er das Bild des „wahren Liberalen", das der spätere Nationalliberalismus von Dahlmann zeichnete, nicht geteilt: „Meine Meinung von ihm ist gar kleine geworden (da ich nie eine große von ihm hatte;) er ist ein peinlicher, kleinlicher Kopf und begreift überdies langsam".

Im Vergleich zu den Hunderten von Traktaten zur konstitutionellen Theorie, etwa bei den Publizisten Pfizer und Murhard, die „links" von Dahlmann standen, war er jedoch wenigstens ein origineller Synthetiker. In ermüdenden Varianten wurden Themen wie die Budgetverweigerung, die Ministerverantwortlichkeit und das Interpellationsrecht der Stände diskutiert. Die Budgetverweigerung wurde von den radikalen Konstitutionellen als „legale Revolution" zur Sicherung der Parlamentsrechte, von ihren konservativen Gegnern hingegen als „landständische Verirrung" hingestellt. 1832 hatte der Deutsche Bund sich die konservative Ansicht in „Sechs Artikeln" für alle deutschen Territorien zu eigen gemacht. Dennoch fuhren einige Publizisten fort, wider den Stachel zu löcken. *P. A. Pfizer* (1836) machte nach Ansicht des liberalen Mainstreams zu starken Gebrauch vom Recht der Steuerverweigerung und *Friedrich Murhard* (1830) mit seinen Elogen auf das Widerstandsrecht wurde sogar als „geistlose Zusammenstellung der Literatur" abgetan (Mohl I: 334). Einer der wenigen liberalen Publizisten, die als „selbstdenkende" Kollegen vor dem gestrengen Mohl Gnade fanden, war der Heidelberger Professor *Karl Salomo Zachariae von Lingenthal* mit seinem Hauptwerk „Vierzig Bücher vom Staate". Auch er ging über den dualistischen Konstitutionalismus nicht hinaus. Aber er sah klarer als die üblichen Staatsrechtler die sozialen und wirtschaftlichen Bedingungen des Systems. Er bevorzugte die konstitutionelle Monarchie und sorgte sich um ihren Fortbestand in realistischer Einschätzung, dass der prekäre Kompromiss im dualistischen System jederzeit zusammenbrechen könne. Ketzerisch schien die Behauptung, dass die konstitutionelle Monarchie genau wie die repräsentative Demokratie der Parteien bedürfe. Der übliche Gemeinplatz hieß, dass man die Parteien gerade vermeiden oder wenigstens neutralisieren könne, wenn die Mechanik der konstitutionellen Monarchie funktioniere (1839 III: 215). Mohls spätere Einsicht, dass die parlamentarische Mehrheitsherrschaft das einzig wirksame Mittel gegen die Korruption bei der Stimmenbeschaffung für die Regierung sei, fand sich in nuce bei Zachariae. Die üblichen Anklagen gegen die Umtriebe der Radikalen und Demokraten in der liberalen Theorie der Zeit hat Zachariae nicht mitgemacht. Er hat jedoch kühl einige Vorschläge zum Schutz der von ihm bevorzugten konstitutionellen Monarchie vorgelegt. Es wurden Vor- und Nachteile des Nationalheeres für die Monarchie abgewogen. Originell, wenn auch ein wenig abwegig, klang die Behauptung, dass die wachsende Staatsverschuldung dem Schutz der Monarchie gegen die Usurpation der Regierung diene, weil das „Zutrauen der Kapitalisten zur Rechtlichkeit der Regierung" (III: 294) zur wirtschaftlichen Bestandsgarantie werden könne.

Erst 1848 hat der Gegensatz von Demokraten (wie die Republikaner sich meist nannten) und Liberalen auch in politischen Fraktionen Gestalt angenommen. Zuvor gab es Mischungsverhältnisse. Sie sind in vier Typen aufgeschlüsselt worden (Backes 2000: 484 ff.):

1) Demokratischer Konstitutionalismus (Murhard, Rotteck, Welcker; mit Elementen, bei den letzten beiden, die zum zweiten Typ weisen)
2) Antidemokratischer Konstitutionalismus (Pfizer, Mohl, Dahlmann)

3) Antikonstitutionelle Demokratie (Fröbel)
4) Antidemokratischer Antikonstitutionalismus (Ruge, Wirth).

Die theoretische Klassifizierung war einfacher als die Herstellung eines Bezugs zu den entstehenden Fraktionen. Fröbel oder Ruge haben im Vorparlament gemäßigter und antirevolutionärer votiert als ihrer politischen Theorie entsprochen hat (Backes 2000: 95). Die Parteienbildung folgte einer gewissen Eigendynamik. Persönliche Netzwerke spielten oft die gleiche Rolle wie ideologische Übereinstimmungen. Mohl hatte mit Dahlmann weniger theoretische Meinungsverschiedenheiten als mit anderen, und trotzdem konnte er ihn nicht ausstehen.

Die parteiliche Differenzierung hat nach 1848 neue unerwartete Formen angenommen. Der Nationalliberalismus als antiradikale Variante des liberalen deutschen Sonderwegs war 1848 nur in Umrissen zu erkennen. Die Exponenten des Radikalismus der Zeit vor 1848 wie Ruge und Bauer wurden zum Teil auch Nationalliberale oder sogar Konservative.

In den 1840er Jahren wuchs eine Strömung des „Sozialliberalismus" als Antwort auf die Konservativen von Stein bis *Viktor Aimée Huber* und dem liberalen Katholizismus, welche die soziale Frage aufgeworfen hatten. Eine Fülle von Publizisten, wie Gustav Mevissen, Karl Biedermann oder Friedrich Harkort waren zu praxisorientiert, um sich zu theoretischen Höhenflügen aufzuschwingen. 1873 kulminierten diese Bestrebungen – die quer durch die weltanschaulichen Lager gingen – in der Organisation des „Vereins für Socialpolitik" (Rohr 1963: 165). Eine Gruppe von „Kathedersozialisten", die den Namen „Sozialismus" kaum verdiente, wurde führend und zu einer interessanten Parallele zur Fabian Society in Großbritannien.

Quellen

F. D. Dahlmann: Die Politik auf den Grund und das Maß der gegebenen Zustände zurückgeführt. Berlin, Hobbing, (Hrsg.: O. Westphal), 1924.

F. Murhard: Über Widerstand, Empörung und Zwangsausübungen der Staatsbürger gegen die bestehende Staatsgewalt. Braunschweig, Vieweg, 1830.

P. A. Pfizer: Das Recht der Steuerverwilligung nach den Grundsätzen der Württembergischen Verfassung. Stuttgart, Liesching, 1836.

Rotteck: Lehrbuch des Vernunftrechts und der Staatswissenschaften. Stuttgart, Franckh, 1829–1835, 4 Bde. (zit.: LdV).

Rotteck: Nachgelassene Schriften. (Hrsg.: H. von Rotteck). Pforzheim, Dennig Finck, 5 Bde: Bd. 1–3: 1841, Bd. 4 u. 5: 1843 (zit.: NS).

Rotteck: Sammlung kleinerer Schriften meist historischen und politischen Inhalts. Stuttgart, Franckh, 1829–1848, 5 Bde (zit.: SKS).

Rotteck/Welcker: Staatslexikon. Altona, Hammerich, 1834–1840, 10 Bde., bis 1866 14 Bde., 3. Aufl.

K. Th. Welcker: Die letzten Gründe von Recht, Staat und Strafe (Gießen 1813). Aalen, Scientia, 1964.

K. S. Zacharia: Vierzig Bücher vom Staate. Heidelberg, Winter, 1839, 3 Bde.

Literatur

U. Backes: Liberalismus und Demokratie – Antinomie und Synthese. Zum Wechselverhältnis zweier politischer Strömungen im Vormärz. Düsseldorf, Droste, 2000.

Z. Batscha: Studien zur politischen Theorie des deutschen Frühliberalismus. Frankfurt, Suhrkamp 1981.

W. Bleek: Friedrich Christoph Dahlmann. München, Beck, 2010.

H. Boldt: Deutsche Staatslehre im Vormärz. Düsseldorf, Droste, 1975.

W. P. Bürklin/W. Kaltefleiter (Hrsg.): Freiheit verpflichtet. Gedanken zum 200. Geburtstag von Friedrich Christoph Dahlmann. Kiel, Kieler Verlag Wissenschaft und Bildung, 1984.

W. Dippel: Wissenschaftsverständnis, Rechtsphilosophie, Vertragslehre im vormärzlichen Konstitutionalismus bei Rotteck und Welcker. Ein Beitrag zur politischen Ideengeschichte des Liberalismus. Münster, LIT, 1990.

H. Ehmke: Karl von Rotteck der „politische Professor". Karlsruhe, C. F. Müller 1964.

H. Fenske: der liberale Südwesten. Freiheitliche und demokratische Traditionen in Baden und Württemberg 1790–1933. Stuttgart, Kohlhammer, 1981.

E. Feuz: Julius Fröbel. Seine politische Entwicklung bis 1849. Ein Beitrag zur Geschichte des Vormärz. Bern, Haupt, 1932.

U. Herdt: Die Verfassungstheorie Karl von Rottecks. Heidelberg, Diss. 1967.

Ch. Kennert: Die Gedankenwelt des Paul Achatius Pfizer. Eine Studie zum Denken des deutschen Frühliberalismus. Berlin, Duncker & Humblot, 1986.

H. Kopf: Karl von Rotteck. Zwischen Revolution und Restauration. Freiburg, Rombach, 1980.

D. Langewiesche (Hrsg.): Liberalismus im 19. Jahrhundert. Deutschland im europäischen Vergleich. Göttingen, Vandenhoeck & Ruprecht, 1988.

R. von Mohl. Die Geschichte und Literatur der Staatswissenschaften (1855). Nachdruck: Graz, akademische Druck- und Verlagsanstalt, 1960, Bd. II: 560–577 (zit.: L).

G. Neumann: Geschichte der konstitutionellen Theorie in der deutschen Publizistik von 1815 bis 1848. Berlin, Preußische Druck- und Verlags-Aktiengesellschaft, 1931.

M. Neumüller: Liberalismus und Revolution. Das Problem der Revolution in der deutschen liberalen Geschichtsschreibung im 19. Jahrhundert. Düsseldorf, Droste, 1973.

H. Puchta: Die Entstehung politischer Ideologien im 19. Jahrhundert, dargestellt
    am Beispiel des Staatslexikons von Rotteck-Welcker und des Staats- und Gesell-
    schaftslexikons von Hermann Wagener. Diss., Erlangen 1972.
R. Schöttle: Politische Theorie des süddeutschen Liberalismus im Vormärz. Studien
    zu Rotteck, Welcker, Pfizer, Murhard. Baden-Baden, Nomos, 1994.
J .J. Sheehan: Partei, Volk and Staat. Some Reflections on the Relationship between
    Liberal Thought and Action in Vormärz. In: H.-U. Wehler (Hrsg.): Sozial-
    geschichte heute. Festschrift für Hans Rosenberg. Göttingen, Vandenhoeck &
    Ruprecht, 1974: 162–174.
P. Wende: Radikalismus im Vormärz. Untersuchungen zur politischen Theorie der
    frühen deutschen Demokratie. Wiesbaden, Steiner, 1975.
T. Zumhammer: Zwischen Adel und Pöbel. Bürgertum und Mittelstandsideal im
    Staatslexikon von Karl von Rotteck und Karl Theodor Welcker. Baden-Baden,
    Nomos, 1995.

Robert von Mohl (1799–1875)

Vor Mohl war die Verbindung von politischer Theorie und praktischer Teilnahme
an der Politik als Volksvertreter in Deutschland selten. Die geringen Befugnisse
der repräsentativen Versammlungen und die starke Aussiebung der Gewählten
ließen nur wenige starke Persönlichkeiten hochkommen, deren politische Anschauungen aus dem Durchschnittsdenken des biedermeierlichen Spätabsolutismus herausragten. Die Altliberalen Rotteck oder Pfizer waren seltene Ausnahmen in Deutschland, und ihre Größe als politische Theoretiker war nicht mit der
Mohls zu vergleichen. Ihre praktische Politik erschien Mohl jedoch nicht immer
vorbildlich. Mehr als einmal hat er das „ewige Zungengedresche" der Rotteck-
Welckerschen Opposition gegeißelt, und die liberale Opposition unter Friedrich
Römer in seinem Heimatland Württemberg hielt er für unfähig, jemals die Regie-
rungsgeschäfte zu übernehmen (Angermann 1962: 412). Mohl hat ständig darum
gerungen, theoretische Einsicht und praktisches Handeln in der Politik in sinn-
voller Weise zu verbinden.

  Im Herbst 1847 bekam Mohl einen Ruf nach Heidelberg, und ein Jahr später stellte er sich – kaum genesen von einer schweren Krankheit – dem politischen Leben im Vorparlament und in der Paulskirche abermals zur Verfügung.
Sein größter Beitrag als Abgeordneter der Paulskirche war die Ausarbeitung einer
Geschäftsordnung, die er drucken ließ, „damit weder kostbare Zeit mit der Be-
rathung einer solchen verdorben werde, noch gleich von Anfang Unordnung ein-
reiße". Zu seiner Genugtuung sah er sie bald mit Dank von der Nationalversammlung bestätigt. Nur Jacob Grimm kritisierte den Entwurf; er war namentlich gegen

die Beratung in Ausschüssen, da er die Ansicht vertrat, dass sie die Abgeordneten nur verwirrte.

Mohl hatte sich schon für die Disziplinierung parlamentarischer Versammlungen interessiert, ehe eine Möglichkeit in Deutschland bestand, seine Erkenntnisse in die Praxis umzusetzen. Benthams Arbeit über „Die Behandlung der Geschäfte in beratenden Versammlungen" hatte er mehr geschätzt als viele von dessen theoretischen Werken, und er bewunderte, „daß ein Verfahren, welches man bisher lediglich nach Gewohnheit und höchstens nach einzelnen unmittelbar aus dem Leben gezogenen Regeln geübt hatte, sich auf allgemeine Grundsätze zurückführen" und als eine Aufgabe für die wissenschaftliche Staatskunst behandeln lasse (Lit III: 627). 1828 hatte Mohl Hamiltons „Parlamentarische Logik" in Übersetzung herausgebracht, da aber „Parlamentarische Erfahrung und Einsicht in Deutschland noch zu wenig verbreitet" waren, hatte diese Edition keinen großen Widerhall. Mohls Ideen zu einer Rationalisierung des parlamentarischen Betriebes waren gleich weit entfernt von den demagogischen Empfehlungen des „Single speech-Hamilton", der eine zynische Variante des Staatsräson-Denkens auf den parlamentarischen Geschäftsbetrieb anwandte, und den Versuchen Benthams, den Nützlichkeitsgedanken mit idealistischem Eifer zur Parlamentsreform einzusetzen.

Im ganzen hat Mohl keine wirklich führende Rolle in der Politik gespielt; darin teilte er das Schicksal anderer bedeutender Theoretiker der Politik, die sich eine Zeitlang der politischen Praxis widmeten wie Chateaubriand, Constant oder Tocqueville. Er wurde als Minister in der zeitgenössischen Publizistik relativ positiv beurteilt, vielleicht mit Ausnahme seiner Rolle im Malmöer Waffenstillstand und bei Einbringung eines Gesetzes zum Verbot der Spielbanken in Deutschland. Dennoch hatte Mohl keinerlei Illusionen über sein Leben als Politiker. Die Selbsteinschätzung in seinen Lebenserinnerungen gehört zu den seltenen Dokumenten der Bescheidenheit und Selbstkritik bedeutender Männer. Resigniert klang sein Eingeständnis, dass er „Theoretiker und Doktrinär, nicht aber maßgebender Staatsmann" sei (L I: 139).

Im Unterschied zu anderen bedeutenden politischen Theoretikern in der Zeit des deutschen Vormärz ist Mohl nicht mehr von der Philosophie des deutschen Idealismus geprägt worden. Besonders der Hegelschen Lehre hat er ziemlich verständnis- und interesselos gegenübergestanden. Mohl war seiner ganzen Haltung nach ein positivistischer Empiriker. Kaum ein methodologisches Werk ist von ihm so gelobt worden, wie das System der Logik von J. St. Mill (Lit III: 366). Mohl war jedoch kein unkritischer Schüler der englischen Positivisten. Besonders die utilitaristischen Voraussetzungen der Lehren Benthams und Mills teilte er nicht. Er kritisierte die Benthamsche Suche nach dem größtmöglichen Glück der größtmöglichen Zahl als einseitig und unhistorisch: „Alle Staaten also, welche andere Zwecke zu fördern haben, oder mit anderen Worten, alle Völker, welche auf einer anderen Gesittigungsstufe stehen als die Verfolgung des bloßen Nutzens bringt, werden durch das Princip Benthams gar nicht berührt" (Lit III: 633).

Auch in seinem Eifer, die Wissenschaften zu klassifizieren, stand Mohl in der Tradition der Positivisten. Er unterschied die dogmatischen Staatswissenschaften von den historischen (Staatengeschichte und Statistik). Zu den dogmatischen Staatwissenschaften rechnete er die allgemeine Staatslehre, das öffentliche Recht (Staatsrecht und Völkerrecht), Staatssittenlehre und die Staatskunst oder Politik. Aber eine eindeutige Scheidung von Staatslehre, Staatsrecht und Politik wurde auch bei Mohl nicht erreicht. Die Bezeichnung „politische Wissenschaft" kam nicht selten bei ihm vor, meistens im Plural, in jenem weiteren Sinn, der von den französischen „sciences politiques" übernommen worden war und für den Mohl das deutsche Wort „Staatswissenschaften" hatte. Es fand sich auch das Wort „Wissenschaftliche Politik". Für die dogmatischen Staatswissenschaften unterstrich er die Notwendigkeit einer stärkeren Pflege der Staatssittenlehre als eigener Disziplin. Die Staatskunst oder Politik war für Mohl die Wissenschaft von den Mitteln, durch welche die Zwecke der Staaten so vollständig als möglich in der Wirklichkeit erreicht werden.

Neben Friedrich Rohmers Buch „Deutschlands alte und neue Bureaukratie" (München 1848) war Mohls Aufsatz „Über Bureaukratie" von 1846 einer der frühesten Versuche, die Bürokratie in einer selbständigen Arbeit zu behandeln. Seit ein physiokratischer Nationalökonom das Wort „Bureaukratie" in der Mitte des 18. Jahrhunderts als Schimpfwort in Umlauf gebracht hatte, war es ein beliebtes Schlagwort bei Konservativen und Liberalen geworden. Die Konservativen verwandten es mit Vorliebe gegen die nivellierenden Tendenzen der spätabsolutistischen Verwaltung, wenn sie die Privilegien der ehemals herrschenden Stände bedroht sahen. Die Liberalen dagegen fassten in dem Wort „Bürokratie" nicht selten ihre Abneigung gegen den Drang des Staates zusammen, sich auf immer weitere soziale und wirtschaftliche Bereiche gesetzgeberisch und reglementierend auszudehnen.

Mohl ließ als Liberaler die konservativen Einwände gegen die Bürokratie nicht gelten. Es zeugte jedoch von ungewöhnlicher geistiger Unabhängigkeit, daß er auch gegen die üblichen liberalen Vorurteile Stellung nahm. Mohls Aufsatz war der erste Versuch in Deutschland, die Bürokratie nicht nur als Entartungserscheinung zu schmähen, sondern sie als unvermeidliches Phänomen des modernen Staates und seiner rationalisierten Verwaltungsmethoden zu begreifen. Kein deutscher Sozialwissenschaftler vor Max Weber hat die Bürokratie so leidenschaftslos analysiert wie Mohl. Seine Aufgeschlossenheit für die soziale Frage kam ihm hierbei zugute. Er teilte nicht mehr die Meinung der älteren Generation des deutschen Liberalismus, dass jede Ausweitung der Staatstätigkeit an sich ein Übel sei. Besonders Humboldts berühmte kleine Schrift über die „Grenzen der Wirksamkeit des Staates" fand wenig Beifall bei Mohl. Die Ausdehnung der Staattätigkeit nahm Mohl als unvermeidlich hin. Der Abbau der alten „privatrechtlichen und patrimonialen Gestaltungen" wäre ohne die Bürokratie für ihn nicht zu denken gewesen. Auch bei der Integration von „hunderten von Duodezstaaten" in einigen deutschen Mittelstaaten rühmte er die Verdienste der modernen Bürokratie (StVP II: 99–130).

Mohl übersah die Schattenseiten der Bürokratie andererseits keineswegs. Er machte die Staatsmänner seiner Zeit darauf aufmerksam, dass die „Verwaltung keinen Zivilprozeß gegen das Leben" führe und kritisierte die bürokratische Neigung zur „Schreibtischherrschaft" mit ihren „Aktengletschern". Die Neigung zu bloß formaler Erledigung der Probleme, die Unpersönlichkeit, die Kleinlichkeit, die nivellierenden Tendenzen sah er nicht weniger scharf als die spätere Bürokratieforschung. Aber Mohl glaubte nicht, dass es soziale „Gesetze" gäbe, die die Bürokratisierungstendenzen unausweichlich verstärkten, wie viele spätere Sozialwissenschaftler von Robert Michels bis Parkinson annahmen. Mohl hoffte sogar, dass die Wissenschaft neue Bewegungen gegen den „allgegenwärtigen und allthäthigen Staat" und seine Bürokratie führen könne. Die Eindämmung der negativen Seiten der bürokratischen Verwaltung versprach er sich von staatlichen und von sozialen Mitteln. Jeder einzelne Bürger war in diesem Kampf gegen die Bürokratie aufgerufen, mitzuwirken. Durch Beschwerden und Prozesse, durch die Bildung von privaten Vereinen und die Ausbildung einer staatsbürgerlichen Gesinnung konnte die Gesellschaft nach seiner Ansicht den Einfluss der Bürokratie schwächen. Die Einwirkung der Verbände auf die staatliche Willensbildung erschien ihm das wichtigste Mittel der Gesellschaft im Kampf gegen den Bürokratismus, und sie ist es wohl noch immer, auch wenn viele der heutigen Kritiker der „Verbandsherrschaft" dieses historische Verdienst der Verbände nur allzu leicht übersehen.

Als Mittel gegen die Bürokratie auf staatlicher Ebene empfahl Mohl die Verbesserung der Amtsqualifikation, ein Thema, mit dem er sich mehrfach publizistisch beschäftigte. Das weitaus wichtigste Mittel aber erschien ihm die Parlamentarisierung der Regierungen und die Überwindung des konstitutionellen Dualismus von Ministerium und Parlament zu sein. Er hielt es für unvermeidlich, daß Routine und Formalismus herrschten, solange die Minister aus dem Subalternbeamtentum aufstiegen und ohne parlamentarischen Rückhalt und ohne parteipolitische Erfahrung regierten. Die Wirkung der parlamentarischen Regierung hat Mohl jedoch überschätzt, sie hat die Bürokratisierung im modernen Staat nicht aufhalten können.

In einigen Ländern mit parlamentarischer Regierung – wie in England – entstand eine Bürokratie im kontinentalen Sinne erst unter dem parlamentarischen Regime. Immerhin sah Mohl im Punkte der englischen Verwaltung klarer

als Gneist, der größte Englandkenner seiner Zeit in Deutschland. Mohl machte
sich zuweilen lustig über Gneists Hoffnungen, in Preußen eine unbürokratische
Selbstverwaltung englischen Musters aufbauen zu können durch die Heranzie-
hung der preußischen Junker zu Selbstverwaltungsaufgaben. Eine Kopie der englischen Selbstverwaltung hielt er nicht für möglich. Aber er hat die Wirkungen der
parlamentarischen Regierung auf die Bürokratie der kontinentalen Länder überschätzt. Mohl konnte auch noch nicht wissen, dass die Bürokratie in einigen Ländern mit parlamentarischer Regierung wie Frankreich oder Italien noch gestärkt
wurde, da die Bürokratie die mangelnde Homogenität und Kontinuität der parlamentarischen Ministerien kompensieren musste. Außerdem konnte Mohl bei aller Aufgeschlossenheit für staatliche Sozialpolitik das Ausmaß der Leistungen des
modernen Daseinsvorsorgestaates und ihre fördernde Wirkung auf den Ausbau
der Bürokratie zu seiner Zeit noch nicht übersehen.

Am bekanntesten wurde Mohl zu seiner Zeit als Theoretiker des Rechtsstaats,
und wenn man heute auch davon abgekommen ist, seine Originalität auf diesem Gebiet zu überschätzen, so war er doch einer der erfolgreichsten Populari-
satoren dieses Begriffes. Die Bemühungen um die Lösung der sozialen Frage und
die Ablehnung des bloßen Nachtwächterstaats der älteren Liberalen gaben dem
Prinzip des formalen Rechtsstaatsgedankens bei Mohl eine über Kant, Stahl und
Welcker hinausgehende Prägung. Der Rechtsstaat war für Mohl im Gegensatz zur
Theokratie, dem Patrimonialstaat oder dem patriarchalischen Staat auf „sinnlich-
vernünftige Lebenszwecke" gerichtet. Bei dieser „Lebensansicht" ist die Freiheit
der Bürger oberster Grundsatz, daher tritt der Staat nicht „an die Stelle des gesamten Volkslebens", sondern seine Unterstützung ist wesentlich „negativer Art".
Die Intervention des Staates sollte sich subsidiär auf „bloße Wegräumung solcher Hindernisse, deren Beseitigung den Kräften des Einzelnen zu schwer wären" beschränken. Der Staat konnte dem Individuum in zweifacher Hinsicht zu
Hilfe kommen. Zur Abwehr von Eingriffen in den Rechtskreis des Individuums
durch die Justiz und zur Hilfe gegen die Übermacht äußerer Umstände durch
die Polizei. Der Rechtsstaat war für Mohl mehr als der Staat, der das Recht bewahrte – wie ihn nicht wenige in der Nachfolge Kants auffassten. Er war berufen, die Wohlfahrt zu fördern. Allerdings war er dabei doppelt gebunden: einmal
war sein Eingreifen überall da unerwünscht, wo der Staatsbürger sich selber helfen konnte, zum anderen wurden aus der Idee des Rechtsstaates bestimmte Ver-
fahrensweisen beim staatlichen Eingriff vorgeschrieben. Materialer und formaler Rechtsstaats-Begriff flossen in Mohls Polizeiwissenschaft zusammen. Auf der
einen Seite steht der Polizeistaat, den Mohl in seinen biedermeierlichen Formen
in Süddeutschland der Metternichzeit noch erlebt hat – vielregierend, von oben
reglementierend, geschäftig und um alles bemüht, aber ohne klares Ziel und ohne
Verständnis für das Autonomiestreben des Bürgertums; auf der anderen Seite

kündigen sich in der Ferne schon die sozialen Bewegungen der zweiten Hälfte des 19. Jahrhunderts, die der staatlichen Verwaltung neue riesenhafte Aufgaben stellten. Zwischen beiden Zeitaltern stehend, kämpfte Mohl als Beamtensohn, realitätsvertrauter Verwaltungsmann und Vertreter des mit einem kräftigen Tropfen sozialen Öls gesalbten württembergischen Liberalismus gegen die übermächtige „Kantische Naturrechtsschule", die sein eigentlicher Gegner war; er kämpfte um eine zeitgerechte Auffassung des Rechtsstaats und der Polizei, in der Ermessensspielraum und juristische Bindung, Tätigkeit und Rechtlichkeit der Verwaltung ihren Platz haben.

Viele politische Ansichten Mohls – besonders zur Repräsentation – sind nicht ohne seine Theorie von der Gesellschaft zu verstehen. Mohl wandte sich scharf gegen die Auffassung des Staates „als eines Aggregates atomistischer Einzelner" (Lit I: 109). In seinem Denken blieb jedoch eine Spur des bekämpften Atomismus erhalten, da er das Individuum den „gesellschaftlichen Kreisen" gegenüberstellte, ohne ihre Verwobenheit in der gesellschaftlichen Realität klar herauszustellen. Sein Bild einer Gesellschaft, das sich in Familien, Stämme, Staatenverbindungen und Gemeinden gliederte, blieb seltsam schematisch. Vom Individuum hatte er gesagt, dass es „zunächst an sich und für sich da ist", was in sittlicher Hinsicht zutraf, aber den Blick für die gesellschaftliche Realität trotz gelegentlicher Polemiken gegen den soziologischen Atomismus verdunkelte.

In seiner Betrachtung über „Die Staatswissenschaften und die Gesellschaftswissenschaften" betonte Mohl die „Möglichkeit einer eigenen wissenschaftlichen Auffassung der Gesellschaft (Lit I: 102). Er postulierte die vollständige Trennung von Gesellschafts- und Staatswissenschaften und forderte damit den Widerspruch von Theoretikern der Gesellschaft heraus, die in der Tradition des Hegelschen Denkens standen und wie Treitschke dazu neigten, letztlich eine Identität von Staat und Gesellschaft anzunehmen.

Die Gesellschaftsauffassung der Hegelschüler war Mohl besonders fremd, wenn sie – wie bei Lorenz von Stein – allzu stark vom „wirtschaftlichen Organismus des Volkes" ausging, und alle gesellschaftliche Dynamik auf die Produktionsverhältnisse reduzierte und auf Klassenkämpfe, die aus ihnen resultierten. Mohl gab später zu, nicht mehr die Kraft gehabt zu haben, ein „durchgeführtes System der Gesellschaftswissenschaften" zu entwerfen, so sehr ihn diese Aufgabe auch zuweilen gelockt hat. Seine Gesellschaftslehre war weder originell noch umfassend und die Soziologie hat seine Lehren auffallend wenig beachtet.

An einem Punkt aber wurden seine soziologischen Ansätze für das politische Denken fruchtbar: in der sozialen Frage. Wie viele Liberale neigte Mohl dazu, das „Gespenst, das in Europa umging" bereits allzu ernst zu nehmen. Dies führte ihn zwar zu sehr pessimistischen Prognosen über das Wachsen des Sozialismus und des Kommunismus für die nahe Zukunft, erwies sich jedoch als fruchtbar zur

Eindämmung des laisser-faire-Denkens im Liberalismus. Furcht, nicht Sympathie war für Mohl der Antrieb, sich der sozialen Frage anzunehmen. Zuneigung zu den „armen Klassen" war ihm fremd, und er fühlte sich physisch unwohl im Umgang mit einfachen Leuten.

Es gehörte zu Mohls Verdiensten, die Verursachung der sozialen Lage der Arbeiter durch den „politischen Überbau" anzuzweifeln. „Die itzigen Verhältnisse der Arbeiter sind nicht hervorgegangen aus den bestehenden staatlichen Einrichtungen und sie würden mit einer Veränderung derselben sich keineswegs ebenfalls von selbst ändern (StVP III: 536). Daher warnte er 1848 in seiner Flugschrift „Republikanismus oder nicht" die Arbeiter davor, sich allzu viel von einem Umsturz der monarchischen Staatsform zu versprechen. Mohl war jedoch nicht so blind für die soziale Realität, jeden Zusammenhang von Politik und Arbeiterfrage zu leugnen. Seine Vorstellung von staatlicher Sozialpolitik ließen – im Gegensatz zu Steins Diagnose und Marxens Prognose – einen Weg offen, die Klassenkämpfe zu mildern. Bei Mohls ideengeschichtlichen Interessen war es kein Wunder, dass er auch in dieser theoretischen Frage die Hälfte der Arbeit wieder dogmatischen Untersuchungen widmete, und zwar der „Kritik ungeeigneter Vorschläge zu Abhülfe". Von kommunistischen und sozialdemokratischen Programmen bis zu den genossenschaftlichen Selbsthilfe-Plänen kritisierte er die bekannteste Literatur zur sozialen Frage. Als verfehlte Mittel sozialer Hilfe verwarf er die „unbeschränkte Realisation der Gewerbefreiheit", aber auch die Wiederabschaffung der Gewerbefreiheit, die für ihn „einen Selbstmord begehen" hieß, „um eine Krankheit loszuwerden". Von der Volkserziehung allein versprach er sich wenig. Dagegen befürwortete er Fabrikgesetzgebung, die das freie Vertragsrecht zugunsten des allgemeinen Wohls einschränkt, Verkürzung der Arbeitszeit, ein Verbot des Truck-Systems, größere Koalitionsfreiheit, Ausdehnung des Unterrichts der arbeitenden Klasse und erweitertes Wahlrecht. Nur mit Bedenken äußerte er seine interessanteste Forderung: „den Arbeitern durch einen Akt der Gesetzgebung einen Antheil an dem reinen Gewinn des Unternehmens, in welchem sie beschäftigt sind, zu verschaffen" (StVP III: 581). Später rückte er von diesem Vorschlag wieder ab. Es ist jedoch zu Recht darauf hingewiesen worden, daß Mohl kein „Recht auf Eigentum", sondern eher ein „Recht am Eigentum" anerkannte. Da Mohl das Eigentum als Faktor der Persönlichkeitsbildung hoch einschätzte, wollte er die Eigentumsbildung auch bei den Arbeitern nicht ausschließen. In diesem Punkt wich seine Analyse abermals von Lorenz von Stein ab, der gerade diese Möglichkeit für die Arbeiter ausschloss, da sie sich seiner Meinung nach mit der Eigenart der bürgerlichen Gesellschaft nicht vertrug.

Seine bleibende Bedeutung für die Geschichte des politischen Denkens in Deutschland gewann Mohl vor allem in seinen Schriften zum Repräsentativsystem und der parlamentarischen Regierungsform. Mohl wandte sich früh gegen die Ansicht von Gentz und den Konservativen, die Volkssouveränität werde proklamiert, wenn man Artikel 13 der deutschen Bundesakte im Sinne westlicher Repräsentativverfassungen auslege. Er lehnte auch später die Identifizierung von Repräsentativverfassung und Volkssouveränität ab (Lit I: 297).

In der Frühzeit seines publizistischen Wirkens interpretierte Mohl die Repräsentativverfassung noch auf herkömmliche Weise. Das wird in seinem Buch von 1837 über die „Verantwortlichkeit der Minister in Einherrschaften mit Volksvertretung" deutlich. Mohl optierte in diesem Buch noch eindeutig gegen die parlamentarische Regierung, da er die politische Verantwortlichkeit der Minister nicht billigte. „Bloßer Tadel des bereits Geschehenen" erschien ihm unfruchtbar, die „Erklärung der Unwürdigkeit" der Minister konnte in seinen Augen „die Entlassung des Getadelten keineswegs als nothwendige Folge nach sich ziehen" ohne die Monarchie zu gefährden. Das schärfste Mittel der Volksvertretung gegen die Regierung, die Steuerverweigerung, erschien ihm sogar schädlich für das ganze Staatsleben. Allein in einem Punkt war Mohl der Idee der parlamentarischen Regierung bereits näher als Constant, der so oft als ihr geistiger Vater hingestellt worden ist. Constant hatte ein Misstrauensvotum gegen die Regierung generell abgelehnt, da es Ausdruck einer „assemblée factieuse" sei, keine juristische Folge habe, und einen Angriff auf die königliche Prärogative darstelle. Mohl dagegen fand ein juristisches Verbot wie Constant es erwog als zu weitgehend, da es als Ausdruck einer feindlichen Mehrheit nicht zu verhindern sei. Er eröffnete damit der Möglichkeit eines „de-facto-Misstrauensvotums" die Tür, wie es beim Übergang zur parlamentarischen Regierung in manchen Volksvertretungen üblich war.

Mohl konnte in seinem Buch über die Ministerverantwortlichkeit diese politische Literatur noch nicht verwerten, und es muss sogar angenommen werden, daß er nicht einmal die wichtige Stahlsche Arbeit über das monarchische Prinzip kannte, als er 1846 seinen ersten einflussreichen Aufsatz: „Über die verschiedene Auffassung des repräsentativen Systemes in England, Frankreich und Deutschland" schrieb. Dennoch wurde dieser Aufsatz zu einer glänzenden Antithese zu Stahls kleiner Schrift. Mohl sah die positive Seite des parlamentarischen Monismus im gewandelten britischen System. Das englische Parlament stand dem Ministerium nicht feindlich gegenüber, da dieses eigentlich nur „ein gemeinschaftlicher Ausschuß aus den beiden Häusern" war und „keineswegs bloß die negative Rolle einer Vertheidigung verletzter oder bedrohter Volksrechte und einer Abwehr ungesetzlicher Gewalt oder ungeschickter Regierung hat, sondern vielmehr einen bedeutenden Theil der Verwaltung des Staates unmittelbar und positiv besorgt" (StVP I: 35). In Mohls Auffassung stellte Frankreich die Mitte dar zwischen den Extremen des deutschen Dualismus von Parlament und Regierung und der völligen Verschmelzung beider im britischen Regierungssystem. Er sah zwar, dass in Frankreich die Regierung nicht immer völlig von der parlamentarischen Mehr-

heit abhängig war, und dass die Regierung starken Einfluss auf die Wahlen zur
Kammer und die Ernennung der Pairs nahm. Mohl kritisierte auch die zu enge
Begrenzung des Wahlrechts und das „Fehlen jeder korporativen Ordnung und
Selbständigkeit". Dennoch war sein Gesamturteil über das französische System
positiv, da es mit der „Bildungsstufe des Volkes" übereinstimmte und einen „be-
achtenswerten Theil der Bürger zufriedenstellte". Erst nach dem Zusammenbruch
der Julimonarchie kam Mohl zu einer schärferen Kritik des französischen Systems.

Gegenüber England und Frankreich nahmen sich die deutschen Zustände in
Mohls Augen trostlos aus: „Das straffe Gegenüberstehen der Regierungen als solcher und der Stände; der Mangel an innerem Zusammenhange und an staatlichen
Gedanken in den Ministerien; die ins Kleinste gehenden Kritiken und Ersparnis-
bemühungen der Kammern; die so tiefgreifenden Regierungseinflüsse auf die persönliche Besetzung der ständischen Bänke; die vielerlei Überreste ganz anderer,
in der Hauptsache abgestorbener Zustände; die Schwäche und Enge der öffentlichen Meinung; die Unsicherheit der staatsbürgerlichen Ansichten; der Mangel
einer Befriedigung mit den so gestalteten Zuständen; die Eingriffe der Bundesge-
walt; dies Alles ist Deutschland eigenthümlich (StVP I: 64). Die Forderung nach
parlamentarischer Regierung musste in dieser Schrift noch zwischen den Zeilen
gefunden werden, er begnügte sich mit schonungsloser Diagnose der deutschen
konstitutionellen Monarchien.

1852 erschien Mohls Schrift „Das Repräsentativsystem, seine Mängel und Heilmittel" in der Deutschen Vierteljahresschrift. Sie sprach bereits wesentlich offener als der erste Aufsatz die Forderung nach parlamentarischer Regierung aus
und zweifelte die „allein seligmachende constitutionelle Lehre" in ihren Grundlagen an. Ohne Nennung von Stahl widerlegte Mohl dessen Identifikation von
Korruption und parlamentarischer Regierung, ja er griff nun seinerseits zu Stahls
Methode simplifizierender Antithesen und ließ nur zwei Wege zur Überwindung
des konstitutionellen Dualismus offen: „Corruption oder parlamentarische Regierung". Damit wurde die korrupte Parteiherrschaft, wie sie unter Walpole oder
Guizot herrschte, zu einem Frühstadium der parlamentarischen Regierungsform
relativiert, das nicht für alle Zeiten notwendigerweise mit dem System verbunden
sein musste.

Das parlamentarische Regierungssystem konnte in Mohls Augen nur funktionieren, wenn es mit der rechten Repräsentationsauffassung verbunden war. Mohl
beklagte, dass die Abgeordneten nicht nach bestimmten Rechten und Interessen
gewählt würden, sondern nach „räumlicher Ausdehnung und Bevölkerungszahl".
Diese Willkür führte nach seiner Meinung zur Vorherrschaft der Beamten in
den regierungstreuen Gruppen und der Advokaten in der Opposition. Eine Viel-
zahl von Interessen, die Unternehmer, Handwerker, Landwirte sah er als unterre-
präsentiert an. Ähnlich wie einige weniger bekannte Publizisten: Ahrens, Levita,

Jarcke, Winter u. a. kam er zu einer Frühform der „besrufsständischen Auffassung" von Repräsentation. Aus verwandten geistigen Quellen speisten sich Mohls Ansichten über das Wahlrecht. Zeit seines Lebens blieb er ein Gegner des allgemeinen Wahlrechts, das ihm allenfalls in der Demokratie als berechtigt erschien. Sichtbar unter dem Einfluss Tocquevilles ließ er jedoch über die „Weiterentwicklung des demokratischen Principes im nordamerikanischen Staatsrechte" allerlei kritische Bemerkungen fallen. Er hielt sich auch nicht ganz frei von der damals so häufigen Identifikation von Demokratie und allgemeinem Wahlrecht, und das allgemeine Wahlrecht in Deutschland bedeutete in seinen Augen schon nahezu „Communismus". Als es in Deutschland seinen Einzug hielt, empfand er es als Fremdkörper, dem keinerlei „äußere Notwendigkeit" entspreche. Ja, er fasste die Gewährung des allgemeinen Wahlrechts nicht zu Unrecht als demagogischen Schachzug Bismarcks auf, als „eine nur auf den Erfolg des Augenblicks berechnete genial-kecke Maßregel, ... an welcher unsere Nachkommen nach aller menschlichen Wahrscheinlichkeit schwer zu leiden haben werden" (StVP III: 724).

Die verheerenden Folgen, die Mohl vom allgemeinen Wahlrecht erwartet hatte, traten nicht ein, ja, zu seiner Verwunderung wurde er zum Abgeordneten gewählt, obwohl es ihm zweifelhaft erschienen war, ob er „bei einer Wahl mit allgemeinem Stimmrechte durchdringen werde" (L II: 159). 1874 stellte er sich in seinen „Kritischen Bemerkungen über die Wahlen zum deutschen Reichstage" schon auf den Boden des bestehenden Wahlrechts, obwohl er früher die Kombination von „Soldatenherrschaft" und allgemeinem Wahlrecht als besonders bedrohlich empfunden hatte. Mohl ist jedoch nie expressis verbis von der Meinung abgerückt, dass eine parlamentarische Regierung „gemäßigt zensitär" sein müsse. Nur den plutokratischen Zensus des Bürgerkönigtums lehnte er ab, da in Frankreich „die Zahl der ausgeschlossenen Tauglichen" unverhältnismäßig größer als die der Zugelassenen gewesen war. Bis zum Ende des 19. Jahrhunderts fand man bei den Liberalen häufig die Meinung, dass parlamentarische Regierung und allgemeines Wahlrecht unvereinbar seien. Die Konservativen dagegen waren sich der demagogischen Möglichkeiten eines erweiterten Wahlrechts voll bewusst und versuchten, sie sich zunutze zu machen. Die zeitweilige Zuneigung der englischen und französischen Konservativen zum erweiterten oder allgemeinen Wahlrecht und die ständige Forderung nach allgemeinem Wahlrecht durch die Radikalen und die Sozialisten aller Länder machte die Altliberalen vom Schlage Mohls nicht gerade weniger misstrauisch gegen seine Segnungen.

Neben der „organischen Repräsentation" und einem „klug beschränkten" Wahlrecht war in den Augen Mohls die Parteistruktur die dritte Grundlage eines „gesunden parlamentarischen Systems" in Deutschland. Die Vernachlässigung der Rolle der Parteien im Repräsentativsystem war mit ursächlich dafür gewesen, dass der junge Mohl das Wesen der politischen Ministerverantwortlichkeit nicht er-

kannte. Später sah Mohl das Fehlen eines Zweiparteiensystems als einen Grund
dafür an, dass die parlamentarische Regierung in Deutschland noch nicht hei-
misch wurde. Er wehrte sich aber gegen das generalisierende Argument, dass die
Deutschen politisch unreif seien.

Deutschland hat keinen liberalen Denker vom Range Constants oder Mills
hervorgebracht. Mohl blieb eine innerdeutsche Gestalt, ohne Auswirkungen auf
den internationalen Liberalismus. Sein Verdienst war die umfassende Literaturkenntnis und die politisch hellsichtige Verarbeitung des Gelesenen. Nach anfäng-
lichen Irrtümern hat er die Notwendigkeiten wie kein anderer deutscher Liberaler
seiner Zeit erfasst: Parlamentarisierung und soziale Daseinsvorsorge des Staates
hat Mohl gefordert, und allenfalls in den Wahlrechtsfragen blieb er in altkonser-
vativen Vorurteilen befangen.

Quellen

Mohl: Staatsrecht, Völkerrecht und Politik. Tübingen, Laupp 1860, Nachdruck: Graz,
    Akademische Druck- und Verlagsanstalt, 1962, 3 Bde. (zit: St.V.P.).
Mohl: Die Geschichte und Literatur der Staatswissenschaften. Erlangen, Enke 1855,
    Nachdruck: Graz, Akademische Druck- und Verlagsanstalt, 1960, 3 Bde.
Mohl: Lebenserinnerungen. Stuttgart, DVA, 1902, 2 Bde. (zit.: L).
Mohl: Politische Schriften (Hrsg.: K. v. Beyme). Köln, Westdeutscher Verlag, 1966.

Literatur

E. Angermann. Robert von Mohl 1799–1875. Leben und Werk eines altliberalen
    Staatsgelehrten. Neuwied, Luchterhand, 1962.
B. Granzow. Robert von Mohls Gedanken zu einem parlamentarischen Regime auf
    berufsständischer Grundlage. Heidelberg, Diss., 1959.
F. Raberg: Biographisches Handbuch der Württembergischen Landtagsabgeordneten
    1815 – 1933. Stuttgart, Kohlhammer, 2001.

4 Liberal-Konservatismus in der zweiten revolutionären Welle in Frankreich um 1848: Tocqueville

Alexis de Tocqueville (1805–1859)

Tocqueville als Theoretiker des Liberalismus ist meist nur durch sein Amerikabuch bekannt, dessen erster Band 1835 sofort großes Aufsehen erregte. Er gehörte
in die große Reihe der Theoretiker, die auch als Abgeordnete im Parlament Erfahrungen sammelten (1839–51). 1849 war er für kurze Zeit Außenminister der Zweiten Republik, obwohl er 1848 vor der Revolution gewarnt hat. Die Amerikareise

fand 1831/32 im Auftrag des Justizministeriums statt, um die Reform des Gefängniswesens zu studieren.

Die Studie ragt aus den vielen Reisebüchern, die es auch über Amerika gab, heraus, weil die Länderanalyse eigentlich nur der Vorwand war, gesellschaftliche Wandlungen zu analysieren, die in der ganzen nordatlantischen Welt anstanden. Eine neue Welt bedurfte seiner Ansicht nach (OC I: 5) auch einer „neuen Politikwissenschaft" (science politique nouvelle). Europa standen in Tocquevilles Konzeption ähnliche Entwicklungen bevor wie Amerika. Die Entwicklung der Gleichheit war für ihn „ein Faktum der Vorsehung" (OC I:.4). Er bekannte, dass sein Buch unter der Wirkung einer Art religiösen Erschreckens geschrieben worden ist, das der Anblick dieser unwiderstehlichen Revolution in der Seele des Verfasser ausgelöst hat. Es beunruhigte ihn, dass die Regierenden für diese Entwicklung keine Vorsorge trafen, sondern sie den „wilden Instinkten" überließen, wie Kinder ohne elterliche Fürsorge auf der Straße, die nichts kennen als Laster und Elend. Für ihn war der Nimbus der königlichen Gewalt erloschen, ohne aber durch die „Majestät des Gesetzes" ersetzt worden zu sein. Die Demokratie hatte in seinen Augen in Frankreich alles eingerissen, was ihr im Weg stand. Die Religion, die von ihrer Lehre her eigentlich für Gleichheit sein müsste, reihte sich in seinen Augen unter die Gegner der Demokratie ein.

Tocqueville (OC I: 1, 12 ff.) bekannte sich zu einer wissenschaftlichen Analyse ohne normativen Impetus. Er wollte kein Loblied singen und keine Regierungsform anpreisen. Er behauptete, sich nicht einmal ein Urteil angemaßt zu haben, ob der Fortgang der Entwicklung der Menschheit zum Vorteil oder zum Nachteil gereiche. Er gab vor, diese Revolution hingenommen zu haben als eine, die sich vollzogen hat oder unmittelbar bevorstehe. Amerika reizte ihn als Darstellungsgegenstand, weil sich hier die Entwicklung auf das vollständigste und friedlichste vollzogen habe. „Ich gebe zu, dass ich in Amerika mehr gesehen habe als Amerika. Ich habe dort das reine Bild der Demokratie gesucht". Er war vor allem im Norden gereist, wo er bessere Ideen witterte, während der Süden ihm durch Abenteurer und Goldsucher eher suspekt und fremd blieb. Positiv wurde die Dezentralisierung des Landes dem französischen Zentralismus gegenüber gestellt. Die Gemeinde stand in Amerika über dem Staat und der Staat über der Nation. Positiv wurde auch die Kombination vom Geist der Freiheit in Verbindung mit dem Geist der Religion vermerkt. Die Sekten, die ohne politische Vorurteile und demokratisch geführt, eine große Rolle spielten, waren ihm – dem man einen heimlichen Protestantismus nachgesagt hat, weil seine Frau Protestantin war – als Bausteine der Gesellschaft vorbildlich. Kritisch wurde angemerkt, dass das Recht stark plutokratisch geblieben sei; die Reichen müssten niemals ins Gefängnis. Die Gesellschaft hat einen demokratischen Anstrich, unter dem freilich ab und zu die alten Farben der Aristokratie noch hindurchschimmern. Er hatte wenig reiche, aber auch wenig arbeitslose Bürger entdeckt und bewunderte an der Oberschicht, dass sie sich in die Demokratie gefügt hatte. Das Zweikammersystem, das außer in Pennsylvania existierte, schien ihm als Vorteil des Systems. Auch Anhänger der Volkssouveränität wie Franklin hätten diese Konzession mitgetragen. Zwei Gefahren sah Tocqueville der Demokratie drohen:

- die Unterordnung der Legislative unter die Wählerschaft,
- und die Zusammenfassung aller anderen Regierungsgewalten in der Legislative, in einer Art „gouvernement d'assemblée".

Vor allem die Staaten haben diese Gefahren gefördert, aber die Union hat ihm immerhin entgegen gesteuert. Die Gefahr einer Tyrannei der Mehrheit war gleichwohl auf allen Ebenen präsent. Die öffentliche Meinung wurde ganz von der Mehrheit beherrscht. Selbst Geschworene, die unabhängig sein sollten, waren der Mehrheit verpflichtet. Die Außengeleitetheit der Amerikaner wurde in Tönen beschrieben, die an die spätere Riesman-Studie gemahnte. Den Bürgern werden jeweils fertige Meinungen vorgesetzt. Selbst die Religion bestärkt den Konformismus, trotz der Vielfalt der Denominationen, weil die Religion weniger als offenbarte Lehre denn als allgemeine Meinung in der Gesellschaft wirke. Der Freiheitsdrang der Amerikaner verbindet sich mit einem starken Gleichheitsdruck. Armut und Barbarei können sie ertragen – nicht aber eine Aristokratie. Der Individualismus ist positiv an die Demokratie gebunden, aber der Egoismus der Einzelnen droht alle Tugenden zu ersticken, die an die Aristokratie gebunden waren. Immer neue Familien kommen empor. Das Ich ist wichtiger als die Familien, die so rasch wieder absteigen wie sie aufgestiegen sind.

In jeder Gesellschaft droht latent die Despotie. In einer Demokratie war diese Gefahr für Tocqueville jedoch besonders groß. Er plädierte als Liberaler für die Höhereinschätzung der Freiheit, weil nur sie die Schäden heilen könne, welche die Gleichheit angerichtet hat. Der sich ausbreitende Materialismus in einer egalitären Gesellschaft entfremdet die Bürger der politischen Partizipation. Die Staatsbürgerpflichten werden ihm lästig, weil sie vom Erwerbstrieb ablenken. Dennoch sah er eine bemerkenswerte Mischung in Amerika: selbstsüchtige Habgier verband sich mit einem glühenden Patriotismus. Die Freiheit ist für Amerikaner so wichtig, weil sie als Mittel angesehen wird, den Wohlstand zu mehren. In aristokratischen Völkern ist die Idee der konkurrierenden Gewalten entstanden. Die Demokratie schien ihm durch eine Konzentration der Gewalten gefährdet zu sein. Lokale Freiheiten drohten immer mehr ein Kunstprodukt zu werden. Die natürliche Regierungsform dränge auf weitere Zentralisation. In den USA war die Freiheit für ihn ein altes Prinzip, während die Gleichheit später hinzutrat. In Europa sei es eher umgekehrt: der Absolutismus habe Gleichheit durch Nivellierung geschaffen, aber diese noch nicht – wie in Amerika – mit Freiheit verbunden. Napoleon ist in Frankreich eine konzentrierte Macht in die Hände gefallen, nachdem der Adel und das Großbürgertum durch die Revolution entmachtet wurden. Auch in dieser Frage gab Tocqueville sich wertfrei: Napoleon hatte keine andere Wahl als die ihm zugefallene Macht zu benutzen. Sie abzulehnen wäre für ihn genauso schwierig gewesen, wie sie anzuwenden.

Die Zentralisation droht jedoch auf die Dauer auch die Regierung zu schwächen, denn sie führt zum Krieg, und der Krieg verstärkt in einem circulus vitiosus die Zentralisierung. Die Bürger wehren sich gegen die Zentralisierung kaum, wenn sie tyrannisch ist. Schlimmer dünkt ihnen, wenn sie aristokratisch erscheint. Plutokratische Tendenzen werden in der Zukunft unabwendbar: die Staaten leben zunehmend von Anleihen und verschulden sich bei den Reichen einerseits und plündern die Groschen der Armen bei den Sparkassen. Der aufkommende Despotismus in der Demokratie ist einerseits milder und beschränkter als im Absolutismus, andererseits viel umfassender und unmerklicher, weil er die Menschen erniedrigt, ohne sie zu quälen. Gleichheit kommt dem Despotismus entgegen und mildert ihn zugleich. Wo alle gleich sind, fehlt es der Despotie an Gelegenheit und an Schauplätzen, um sich in Szene zu setzen. Die Pressefreiheit – ein zentrales Thema aller Liberalen – war für Tocqueville in einer Aristokratie entbehrlich, aber in einer Demokratie unerlässlich. So sehr der Aristokrat Tocqueville wusste, dass sein Stand dem Untergang geweiht war, so stark schimmerte gleichwohl die Nostalgie nach der alten Aristokratie durch die Zeilen einer leidenschaftslosen Analyse: die Aristokratie kannte gelegentlich Korruption und Bestechung. In der Demokratie wird die Bestechung zum Prinzip.

Einmalig an der Analyse Tocquevilles war der Scharfblick, mit dem er eine künftige Welt voraussah, die von neuen Mächten außerhalb Europas beherrscht werden würde: Russland und Amerika. Alle anderen Großmächte lebten innerhalb fester Grenzen. Die beiden kommenden Supermächte aber dehnten sich permanent aus: die Amerikaner mit dem Pflugschar, die Russen mit dem Schwert. „Ihr Ausgangspunkt ist verschieden, ihre Wege sind es auch, und dennoch scheint nach einem geheimen Plan göttlicher Bestimmung jeder von ihnen berufen, eines Tages die Geschicke der Hälfte der Welt in den Händen zu haben" (I.1: 431).

Wie sehr Frankreich als Hintergrundfolie ständig zu Vergleichen anregte, wurde bereits im Amerikabuch deutlich. Aber erst 1856 nach Ende seiner politischen Laufbahn hat er die Lage Frankreichs anhand der Analyse des Ancien Régimes und der Gründe seines Untergangs in das Zentrum gerückt. Der Untergang des alten Systems war für Tocqueville durch den Niedergang des Adels ausgelöst worden: „die Adligen müssen die Herren des Volkes bleiben oder zu seinen Anführern werden". Der französische Adel hatte es in seinen Augen versäumt, sich an die Spitze der anderen Klassen zu stellen, um dem Machtmissbrauch der Krone

Widerstand zu leisten. Das Resultat war die Umkehr der Schuldzuweisungen. Der Absolutismus verband sich mit dem Volk gegen den Adel. Die Verwaltung wurde den Bürgerlichen und unlängst Nobilitierten überlassen. Der Adel saß müßig am Hof. Der niedere Adel auf dem Land war nutzlos, weil er keine innovative Landwirtschaft betrieb. Der Adel schottete sich gegen die Neureichen ab, die sich Titel kauften und durch die Titelschwemme schließlich das System unterminierten. Der Adel wurde nicht durch seine Privilegien sondern durch seine Nivellierung ruiniert (II.1: 143 ff.).

Die Gewalten, die aus dem Mittelalter überkommen waren, sind alle von einer Krankheit befallen: Langeweile und Verfall. Die Revolution kam nicht zufällig nach dem Einbruch einer langen prosperierenden Aufwärtsentwicklung. Diese Revolutionsthese ist in der empirischen Revolutionsforschung vielfach gegen Lenins These ausgespielt worden, dass die Revolution ausbreche, wenn es den Leuten am schlechtesten geht. Die vergleichende Revolutionsforschung hat eher Tocqueville bestätigt.

Der Adel wurde auf dem Kontinent zur Kaste – nicht hingegen in England. Daher war es für Tocqueville kein Zufall, dass England eine so starke Stellung hatte. In England haben Adel und Bürgertum sich ständig vermischt, in Frankreich taten sie das nicht einmal nach der Revolution. Selbst in Preußen schien ihm der Adel noch gesünder, weil er im Dienst des Staates stand. In Frankreich sah er das Übel entstehen, dass die Intellektuellen sich von der Gesellschaft abspalteten, während in England „Schreiber und Macher" in enger Verbindung lebten (II.1: 202 ff.). Revolution war für ihn vor allem Literatenpolitik und verbunden mit Praxisferne. Eine ganze Nation hat die Instinkte und Mängel der Schriftsteller in der Revolution übernommen, weil es keine intermediären Körperschaften und Stände mehr gegeben hat. Philosophen beherrschten die öffentliche Meinung. Die Revolution wurde von den gebildeten Ständen vorbereitet, aber von den ungebildeten Ständen brutal vollzogen.

Auch in diesem Buch stehen die sozialen Impulse zur Gleichheit in der modernen Gesellschaft im Vordergrund. Er sah sie in vier Faktoren:

- Kirche,
- Kapitalismus, Geld und Handelswesen,
- Ausbreitung der Bildung und der Literatur,
- der Absolutismus der politischen Macht.

Alle vier Faktoren haben die alte Hierarchie untergraben und der Revolution Vorschub geleistet.

Immer wieder scheint ihm Preußen noch vergleichsweise das günstigste Modell einer Monarchie auf dem Kontinent. Das „allgemeine Landrecht" Friedrich

des Großen wird vom Juristen Tocqueville sehr gelobt. Nirgends ist von ange-
stammten Rechten des Königs die Rede. „Staat" sei der einzige Name, der zur Bezeichnung der königlichen Gewalt gebraucht werde.

Tocqueville war eine unbestechliche Figur in einer Zeit, da die Korruption in
der Julimonarchie zum Systemmerkmal wurde. Er hat sich auch als Politiker dagegen gewehrt, dass man ihn zum Parteimann machen wolle (XII: 11). Gleichwohl
wurde ihm Opportunismus vorgeworfen, weil er im Januar 1848 vor der Revolution warnte und sich dennoch auf die Seite der Republik stellte. Der Juni-Aufstand
machte ihn an seiner Entscheidung irre. Die Arbeiterfrage, die mit dieser Erhebung auf die Tagesordnung kam, war für ihn unverständlich. Marx hat daher über
Tocqueville im „18. Brumaire" sehr hart geurteilt. Tocqueville sah das Dilemma
der zweiten Republik. Es war eine Republik ohne Republikaner. Die Mehrheit war
noch immer monarchistisch. Er hat die Julimonarchie nicht günstig beurteilt. In
seinen Souvenirs erwähnt er, dass Louis-Philippe ihm ein Amt angeboten habe:
„mêner mon fiacre" (XII: 32 ff). Er sah nach dem Sturz des Julikönigs in der Republik – als präsidentielle Nachbildung der Monarchie – die letzte Chance für die
Freiheit. Ähnlich wie bei Constant war für Tocqueville die Frage der Freiheitssi-
cherung entscheidender als die Glaubensfrage nach der Regierungsform. Er bekannte, keine monarchischen Gefühle mehr zu haben und keinen König zu bedauern. Er gab zu, gegen die Arbeiter Stellung genommen zu haben, weil sie in
Demagogie im Namen der Demokratie verfielen. Seine Analyse grenzte in diesem
Punkt an Zynismus: die aufständischen Arbeiter seien nicht aus Armut, sondern
verhetzt durch falsche sozialistische Ideen auf die Barrikaden gegangen (XII: 151).

Tocqueville war Mitglied der Verfassungskommission, die mit einigen bedeutenden Geistesgrößen der Zeit besetzt war. Die meisten fanden jedoch keine
Gnade in seinen Augen: Lamennais war für ihn ein Träumer, Considérant ein
Schwätzer (XII: 179 ff). Tocqueville konnte seine Vorliebe für ein präsidentielles
System nicht durchsetzen. Er ließ sich daher auf den Kompromiss eines semi-prä-
sidentiellen Systems ein. Er gab im Rückblick zu, weniger an einer perfekten Verfassung interessiert gewesen zu sein als an der Schnelligkeit, mit der eine hand-
lungsfähige republikanische Staatsspitze geschaffen wurde. Tocqueville und sein
Freund Beaumont – der im Gegensatz zu Tocqueville ein glänzender Redner war –
haben die Volkswahl des Präsidenten akzeptiert, sich aber gegen eine Wieder-
wahlmöglichkeit ausgesprochen. Die Diktatur Napoleon III hat er nicht voraus-
gesehen. Auch dieser neue Monarch kam in seinem Urteil nicht gut weg: trotz
einiger gewinnender Seiten erschien er ihm unsicher und steril im Denken.

1848 ging es im Verfassungsausschuss um ein gewaltenteiliges Repräsentativsystem. Lamartine und andere Radikale wollten ein Einkammersystem und nahmen eine Versammlungsherrschaft billigend in Kauf. Im Plenum kam es zu noch
schärferen Auseinandersetzungen als im Ausschuss. Am 5. Oktober leitete Toc-

queville die Debatte um das Zweikammersystem zu dem entscheidenden Punkt, dem Verhältnis von Exekutive und Legislative, über. Er stellte es als ausgemachte Sache hin, daß die Versammlung die Exekutive nicht absorbieren sollte, und gab damit die Ansicht der Mehrheit durchaus zutreffend wieder (Journal officiel 1848, Bd. 133: 2724, Sp. 2). Er führte in einer sehr theoretischen Rede aus, daß es zwei Systeme gäbe: eines, in dem ein unverantwortlicher König existiere, während die Minister, der Versammlung eng verbunden, die Politik leiteten (die konstitutionelle Monarchie), oder ein System, in dem der Chef der Exekutive direkt verantwortlich sei. In diesem würden die Minister außerhalb der Versammlung gewählt. Dies sei das System der USA und Frankreichs im Jahre III. In einem solchen System durfte nach Tocquevilles Ansicht der Chef der Exekutive nicht von der Versammlung gewählt werden, weil er sonst bald Sklave des Parlaments würde. Ein solches System musste nach seiner Ansicht zum Konventionssystem führen. „Conseil des Ministres" sei dann nur ein anderer Name für ein „Comité" der Versammlung. Für die Republik ließ er also nur die Alternative Konventionsregierung oder präsidentielles Regierungssystem zu; die parlamentarische Regierung war aus der Betrachtung ausgeschlossen und mit der Monarchie identifiziert. Daß Tocqueville das Wesen der parlamentarischen Regierung verkannte, führte ihn nicht selten zu unkritischen Vergleichen der Prärogativen eines konstitutionellen Königs mit denen des amerikanischen Präsidenten. Sie ließen sich selbst in der Julimonarchie – bei allen Versuchen Louis-Philippes zur Selbstherrschaft – nicht mehr ohne weiteres vergleichen, da sich der Ministerrat und sein Präsident zwischen Kammer und König geschoben hatten. Das System, das Tocqueville befürwortete, war jedoch kein rein präsidentielles System. Barrot, der Tocquevilles Verehrung für das amerikanische System nicht unbedingt teilte, wies darauf hin, daß in dem von Tocqueville befürworteten System der Präsident die Minister zwar wie in Amerika absetzen könne, die Versammlung jedoch das letzte Wort über das Schicksal der Regierung habe. Er hielt Tocqueville zugute, daß auch ihm dies nicht entgangen sei, daß er sich aber unter diesen besonderen Umständen allzusehr von den Bräuchen der „monarchie parlementaire" habe leiten lassen, um die „radikalen Fehler des republikanischen Systems" zu korrigieren. Diese Bemerkung enthielt den berechtigten Hinweis, daß man die Inkonsequenzen des großen Publizisten nicht allzu scharf beurteilen durfte, da sie durch den Wunsch erwuchsen, die bereits unabänderlichen Institutionen mit den Institutionen des Tocquevillschen Verfassungsideals zu verbinden.

Tocqueville hat vor allem mit seinem Amerikabuch die Theoriegeschichte stark beeinflusst. Für eine gehobene Reisebeschreibung war das Buch ungewöhnlich stark durch eine theoretische Fragestellung in ihren Elementen verbunden. Die Grundthese wurde schon kurz nach Erscheinen des Buches kritisiert. Sein Freund John Stuart Mill – ein Pionier der sozialwissenschaftlichen Methodologie –

monierte in der „Edinburgh Review" 1840: „Tocqueville hat offensichtlich die Effekte der Demokratie mit denen der Kulturentwicklung verwechselt. Er hat in eine abstrakte Idee alle Tendenzen moderner Handelsgesellschaften gebündelt und ihnen einen Namen gegeben – Demokratie".

Mill hat richtig gesehen, daß die verschiedenen Entwicklungen nicht immer stringent auseinander abgeleitet worden sind. Andererseits hat Tocqueville mit einer klaren Hypothese das disparate Material in bestechende Zusammenhänge gebracht und damit einen Klassiker der vergleichenden Systemforschung geschaffen, der auch in zeitgenössischen Zusammenhängen immer wieder zitiert wird. Seine Einordnung ins Lager der Liberalen ist stark angezweifelt worden (Boesche 1987: 266). Er wurde als „strange mixture" zwischen Constant und Chateaubriand mit radikalen Einsprengseln klassifiziert. Aber schon Chateaubriand war eine solche seltsame Mischung gewesen und die meisten Theoretiker zwischen 1789 und 1848 haben solche Wandlungen durchgemacht, dass sie zum Teil unter zwei Rubriken behandelt werden mussten wie Lamennais, Hegel oder Fichte.

Quellen
Tocqueville: Oeuvres complètes. Paris, Gallimard, 1961–1964, 12 Bde. (zit.: OC).
Tocqueville: Über die Demokratie in Amerika. Stuttgart, DVA, 1959, 2 Bde.
Tocqueville: Das Zeitalter der Gleichheit. Eine Auswahl aus dem Gesamtwerk. Stuttgart, Kröner, 1954.
Tocqueville: Der altes Staat und die Revolution. München, Beck, 1978.
Tocqueville: Erinnerungen. Stuttgart, DVA, 1954.

Literatur
R. Boesche: The Strange Liberalism of Alexis de Tocqueville. Ithaca, Cornell University Press, 1987.
H. Brogan: Alexis de Tocqueville. Prophet of Democracy in the Age of Revolution. London, Profile Books, 2006.
A. Coutant: Tocqueville et la constitution démocratique. Paris, Marc et Martin, 2008.
J. Feldhoff: Die Politik der egalitären Gesellschaft. Zur soziologischen Demokratie-Analyse bei Alexis de Tocqueville. Köln, Westdeutscher Verlag, 1968.
K. Herb/O. Hidalgo: Alexis de Tocqueville. Frankfurt, Campus, 2005.
M. Hereth: Tocqueville zur Einführung. Hamburg, Junius, 1991.
R. Herr: Tocqueville and the Old Regime. Princeton, Princeton University Press 1962.
A. Jardin: Alexis de Tocqueville. Leben und Werk. Frankfurt, Campus, 1991.
F. Linares: Die Revolution bei Tocqueville und Marx. Percha, Schulz, 1977.
J. Lively: The Social and Political Thought of Alexis de Tocqueville. Oxford, Clarendon, 1962.

J. P. Mayer: Alexis de Tocqueville. Analytiker des Massenzeitalters. München, Beck, 1972, 3. Aufl.

Sh. S. Wolin: Tocqueville between Two Worlds. Princeton, Princeton University Press, 2003.

5 Radikalismus und Liberalismus im italienischen Risorgimento und ihre Vorgeschichte: von Romagnosi bis Mazzini und Cavour

Der frühe Radikalismus und Liberalismus

Je weiter sich die Analyse politischer Theorien vom Zentrum der Ideen-Produktion entfernt, umso marginaler werden die Beiträge für die internationale Diskussion. Italien hatte – wie Spanien und anders als Russland – im 16. Jahrhundert einen großen Beitrag zur internationalen Theorie der Politik geleistet. Aber wie in den bildenden Künsten war diese Vorrangstellung längst verloren gegangen. Der Liberalismus in Italien, der das politische Denken erneuerte, blieb auch nach Ruggieros (1964: 263) Standardwerk, ein „Widerschein fremder Lehren". Alle liberalen Strömungen wurden im 19. Jahrhundert vom Nationalismus erfasst. Dieser Trend war naturgemäß am stärksten dort, wo ein nationaler Staat nicht existierte, wie in Italien und Deutschland. Der italienische Liberalismus bekam seine eigene Note nur als Künder des Risorgimento, der Widergeburt Italiens. Mohl (I: 246) störten in seiner Übersicht die „volksthümlichen Fehler der italiänischen Schriftsteller" durch ihre „Weitläufigkeit, Wortmacherei und Überschützung nationeller Leistungen". Positiv vermerkt wurde hingegen die „Klarheit" – in Verbindung mit „warmer Überzeugung".

Die Vorläufer liberalen Denkens waren in Italien – ähnlich wie bei den deutschen Kameralisten – die Theoretiker einer aufgeklärten Gesetzgebung. In Italien vertraten diese Tradition Beccaria und Filangieri, deren internationaler Einfluss bis in den britischen Benthamismus reichte. *Gaetano Filangieri* (1752–1788) hat unter dem Einfluss von Vico und den Aufklärungsphilosophen einen monumentalen Beitrag zur Gesetzgebungslehre vorgelegt. Vergleicht man diesen Versuch mit Benthams paralleler Bemühung, so erscheint der Beitrag des Napolitaners freilich noch archaisch, befangen in der Tradition der Kameralistik und Physiokraten. Die neuen Gedanken waren in einem enzyklopädischen Wust von empirischen und normativen Gedanken versteckt.

Die Dichter waren die ersten massenwirksamen Künder von Freiheit und Einheit in Italien. *Alfieris „Über die Tyrannis"* (1777) war eine Quelle der Inspiration für alle Radikalen und Liberalen des Landes. Die Utopie, Freiheit und Einheit in

Italien zu verbinden, schien durch die Französische Revolution der Realität näher zu rücken. Aber auch in Italien hat Napoleons egoistische Politik rasch enttäuscht, als die Folgen des Friedens von Campoformio sichtbar wurden. *Vincenzo Cuoco* (1770–1822) war ein liberaler Anhänger Napoleons. Ein liberaler Konstitutionalismus von Napoleons Gnaden schien möglich, solange an Verfassungen gearbeitet wurde, wie in der „Parthenopäischen Republik". Aber die Illusion über die eigentlich „italienische Natur" des Korsen ist in Italien rasch verflogen. Dichter wie *Ugo Foscolo* (1778–1827) (1850: 63; 1981: 1099 ff.) haben den Diktator beschworen: „Wenn du also nicht als der Unsrige leben kannst, so sei uns Bürgschaft unserer Freiheit". Das naive Vertrauen in den „Italianophilen" Napoleon wäre in Deutschland zur gleichen Zeit nicht möglich gewesen, weil hier die Annexions- und Requisitionspolitik des Korsen noch härter auf dem Volk lastete. Als der napoleonische Traum ausgeträumt war, und die Restauration unter Österreichs Führung alle Hoffnungen auf Einheit zunichtemachte, schrieb Foscolo (1850: 196) als Motto über seine „Reden über die Knechtschaft Italiens": „Um Italien wieder aufzurichten, müssen die Sekten aufgelöst werden". Das Motto wurde zum Schlachtruf des Risorgimento. „Parteien" waren in dieser Konzeption akzeptiert, wenn sie auf den Fortschritt von Freiheit und Einheit gerichtet waren. Als „Sekten" hingegen galten die Machenschaften der Mächte des Status quo.

Der Liberalismus war vor dem Risorgimento entweder poetisch oder juristisch gestimmt. Für die zweite Variante waren Romagnosis Frühschriften „Was ist Gleichheit?" (1792) und „Was ist Freiheit?" die Vorbilder. Es handelte sich jedoch noch um die Variation französischer Aufklärungsphilosophie mit einem geringen Grad von Originalität. Die interessanteren Jakobiner wie *Vincenzio Russo* knüpften an die Gesetzgebungslehren von Beccaria und Filangieri an. Die Innovation bestand darin, dass der aufgeklärte Despotismus dieser Lehren um den Gedanken bereichert wurde, dass die Gesetzgebung unter Teilnahme des Volkes stattfinden müsse, was selbst Bentham am Anfang nicht vorsah (Quellen in: Centimori 1956: 255 ff). Trotz der enttäuschenden Politik Frankreichs in Italien waren die Wirkungen der Rationalisierung von Gesetzgebung und Verwaltung in rückständigen Gebieten wie im Königreich Neapel von Bedeutung – ähnlich wie die modernisierende Wirkung, die der „Code civil" in Westdeutschland ausübte. Die gemäßigten Anhänger des Risorgimento blieben in der italienischen Tradition der Fürstenspiegel, die in Italien einst zur höchsten Blüte entwickelt worden war. Die Schriften wendeten sich an die Staatsmänner und Fürsten, um ihre Einsicht zu stärken.

Quellen

D. Centimori (Hrsg.): Giacobini italiani. Bari, Laterza, 1956, 2 Bde.

G. Filangieri: La scienza della legislazione (1798). Catania, La Magna, 1833, 9 Bde.

U. Foscolo: Prose politiche. Florenz, Monnier, 1850.
U. Foscolo: Opere, Bd. 2. Mailand, Ricciardi, 1981: 1099–1230.

Der konstitutionelle Liberalismus in Italien: Giandomenico Romagnosi (1761–1835)

Romagnosi stammte aus einer adligen Familie und wurde in Salsomaggiore geboren. 1791 lud ihn der Bischof von Trient ein in seinem Territorium reformerisch zu arbeiten. Als 1799 die französische Besatzungsmacht abzog, wurde Romagnosi von den Österreichern festgenommen und in Innsbruck inhaftiert. Der Vorwurf des Missbrauchs eines Prätorenamtes wurde jedoch fallengelassen und Romagnosi wurde in die Freiheit entlassen. In einem geheimen Dossier eines Agenten der österreichischen Polizei wurde er als „klug im Reden", „unkorrupt in seinen Vorschlägen", „aber von absolut liberalen Prinzipien", als „Liebhaber der konstitutionellen Regierung" bezeichnet, der aber im ganzen keine konspirative Gefahr darstelle (Romagnosi 1931: 300). 1802 war er in Parma, 1807 in Pavia Professor für öffentliches Recht. 1808–1814 wurde er zum Anreger der Justiz- und Verwaltungsreform im neuen „Regno d'Italia". In dieser Eigenschaft hat er (noch im Februar 1813) an Napoleon und seine Minister im „Regno d'Italia" bewundernde Briefe voller konstruktiver Projekte geschrieben (Romagnosi 1935: 110, 126, 159, 166). 1813 übernahmen die Österreicher erneut die Macht in Mailand. Bis 1817 konnte er dort weiter unterrichten, bis alle speziellen Schulen 1817 geschlossen wurden. Romagnosi hat in einer privaten Schule unterrichtet, die unter anderem Cattaneo und Ferrari als Schüler hatte. Romagnosi war wegen seiner liberalen Ansichten ständig verfolgt, obwohl er nicht der radikalen Carbonari-Bewegung angehörte. Ab 1821 hatte er nach einer Verhaftung in Venedig keine Lehrbefugnis mehr. Die letzten Jahre hat er arm und krank sein Leben mit publizistischen Arbeiten gefristet.

In den Frühschriften über „Was ist Gleichheit" wurde die soziale Gleichheit von Romagnosi als Trugbild erklärt. Rechtsgleichheit war das Ziel der politischen Aufklärung. Diese aber musste nach Romagnosi (O III: 795 ff) die faktische Ungleichheit nach sich ziehen. Erst in der Zeit der Restauration ging Romagnosi stärker in die Richtung eines umfassenden Liberalismus. Die konstitutionelle Monarchie, die der Dichter Foscolo als natürliche Resultante im Kräfteparallelogramm zwischen Revolution und Reaktion verherrlichte, wurde durch Romagnosi staatsrechtlich begründet. 1815 publizierte er anonym, da der Autor von der österreichischen Polizei verfolgt wurde, den ersten Teil seines Standardwerks unter dem Titel „Della costituzione di una monarchia nazionale rappresentativa". Der zweite Teil wurde nach seinem Tod mit dem ersten unter dem Titel „Scienza delle costituzioni" (1848) zusammengefasst. Romagnosi berief sich in diesem Werk auf das

Recht jeder Nation, sich eine Regierungsform zu wählen. Als ein Denker des Risorgimento, das zur italienischen Einheit führen sollte, war für ihn die „Nation" terminologisch wichtiger als das „Volk". Darin folgte er der französischen Tradition. Im Gegensatz zu den französischen Theoretikern der Volkssouveränität hatte er sich jedoch auf eine „repräsentative Monarchie" festgelegt, und damit die Auswahlmöglichkeit des Volkes zumindest durch eine Empfehlung an die politische Klugheit des Volkes eingeschränkt. Wer hatte Priorität: der Monarch oder das Volk? Romagnosi (1849: 25) hielt diesen Streit so müßig wie die Frage, ob das Ei oder die Henne früher sei. Die Gesellschaft als Ganzes ist Gesetzgeber, jeder Bürger hat ein Mitwirkungsrecht. Die nationale Souveränität beschränkte sich bei Romagnosi aber auf das Recht, eine Verfassung zu erlassen. Trotz der Gefahr einer Veruntreuung des Volkswillens durch die Repräsentanten entschied Romagnosi sich gegen Rousseau und das imperative Mandat für die Mitglieder einer Constituante.

Den Machtmissbrauch wollte Romagnosi (1849: 64 ff) nicht durch eine direkte Demokratie, sondern durch eine stark fragmentierte Anordnung der Gewalten verhindern. Über Constants fünf oder sechs Gewalten hinaus hat Romagnosi eine originelle Einteilung von acht Gewalten vorgeschlagen:

1) Die determinierende Gewalt (potere determinante) der Legislative.
2) Die ausführende Gewalt (potere operante). Die Einheitlichkeit der Verwaltung schien ihm am besten in einer Monarchie gewährleistet.
3) Die moderierende Gewalt (potere moderatore). Romagnosi schlug dafür den Terminus „Senat" vor. Er war aber nicht als zweite Kammer konzipiert, sondern hatte Schutzfunktionen gegenüber der Verfassung und sollte bei Konflikten zwischen den Staatsorganen vermitteln. Diese Gewalt sollte unabhängig von der Regierung sein. Sie hatte eher justizielle Funktionen eines Staatsgerichtshofs.
4) Die postulierende Gewalt (potere postulante) wurde einem weiteren Schutzorgan anvertraut. Ihre Abgrenzung gegenüber der moderierenden Gewalt war nicht immer klar. Sie hatte die präventive Aufgabe, Umsturzversuche zu verhindern. Sie war eine Mischung aus „Verfassungsschutz" und „Ombudsmann". Für dieses Amt schlug er das Wort „Protektorat" vor. Es reklamiert, verteidigt, schlägt vor, aber befiehlt und administriert nicht. Sie hatte keine Macht des „judicial review", weil sie nicht Akte der Verwaltung für nichtig erklären oder suspendieren konnte. Diese eigenartige Einrichtung sollte unter anderem auch die Faulheit der Abgeordneten tadeln können. Andererseits sollte sie die Verwaltung darin hindern „zuviel zu regieren".
5) Die rechtsprechende Gewalt (potere giudicante) war für den Juristen Romagnosi zentral „wie die Religion".

6) Die Zwangsgewalt (potere costringente) war nach innen gerichtet und vom Militär und der Verteidigung nach außen unterschieden. Die „bewaffnete Macht" erklärte Romagnosi für „blind". Sie bedurfte daher eines Steuerungsorgans. In seinem misstrauischen System wurde diese Steuerung aber nicht der Exekutive anvertraut. Die Zwangsgewalt war eine Art Elite-Gendarmerie zum Schutz der gehobenen Verfassungsorgane, wie des Senats, der Legislative oder des Königshauses.

7) Am wenigsten einleuchtend war ein öffentliches Notariat (potere certificante), das öffentliche Akte beglaubigen sollte. Die ordnungsgemäße Promulgation eines Gesetzes und die Veröffentlichung im „Bulletin" schien Romagnosi nicht ausreichend.

8) Die vorherrschende Gewalt (potere dominante) passte schließlich überhaupt logisch nicht recht in das komplexe Schema, weil es keine staatliche Institution sein konnte. Dennoch glaubte er, dass die dominierende öffentliche Meinung den Status einer Staatsgewalt erhalte, weil sie nicht einfach die Resultante der Meinungen der Bürger sein sollte. Romagnosi (1849: 103) plädierte für eine Einrichtung der „zivilen politischen Wissenschaften", der die Bürgerziehung obliegen sollte. Das komplizierte Räderwerk der sieben Institutionen sollte durch die Vorherrschaft der öffentlichen Meinung am Leben erhalten werden.

Im Vergleich zu den fünf oder sechs Gewalten bei Constant fiel auf, dass die königliche Gewalt unter den acht Gewalten nicht auftauchte. Die Beschreibung könnte nahe legen, dass der „pouvoir neutre" bei ihm nicht vorgesehen sei. Constant hat sein Modell vorübergehend auch für Republiken als anwendbar angesehen. Romagnosi (1849: 197) legte Wert auf die Feststellung, dass die einheitliche Repräsentation nach innen und nach außen nur in der repräsentativen Monarchie gewährleistet sei. Das komplizierte Schema ist von Vorstellungen des Abbé Sieyès im Direktorat und unter dem Konsulat abhängig. Die dritte und die vierte Gewalt erinnern ein wenig an das Zensorat bei Filangieri (I: 101), nur dass es bei Romagnosi in zwei Institutionen geteilt wurde. Aber weder Constant noch Sieyès oder Filangieri wurden bei Romagnosi in diesem Zusammenhang zitiert. Zustimmend hat er vor allem antike Autoren angeführt. Scharfe Kritik übte er an Rousseau, Mably und anderen radikalen Autoren.

Bei der Monarchie legte Romagnosi Wert auf die Erblichkeit. Die Wahl eines Ausländers zum König – was von Belgien bis Portugal vorgekommen war – schien ihm absurd. Hatte er das positive Beispiel der englischen „glorious revolution" vergessen – oder die Bewährung des Hauses Bernadotte in Schweden? Die Wahl eines Ausländers, wenn dieser der Landessprache nicht mächtig war, wie Georg I von Hannover oder Bernadotte in Schweden, hat nicht wenig zur Parlamentarisierung der Systeme beigetragen, weil die Krone den Ministerpräsidenten freie Hand lassen musste. Aber gerade dieser Effekt kann schwerlich in der Intention Romagnosis gelegen haben, denn eine Versammlungsherrschaft war ihm tief suspekt. Nur die öffentliche Meinung sollte eine Vorherrschaft erlangen können.

Das liberal-konservative Modell Romagnosis hätte den Hass der Österreicher auf den Wahl-Mailänder (1974 I: 14 ff) kaum erklären können. Eine systemsprengende Kraft erhielt sein Modell durch die Forderung nach nationaler Einheit. Er deutete die Fortschritte an, die durch die Politik Napoleons in Italien erzielt worden sind – vor allem durch die Abschaffung der geistlichen Territorien. Die Herrschaft des Ethnos, „etnicrachia", war für ihn eine historische Notwendigkeit. Die Verletzung des Nationalitätenprinzips gegenüber Polen und Italien schien Romagnosi das schwerste Versäumnis der Restaurationsordnung. Hauptschuldiger war Österreich, obwohl er sich von der „wahren Sintflut von Schmähschriften" fernhielt, die Metternich (II: 337) in Italien gegen Österreich witterte.

In der Ära des Vor-Risorgimento hatten viele Denker Italiens einen Geschichtsprozess konzipiert, der an Hegels Philosophie inspiriert war. Der Hegelianismus wurde jedoch durch den Hochmut gegenüber den „unhistorischen Nationen" behindert. Italien gehört zwar nicht zu diesen, aber gleichwohl nahmen die Liberalen Anstoß an der Sendung, die Hegel für Deutschland-Preußen reklamierte. Die Doktrin des „Incivilimento" hat jedoch auch bei Romagnosi (1974 II: 339 ff) für Italien eine Fackelträger-Rolle eingefordert. Erst als Italiens Einigung erfolgreich vollzogen war, konnte im Neo-Hegelianismus das Vorurteil gegen den deutschen Philosophen abgebaut werden (vgl. Kap. IV.4).

Das komplexe Räderwerk des Staates bei Romagnosi hatte wenig Kohärenz. Die Justiz, das Militär und der Ausnahmezustand überwuchern das Buch, das aus zwei Manuskripten zusammengesetzt worden ist. Nur die Sorge um eine verfassungsgemäße Abwicklung der Außenpolitik weist Romagnosi als Liberalen aus. Sein Liberalismus hielt sich im internationalen Vergleich jedoch in Grenzen. Dem Parlament wurde nicht einmal das Recht auf Gesetzesinitiative zuerkannt. Romagnosi stand etwa auf dem Stand der französischen Charte 1814 – wie sie vom König gemeint war, nicht wie sie sich unter den Ultras entwickelt hatte. Das Parlament war wiederum ein komplexes Gebilde aus drei Gattungen von Abgeordneten (Besitzenden, Gewerbetreibenden und Gelehrten). Das Protektorat als vierte Gewalt bekam einige Kompetenzen übertragen, die gewöhnlich Prärogativen des Parlaments sind.

Im Ganzen war das Werk stark formal-juristisch. Es fehlte der Aufklärungsimpetus der Gesetzgebungslehre als Wissenschaft, der bei Filangieri zu finden war. In Vorlesungen, die Romagnosi in Parma 1808 gehalten hatte, hat er ein System der Gesetzgebung in Gerechtigkeit und Freiheit skizziert. (1931: 77) Dafür war als Grundlage eine umfassende Sozialwissenschaft in seinen Augen nötig. Die Scheidung von Philosophie, Jurisprudenz und Politik war dem Polyhistor ein Dorn

im Auge, da diese Trennung eine „blinde Rechtswissenschaft" und eine mora-
lisierende Politik schaffe (1931: 79). Gesetzgebung sollte auf soziale Gerechtigkeit gerichtet sein, die er mit der „politischen Mäßigung" (moderazione politica)
gleichsetzte (1931: 83) In der Tradition von Beccaria hat er über die sozialen Voraussetzungen einer sinnvollen Verbrechensbekämpfung ebenso nachgedacht, wie
über eine sinnvoll angelegte „politische Ökonomie", deren umfassende Sicht er
gegen die Verengung der Ökonomie seiner Zeit verteidigte (1931: 86, 113). Romagnosi hat Filangieris (I: 59) Äußerung, der Staat sei eine „komplizierte Maschine"
allzu wörtlich genommen. Aber auch bei ihm fehlten die politikorientierten inhaltlichen Ziele nicht, welche zur Gesetzgebungslehre gehört hatten, die sich sogar um die Verteilung des Reichtums Gedanken gemacht hatte (Filangieri I: 24).
Romagnosi war gleichwohl mehr Rechts- als Sozialstaatstheoretiker. Sein Werk
war typisch für eine extreme Rechtsstaatlichkeit des verschreckten Bürgertums,
das immer neue Sicherungen seiner Freiheit ersann. Der konstitutionelle Siche-
rungsgedanke bei Romagnosi stand in einem Spannungsverhältnis zur system-
sprengenden Kraft des nationalen Gedankens, der sein Ziel nur über die Leichen
vieler Partikularherrschaften erreichen konnte. Dieser Widerspruch wurde durch
die Illusion aufgelöst, man könne die Fürsten friedlich zur Einigung Italiens über-
reden. Mohl (I: 503), der nicht wie die italienischen Lobredner des Frühliberalismus sich von der nationalen Funktion Romagnosis blenden ließ, urteilte eher mit
gemischten Gefühlen: „So wenig nun wohl ein ruhiger Beurtheiler dieser Auffassung beitreten und solche Einrichtungen für ausführbar und haltbar erachten
kann; und so gewiss die wunderliche Mischung von scholastischer Spitzfindigkeit
und Begriffsspaltung mit demokratischen Jugenderinnerungen zu den wunder-
barsten Folgen führt: so kann doch die ganze Arbeit, bei ihrer Fülle an einzelnen
geistreichen Gedanken und bei der festen Beherrschung eines übergrossen Stoffes,
nicht anders, als eine bedeutende und gewaltige bezeichnet werden". Mohl spielte
auf Romagnosis verhältnismäßige Unbekanntheit an. Er gehörte zu den vergötterten „Vorläufern" einer Bewegung, die – frei nach Lessing – mehr erhoben als gelesen worden sind. Romagnosis Einfluss auf die Verfassungsentwicklung seit 1848
ist relativ begrenzt geblieben.

Quellen
Romagnosi: Opere. Florenz, Piatti, 1832–1839, 19 Bde. (zit.: O).
Romagnosi: Opere diverse (Hrsg.: A de Giorgi). Mailand, Perelli e Marani, 1841–1852,
    8 Bde (zit.: OD).
Romagnosi: Scritti filosofici (Hrsg.: S. Moravia). Mailand, Ceschina, 1974, 2 Bde.
Romagnosi: Texte in: E. Sestan (Hrsg.): Opere di Giandomenico Romagnosi, Carlo
    Cattaneo, Giuseppe Ferrari. Mailand, Ricciardi, 1957: 1–292.
Romagnosi: La scienza delle costituzioni. Turin, Canfari, 1849.

Romagnosi: Le più belle pagine di G. Romagnosi (Hrsg.: A. Ghisleri). Mailand,
  Treves 1931.
Romagnoli: Lettere edite e inedite. Mailand, Vallardi, 1935.

Literatur

E. A. Albertoni: La vita degli stati e l'incivilimento dei populi nel pensiero politico di
  Gian Domenico Romagnosi. Mailand, Giuffrè, 1979.
Atti del convegno di studi in onore di Gian Domenico Romagnosi nel bicentenario
  della nascità. Mailand, Giuffrè, 1961.

Der liberale Katholizismus: Gioberti und Rosmini

Der liberale Katholizismus in den romanischen Ländern wird in der Regel unter
dem Etikett „Liberalismus" abgehandelt, obwohl die meisten Denker anfangs eher
ultra-konservativ waren – von Lamennais bis Gioberti – und wenn sie sich radika-
lisierten, wie Lamennais – zwar „radikal", aber nicht unbedingt „liberal" wurden.
Mit Gioberti und Rosmini hat Italien zwei Denker hervorgebracht, die schon allein durch ihre Abweichung von der kirchlichen Lehrmeinung als „liberal" galten,
wo andere liberale „Ultramontane" in den übrigen europäischen Ländern meist
weiterhin als ein modernisierter Konservatismus eingeordnet wurden. Die bloße
Bedrohung der politischen Schriften mit dem „Index" der für Katholiken verbote-
nen Schriften wurde bereits als Ausweis von Liberalität empfunden.

Vincenzo Gioberti (1801–1852)

An Gioberti zeigt sich die Relativität ideologischer Zuordnungen am deutlichsten.
In einem anderen Land wie Spanien oder Russland wäre ein Denker wie der frühe
Gioberti mit seinen Träumen von einem italienischen Sonderweg und einer Verherrlichung des Papsttums schlicht als „reaktionär" bezeichnet worden. Aber der
Einsatz für die italienische Einheit war erfolgreich und Gioberti hat seine politischen Anschauungen „liberalisiert". Der junge Gioberti stand unter dem Einfluss
von Joseph de Maistre und dem frühen ultrakonservativen Lamennais. Sein en-
ges Verhältnis zu dem Dichter Alessandro Manzoni hat ihn dem Kreis der Risorgimento-Liberalen näher gebracht.
  Eine Reihe von Denkern, die als „liberale Katholiken" und „Ontologen" in
einem Atem genannt wurden, war untereinander keineswegs einig. Wie in Kir-
chenfragen generell, muss unterschieden werden zwischen dogmatischen und kir-
chenrechtlichen Fragen. Bis heute gibt es Gelehrte, die dogmatisch das Papsttum
bekämpfen, ohne die Demokratisierung der Kirche zu wünschen. In Italien tobte

unter den liberalen Katholiken ein Glaubenskrieg, der fast der Polemik der Erzla-
izisten unter den deutschen Junghegelianern vergleichbar war. Ab 1841 publizierte
Gioberti drei Bände über die „Philosophischen Irrtümer von Antonio Rosmini."
In Pamphleten kam es zum Austausch von herabsetzenden Epitheta wie „moderne Jesuiten". Rosmini antwortete in Briefen mit Zweifeln daran, dass Gioberti
noch rechtgläubig war. Gioberti bekämpfte vor allem die Philosophie Rosminis,
weniger seine Ansichten zur Reform der Kirche. Als er Rosmini schließlich persönlich kennen lernte, war er wie viele Zeitgenossen tief beeindruckt von dessen
Persönlichkeit. Gioberti begann zu bedauern, dass er ihn so scharf angegriffen
hatte. Rosmini hat als Emissionär Piemonts an den Heiligen Stuhl 1848 Großmut
gezeigt und Gioberti darüber informiert, dass auch seine Schriften zum Teil auf
den Index gesetzt werden sollten. Er half später beim „fundraising" als Gioberti in
Armut versunken war. Gioberti, dessen Schrift „Moderner Jesuit" von der Kirche
verurteilt wurde, hat sich dem Urteil der Kongregation im Gegensatz zu Rosmini
nicht unterworfen (Leetham 1982: 220, 400). Gioberti kam erst nach seiner liberalen Öffnung in stärkeren Konflikt mit dem Vatikan. Am Anfang des Pontifikats
von Pius IX hatte der Papst den Ruf eines Liberalen, da er sich den Repressionen
seines Vorgängers im Amt widersetzt hatte. In dieser Zeit wurde er geradezu als
Schüler Giobertis angesehen. Durch die revolutionären Ereignisse hat sich jedoch
der Papst gewandelt: im Gegensatz zu Gioberti ging er nach „rechts".

Gioberti wurde als junger Priester von der nationalen Bewegung erfasst. Nur
vorübergehend ließ er sich von Mazzini begeistern. Es kam aber zu keiner dauer-
haften Zusammenarbeit mit dem „Jungen Italien". Gioberti hatte schon in seiner
Frühzeit trotz seiner versponnenen Ideen einen klareren Blick für die Machtver-
hältnisse in Italien als Mazzini. Wenn Mazzini auf die revolutionäre Potenz des
Volkes setzte, so hat Gioberti eher darauf hinzuwirken versucht, dass die Religion
in Einklang mit dem bürgerlichen Fortschritt in der Geschichte gebracht wurde.
Sein Ausgangspunkt war die Annahme, dass Gott sich durch den menschlichen
Geist verwirkliche. Seine religiöse Dialektik – von Hegel inspiriert – schlug sich in
der Formel nieder: „Das Seiende schafft das Daseiende und das Daseiende kehrt
zum Seienden zurück".

1843 erschien eines der einflussreichsten Bücher in der Zeit des Risorgimento,
das mit seinem Titel über den „Primato civile" das Stichwort für die nationale
Bewegung in Italien gab. Der Stolz auf Italien wurde in ein enthusiastisch vorge-
tragenes Sendungsbewusstsein umgesetzt. In der Kunst war die Welt immer bereit gewesen, einen Primat Italiens anzuerkennen, obwohl Gioberti in der kunst-
historisch dürftigsten Epoche Italiens lebte. Aber der Primat wurde von Gioberti
auch auf allen anderen intellektuellen Gebieten beansprucht. Der „Primat" war
kulturell, nicht politisch konzipiert. Die politische Form, welche die Wiedergeburt Italiens annehmen sollte, wurde in diesem Werk kaum behandelt. Das Früh-

werk war nicht nur in Fragen der Religion eher illiberal: Gioberti hatte Mühe, die repräsentative Monarchie für Italien zu akzeptieren, weil diese Gesellschaft dafür noch nicht reif sei. Diese Regierungsform erschien ihm instabil, weil sie immer nur einen Kompromiss zweier widerstreitender Prinzipien darstellte. Erst nach seiner aktiven Zeit als Politiker wurde in seinem zweiten Hauptwerk „Del rinnovamento civile d'Italia"(1851: II: 227) die zivile Monarchie als gute Regierungsform gewürdigt.

Im Primato wurde mit aufwendiger metaphysischer Begründung der Weg zum Ziel der Wiedergeburt Italiens beschrieben. Geradezu illusionär musste sein Konzept wirken, das als „neo-guelfisch" bezeichnet wurde. Diese Bezeichnung war problematisch, weil sie an eine mittelalterliche Parteienkontroverse anknüpfte. Aber, da es keinen Kaiser mehr gab, und der österreichische Kaiser, der sich als Amtsnachfolger fühlte, ohnehin der Erzfeind der Risorgimento-Liberalen war, führte das Etikett für die Gegenbewegung als „neo-ghibellinisch" in die Irre. Es konnte allenfalls die österreichisch gesonnenen Legitimisten einiger Satellitenstaaten Wiens auf italienischem Boden bezeichnen. Nach der neo-guelfischen Konzeption sollte der Papst als weltlicher Fürst die Rolle des Einigers für einen italienischen Fürstenbund übernehmen (Primato I: 113). Der Papst wurde aber nicht einmal in allen Territorien seiner weltlichen Herrschaft als „capo civile d'Italia" gewünscht. Es war kein Zufall, dass eine Hochburg des radikalen Republikanismus sich in den ehemals päpstlichen Staaten befand. Spätere Risorgimento-Autoren, wie D'Azeglio (1860: 115 ff) empfahlen dem Papst, der auch Giobertis Hoffnungen 1848 tief enttäuscht hatte, sich auf seine geistliche Funktion zu besinnen, weil er sonst die italienischen Christen in die Armee der nordeuropäischen protestantischen Mächte zu treiben drohte.

Im „Primato" wurde ein „Federalizer" gesucht, noch ehe das Haus Piemont sich dafür empfahl. Italienische Historiker haben manchmal behauptet, Cavour habe sich an Giobertis Rezepte gehalten und nur die Empfehlungen auf das Haus Savoyen umgeleitet. Im Gegensatz zu Mazzini glaubte Gioberti nicht, dass das Volk die Kraft habe, Italien zu einigen. Er strebte eine Föderation der Fürsten an, mit dem Papst an der Spitze. In langatmigen historischen Exkursen wurde der Gedanke des Konföderalismus bis zu den Etruskern zurück verfolgt (II: 117). Die Idee der Kirche sollte mit dem Bewusstsein des Volkes zur Übereinstimmung gebracht werden. Die nationale Bewegung sollte dabei als Klammer dienen. Gioberti verglich Italien mit anderen katholischen Ländern wie Belgien, Irland und Polen. Belgien hatte die Symbiose zwischen Liberalismus und Katholizismus in einer verhältnismäßig friedlichen Revolution erreicht, auch wenn der Papst die belgische Verfassung von 1831 in der Enzyklika „Mirari vos" für Teufelswerk erklärte. Daß auch Irland und Polen ihre nationale Identität vermittels der organisierten katholischen Kirche aufrechthielten, wurde für Italien zur großen Hoffnung erklärt. In beiden Fällen sollte sich die Wiedergeburt des Nationalstaats jedoch um über ein halbes Jahrhundert verzögern.

Die Unterstützung des Volkes erwartete Gioberti nicht durch direkte Aktionen des Volkes wie Mazzini sondern durch Repräsentation des Volkes. Seine parlamentarischen Vorstellungen gingen jedoch kaum über eine konsultative Versammlung hinaus, etwa das, was zur gleichen Zeit in Deutschland eine „landständische Verfassung" im Gegensatz zur Repräsentativverfassung genannt wurde. Gioberti übersah, dass aus den stark begrenzten Kompetenzen einer ständischen Versammlung relativ schnell ein parlamentarisch regiertes Repräsentativsystem werden konnte. Belgien wurde gelobt, aber sein parlamentarischer Charakter wurde von Gioberti weitgehend übersehen. Was in Belgien zunächst dualistisch-konstitutionell nach dem Modell der französischen Charte angelegt war, hat sich etwa ab 1833 zu einem System mit Vorherrschaft der Parlamentsmehrheit entwickelt.

Die marginalen Länder Europas von Spanien bis Russland haben auch in Italien und Deutschland ihr Gefühl der politischen Rückschrittlichkeit in ein ideologisches Sendungsbewusstsein umgemünzt. Der Primat sollte den katholischen und nationalen Gedanken verschmelzen. Ganz absurd war die starke Betonung der Religion nicht. Selbst bei Mazzini spielte die Religion eine überragende Rolle, wenn sie auch nicht-kirchlich aufgefasst wurde, sondern eher eine rousseauistische Zivilreligion darstellte.

Im Gegensatz zu den meisten italienischen Publizisten setzte Gioberti keine Hoffnungen mehr auf Frankreich. Der Gallikanismus und die kirchlichen Sonderbestrebungen des Landes machten das französische Vorbild für ihn verdächtig. Auch als er den Glauben an die Einigungsrolle des Papstes aufgeben musste, hat Gioberti Frankreich nicht als Ersatz-„federalizer" angenommen. Seine Aversionen gegen Frankreich blieben. Sein Idealismus zog ihn eher zum protestantisch dominierten Deutschland als zum „positivistischen" Frankreich hin. Frankreich wurde sogar empfohlen, von der Versittlichung zu lernen, die von der italienischen Bewegung ausgehe. Eher eine Skurrilität erschien der Vergleich der Mission der Nationen Europas mit indischen Kasten. Italien wurde der Brahmanenkaste zugeordnet, Frankreich der Kriegerkaste, England hingegen der Kaste der Händler. Die Gleichsetzung ganzer Nationen mit Philosophen, Krieger oder Händlern hat bis in die Kriegspropaganda von 1914 weiter gewirkt.

1848 schien der Augenblick für die Realisierung von Giobertis Plänen mit Hilfe von Papst Pius IX gekommen. Gioberti kam triumphal aus seinem Exil, das er in Frankreich und Belgien verbracht hatte, zurück. 1849 war die liberale Phase des neuen Papstes jedoch beendet. Gioberti, der zwei Monate die piemontesische Regierung geführt hatte, musste erneut ins Exil gehen. Seine Abrechnung in dem dreibändigen Werk „Rinnovamento civile d'Italia" (1851) war von einem Pessimismus der Selbstüberschätzung geprägt (1943 II: 69): „Ich bin letztlich gestürzt, und mit mir fiel das italienische Risorgimento, das ich begonnen hatte." Es zeigte sich, dass das Risorgimento erst nach seinem Tod richtig beginnen sollte und ihm allenfalls die Rolle eines der vielen geistigen Vorläufer zukam. Er versprach in dem Buch (I: 7) eine schonungslose Abrechnung mit den bisherigen Irrtümern und den führenden Personen. In der Staatsformfrage wurde Gioberti zunehmend indifferent und behauptete, nicht klar zwischen Monarchismus und Republikanismus wählen zu können (I: 13). Im Lauf einer umständlich-redundanten Argumentation wurde freilich klar, dass sich seine Hoffnungen nun auf Carlo Alberto, den König von Piemont-Savoyen richteten. Mit der liberalen Wende hatte Gioberti – wie vor ihm Constant – sich stärker für die zivile Freiheit als für eine bestimmte Regierungsform engagiert. Drei Prinzipien waren zu vereinen: Spontaneität, italianità und Mäßigung (moderazione) (I: 30). Die revolutionäre Spontaneität Mazzinis sollte durch Mäßigung gebändigt werden. Dennoch wurde nicht recht deutlich, wie das erste und das dritte Prinzip im Gleichgewicht gehalten werden konnten. Gegen republikanische und konservative Zentralisten hat Gioberti die Gemeindefreiheit hochgehalten. Er knüpfte an den Genfer Sismondi (1773–1842) an, der in seinem monumentalen Werk „Histoire des républiques italiennes du moyen âge" (1807–1818) die Freiheit der klassischen italienischen Republiken nicht ohne politische Nebenabsichten wieder entdeckt hatte. Während Sismondi als Protestant jedoch antipäpstlich gesonnen war, hat Gioberti sich in seiner frühen Zeit eher an de Maistres Werk „Du pape" (1819) (vgl. Band 2: Konservatismus) gehalten.

Gioberti war einer der seltenen Fälle – wie Lamennais – die im Alter liberaler und nicht konservativer wurden. Nur bei einem politisch werdenden Katholizismus war diese Entwicklung häufiger. Gioberti ging jedoch niemals über die linke Mitte des Parteienspektrums hinaus. Cavour hat später im „Connubio" der rechten und der linken Mitte diese Konzeption auch parteipolitisch umzusetzen verstanden. Gioberti hat in seinem Abrechnungsbuch (I: 109 ff) scharf mit den Konservativen gehadert und seine Zusammenarbeit mit den damaligen „Linken" gerechtfertigt. Gioberti war auch nach 1848 überwiegend ein konservativer Liberaler. Sein früher Tod hat ihm erspart, in den Konflikten des eigentlichen Risorgimento erneut Stellung beziehen zu müssen.

Giobertis Theorien entfalteten eine wichtige Fernwirkung auf die italienische Intelligenz. Ganz anders war der Einfluss von Antonio Rosmini-Serbati (1897–1855), dem vielseitigsten Denker des 19. Jahrhunderts in Italien.

Quellen
Gioberti: Del primato morale e civile degli italiani (1843). Lausanne, Bonamici, 1846, 3 Bde. 2. Aufl.
Gioberti: Del rinnovamento civile d'Italia (1851). Bologna, Zanichelli, 1943, 3 Bde.

Literatur

G. Brescia (Hrsg.): Rosmini e Gioberti. Stresa, Marcelliana, 2003.

O. Omodeo: Vincenzo Gioberti e la sua evoluzione politica. Turin, Einaudi, 1941.

G. Rumi: Gioberti. Bologna, Il Mulino, 1999.

P. Scoppola: Dal neoguelfismo alla democrazia cristiana. Rom, Studium, 1957, 1979, 3. Aufl.

B. Spaventa: La filosofia di Gioberti. Neapel, Vitale, 1863.

J. Zbinden: Die politischen Ideen des Vincenzo Gioberti. Bern, Haupt, 1920.

Antonio Rosmini Serbati (1797–1855)

Giobertis Theorien entfalteten eine wichtige Fernwirkung in der italienischen Intelligenz. Ganz anders war der Einfluss von Rosmini, dem vielseitigsten Denker des 19.Jahrhunderts. Er vertrat umfassende Lehren zu Kirche, Gesellschaft und Staat, und hatte mit konkreten Verfassungsprojekten zwar keinen direkten gesetzgeberischen Erfolg, löste aber eine wichtige Verfassungsdebatte aus.

Rosmini stammte aus einer Patrizierfamilie in Rovereto, das bis 1919 zur Habsburger Monarchie gehörte. Rosmini widmete sich als geweihter Priester umfangreichen philosophischen Studien, vor allem Thomas von Aquin und Kant. Die Unruhen 1820/21 in Italien weckten sein politisches Interesse. 1828 gründete Rosmini das „Institut der Nächstenliebe" (Istituto della carità), eine Kongregation, die aus Laien und Geistlichen bestand und sich der Erziehung und der Jugendarbeit widmete. Die Jesuiten haben diese Einrichtung mit permanenten Verdächtigungen begleitet. 1830 veröffentlichte Rosmini sein einflussreiches Werk über „Den Versuch über den Ursprung der Ideen", das auch gesellschaftstheoretische Passagen enthielt. 1848 wurde eine Reihe von Reformschriften veröffentlicht, die der Erneuerung von Kirche und Staat gewidmet waren. Die Schrift „Die fünf Wunden der Heiligen Kirche" (1848) wurde zu einem viel umstrittenen Kultbuch. „Die Verfassung gemäß der sozialen Gerechtigkeit" und sein Projekt für eine Verfassung für den römischen Staat waren seine wichtigsten politischen Beiträge. 1849 erschien eine Auseinandersetzung mit dem Kommunismus und Sozialismus.

In den Wirren des Revolutionsjahres 1848 fiel Rosmini eine Weile eine wichtige Vermittlungsrolle zu. Er wurde von der Regierung in Turin beauftragt, beim Vatikan die Zustimmung zu einer Konföderation der italienischen Staaten zu erlangen. Das Vorhaben misslang. Als Papst Pius IX wegen der revolutionären Wirren von Rom nach Gaeta floh (vgl. Kap. Mazzini), folgte Rosmini, obwohl die Reformgegner in die Kurie zunehmend die Oberhand gewannen. Rosmini (1934: 404) wurde als „Kommunist" verleumdet. 1849 wurden seine Reformschriften auf den Index gesetzt. Die Jesuiten nutzten die Gelegenheit, die alte Kampagne gegen den „heterodoxen" Philosophen zu erneuern. Erst 1854 wurden frühere Entscheidungen der Index-Kongregation revidiert. Rosmini zog sich nach Stresa in Piemont zurück. Seine Heimatstadt Rovereto war unter Kontrolle Österreichs und kam als Sitz für das Institut nicht mehr in Frage. Der Streit um Rosminis Lehre endete auch mit seinem Tod nicht. Noch 1888 hat die Kongregation vierzig Thesen zusammengestellt, die mit den Lehren der Kirche nicht vereinbar seien.

Rosmini hat in seinem Riesenwerk keine zusammenhängende Theorie der Politik hinterlassen, die er geplant hatte. Fragmente und Vorarbeiten wurden nach seinem Tod zusammengestellt und veröffentlicht. Die „Filosofia della politica" (1837/38) blieb ein Torso, der nur zum Teil veröffentlicht worden ist. Auch Rosmini ging von der zentralen Erfahrung der Revolution aus. Sie war für ihn der Vollzug einer universalen Idee der Politik, die sich zunehmend säkularisierte. In den „Fünf Wunden der Heiligen Kirche" (Brüssel 1838, Genua 1849) hat Rosmini dem weltlichen Zeitgeist für die Kirchenorganisation gehuldigt. Die fünf Übel, die Rosmini in der Kirche ausmachte, waren: die liturgische Trennung von Klerus und Gläubigen, die zur öffentlichen Ignoranz führten musste, weil nur mechanisch gelernt wurde. Weitere Übel waren die unzureichende Bildung der Priester, die Uneinigkeit der Bischöfe, die Ernennung der Bischöfe bei Vetorecht des Staates, und das feudalistische Relikt großer Kirchengüter. Seine Vorschläge zur Beteiligung von Laien am kirchlichen Leben, zur besseren Bildung der Geistlichen, zur Aufgabe der Kirchengüter, um den „Sozialneid" abzubauen, und zur Teilnahme von Laien an den Bischofswahlen wirkten ketzerischer als seine Philosophie, die nur Eingeweihte verstanden. Die Forderungen richteten sich nicht einseitig an die Kirche. Auch der Staat sollte sich aus der Ernennung von Bischöfen zurückziehen. Cavours Devise „libera chiesa in libero stato" war geistig vorbereitet.

Rosminis (1999: 391) Verständnis der Politik war interdisziplinär. Die „politische Wissenschaft" sollte die Regierungen unterweisen in der Frage, wie sie auf die Gesellschaften Einfluss nehmen können. Er nannte das „Praxis der Gesellschaftsführung" oder „arte sociale". Dazu müssen die Politikberater ihr Ohr am Mund der Gesellschaft haben. Politische Wissenschaft konnte für ihn nicht ohne Rekurs auf Psychologie getrieben werden. Die Ziele der „Sozialkunst" waren jedoch nicht einfach auf die Mehrung des Wohlstands gerichtet, sondern auf die „Erfüllung und Zufriedenheit der Seelen der Mitglieder", ein Gedanke, der nichtklerikalen Liberalen ein Graus war. Rosminis Glücksvorstellung war vor allem gegen den Utilitarismus gerichtet, der nur ein äußeres Glück des Individuums im Auge hatte, und hoffte, dass das öffentliche Glück sich aus der Summe der individuellen Glücke ergeben werde.

Gesellschaften wurden für Rosmini (1999: 95 ff) durch praktische und durch spekulative Vernunft geleitet. Die bürgerliche Gesellschaft wurde von zwei Kräften bewegt: der praktischen Vernunft der Massen und der spekulativen Vernunft der Individuen. Erstere blieb in Rosminis Augen instinkthaft, weil die Massen die Gründe, von denen sie geleitet werden, nicht reflektieren können. Der Instinkt der Massen war jedoch für Rosmini nicht notwendig „dümmer" als die Einsicht der Eliten. Das Zusammenwirken der beiden Faktoren wandelte sich laufend in Rosminis Geschichtsbild. Er unterschied vier Stadien, die ein wenig nach einer Hegel-Variante aussahen. Die erste Epoche wurde Phase der Gründung und ersten Gesetzgebungen genannt. Die zweite war das „blühende Zeitalter", die dritte ist durch eine Depravation gekennzeichnet, bei der die Menschen sich Luxus und Pomp hingeben. Im vierten Zeitalter wird eine Gesellschaft entweder ruiniert oder erneuert (1999: 94). Die Schrift war arm an historischen Beispielen. Eigentlich hatte Italien die vierte Stufe schon durchlaufen, weil ausländische Eroberer der Eigenstaatlichkeit ein Ende gemacht hatten. Es konnte nun nur bergauf gehen. Bei der Festlegung der Nahziele einer Gesellschaft drohten in Rosminis (1999: 330 ff) Geschichtsmodell ständig Gefahren. Die „Verderbtheit der Massen" wirkte sich unterschiedlich negativ je nach Regierungsform aus. Dass die Folgen in der Demokratie besonders gravierend waren, wurde durch ausgiebige Tocqueville-Zitate als Gedanke nicht origineller. Rosmini (1999: 351) huldigte einer elitären Konzeption. Die Philosophen waren als Gesetzgeber ausersehen. Je größer die soziale Unordnung, umso qualifizierter musste über die Ziele und die Mittel zu ihrer Erreichung nachgedacht werden. In der Antike zeigte sich, dass die Philosophie die allgemeine Korruption nicht zum Besseren wenden konnte. Durch das Christentum schien jedoch für Rosmini die Untergangsgefahr gegenüber der Antike weit geringer. Die Erneuerung war durch Rückbesinnung auf die Substanz der kirchlichen Lehren jederzeit möglich (1999: 385).

Rosmini baute seine Theorie auf eine Grundannahme auf: ein geregelter Zustand der bürgerlichen Gesellschaft erfordert ein Gleichgewicht zwischen Besitz und Macht. Die Macht wurde mit administrativer Macht und der Exekutive annähernd gleichgesetzt. Dieses Gleichgewicht wurde durch die Französische Revolution verletzt und daran scheiterte sie. Das demokratische Prinzip der Mitwirkung (durch Pro-Kopf-Stimmrecht und Mehrheitsregierung) geriet in Konflikt mit dem liberalen Prinzip des Schutzes der Rechte. Die Freiheit der Alten, die Freiheit „zu" und die Freiheit der Modernen, die Freiheit „von" mussten für Rosmini – in Abwandlung der Option Constants für die Freiheit der Modernen – ins Lot gebracht werden.

Rosmini hat die Auffassungen des älteren Naturrechts modifiziert. Die Menschenrechte waren für ihn durch den Willen Gottes a priori gegeben. Sie haben sich im Lauf der Geschichte ständig vervollkommnet. Die Schaffung von Verfassungen, die in Piemont noch beim oktroyierten „Statuto Albertino" 1848 äußerst umstritten war, ist für Rosmini eine Voraussetzung für den Fortschritt der Freiheit gewesen. Seine Verfassungskonzeption war in einigen Punkten noch stark paternalistisch. Parlamente hatten die Aufgabe, die wirtschaftlichen Interessen der Bürger zu schützen. Sie hatten kein exklusives Gesetzgebungsrecht. Sie teilten es mit einem politischen Gerichtshof (tribunale politico), der durch allgemeine Wahl bestellt werden sollte. Progressiv schien die Empfehlung, Frauen dann wählen zu lassen, wenn sie Oberhaupt einer Familie seien. Das Wahlrecht war ansonsten zensitär angelegt. Das Wahlrecht sollte im Verhältnis zur gezahlten Steuer an die Individuen verteilt werden (Progetti 1952: 72). Das Volk hatte nicht viel mehr Rechte, als seine „procuratori" zu wählen (1952: 225). Die Einrichtung des politischen Gerichtshofs ist der originellste Beitrag Rosminis zur politischen Systemlehre genannt worden (Autiero/Menke 1999: 143). Über die Quellen des Gedankens ist viel gerätselt worden. Formen eines Schiedsgerichts gab es in Modellen der internationalen Friedenssicherung bei Kant oder Lamennais. Fichte hatte sich in der „Grundlage des Naturrechts" ein Ephorat erdacht. Von Filangieri bis Romagnosi hatte es Gewalten über den Gewalten gegeben, die auf die Rechtslehre Italiens Einfluss hatten. Am stärksten war der Einfluss von Sieyès' Konzeption, die er im Jahre III der Convention unterbreitete und die den Deputierten zu kompliziert war, als dass sie sie übernehmen mochten. Rosmini lobte Sieyès als den einzigen Mann der französischen Revolution, der mit einer gewissen Ruhe und Tiefe denken konnte. Aber: „alle lobten ihn, niemand folgte ihm" – was historisch in vielen Punkten falsch war (vgl. Kap. Sieyès). Mit dem „Tribunale politico supremo" war das Prinzip des „*judicial review*" vorgeschlagen, das eingeschaltet werden sollte, ehe der Souverän ein Gesetz unterzeichnet. Diese Einrichtung war für Rosmini (Progetti: 230) ein wichtiger Beitrag zum Schutz der Minderheiten gegen die französische Mehrheitstyrannei.

1848 hat Rosmini seine Verfassungsvorstellungen in ein Projekt für den römischen Staat umgesetzt. Er empfahl die völlige Reorganisation der römischen Regierung. Ein Mittel dazu schien ihm eine solidarische Verantwortung der Minister herbeizuführen. Damit ging er über die meisten Liberalen hinaus, die nur eine individuelle Ministerverantwortlichkeit akzeptierten (1952: 3). Schonungslos hat er die Übel des modernen Staates in seinen politischen Schriften angeprangert: Wahlkorruption und Agitation extremistischer Parteien. Seine Abneigung gegen eine Vorherrschaft des Parlaments hinderte ihn daran, Anhänger der parlamentarischen Regierungsweise zu werden. Seine besondere Aversion erregte die französische Variante des parlamentarischen Systems, weil es in ihm keine politische Gerechtigkeit gab. Es konnte für Rosmini keine Identität von Volks- und Parlamentssouveränität geben, wie die Theoretiker der parlamentarischen Regierungsweise unterstellten. In einem Vorschlag zur Verfassung des Königreich Oberitaliens, die nicht zustande kam, beschwor Rosmini die Politiker, nicht die Fehler der Franzosen zu wiederholen. Er rechnete in Artikeln in der Zeitschrift

„Risorgimento" 1848 vor, dass Frankreich zwischen 1791 und 1848 elf Verfassungen verschlissen habe (Progetti: 247). Die italienischen Verfassungsgeber sollten aufhören, nur an kleinen Verbesserungen der französischen Verfassungen „herumzubasteln" (rimpasticciare). Die „abstrakten Ideen" der Franzosen erklärte er für falsch, obwohl seine Vorschläge den französischen Chartes nicht völlig unähnlich waren. Frankreich war für ein Land, das ständig in zwei Parteien zerfiel, die sich zwischen den „abstrakten" und den „konkreten" Franzosen aufteilten. Er mokierte sich über die „abstrakten Franzosen" mit ihren Elogen für die jeweilige französische Verfassung und ihrem Hochmut gegenüber der ungeschriebenen englischen Verfassung. Ihre Vorschläge klängen wie „die wunderbarste Sache der Welt" (Progetti: 254,268), das faktische Resultat aber seien ständige Umstürze, weil die Gesellschaft ständig vom „Kommunismus" bedroht sei. Vor allem der Antiklerikalismus der Linken in Frankreich schien ihm verwerflich: der Staat solle die Kirche in ihrer Freiheit in Ruhe lassen. Im Gegensatz zu Lamennais, der Rosmini beeinflusste, wollte er auch den Klerus nicht schwächen. In seinem Projekt für den römischen Vatikanstaat, sollten die Kleriker zwar – wie alle anderen Bürgern – nach den Steuern Wahlrecht besitzen, das sie an den Staat abführten. Aber sie hatten noch ein paar Privilegien in der ersten Kammer (Art. 28). Immerhin war der Gedanke der Besteuerung der Kirchengüter allein schon für die konservativen Kleriker eine Provokation. Im Absolutismus sei das Regime durch die Sündhaftigkeit der Menschen ständig zum Despotismus degeneriert. Erst in einem „governo civile" schien dieser circulus vitiosus vermeidbar.

Um die Defekte der französischen Verfassungen nicht in eine italienische Verfassung Eingang finden zu lassen, schlug er zwei Vorsichtsmaßregeln vor: (1) Die Tribunale der politischen Gerechtigkeit und (2) ein Wahlrecht, das Stimmrechte proportional zum Steueraufkommen verteilt (Progetti: 72). Sein Modell der Verfassung für Oberitalien und für Rom sah einen König vor, der unverletzlich ist. Der Papst im römischen Staat war für ihn sogar „doppelt heilig". Dem König steht die gesamte Exekutive zu. Die Legislative sollte er mit den Kammern teilen. Das klang nach der veralteten englischen Doktrin Blackstones. In einem geistlichen Staat wie dem römischen existierte eine Sondereinrichtung in dem „Heiligen Kollegium", das sogar den Papst wählen sollte (Art. 18.3) – eine Revolution des Kirchenrechts, wenn die Vorschläge eine Chance gehabt hätten! Die erste Kammer sollte von den großen Eigentümern, die kleine Kammer von den kleinen Eigentümern gewählt werden (Art. 48, Progetti: 78). Die Legislaturperiode sollte sechs Jahre betragen. Die Abgeordneten sollten alle drei Jahre zur Hälfte neugewählt werden, um die Kontinuität zu sichern (Art. 61). Rosmini machte sich sehr ins Einzelne gehende Gedanken über das Wahlrecht. Nur Männer waren in seinen Projekten stimmberechtigt. Er setzte sich immerhin mit den Befürwortern eines allgemeinen Frauenwahlrechts auseinander, behauptete jedoch, die Frauen seien ja mittelbar über Ehemänner oder Väter involviert (Progetti: 239). Immerhin waren für Frauen als „alleinerziehende Mütter" schon Ausnahmen vom reinen Männerwahlrecht vorgesehen.

Die Menschen- und Bürgerrechte sollten garantiert werden, vor allem das Assoziationsrecht, das er als entscheidend für die Bildung der Wahlkollegien ansah. Freilich sollten „Geheimbünde" künftig verboten sein. Sie hatten im Vor-Risorgimento eine entscheidende Rolle gespielt. Ohne ihre Kommunikationsfähigkeit wären liberale und radikale Gedanken in Italien unter harten Zensurregimen nicht am Leben zu halten gewesen.

Ansätze zu einer parlamentarischen Regierung gab es in seiner Konzeption nur durch die enge Verbindung von Exekutive und Legislative. Dazu wurde die Klammer der Parteien akzeptiert. Die Minister hatten Zutritt zu Kammer. Aber eine Vereinbarkeit von Abgeordnetenmandat und Ministeramt, die wichtigste Voraussetzung einer parlamentarischen Regierung, hat Rosmini abgelehnt. Aus einer solchen Konzeption hat sich unter dem Statuto Albertino unter Cavour eine parlamentarische Regierungsweise vollzogen, die durchaus nicht im Sinne der Verfassungsväter gewesen ist. Rosminis Lehren haben vermutlich in Piemont einigen Einfluss gehabt. Cavour hat in der Zeitschrift „Risorgimento" einige Artikel Rosminis publiziert, um die künftigen Abgeordneten einer Constituante zu belehren. Die Lombardei hatte eine verfassunggebende Versammlung als Vorbedingung für eine Vereinigung mit Piemont gefordert. Zum echten Kummer aller radikalen Liberalen und zum allenfalls gespielten Kummer der konservativeren Liberalen hat sich sogar die Einigung Italiens schließlich ohne verfassunggebende Gewalt des Volkes vollzogen.

Quellen

Rosmini: Opere edite ed inedite (Hrsg.: M. F. Sciacca) Rom, Città Nuova, 1975 ff.
Rosmini: Opere edite ed inedite (Hrsg.: E. Castelli). Rom, Istituto di studi filosofici di Roma 1934–1977, 49 Bde. (unvollständig). (zit.: O).
Bd. 24: Progetti di costituzione (Hrsg.: C.Gray).Mailand, Bocca, 1952. (zit.: Progetti).
Rosmini: Diario della carità (Hrsg.: F. Orestano), Rom, Città Nuova, 1934.
Rosmini: Opuscoli politici (Hrsg.: G. Marconi) Rom, Città Nuova, 1978.
Rosmini: Philosophie der Politik. Innsbruck, Tyrolia, 1999.

Literatur

A. Autiero/K. H. Menke (Hrsg.): Brückenbauer zwischen Kirche und Gesellschaft. Rosmini, Newman, Blondel und Guardini. Münster, LIT, 1999.
E. Botto: Etica sociale e filosofia della politica in Rosmini. Mailand, Vita e pensiero, 1992.
D. Intini: La controversia fra Rosmini e Gioberti. Stresa, Sodalitas, 2002.

C. Leetham: Rosmini. Priest and Philosopher. New York, New York City Press, 1982.
M. F. Mellano: Anni decisivi nella vita di A. Rosmini (1848–1854). Rom, Editrice
pontifica università gregoriana, 1988.

Giuseppe Mazzini (1815–1872)

Die Radikalen hatten in Italien um 1848 weit mehr geistigen Einfluss auf das
Denken des Bürgertums als in Deutschland. Sie waren Gegner der von Cavour
geschaffenen parlamentarischen Monarchie. Mazzinis Ideal war eine Versammlungsregierung als Emanation einer Revolution. Den Parlamenten traute er nicht,
die Einheit herbeizuführen. Noch weniger traute er ihnen zu, eine effektive Regierung hervorzubringen. Das moralische Pathos, mit dem Mazzini (Scr.Pol. II:
275) seine Anschauungen vortrug, war unvereinbar mit einer Ordnung, die auf
einer oktroyierten Verfassung, dem „Statuto Albertino" beruhte. Die Doktrin der
Parlamentssouveränität, die Balbo und andere Liberal-Konservative aus England
importiert hatten, war für Mazzini nichts als „Verrat an der Souveränität des Volkes". Das konstitutionelle und liberale Italien, das Cavour geschaffen hatte, war
für ihn günstigstenfalls ein „System der Halbfreiheit (semi-libertà) (Scr.fil. II:
246). Ohne konstituierende Versammlung gab es für Mazzini keinen nationalen Pakt (Scr.Pol. II: 365). Giobertis Schrift über den „Primato" und die Theorie
der liberal-katholischen Neoguelfen lehnte Mazzini entschieden ab, weil sie ihre
Hoffnungen auf den Papst als Einiger Italiens setzte. Die Philosophie der „Moderaten", der Liberalen, dünkte ihm zutiefst unmoralisch, weil sie ihm opportunis-
tisch schien (Scr.Pol. I: 151). 1834 hatte Mazzini noch um Gioberti geworben und
ihn aufgefordert, für das „Giovane Italia" zu schreiben (Lett. 35; A: 262), aber die
Kooperation fand wegen der grundsätzlichen Meinungsverschiedenheiten ein ra-
sches Ende.

Kaum ein politischer Denker des 19. Jahrhunderts hat sein Leben so ausschließlich in den Dienst der Öffentlichkeit gestellt und völlig auf ein Privatleben
verzichtet. In seiner Autobiographie (A: 6) ließ er sein Leben erst 1827 beginnen,
als die Kämpfe zwischen Klassizisten und Romantikern, den Anhängern eines literarischen Despotismus und den Progressiven ihn in ihren Bann zogen. 1833 hat
Mazzini erstmals einen Aufstand in Piemont vorbereitet. Zwölf der beteiligten
Soldaten wurden nach der vorzeitigen Aufdeckung hingerichtet. 1834 scheiterten
Erhebungsversuche in Savoyen und in seiner Vaterstadt Genua. Erstmals beteiligte sich der militärische Held des Risorgimento, *Giuseppe Garibaldi* (1807–1882),
an diesen verfrühten Putschversuchen. Mazzini musste einsehen, dass Italien für
eine Revolution noch nicht reif war. „Giovane Italia" erlebte einen Niedergang.
Mazzini trat die Flucht nach vorn an und versuchte 1834 die politische Basis zu in-
ternationalisieren mit der Gründung des Geheimbundes „La Giovane Europa", der

erst in der Revolution von 1848 eine gewisse Bedeutung erlangte. Garibaldi ver-
legte in der Zeit einer revolutionären Durststrecke seine Aktivitäten nach Latein-
amerika. Immerhin ging auch in dieser Krisenzeit ein heilsamer Druck vom radikalen Lager auf die öffentliche Meinung aus. Innenpolitisch hat das wohlhabende
Bürgertum und außenpolitisch haben die liberaleren Westmächte sich zu der Ansicht durchgerungen, dass sie die „moderaten Liberalen" unterstützen mussten,
um die Radikalen wie Mazzini und Garibaldi in Schach zu halten.

Mazzinis theoretischer Ausgangspunkt war die Kritik der Carbonari am System. Dem Carbonari-Liberalismus fehlte aber nach Mazzinis Meinung der Blick
auf das Ganze, die Nation und die Gesellschaft. Er hatte sich zu sehr den Individuen einerseits und der Menschheit schlechthin andererseits zugewandt. Die
Carbonari hatten in seinen Augen nur Rechte eingefordert, ohne an die republikanischen Pflichten zu denken, die jeder Staatsbürger auf sich nimmt. In der Alternative „Freiheit oder Vaterland", die damals im Schwange war, optierte Mazzini
für das zweite Prinzip, die Liberalen hingegen für die Freiheit. Mazzinis Nationalismus knüpfte an den Mythos eines „dritten Rom" an, das nach dem antiken
und dem päpstlichen Rom entstehen sollte. „Wir Jugendlichen" bekannte Mazzini
waren damals alle „Romantiker", eine Bezeichnung, die ihn auch als alter Mann
nicht verlassen sollte. Marx, der sich mit Mazzini in der Internationale auseinan-
dersetzte, warf ihm mehr als Romantik vor: „unechtes Pathos, Weitschweifigkeit
und Mystizismus". Mazzini war für Marx ein „republikanischer Formalist" und
„falscher Idealist": „Ausschließlich für die politische Form des Staates interessiert,
hatten sie keinen Blick für die Organisation der Gesellschaft, auf der der politische Überbau ruht." Die Mazzinianer hielten es seiner Ansicht nach für „unter
ihrer Würde, sich mit ökonomischen Tatsachen bekannt zu machen. Nichts ist
leichter, als auf Kosten anderer Leute Idealist zu sein." Die Polemik ging so weit,
den lauteren Revolutionär in seiner Rolle als einer der drei revolutionären Triumvirn in Rom 1848 zu diskreditieren, da die Männer dieser Junta, „die Bauern der
Campagna in einem Zustand der Sklaverei beließen, der weit schlimmer war als
der ihrer Vorfahren in der römischen Kaiserzeit, war es recht willkommen, sich
weitschweifig über den gesunkenen geistigen Zustand auf dem Lande auslassen zu
können" (MEW Bd. 12: 420). Mazzini schlug zurück und nannte Marx einen „be-
gabten Kopf, aber wie Proudhon zerstörend, eine Herrschernatur, der auf den Einfluss anderer Leute eifersüchtig ist" (zit.: Engels in MEW Bd. 17: 639) Marx und
Engels glaubten, dass Mazzinis „Schrei nach Nationalität" nichts ausgelöst habe
als einen „militärischen Despotismus". Für Mazzini sei „der Staat, den er in seiner Vorstellung geschaffen habe, alles, die Gesellschaft aber, die eine Realität ist,
nichts." (MEW. Bd. 17: 639). In dieser Deutung der Kausalitäten ging Marx entschieden zu weit. Piemont hat sich Garibaldis bedient, aber ihn keineswegs von
vornherein einkalkuliert, sondern ihn allenfalls „billigend in Kauf genommen".

Marx und Engels sahen jedoch ein richtiges Problem an Mazzinis revolutio-
närem Hyperaktivismus: Die Aktion stand bei Mazzini (Lett.: 218) nach eigenem
Bekenntnis über der theoretischen Bemühung. An Victor Hugo schrieb er, dass
die „Aktion aus dem Genie des Volkes" eine „kollektive Offenbarung" sei. Für die
Sozialisten, die mit dem Anspruch von Wissenschaft an die Gesellschaftsanalyse
herangingen, schienen solche Bekenntnisse ein Zeichen geistiger Armut. Mazzini
(Schr. I: III) hat jedoch niemals falsche Ansprüche an theoretische Dignität erhoben, die ihm von anderen Kritikern unterstellt wurde. Mazzini war voller Ehr-
furcht vor den Philosophen und den deutschen Idealisten. In einem Brief an seine
deutsche Übersetzerin befürchtete er sogar, dass seine Schriften „Ihrem Deutschland nicht gediegen und durchdacht genug erscheinen, da dort der Gedanke stets
tief in seiner eigenen Sphäre lebt, ohne auf unverzügliche und praktische Er-
gebnisse zu blicken. Ich musste schreiben, als wenn ich kämpfte". Damit sprach
Mazzini die geistigen Einflüsse an, die auf ihn eingewirkt hatten. Herder, Arndt
und Fichte waren für ihn als Theoretiker des Nationalismus wichtig (Scr. Pol. I:
268). Vicos Rückgriff auf die alte italische Zivilisation und Rousseaus Glaube an
das Gute im Menschen, aber auch der Saint-Simonismus in der Form, wie ihn
Pierre Leroux vertrat, haben bei Mazzinis Theorien Pate gestanden. Mazzinis Etatismus, den Marx rügte, beruhte auf kollektiven Vorstellungen, die er mit Condorcets Fortschrittsglauben übernommen hatte. Mazzini war kein Liberaler, der das
Individuum über die Gesellschaft stellte.

Was Mazzini die „soziale Epoche" nannte, war eine neue Stufe der Entwicklung, in der eine neue Religiosität das verkrustete Amtschristentum ersetzen
werde und eine Welt freier Nationalstaaten sich herausbilden sollte. Der Nationalismus nahm bei ihm religiöse Züge an. Auch bei Mazzini sollten die Klassen verschwinden. Die Aktenstücke der römischen Republik förderten ein Programm der
Triumvirn zutage, die am 29. März 1849 in Rom gewählt wurden. Einer von ihnen
war Mazzini. Er war in seiner schwülstigen Rhetorik dem Stil der französischen
Revolution nahe: „Kein Krieg der Klasse, keine Feindseligkeit gegen die erworbe-
nen Reichtümer, keine unvorsichtige oder ungerechte Verletzung des Eigentums,
aber ein beständiges Streben zur materiellen Verbesserung der wenig vom Glück
Begünstigten" wurde verhießen. Jeder strafbare Egoismus des Monopols, der Hinterlist, oder des passiven, auflösenden oder nach einer Staatsumwälzung strebenden Widerstandes" sollte gezügelt werden. (Schr. II: 234). Wenig konkrete Sozialpolitik wurde den Armen Roms versprochen. Die republikanische Regierung
versprach lediglich, für die Wohnungsbeschaffung der unbemittelten Schichten zu
sorgen. Dafür sollten die Gebäude der Inquisition konfisziert werden. Aber gegen
die Selbsthilfe des Mobs, die an der Tagesordnung war, wurde unmissverständlich
dekretiert: „Das Eigentum ist unverletzlich. Jeder Stein von Rom ist heilig. Die
Regierung hat allein das Recht und die Pflicht, die Unverletzlichkeit des Eigen-

tums zu modifizieren, wenn das Wohl des Landes es erheischt." (Schr. II: 245). Das Eigentum wurde von Mazzini (Schr. II: 161) mit der menschlichen Natur begründet. Wenn man es abschaffe, würde es „bald darauf wieder erscheinen". In diesem Punkt sollte Mazzini gegenüber den Marxisten recht behalten.

Immerhin waren bei den Republikanern mehr Möglichkeiten vorgesehen, den sozialen Gebrauch des Eigentums sicherzustellen als bei den Liberalen. Die Staatsintervention sollte sich jedoch auch bei ihnen in engen Grenzen halten. Seit Rousseau und Bentham war es ein Gemeinplatz der politischen Theorie, dass es nur wenige, aber gute Gesetze geben sollte. Mazzini (Schr. II: 235) forderte darüber hinaus „vorsichtige Gesetze". Die gut geordnete Republik hatte in seinen Augen die Pflicht, für die „fortschreitende Verbesserung der Lage der unbemittelten Klassen zu sorgen". Die sozialen Maßnahmen, die aufgeführt wurden, waren dann allerdings spärlich und konzentriert auf das Wohnungswesen. Proudhons Einfluss wurde sichtbar in der Forderung nach einem Nationalfonds, der als Kreditfonds für freiwillige Arbeiterassoziationen dienen sollte. Trotz seines sonstigen Zentralismus sollten die Fonds aber nicht von der zentralen Nationalbank verwaltet werden, sondern von gewählten Gemeinderäten (Schr. II: 174). In der Sozialpolitik sollten alle Maßnahmen dahin gehen, den Reichtum zu mehren, nicht aber seine Verteilung zu egalisieren (Schr. II: 156). So sehr er die nationale politische Revolution herbeipredigte, so schroff nahm er gegen die soziale Revolution Stellung. Nur gelegentlich, wie in „Sozialismus und Demokratie" (1862) hielt Mazzini eine rein politische Revolution nicht für möglich (Scr.Pol. II: 232). Mazzini war letztlich gegen eine umfassende Revolution, weil die Französische Revolution nur den Individualismus befördert habe. In diesem Punkt lehnte er sich an Saint Simons Einschätzung an. Die Prinzipien von 1789 waren für ihn nicht „Zweck" sondern „Mittel" auf dem Weg zur nationalen Einheit. Marx hat er vorgeworfen, nicht klar angeben zu können, was die sozialistische Revolution eigentlich bewirken solle: „Dies Alles-machen-wollen und schließlich gar nicht zu machen, geht mir auf die Nerven" schrieb er einmal gegen Marx (zit.: Saager 1935: 279). Die Erfahrungen der Julirevolution führten Mazzini zur Übernahme einiger sozialer Ideen der Saint-Simonisten, um die Massen besser für seine nationale Frage gewinnen zu können. Steuerermäßigungen wurden vor allem dem Kleinbürgertum in Aussicht gestellt. Im Vergleich zu den Carbonari stellte sein Konzept eine Verbesserung dar. Aber Mazzinis Bündnisfähigkeit mit den Sozialisten blieb gering. In vielen Schriften ermahnte er die Arbeiter zum Ärger der Sozialisten zu „Tugend und Opfer" (Schr. II: 76 f) und speiste sie mit christlichen Phrasen ab. Die Emanzipation der Arbeiter sollte mit der der Frauen synchronisiert werden (Schr. II: 182) – ein Punkt in dem Mazzini dem zeitgenössischen liberalen Katholizismus weit voraus war.

1832 hatte Mazzini über die Ursachen räsoniert, welche die Entwicklung der Freiheit verhinderten. Zu diesen Ursachen gehörten die Parteien, die das Volk teilten. Die nationale und republikanische Idee duldete bei ihm eigentlich keine Parteien. Als weitere Gründe wurden von Mazzini genannt: die „blinde Gewalt der Fürsten" und die „Hinterlist der Priester," die das Volk ohne Pressefreiheit, ohne Unterricht und ohne Waffen ließen. Warum alle Aufstände angesichts dieser Misere misslangen, wurde keiner klaren Analyse zugeführt: mal fehlten „Männer, stark an Glauben und Aufopferung, um den in den Massen gärenden Gedanken zur Ausführung zu bringen", mal fehlten für ihn, „wenn Häupter nicht fehlen, die Massen" (Schr. I: 71). Mazzini hatte die leidvolle Erfahrung hinter sich, ein Revolutionsgeneral ohne Truppen zu sein.

Wie alle Revolutionäre griff er zum Ausweg von Organisation, Erziehung und Propaganda. Das „Junge Italien" erließ allgemeine Verhaltensregeln für die Verbündeten des „Giovane Italia". Die Grundprinzipien waren Freiheit, Gleichheit, Menschlichkeit, Unabhängigkeit und Einheit. Diese Formeln fanden sich in der Flagge der Bewegung. Das junge Italien war gehalten, an ein Gesetz des Fortschritts zu glauben. Mazzini war stolz darauf, als erster das Statut beschworen zu haben. Neben der Revolution war die Erziehung das wichtigste langfristige Mittel der Bewegung. Der Charakter der Revolution blieb im Dunkel. Mazzini (Schr. I: 26) lehrte, dass die großen Revolutionen mehr durch Prinzipien als durch Bajonette durchgeführt würden. Der Wille der Nation sollte durch gewählte Delegierte vollzogen werden. Einen Zensus lehnte Mazzini im Gegensatz zu den „Moderaten" ab (Schr. I: 141).

Die italienische Wiedergeburt sollte unabhängig vollzogen werden. Im Gegensatz zu vielen Moderaten hasste Mazzini Napoleon III. Wie in allen verspäteten Nationen, spielte anfangs noch die Hoffnung eine Rolle, die Fürsten zu belehren – von Humboldt bis Bakunin. Mazzini schrieb 1831 einen offenen Brief an König Karl Albert und unterzeichnete ihn mit „ein Italiener". Später wurde er von den Republikanern für diese Inkonsequenz kritisiert. Mazzini entschuldigte sich damit, dass er schon damals nicht an die Segnungen der Monarchie geglaubt habe, aber den König als Mittel zur publikumswirksamen Intervention benutzt habe. Es gab Vorbilder, welche die jungen Heißsporne damals beflügelten wie Foscolos Brief an Napoleon. Mazzini brauchte sich dieses frühen Dokuments später nicht zu schämen. Er erinnerte den König daran, dass die Unterdrückten ihn als Befreier begrüßt hätten, und gab ihm noch eine Chance, falls er das richtige tue. Auch ein Drohung wurde eingeflochten: „Macht Euch nur zum Sklaven des Auslandes! Aber gebt acht, Sire! ... bedenkt, dass die Völker von einer Niederlage mehr lernen als die Könige vom Triumph (Scr.Pol. I: 36 ff). Der König reagierte auf den herablassenden Ton mit dem Befehl, diesen „Marquis Posa" zu verhaften, wenn man seiner habhaft werde. Es ist viel darüber gerätselt worden, ob der Brief ernst gemeint war. Stilkritische Untersuchungen kamen zur Bejahung dieser Frage (Vossler 1927: 5). Mazzini lehnte die Unterstützung der Fürsten seither ab, weil diese 1820, 1821 und 1831 die nationale Bewegung dreimal verraten hätten. In der Tat waren die italienischen Fürsten fast alle von der Großmacht Österreich abhängig (Schr. I: 121). Außer dem als halb-französisch empfundenen Savoyen gab es keine wirklich einheimische Dynastie. Selbst der gemäßigte Rosmini hatte in seiner Verfassung geglaubt, den Gebrauch der italienischen Sprache festschreiben zu müssen. Zweifellos konnte die piemontesische Oberschicht besser Französisch als Italienisch. Die bestehenden Staaten waren für Mazzini Satellitenstaaten, die er in einem geeinten Italien als willkürliche Gebilde verschwinden sehen wollte: „Das Vaterland ist keine Sammlung, es ist eine Assoziation" (Schr.II: 114) schrieb er gegen die liberalen Föderalisten.

Bündnisse mit anderen Ländern, vor allem mit Frankreich, lehnte Mazzini ab: „Italia farà da se" wurde schließlich allzu wörtlich genommen. Innenpolitisch wollte er die Revolution durch ein Bündnis aller Klassen abstützen, wobei er alles tat, nicht einmal die liberalen Gemäßigten für seine Ideen zu gewinnen. Sozialisten waren willkommen, weil sie Opferbereitschaft und Revolutionserfahrung mitbrachten, aber ihre Ideen sollten nicht obsiegen, weil der Sozialismus – angeblich aus den Prinzipien Benthams hergeleitet – eine „Verschlechterung der sozialen Idee" sei. Mazzinis theoretische Bildung zeigte immer wieder die Grenzen eines Autodidakten. Konzessionen an den Sozialismus machte er nur mit der Forderung nach Löhnen, die sich am gerechten Arbeitsertrag orientierten und in der proudhonistischen Forderung nach Abschaffung eines Übermaßes an Konkurrenz (Scr.Fil. I: 293).

Für Sozialisten und auch für manchen Radikalen war Mazzinis Religiosität ein Stein des Anstoßes. Er stammte aus einer tief religiösen Familie, die unitarischen Lehren zuneigte. Am herkömmlichen Katholizismus kritisierte er, die Erziehung der Menschen zu passiven Bürgern im Namen einer aufs Jenseits ausgerichteten Glaubensform. Seine Schriften konstruierten zahlreiche Parallelen zwischen Gott und der Nation: „Gott ist da, weil wir da sind" (Schr. II: 78) schrieb er gänzlich unberührt von junghegelianischer Religionskritik. Mit dem Papst ging er nicht weniger zimperlich um als mit den Fürsten. Die Kirche versammelte nur noch eine „Partei von Menschen, die jeden Tag kleiner wird", schrieb er als Antwort auf eine Enzyklika von Papst Pius IX. Christus wurde zum Verbündeten der nationalen Bewegung erklärt: „Die Religion ist nicht mehr mit Ihnen" und er schloss die Attacke gegen den Papst: „Versöhnen Sie sich mit Gott. Mit der Menschheit können sie es nicht" (Schr. II: 201). Mazzinis politische Ethik war ganz auf die Pflicht gegenüber der Nation abgestellt. Man hat ihm eine „Ethnisierung des gesamten Lebens" vorgeworfen (Vossler 1927: 69). Obwohl Mazzini auch über andere Themen geschrieben hat, waren sie doch immer durchwirkt mit seiner nationalen Obsession. Allenfalls Ernst Moritz Arndt würde es in gleicher Weise rechtfertigen, einen ganzen Autor unter der Sonderideologie „Nationalismus" abzuhandeln. Der Versuchung wurde hier widerstanden, weil kaum ein Nationalist nicht ebenso stark oder stärker mit den Glaubenssätzen einer der großen Ideologien verbunden ist, mit denen sich der Nationalismus ad hoc jeweils verbündete. Der Nationalismus bei Mazzini hatte etwas Illiberales an sich, weil er die Menschenrechte relativierte. Die Ideen von 1789 konnten nach Mazzinis Ansicht ohnehin nicht die „kollektive virtù" erzeugen, die zum Risorgimento nötig sei (Scr.fil. II: 140). Mazzini verwarf die Vertragsidee Rousseaus ebenso entschieden wie den Minimalstaat, den die Liberalen anstrebten.

Als Mit-Diktator in Rom 1849 hat Mazzini seine religiöse Einstellung durchgehalten. Er trat gegen den militanten Antiklerikalismus der Radikalen auf, was ihm die Anerkennung vieler römischer Kleriker einbrachte. Der nationale Gedanke bei Mazzini machte keinen Unterschied zwischen Staat und Nation. Hierin ist er mit Fichte verglichen worden, den er freilich nicht aus erster Hand kannte. Die Vorstellungen von einer Kombination von „Erziehung und Aufstand" waren zweifellos von Fichte übernommen. Im Zweifel hat Mazzini jedoch der Erziehung den Vorrang gegeben. Er blieb auch als Diktator seinen humanen Vorstellungen treu. Als die französischen Truppen näher rückten, hat er zum Ärger Garibaldis mit brüderlicher Umarmungstaktik reagiert. Der alte Haudegen hat sich schließlich mit dreitausend Getreuen nach Norden abgesetzt, um weiter zu kämpfen. Mazzini plädierte für Übergabe ohne Blutvergießen. Er floh nicht wie andere, und ließ im Quirinal ein Lazarett für verwundete Feinde einrichten. Im Gegensatz zu anderen „Diktatoren auf Zeit" hielt er sich an die rigide Moral, die er lehrte. Die nationale Mythologie machte ihn daher zum Heiligen, während Garibaldi der Held war.

Wie sehr Nationen intellektuelle Konstrukte darstellen, konnte man selten in so krasser Weise studieren wie im Fall Mazzini. Er gerierte sich als Nationalist und Kosmopolit. Der „Heiligen Allianz" der Fürsten wollte er die „Heilige Allianz der Völker" entgegen stellen (Scr.Pol. II: 266). Im Gegensatz zu Herder, der sich in Osteuropa wenigstens gut auskannte, hat Mazzini den üblichen Unsinn über ethnische Grenzen im Osten verbreitet, der aus Ignoranz und Vorurteil resultierte. Er glaubte an eine „göttliche Geographie", die wenn Völker und Staaten identisch würden, jede Hegemonie Frankreichs oder Österreichs künftig verhindern würden. Österreich sollte durch die Erweckung der slawischen Völker gesprengt werden: „Der Name des alten Kaiserreiches wird in dem Sturm eines Tages verschwinden", lautete eine richtige Prognose (Schr. II: 35). Polen war – wie bei vielen Radikalen und Liberalen – der bevorzugte Adressat für die Internationalisierung des Risorgimento-Gedankens (Scr.Pol. I: 269). Über die Grenzen äußerte er sich nur indirekt. Seine Nationen-Geographie blieb abenteuerlich. Die Schweiz sollte um Tirol und Savoyen erweitert werden, um die beiden Hegemonialmächte zu schwächen. Gelegentlich hat er auch einen großen Donaustaat befürwortet, in dem die Deutsch-Österreicher von innen her entmachtet werden sollten. Im Hinblick auf Savoyen und Nizza, auf die Cavour schweren Herzens als Preis für die französische Hilfe bei der Einigung Italiens verzichtete, mit der Begründung, sie seien inzwischen mehrheitlich französisch, war Mazzini mit seiner Anti-Verzichts-Politik bereit, auch vom ethnischen Prinzip abzuweichen. Garibaldi konnte es ebenfalls nicht verwinden, dass seine Geburtsstadt Nizza nicht mehr zu Italien gehören sollte. Großzügig legte Mazzini Länder auf dem Reißbrett der Ideen zusammen: Belgien und die Niederlande, die sich gerade erst blutig getrennt hatten, die skandinavischen Länder, Spanien und Portugal, Ungarn und Rumänien, manchmal in Verbindung mit Böhmen, Polen und Litauen. Solche Ungereimtheiten ließen sich allenfalls durch das Eingeständnis Mazzinis begründen, dass Nationen ein historisches Durchgangsstadium seien und keine ewigen Einheiten. Einst könnten Vaterländer auch wieder verschwinden und in der Menschheit aufgehen. Für sein Land wollte er jedoch keinerlei Abstriche hinnehmen. Er hat Cavour nicht verziehen, dass Friaul und das Trentino, sowie das überwiegend slawisch besiedelte Istrien nicht zu Italien gehörten. Daher lehnte Mazzini 1866 im Krieg mit Österreich auch ein Bündnis mit Preußen ab, weil er befürchtete, dass dies den Verzicht auf das Trentino bedeuten würde. Selbst die preußischen Sozialdemokraten waren in dieser ethnischen Frage als Bündnispartner unzuverlässig. 1867 haben Bebel und Liebknecht für den Leipziger Klub der Volkspartei eine Resolution unterschrieben: „Wir erwarten von der italienischen Demokratie, dass sie sich nicht dazu hergebe, die Ansprüche der piemontesischen Dynastie und einiger falsch beratener Demokraten zu unterstützen, die nach Triest, dieser deutschen Gründung, die nach dem Trentino, das seit Jahrhunderten ein Teil Deutschlands ist, ihre Blick richten". Es wurden der italienischen Demokratie stattdessen ihre Ansprüche auf Savoyen, Nizza und Korsika als sinnvolle Ziele für den Irridentismus angeboten (zit.: Saager 1935: 281).

Mazzini wurde nach der Einigung Italiens 1866 kein „Nationalliberaler", sondern lebte weiter im Exil. Unversöhnlich schleuderte er der piemontesischen Dynastie seine Verachtung ins Gesicht, noch kurz ehe die Einheit 1860 vollendet wurde: „Räumt uns den Weg! Ihr begannt erst hinter den fremden Fahnen auf unserem Boden zu erscheinen. Ihr krocht, zitternde Höflinge, auf den Spuren Karl des Fünften und der Bastarde von Medici einher, als die Unseren, mit ihren Verschwörungen Einspruch einlegend, für die gemordete Freiheit starben" (Schr. II: 287). Nach der Einigung Italiens verlor Mazzini zunehmend den Realitätssinn. Sein Leben wurde ihm durch erbitterte Feindschaften versauert. Selbst mit Garibaldi überwarf er sich, als dieser sich zur „Internationale" bekannte. Marx und Engels nahm er ihre Machtpolitik in der Internationale übel. Diese unterstellten Mazzini Putschabsichten in der Organisation. Bakunin polemisierte 1871 gegen die „politische Theologie" Mazzinis. Es wurde einsam um seine Person. Erst der tote Mazzini konnte heimkehren, und wurde als „Heiliger" politisch gleich-

sam neutralisiert. Der Dichter Carducci rief seinem Grabe die Worte des schlech-
ten Gewissens der Nation zu: „Nach vierzig Jahren Exil reist er frei durch Italien:
O Italien, wie viel Ruhm und wie viel Schande und welche Verpflichtung für die
Zukunft"!

Neben und nach Mazzini gab es einen gemäßigten Radikalismus, der mehr
politisches Augenmaß behielt. Er war in der Tradition Romagnosis juristisch
orientiert. *Carlo Cattaneo* (1801–1869) stand in der Tradition der politikfeld-
orientierten Reformer von Vico bis Beccaria und Filangieri, die für die Erneuerung des Rechtswesens kämpften. Im Gegensatz zu den Schöngeistern im Risorgimento befassten sie sich eingehender mit Wirtschaftsfragen. Friedrich Lists
Konzept einer „Nationalökonomie" wurde einflussreich auf Cattaneo (Dok. in
Sestan 1857: 508–559). Cattaneo kämpfte für einen demokratischen Föderalismus und war einer dynastisch hergestellten Einheit ebenso feindlich gesonnen
wie Mazzinis republikanischer Einheitsmystik. Er galt als „Realist" unter den Romantikern des Risorgimento.

Die Radikalen haben im Gegensatz zu den gemäßigten Liberalen keine Teilhabe an der Macht erlangt. Das galt auch für *Giuseppe Ferrari* (1811–1876), der
für eine republikanische Föderation eintrat. Bei ihm kam es – wie bei Mazzini –
vor allem zu Einflüssen von Proudhons Föderalismus. Mit Proudhon war er sogar eng befreundet. Für spätere Kritiker war Ferraris „Philosophie der Revolution"
(in: Sestan 1957: 1139 ff) gleichbedeutend mit der Aufgabe der sittlichen Grundlagen des Risorgimento und der Hinwendung zu literarischen Mystifikationen
(Ruggiero 1964: 287). Aber hatte ihnen nicht auch Gioberti in seiner konservativen Frühphase gehuldigt?

Radikalismus und Liberalismus blieben bis 1860 klar unterscheidbar. Nur
Metternich, der Erzbösewicht in den Augen aller Schulen des Denkens in Italien,
sah keine Unterschiede zwischen beiden Strömungen (1921, Bd. II: 343 f): „Die
eine ist die liberale, die andere die radikale; die erstere bearbeitet die Regierungen,
die andere wühlt das Volk auf. … Beiden Parteien dienen die Begriffe Italien und
Nationalität zum Aushängeschilde. … Zwischen einem Gioberti, einem Azeglio, …
diesen Verfechtern des italienischen Liberalismus – und einem Mazzini und dessen Spießgesellen besteht kein anderer Unterschied als zwischen Vergiftern und
Totschlägern auf offener Straße, und findet ja ein Unterschied in dem Willen dieser Menschen statt, so verschwindet er auf dem Felde der Taten".

Quellen

Mazzini: Scritti editi ed inediti. Imola, Galeati, 1906 ff, Bd.1–10, (unvollständig).
Mazzini: Scritti. Politica ed economia. Mailand, Sonzogno, 1894, 2 Bde.
    (zit.: Scr.Pol).
Mazzini: Scritti: Filosofia. Mailand, Sozogno, 1899, 2 Bde. (zit.: Scr.Fil.).

Mazzini: Schriften. (Hrsg.: L. Assing). Hamburg, Hoffmann & Campe, 1868, 2 Bde.
(zit.: Schr).

Mazzini: Lettere politiche. Mailand, Garzanti, 1946 (zit.: Lett.).

Mazzini: Note autobiografiche (Hrsg.: M. Menghini). Florenz, Le Monnier 1944
(zit.: A).

E. Sestan (Hrsg.): Opere di Giandomenico Romagnosi, Carlo Cattaneo, Giuseppe
Ferrari. Mailand, Ricciardi, 1957.

N. Valeri (Hrsg.): La lotta politica in Italia dall' unità al 1925. Idee e documenti.
Florenz, Le Monnier, 1962.

Literatur

A. Galante Garrone: I repubblicani in Italia. 1849–1925. Mailand, Garzanti 1973.

G. Gentile: Mazzini e Gioberti. Pisa, 1898.

G. Saager: Giuseppe Mazzini. Zürich, Europa Verlag, 1935.

G. Salvemini: Il pensiero religioso , politico e sociale di Giuseppe Mazzini. Messina,
Trimarchi 1905.

G. Spadolini: I radicali dell'Ottocento da Garibaldi a Cavallotti (1960). Florenz,
Le Monnier, 1982, 4. Aufl.

O. Vossler: Mazzinis politisches Denken und Wollen in den geistigen Strömungen
seiner Zeit. München, Oldenbourg, 1937.

Die Akteure des Risorgimento als Theoretiker der Politik: Balbo, D'Azeglio, Cavour

Das Risorgimento wurde nicht nur von Radikalen wie Mazzini als Revolution empfunden. Formal gesehen war es für einen Gemäßigten wie *Massimo D'Azeglio* (1860: 86 f) eine Revolution des schlechten Gewissens. Die alten legitimen – wenn auch als landfremd empfundenen Dynastien und der Papst – sollten als Herrscher abtreten. Die freiwillige Integration der Fürstentümer in ein geeintes Italien wurde von den Moderaten als das beste Mittel gegen eine Einigungsrevolution empfohlen. Aber die Revolutionsdrohung stand unausgesprochen im Hintergrund der liberalen Traktate. Eine Revolution schien das Risorgimento auch in sozialer Hinsicht. Eine neue gemäßigte Schicht von Literaten, wenn auch überwiegend Adlige, kam an die Macht. Diese Theoretiker regierten nur kurz und voller Frustrationen, wie Gioberti, Balbo oder D'Azeglio.

Balbo und D'Azeglio konnten sich trotz einer reichen Publizistik an theoretischer Bedeutung nicht mit Romagnosi, Rosmini oder Gioberti messen. Ihre Werke waren jedoch bedeutsam durch ihren engen Praxisbezug zur Durchsetzung konstitutioneller und parlamentarischer Ideen. Beide Autoren waren eigentlich

Liberal-Konservative. Auch als Akteure haben sie sich nicht als parlamentarische Premierminister gefühlt. Bei *Cesare Balbo* (1789–1853) ging es hauptsächlich um die Verteidigung der repräsentativen Monarchie gegen republikanische und radikale Traditionen, die seit den Carbonari häufig antirepräsentativ und direktdemokratisch auftraten. Balbo vertrat die Ansicht, dass die „repräsentative Versammlung, die am denkbar schlechtesten zusammengesetzt ist", noch immer besser sei als „das Volk auf der Piazza". Selbst ein Parlament wie die französische Convention wäre nicht so schlecht gewesen, wenn sie nicht von der Straße her dirigiert worden wäre (1855: 69). *Massimo D'Azeglio* (1798–1866) äußerte sich im September 1848 in einer Flugschrift „Kein Despotismus – weder des Thrones noch der Piazza" ganz ähnlich (Bd. 2: 27 ff).

Posthum erschien Balbos einflussreiches Buch über die „Repräsentative Monarchie in Italien" (1857). Es war am englischen Vorbild orientiert. In dieser Schrift wurde erst die ganze Bedeutung des Kampfes von Balbo und D'Azeglio gegen die radikale Idee der Volkssouveränität deutlich. Die liberal-konstitutionelle Polemik war politisch einflussreich. Sie trug dazu bei, dass die verfassunggebende Gewalt des Volkes in Piemont nicht mit der Schaffung der Verfassung betraut wurde. Der Statuto Albertino – schon der Name deutete es an – war ein Akt eines benevolenten Monarchen und keine vereinbarte Verfassung. Als die italienische Einigung sich abzeichnete, diente Balbos Übernahme der englischen Doktrin vom „king in parliament" dazu, dem Statuto die Zustimmung der Parlamente in ganz Italien zu verschaffen, ohne dass man das Volk konsultierte. Parlamentssouveränität war der theoretische Kompromiss um die Volkssouveränität zu vermeiden. Balbo (1857: 187) war Konstitutionalist, aber kein Anhänger einer parlamentarischen Regierung, die eigentlich aus der Doktrin der Parlamentssouveränität hätte folgen müssen. Wie in den französischen Regimen von 1814 und 1830 entwickelte sich die parlamentarische Regierungsweise durch den Druck der faktischen Politik. Balbo hatte als Ministerpräsident gespürt, dass die Verbindung von Exekutive und Legislative enger sein musste, als in der Schulbuch-Doktrin des „king in parliament", wenn sich die königliche Regierung halten wollte. Als er schließlich gestürzt wurde, hat er sich noch doktrinär verhärtet. Er glaubte, ihm sei in der Kammer Unrecht geschehen. Es zeigte sich jedoch, dass auf den Monarchen im dualistischen System kein Verlass war. Wenn die Parlamentsmehrheit einen Premier stürzen wollte, hat der Monarch nicht selten das Votum respektiert, auch wenn er die parlamentarische Doktrin theoretisch nicht akzeptierte. Balbo hatte sich an einer veralteten Doktrin hinsichtlich des britischen Systems orientiert. Die einzige Innovation in seinem Buch war die Erkenntnis, dass Parteien eine wichtige Klammer seien, um die Mehrheiten des Regierungschefs zu sichern.

Obwohl die Doktrin der Liberalen noch antiparlamentarisch war, hat der führende Staatsmann des Risorgimento, *Camillo Cavour* (1810–1861) parlamentarisch regiert, auch wenn er Italien mit „Blut und Eisen" statt mit der Revolution geeinigt hatte, die Mazzini und die Republikaner forderten. Cavours publizistische Beiträge lagen ursprünglich auf dem Gebiet von Wirtschaft und Landwirtschaft. Hier fühlte er sich als Experte. Er hat am Anfang seiner parlamentarischen Laufbahn selbst Defizite seiner einseitigen Bildung beklagt. Wie später Disraeli war er als Redner nicht sehr imposant. Treitschke (1921: 275) hat sich angesichts seiner konservativeren Auffassungen an Cavour nur mühsam „herangeliebt". Er formulierte aber noch immer ironisch: „Die Presse der Radikalen spottete mitleidsvoll über diese komische Person, den Mylord Camillo, der sein armes Wissen allein aus ausländischen Zeitungen schöpft und den Abgott der Demokratie, Vincenzo Gioberti, zu bekämpfen wagt". Als Cavour kurz nach Vollendung seines Einigungswerkes starb, empfanden aber auch Konservative wie Treitschke (1921: 389): „alle hellen Köpfe der Welt den Schlag wie einen gemeinsamen Verlust der großen Gemeinde der Freiheit". Das Lob wurde mit einem Ausfall gegen Mazzini verbunden: „Mazzinis Gemeinheit versagte es sich nicht, auch diesen Sarg zu besudeln, und der unversöhnliche Papst forderte den Pater Jakob (der dem Ausgestoßenen die letzte Ölung verabreicht hatte) vor seinen Richterstuhl. Croce (1935: 215, 1944: 129) hat das Risorgimento ein „liberal-nationales Meisterwerk" genannt. Treitschke hatte noch das preußische Einigungswerk Bismarcks für überlegen gehalten. In Italien setzte sich die Meinung durch, die einige Berechtigung hatte, dass Italien mit diesem liberalen Meisterwerk Cavours, der die schlechteste „Chambre" noch der besten „Antichambre" vorzog, einen Sonderweg wie Deutschland vermieden und den Anschluss an die konstitutionelle Entwicklung Westeuropas gefunden hatte. Dies hinderte freilich die Konservativen nicht, sich in ihrer Abneigung gegen ein schlecht funktionierendes parlamentarisches System vor allem an deutschen Autoren zu inspirieren (vgl. Bd. 2: Konservatismus).

Quellen

M. D'Azeglio: La politique et le droit chrétien au point de vue de la question italienne. Paris, Dentu, 1860.

M. D'Azeglio: Scritti e discorsi politici. Florenz, Zanichelli, o. J., 3 Bde.

C. Balbo: Lettere di politica e letteratura. Florenz, Le Monnier, 1855.

C. Balbo: Della monarchia rappresentativa in Italia. Florenz, Le Monnier, 1857.

C. Cavour. Discorsi scelti. Mailand, Bottega di poesia, 1925.

C. Cavour. Biographische Aufzeichnungen (Hrsg.: L. Massari). Leipzig, Barth, 1974.

G. Garibaldi: Memorie autobiografiche. Florenz, Barbera, 1920.

C. W. Fürst Metternich: Denkwürdigkeiten (Hrsg.: H. Brandt). München, Georg Müller, 1921, 2 Bde.

Literatur

G. Gentile: Profeti del Risorgimento italiano. Florenz, Le Monnier, 1955.

S. Mastellone. Victor Cousin e il Risorgimento italiano. Florenz, Le Monnier, 1955.

R. Mondolfo: Il pensiero politico nel Risorgimento italiano (1924). Mailand, Nuova academia, 1959.

R. Romero: Vita di Cavour. Rom, Laterza, 2004.

L. Salvatorelli: Pensiero e azione del Risorgimento. Turin, Einaudi, 1962.

P. Stadler: Cavour. Italiens liberaler Reichsgründer. München, Oldenbourg, 2001.

H. von Treitschke: Cavour. In: Ders.: Historische und politische Aufsätze. Leipzig, Hirzel 1921, Bd. 2, 8. Aufl.: 236–292.

IV. Politisierte Wissenschaft und wissenschaftliche Politiktheorie im liberalen Denken

1 Großbritannien: Von Spencer bis Hobhouse

Der Konservatismus der beiden großen Parteien führte notwendiger Weise zu einer radikalen Reformbewegung. Dennoch wurde auch der Chartismus früher als der Radikalismus in anderen Ländern vom linken Flügel der Liberalen wieder absorbiert. Der Kampf um das allgemeine Wahlrecht 1838–1848 war die hohe Zeit des Chartismus. Der Niedergang erfolgte, weil die Unterschichten, welche der Radikalismus hätte mobilisieren können, seine Lage nur schwer auf das fehlende Wahlrecht zurückführen konnte. Die Arbeiter sahen nicht ein, warum man sich für das allgemeine Wahlrecht verkämpfte, aber den factory law von 1833 ablehnte, der die Kinderarbeit abschaffen sollte und konkrete Verbesserungen für die Unterschichten vorsah. Der Chartismus blieb in diesem Punkt „altliberal" und sah in einem solchen Gesetz einen Eingriff in die Gewerbefreiheit.

Der radikale Liberalismus machte in der Anti-Cornlaw-League einen neuen Anfang, als Hungerrevolten das Land erschüttert hatten. *Richard Cobden* (1804–1865) als Führer der Bewegung versuchte, den Teufel der sozialen Not mit dem Beelzebub des freien Marktes auszutreiben. Cobden und andere Fabrikanten unternahmen es, die Arbeiter davon zu überzeugen, dass ihre Misere nicht am fehlenden Wahlrecht oder an der Organisation der Fabriken lag. Die Maschinenstürmerei der Ludditen am Anfang des 19.Jahrhunderts und die Ablehnung des Industrialismus durch die sich radikalisierende Arbeiterschaft schien ihnen als ein Irrweg. Cobden und seine Freunde machten das Übel am künstlich hochgehaltenen Brotpreis fest. Der Protektionismus sollte in einer demagogischen Kooperation von Arbeitgebern und Arbeitnehmern bekämpft werden.

Ab 1841 hatten Cobdens Angriffe auf die protektionistische Oligarchie Großbritanniens Erfolge. Der liberale Konservative Robert Peel bootete die Schutzzoll-

Anhänger aus dem Kabinett aus. Eine überparteiliche Koalition der Freihändler bahnte sich an. Cobden hat mit seinen Brandreden im Parlament zugleich einen sozialeren Liberalismus vorbereitet, der die Ausbeutung der Industriearbeiter geißelte. Vor allem der Konservative Disraeli hat aus dieser Kampagne für seine Konzeption eines „sozialen Königtums" einiges profitiert.

Auf seinen Reisen auf dem Kontinent hatte Cobden nach Vorbildern gesucht. Neben seiner grenzenlosen Verehrung für die USA fand er erstaunlich positive Worte über Preußen, die an Hegels Schrift über die englische Reformbill erinnerten: „Die Regierung Preußens ist die mildeste Erscheinungsform, in der der Absolutismus je aufgetreten ist. Der König ist ein guter und gerechter Mann, hat durch systematischen Ausbau der Volksbildung seinen eigenen Despotismus zertrümmert", während den englischen Unterklassen „die große Komödie der englischen Verfassung" aufgeschwatzt werde, die für Cobden (1924: 12) nur ein „Gemisch von Monopolen, Kirchlichkeit, Sinekuren, Fideikommissen und Zeremonien" darstellte. Der Entlarver des britischen Mythos wurde freilich ein wenig Opfer des „Preußen-Mythos" und seiner Selbstdarstellung.

Der aufkommende Imperialismus hat die Freihandelspropaganda Cobdens begrüßt, aber seinen Pazifismus verabscheut. Cobdens Manchester-Schule kam in Verruf, weil sie gegen staatliche Regulierung und Fabrikgesetzgebung auftrat. Die Gewerkschaften wurden von Cobden 1842 als „Monopol und Tyrannei" verketzert. Erst in den sechziger Jahren milderte sich das Verdikt. Weder die liberalphilanthropische Gesinnung ohne Assoziationsrechte für die Arbeiter noch die minimalistische Staatsauffassung schienen in der zweiten Hälfte des 19. Jahrhunderts noch vertretbar. Cobden übersah, dass im Zeitalter des Imperialismus der ökonomische Nationalismus und Protektionismus auch in anderen Ländern wieder wuchs. Erst langfristig wurden seine freihändlerischen Ideen wieder geschätzt, wie bei Hobhouse. Vorwärtsweisend blieb Cobdens Eintreten für allgemeine Abrüstung und internationale Schlichtung bei Konflikten.

Dem Radikalismus wurde unter Disraeli von rechts das Wasser abgegraben, als 1884 große Teile der Arbeiterklasse das Wahlrecht erhielten. Charismatiker beider großer Parteien modernisierten die „Maschinen" der Massenmobilisierung, die Ostrogorski an der Wende des Jahrhunderts scharf kritisierte und waren erfolgreicher in der Ansprache der Unterschichten als die wohlmeinenden radikalen Klüngel der Oberschicht. *Joseph Chamberlain* hatte sich mit seinem Birmingham-Caucus als durchsetzungsstarker Sozialpolitiker erwiesen. Er hätte Führer einer sozial-liberal modernisierten Partei werden können, wenn der Imperialismus ihn nicht an die Seite der Konservativen getrieben hätte. Als Gegner von Gladstones Home-Rule-Politik für Irland spalteten sich unter ihm die Liberalen Unionisten von der Partei ab und vertraten ein sozialimperialistisches Programm. In Deutschland gab es bei Friedrich Naumann gewisse Parallelen. Hobhouse (siehe unten) hat diese Wende später als den großen Sündenfall des englischen Liberalismus angesehen. Aber er hatte seine Pendants in allen europäischen Großmächten. Gladstone als Führer der Liberalen hat den radikalen Reformern zunehmend ihre Schau gestohlen. Die versprengten Reste des Radikalismus wurden schließlich von den aufkommenden sozialistischen Fabiern erbarmungslos kritisiert und aufgerieben (Dok. in: Maccoby 1966: 13 ff). Schon John Stuart Mill (Autobiography: 163 f), der viele radikale Freunde im Parlament gehabt hatte, war tief enttäuscht von dieser „faction", die zum linken Flügel der Whigs degeneriert sei. Es handelte sich nach Mills Ansicht um ehrenwerte Männer, aber es fehlte ihnen die soziale Kompetenz und politische Durchsetzungskraft. Die Arbeiterbewegung hat den Paternalismus der Radikalen, die für sie zu handeln vorgaben, ab 1848 zunehmend abgeschüttelt, als die Gewerkschaften erstarkten und die ersten Konsumvereine die Selbsthilfe an die Stelle der „guten Politik von oben" setzten. Um die Jahrhundertwende wurden die Liberalen durch den Zusammenschluss der Gewerkschaften in ihrem politischen Arm der Labourparty in die Rolle einer dritten Partei gedrängt.

Wie in anderen Ländern auch verlagerte sich die Theorieproduktion des Liberalismus von der Bühne der politischen Agitation zunehmend auf die Universitätsprofessoren. Historiker, Soziologen und Philosophen hatten einen gewichtigen Einfluss in dieser Theoriedebatte. Der damals populäre Historiker *Thomas Babbington Macaulay* (1800–1859) trat als liberaler Whig für eine Wiederbelebung der Kunst des „Trimmens" ein. Sie war einst von George Savile, Marques of Halifax (The Character of Trimmer. 1688) entwickelt worden, um aus der Polarisierung der Parteilager herauszukommen.

Auf Macaulay gingen viele der Binsenweisheiten über den glücklichen englischen Sonderweg der Entwicklung zurück. Hauptmerkmal der englischen Freiheit war für ihn ein organisches Wachstum, neben ethnischen und psychischen Voraussetzungen der Angelsachsen. Soweit die Kausalanalyse konkret wurde, sind zwei Faktoren ausgemacht worden: die Abwesenheit eines stehenden Heeres und die Ablehnung des abstrakten Denkens und der theoretisch-spekulativen Systematisierung ließen die englische Freiheit reifen (History III: 447).

Der Historiker *Lord John E. D. Acton* (1834–1902) hat als Universitätshistoriker in Cambridge die Sache des Liberalismus mächtig befördert. Sein geplantes Buch zur „Geschichte der Freiheit" ist nie geschrieben worden, aber seine Essays (1956) waren meinungsbildend. Unermüdlich kämpfte er gegen Auswüchse der Volkssouveränität. Progressiver war sein Eintreten für die religiösen Minderheiten, die ihm als Katholiken am Herzen lagen. Er vergaß jedoch auch die protestantischen Minderheiten nicht, die sich damals diskriminiert fühlten. Über seinen Schüler J. N. Figgis hat er auf die Entwicklung einer Doktrin des Pluralismus einen wichtigen Einfluss auf die moderne Politikwissenschaft in England genommen. Bahn-

brechend war auch seine Warnung, dass der Liberalismus nicht dem aufkommenden Nationalismus verfallen dürfe.

Für Acton war der Liberalismus die Vollendung des „Whiggismus". Er wurde
als idealistischer Liberalismus dem materialistischen Toryismus gegenüber gestellt. Der Whiggismus als Vorstufe war für Acton eine „Policy", die nach einer
„Philosophie" suchte. Der Liberalismus dagegen war eine „Philosophie", die nach
einer „Policy" suchte (ungedruckt, zit.: Banaschewski 1960: 51). Die Betonung der
idealistischen Philosophie, die Acton vor allem aus Deutschland rezipierte, rückte
von Macaulays Verdikt gegen die Systematisierung zunehmend ab. Die englische
Freiheit hat darunter nicht gelitten, wie die idealistischen Philosophen von Green
bis Bosanquet zeigten. Sie haben das englische Denken bereichert, nicht die Freiheit unterminiert.

Auch aus der Soziologie kamen wichtige Anregungen für liberales Denken.
Herbert Spencer (1820–1903) vertrat eine Minimalkonzeption des Staates. Auch
er stammte – wie viele Radikale – aus dem non-konformistischen Milieu. Sein
Radikalismus wurde jedoch durch die Übernahme einer sozialdarwinistischen
Evolutionstheorie verdrängt. Vitalistische Einflüsse wurden dabei aus Deutsch-
land übernommen, wie die „Idee des Lebens", die er zum tragenden Begriff seiner
„Sozialen Statik" (1851) machte. Wegen seines vormodernen Evolutionismus galt
es jedoch in der klassischen Moderne als diskreditierend für den eigenen wissenschaftlichen Anspruch, sich auf ihn zu berufen. Parsons (The Structure of Social
Action (1937) Glencoe/Ill., Free Press 1961: 3) eröffnete seine Analyse des sozialen
Handelns 1937 mit dem theatralischen Satz: „Spencer ist tot. Aber wer tötete ihn
und wie?" Er wurde nicht getötet, sondern vergessen. Erst später wurde wieder-
entdeckt, wieviel ihm die moderne Systemtheorie verdankte. Der Begriff der Differenzierung, der aus den Naturwissenschaften adaptiert worden war, ist von keinem Denker des 19. Jahrhunderts so verbreitet worden wie von Spencer. Er blieb
der Grundbegriff auch in der klassischen Moderne. Er musste jedoch von ihr der
organizistischen Analogien entkleidet werden, den er auch bei Spencer noch gehabt hatte.

Spencer hat versucht, die Gesamtheit aller Phänomene, welche die Sozialwissenschaften untersuchen, in einer Sprache auszudrücken. Obwohl er sich von
Comtes Mystifikation (Dreistadiengesetz, Einteilung der Wissenschaften, die
Herausstellung der Ideen in der Geschichte und vor allem seine neue Mensch-
heitsreligion) vielfach distanzierte, teilte er mit anderen Positivisten den Kult der
Wissenschaft und geriet in der Ablehnung der Metaphysik in eine neue – biologis-
tische – Ontologie, die zugleich zur sozialen Ethik überhöht wurde.

Spencers Beitrag zur Politischen Theorie lag in seinem „politischsten" Buch.
„The Man and the State" (1884) zeigte Spencers Orientierung nach rechts. Die alten
Liberalen und Radikalen wurden in ihrer rechthaberischen Protestiererei lächer-

lich gemacht. Ein „neuer Toryismus" schien das Gebot der Stunde. Die minimalistische Staatskonzeption blieb erhalten. Vor allem die gesetzgeberische Überpro-
duktion war ihm ein Dorn im Auge. Der alte Aberglaube an das göttliche Recht
der Könige schien ihm weniger gefährlich als der neue Aberglaube an die All-
macht der Parlamente (Spencer 1960: 174). Spencer wurde in seiner Spätzeit auch
zunehmend skeptisch gegen das allgemeine Wahlrecht, das zum Minimalkonsens
aller britischen Radikalen gehört hatte. Er fürchtete, dass die Geißel der „overle-
gislation" mit der Demokratisierung steigen werde, weil die Demokratie in – modern ausgedrückt – eine Gefälligkeitsdemokratie ausarten müsse.

Die politische und religiöse Krise in der Jahrhundertmitte führte zu einer
Umorientierung des britischen Liberalismus. Ab 1880 wurde der kontinentale
Idealismus – vor allem in Form der Hegel-Schule – auch in England rezipiert und
begann mit dem bis dahin dominanten Utilitarismus Millscher Prägung zu kon-
kurrieren. Der Empirismus und die Laisser-faire-Doktrinen wurden einer scharfen Kritik unterzogen. Führend war die Schule von *Thomas Hill Green* (1836–1882).
Sein wichtigster Beitrag zur politischen Theorie waren die „Lectures on the Principles of Political Obligation" (1879/80). In Greens Augen brachte das utilitarische Nutzenkalkül keine moralischen und politischen Prinzipien hervor, die zur
Erneuerung des Liberalismus beitragen könnten. „Will and choice" wurden von
Green an die Stelle der utilitaristischen Grundbegriffe „desire and passion" gesetzt. In Greens Anthropologie wurden Menschen nicht vornehmlich durch die
Suche nach Vergnügen motiviert, sondern durch eine Konzeption der Selbstverwirklichung. Individuen, die ihrer selbst bewusst sind, haben eine Idee des Guten
in sich, die sie mit ihren Mitmenschen teilen. Die altliberale Debatte um die Priorität von Individuum oder Gesellschaft hielt Green für überholt.

Liberale Utilitarier hatten vielfach einen „Drang nach Freiheit" verabsolutiert.
Für Green (1960: 121) war dies kein wirklicher Drang, solange die Gesellschaft
ihn nicht anerkennt. Moral und Unterwerfung hatten für ihn eine gemeinsame
Quelle. Ein „intelligenter Patriot und loyaler Staatsbürger" erkennt die Pflicht
der Arbeit für den Staat an. Politische Verpflichtung entspringt weder aus dem
Willen eines Souveräns, noch kann sie durch eine Theorie des Konsenses erklärt
werden.

Der Staat, der in diesem idealistischen Liberalismus ganz unenglisch aufge-
wertet worden ist, hatte die Verpflichtung, soziale Bedingungen herzustellen, die
ein moralisches Leben erleichterten. Der Liberalismus Greens nahm eine neue
soziale Wende: die Arbeiterschaft wurde in der Tradition der vergangenen Sklaverei gesehen, weil sie keine wirkliche Vertragsfreiheit besitze, wenn sie ihre Ar-
beitskraft auf dem Arbeitsmarkt verkauft. Der Staat soll nicht nur Verpflichtungen
für die Unterklassen auf sich nehmen, sondern auch Umverteilung von oben nach
unten erwägen. Green (1960: 229, 226) gab jedoch zu, dass die Einzug unverdien-

ter Gewinne, die gefordert wurden, schwierig ist, weil die Grenze von verdienten und unverdienten Gewinnen schwer zu ziehen sei.

Greens Idealismus nahm bei seinem Schüler *Bernard Bosanquet* (1848–1923) eine konservative Wende. In dem Buch „The Philosophical Theory of the State" (1899) gewann eine platonisierte Version des Greenschen Hegelianismus fast autoritäre Züge an. Das Individuum wurde dem allgemeinen Willen der Gesellschaft unterworfen. Der soziale Impetus wurde jedoch durch diese Wende nicht stärker. Die Verpflichtung des Staates für die Unterklassen wurde nicht gerade gestärkt, wenn Bosanquet (1958: 276, 289) lehrte, dass der Klassenbegriff durch die Demokratisierung obsolet geworden sei.

Leonard Trelawny Hobhouse (1864–1929), ein rastloser Publizist und linksliberaler Mitherausgeber des „Manchester Guardian", hatte ein leichtes Spiel, die konservative Wende der idealistischen Schule – die ihn selbst in Oxford erzogen hatte – bloßzustellen. Die illiberalen deutschen Einflüsse wurden von ihm gebrandmarkt. Die Unterstellung, dass es überindividuelle Organismen gebe, war für ihn reine „Staatsmetaphysik". Er hielt aber an dem Versuch Greens grundsätzlich fest, individuelle Freiheit im sozialen Umfeld zu verankern. Drei Annahmen erklärte Hobhouse (1951: 71) als Resultat jener „Ursünde", die aus Deutschland herüber gekommen war: (1) Die Annahme, dass Individualität und Freiheit in Einklang mit unserem realen Willen stünden. (2) Die Vorstellung unser realer Wille sei in Einklang mit dem „allgemeinen Willen" und (3) die Unterstellung, der allgemeine Wille sei im Staat verkörpert. Hobhouse kämpfte für eine Reliberalisierung der Staatslehre. Er fürchtete die Omnipotenz des Staates, die aus der Theorie seiner Lehrer zu folgen schien. Er hielt jedoch an der sozialen Note des Greenschen Liberalismus fest.

In seinem Buch über den „Liberalismus" (1911: 214 ff) beklagte Hobhouse, dass das „Jahrhundert des Liberalismus" unrühmlich zu Ende gegangen sei, weil der Liberalismus zu einem Fossil geworden sei, das zwischen dem plutokratischen Imperialismus und der Arbeiterbewegung zerrieben werde. Scharf ging er mit dem „imperialistischen Sündenfall des Liberalismus" ins Gericht. Er mokierte sich über die Arroganz der Engländer, die allenfalls die USA und Deutschland im Konzert der Mächte noch auf herablassende Art ernst nähmen. Der Hochmut des Imperialismus sei jedoch spätestens mit dem Burenkrieg zu Ende gegangen und einer Zukunftsangst gewichen. Er forderte die Liberalen auf, sich wieder auf die antiimperialistischen, freihändlerischen und pazifistischen Traditionen zu besinnen, die einst Cobden und die Radikalen beflügelten.

Hobhouse ist dem deutschen Liberalismus eines Friedrich Naumann gegenüber gestellt worden (Schnorr 1990: 463 ff.) – nicht zum Vorteil der deutschen Variante. Hobhouse hat Gesellschaft wie eine Familie konzipiert, Naumann wie einen Großbetrieb. Deutsche Regeln von Sachlichkeit und Effizienz standen

Hobhouse's Regeln von Humanität und Ethik gegenüber. Die englische Wettbe-
werbsgesellschaft schien liberalere Züge als die deutsche Massengesellschaft bei
Naumann zu entwickeln.

Der Spätliberalismus hat in England jedoch mit seiner darwinistischen Konzeption der internationalen Politik nicht weniger bedenkliche Seiten entwickelt
als in Deutschland. Aber wenigstens Hobhouse war kritischer gegenüber dem Imperialismus als Naumann oder Weber. Es zeigte sich, dass der „liberale Liberalismus" in Großbritannien durch die Entwicklungslinie von Mill über Green privile-
giert schien. Andere Länder hatten ein zu starkes Modernisierungsdefizit, um in
gleicher Weise das Humanitäts- und Freiheitsdenken zu entwickeln. Der Liberalismus in England behielt dafür jene Organisationsdefizite, die schon Mill im Vergleich mit kontinentalen Ländern angemerkt hatte.

Quellen

J. E. D. Acton: Essays on Freedom and Power (Hrsg.: G. Himmelfarb). London,
Meridian, 1956.

B. Bosanquet: The Philosophical Theory of the State (1899). London, Macmillan, 1958,
5. Aufl.

A. Bullock/M. Shock (Hrsg.): The Liberal Tradition from Fox to Keynes. London,
Adam & Black, 1956.

J. Chamberlain u. a.: The Radical Programme (1885) (Hrsg.: T. H. S. Escott). Brighton,
Harvester Press, 1971.

Richard Cobden und das Manchestertum (Hrsg.: C. Brinkmann). Berlin, Hobbing
(Klassiker der Politik), 1924.

D. Duncan: Life and Letters of Herbert Spencer. 2 Bde. Los Angeles, University of
Pacific, 2002.

T. H. Green: The Works of Thomas Hill Green (Hrsg.: R. L. Nettleship). London,
Longmans, 1885–1888, 3 Bde.

T. H. Green: Lectures on the Principles of Political Obligation. London, Longmans,
1960.

L. T. Hobhouse: Liberalism (1911). Oxford, Oxford University Press, 1964.

L. T. Hobhouse: The Metaphysical Theory of the State (1918). London, Allen & Unwin,
1951.

J. Lively/J. Rees (Hrsg.): Utilitarian Logic and Politics: James Mill's Essay on
Government. Macaulay's Critique and the Ensuing Debate. Oxford, Clarendon,
1978.

T. B. Macaulay: The History of England from the accession of James the second.
Leipzig, Tauchnitz, 1849–1861, 10 Bde.

S. Maccoby (Hrsg.): The English Radical Tradition 1763–1914. London, Adam &
Black, 1952, 1966, 2. Aufl.

A. Smith: An Inquiry into the Nature and Cause of the Wealth of Nations. New York, Random House (Modern Library), 1937.
H. Spencer: The Man versus the State. Caldwell/Ohio, Caxton 1960.

Literatur

P. Banaschewski: Macaulay und Acton. München, E. Banaschewski, 1960.
E. Barker: Political Thought in England 1848 to 1914. London, Oxford University Press, 1915, 1959.
R. C. Beatty: Lord Macaulay, Victorian Liberal. Oklahoma, University of Oklahoma Press, 1938.
A. R. Cacoullos: Thomas Hill Green. Philosopher of Rights. New York, Twayne, 1974.
St. Collini: Liberalism and Sociology. L. T. Hobhouse and Political Argument in England 1880–1914. Cambridge, Cambridge University Press, 1979.
H. V. Emy: Liberals, Radicals and Social Politics 1899–1914. Cambridge, Cambridge University Press, 1973.
F. E. Fasnacht. Acton's Political Philosophy. London, Hollis & Carter, 1952.
M. Freeden: The New Liberalism. An Ideology of Social Reform. Oxford, Clarendon Press, 1978.
I. M. Greengarten: Thomas Hill Green and the Development of Liberal-Democratic Thought. Toronto, University of Toronto Press, 1981.
R. Henne: Der englische Freiheitsbegriff. Aarau, Sauerländer, 1927.
W. J. Mander: British Idealism. Oxford, Oxford University Press, 2011.
St.-G. Schnorr: Liberalismus zwischen 19. und 20. Jahrhundert. Reformulierung liberaler politischer Theorie in Deutschland und England am Beispiel von Friedrich Naumann und Leonard T. Hobhouse. Baden-Baden, Nomos, 1990.
A. W. Taylor: The Philosophy of Herbert Spencer. London, Continuum, 2007.
F. Trentman: Free Trade Nation. Commerce, Consumption, and Civil Society in Modern Britain. Oxford, Oxford University Press, 2008.

2 Frankreich: Liberalismus in Opposition zum 2. Empire und im Dienst der 3. Republik von Montalembert bis Durkheim

Der Liberalismus im zweiten Empire: Montalembert, Taine, Renan, Prévost-Paradol

Der französische Liberalismus Constants und der Doctinaires war bis 1848 führend in Europa gewesen. Das klägliche Ende der Herrschaft der Doktrinäre unter Guizot in der Revolution von 1848 hatte den Liberalismus geschwächt. Viele Li-

berale gingen nach rechts und stärkten ihr Vorurteil, dass eine parlamentarische
Regierung nur in einer Monarchie zu verwirklichen sei. Diese Monarchie konnte
jedoch für die meisten nicht jene sein, die aus der Diktatur Napoleon III hervorgegangen war. Thiers und die Orleanisten verhielten sich abwartend. Die liberale
Opposition gegen das Regime Napoleon III war selbst nach 1860 noch schwach,
als die Zensur gelockert wurde. Es gab kaum eine wirkliche liberale Doktrin. Die
liberalen Publizisten der Zeit wie Vacherot, Laboulaye, Jules Simon oder Ollivier
gehörten nicht in die Reihe der bedeutenden politischen Denker, an denen Frankreich auch im 19.Jahrhundert reich war.

Das Sendungsbewusstsein eines französischen Liberalismus war in der zweiten Revolution von 1848 weitgehend abhanden gekommen. Die Sehnsucht nach
dem britischen System grassierte, wie bei dem liberalen Katholiken Montalembert (1855: 27f, 34, 293). Aber die Liberalen verstanden unter dem englischen Repräsentativsystem häufig nur eine konstitutionelle Monarchie mit beschränktem
Wahlrecht, die durch ihren Erziehungsprozess die Völker vom „französischen
Parlamentsdespotismus", der Demokratie und der plebiszitären Herrschaft befreien sollte. Die Grenzen des Staates wurden in immer neuen Beispielen variiert.
Über die Mitwirkung der Bürger fand sich hingegen wenig. Simons (1859) Sympathien galten nicht mehr dem orleanistischen Parlamentarismus und Laboulaye
(1863) hatte 1848 einer dualistischen Verfassung nach amerikanischem Vorbild
das Wort geredet. Vacherot (1860: 352, 363 ff) polemisierte ebenfalls gegen den
Despotismus des Parlaments und empfahl die Prärogativen des Ministerpräsidenten zu stärken.

Quellen
Alain: Politique. Paris, PUF, 1952.
L. Gall/R. Koch (Hrsg.): Der europäische Liberalismus im 19. Jahrhundert. Berlin,
    Ullstein, 1981, 4 Bde.
J. Godechot (Hrsg.): La pensée révolutionnaire 1780–1799. Paris, Colin, 1964.
E. de Laboulaye: L'état et ses limites. Paris, Charpentier, 1863.
E. Littré: De l'établissement de la 3ᵉ République. Paris, Bureaux de la Philosophie
    positive, 1880.
Ch. Comte de Montalembert: De l'avenir politique de l'angleterre. Paris, Didier, 1856,
    3. Aufl.
E. Renan: La monarchie constitutionnelle en France. Paris, Calman-Lévy, 1870,
    2. Aufl.
E. Renan: Questions contemporaines. Paris, Calman-Lévy, o. J.
J. Simon: La liberté politique. Paris, Librairie Hachette, 1859.

Literatur

G. de Broglie: L'Orléanisme la ressource libérale de la France. Paris, Perrin, 1981.

W. Geiger: Ernest Renan und der Ursprung des modernen Rassismus. In: Ders.: Geschichte und Weltbild. Frankfurt, Verlag Humanities Online, 2002: 307–333.

Lucien Anatole Prévost-Paradol (1829–1870)

Prévost-Paradol war der originellste Kopf der liberalen Opposition gegen Napoleon III. Prévost-Paradol bedeutete für die Theorie der parlamentarischen Regierung in Frankreich so viel wie Bagehot für England. Prévost (1861: 7) sah in Frankreich nur noch die Alternative „absolute Regierung oder parlamentarisches System". Er definierte als parlamentarische Regierung jedes „établissement politique où les assemblées ont la haute main sur toutes les affaires du pays, où l'on ne peut conduire les affaires sans le concours de ces assemblées ou du moins sans leur aveu". Diese Definition bedeutete, daß Prévost-Paradol keinen Unterschied zwischen Versammlungsregierung und parlamentarischer Regierung machte, wie Vacherot und nach ihm viele Konservative in der Dritten Republik. Sein Bild der parlamentarischen Regierung war jedoch nicht das einer Versammlungsregierung, denn er beschrieb sie als ein System von „checks and balances".

Dieses System bedurfte seiner Ansicht nach zweier Schiedsrichter: des Monarchen, der die Parlamentsauflösung anordnen kann, und des Volkes, das eine neue Kammer wählt (1861: 18). Diese beiden Schiedsrichter schlossen in seinen Augen jeden Kammerabsolutismus aus. Prévost war gegen das allgemeine Wahlrecht, aber er sprach sich gleichzeitig gegen eine zu enge Begrenzung der Wählerschicht aus.

Hier berührten sich seine Ansichten in der Einschätzung der Julimonarchie mit denen Mohls; es gibt jedoch kein Anzeichen dafür, daß Prévost Mohls Schriften zur Repräsentativverfassung gekannt hat. Jedes Volk hatte seiner Ansicht nach eine „aristocratie naturelle", die seinem sozialen Zustand angepasst war. Die künstliche Schaffung einer Aristokratie durch eine zweite Pairskammer, wie sie viele Orleanisten (z. B. Victor de Broglie) noch immer erwogen, hatte nicht seine Sympathie. Prévost-Paradol war Orleanist nur in dem allgemeinen Sinn, daß er am System der Julimonarchie manches Gute fand. Aber er fühlte keinerlei Verbundenheit mit dem Hause Orleans und gehörte nicht zu denen, die eine Restauration des Julikönigtums anstrebten. Die kleine Schrift von 1860 über die parlamentarische Regierung war eine der ersten in der liberalen Publizistik, die sich positiv zur Annahme der Erleichterungen stellte, die Napoleon dekretierte. Die Radikalen neigten zum Teil zu der Auffassung „je schlimmer, desto besser", und die Liberalisierung des Empires erschien ihm als die größte Gefahr für ihre Ziele, die auf ein „alles oder nichts" gerichtet waren. Prévost-Paradol dagegen war der Ansicht, die Nation werde es nicht verstehen, wenn man die Maßnahmen nicht loyal annehme, welche die Opposition seit Jahren gefordert habe (1860: 42).

1868 entstand das bedeutendste Werk Prévost-Paradols, das man als sein „politisches Testament" angesehen hat, da es zwei Jahre vor seinem Tod herauskam. „La France nouvelle" wurde zu einem Klassiker der Theorie der parlamentarischen Regierung und erschien ein Jahr nach Bagehots bekanntem Buch. Prévost-Paradol scheint trotz seiner Kenntnis der englischen Literatur Bagehots Werk nicht gekannt zu haben. Prévost-Paradols Gedanken zum parlamentarischen System unterschieden sich von Bagehot in vielem. Er konnte nicht die Betonung auf das „party government" legen, da die Sozial- und Parteistruktur Frankreichs von der englischen grundsätzlich verschieden war. Prévost-Paradol machte sogar noch einige Konzessionen an die verhasste Praxis der „offiziellen Kandidaturen". Bei der Existenz eines homogenen und verantwortlichen Kabinetts war er bereit zu tolerieren, daß die Regierung ihre Kandidaten bezeichnet (1868: 58). Dies war jedoch mehr als ein Ersatz für das Zweiparteiensystem gedacht und bedeutete nicht die Billigung der Wahlbeeinflussung durch die Regierung. „Freie Wahlen" waren seit 1860 eine seiner zentralen Forderungen gewesen. Prévosts Bild einer parlamentarischen Regierung unterschied sich vor allem in der Auffassung der Rolle des Kabinetts von der Darstellung Bagehots: der Position des Premierministers schenkte er wenig Beachtung. In „La France nouvelle" befürwortete er eine zweite Kammer, deren Billigung der Regierung bei Kammerauflösungen als Stütze dienen sollte. Diese Empfehlung wurde in den Verfassungsgesetzen von 1875 zur politischen Realität.

Originell im Vergleich zu den orleanistischen Anschauungen war Prévost-Paradols Feststellung, daß die parlamentarische Regierungsform nicht an die Monarchie gebunden sei. Auch er hätte eine konstitutionelle Monarchie vorgezogen, aber im Gegensatz zu der liberalen Literatur Anfang der sechziger Jahre trat für ihn die Staatsformenfrage hinter der Suche nach dem besten Regierungssystem zurück.

Die Sehnsucht nach Stabilität führte dazu, daß er auch „irgendeine Restauration mit der Charte" akzeptiert hätte (Guiral 1955: 517). In „La France nouvelle" hielt er es für möglich, daß auch die Republik die beiden Säulen der parlamentarischen Regierung, die Parlamentssouveränität und die Ministerverantwortlichkeit garantiere (1868: 334). Heute erscheinen diese Thesen als Binsenweisheiten. Vor 1870 aber gab es keinen Präzedenzfall dafür, daß eine Republik die parlamentarische Regierungsweise dauerhaft verwirklichte. Im Werk Prévost-Paradols bahnte sich theoretisch jener Kompromiss von orleanistischen und republikanischen Überzeugungen an, der die Dritte Republik hervorbringen sollte.

Ehe dieser Kompromiss durch den Sturz Napoleons III. möglich wurde, war
jedoch für die Liberalen eine Gewissensfrage mit der Parlamentarisierung des
Empires verbunden. Sie hatten als Gegner des Staatsstreiches begonnen; sollten
sie nun den Liberalisierungsbemühungen des Kaisers trauen, und konnten sie es,
ohne ihr Gesicht zu verlieren? Prévost-Paradol selbst war die Inkarnation jener
Zweifel, welche die Liberalen quälten. Sie waren – neben persönlichen Gründen –
eine der Ursachen jener depressiven Stimmungen, die ihn zum Freitod trieben.
Seit 1860 hatte er die Mitarbeit im liberalen Empire befürwortet, was aber mit den
Gegenleistungen der kaiserlichen Regierung (vor allem der Erweiterung der politischen Freiheiten) selten zufrieden gewesen. Er unterstützte Olliviers Ministerium vom 2. Januar 1870 in der gemäßigt-orleanistischen Zeitschrift „Journal des
Débats", aber er kritisierte auch schonungslos, feuerte an und forderte mehr. Er
nahm schließlich sogar den Posten eines französischen Botschafters in Washington an, aber beim Ausbruch des Krieges mit Preußen begann er an der Richtigkeit
dieses Schrittes wieder zu zweifeln. Man hat ihn daher das „erste Kriegsopfer" genannt. Der Krieg musste seine Hoffnungen auf Liberalisierung verzögern, und er
sah sich durch die Kollaboration mit dem Regime als kompromittiert an. Offen-
bar hielt Prévost Paradol es auch nicht für ausgeschlossen, daß ein Sieg den Kaiser übermütig machen und ihn veranlassen könnte, zum autoritären System zu-
rückzukehren.

Zwei enzyklopädische Gelehrte wie *Hippolyte Taine* (1828–1893) und *Ernest
Renan* (1823–1892), waren das Orakel ihrer Zeit und konnten der politischen Stellungnahme in jenen turbulenten Zeiten nicht ausweichen, obwohl die politische
Philosophie einen marginalen Platz in ihrem Werk einnahm. Renan behielt sein
Leben lang etwas von einem Prediger, als der er durch ein Theologiestudium aus-
gebildet worden war. Renan war kaum ein Liberaler und hat lange darunter gelitten, dass er als Gegner der Demokratie galt. Aber auch er äußerte das schlechte
Gewissen der Intellektuellen, die sich auf Napoleon III einließen, weil die Liberalen keine Alternative zum „Empire libéral" bieten konnten. Er erwartete wenig
von Prévost-Paradols Aufruf zur Sammlung der Parteien.

Renans Unterstützung des Kaisers in seiner neo-plebiszitären Phase schien
ihm nicht verwerflich, da auch die Orleanisten und Guizot ihren König Louis-Philippe „populaire" herausgestellt hätten und dem Regime dadurch seinen liberalen
Charakter geraubt hätten (o.J: 37 f). Er hielt es sogar für einen Fehler, dass sich
Louis-Philippe seinerzeit seinen Segen vom Volk geholt habe. England erschien
ihm um 1870 als der einzig wirklich liberale Staat. Während man Wilhelm III alles
verziehen habe, werde man Louis-Philippe nichts verzeihen (1870: 52). Die güns-
tige Entwicklung Englands führte Renan auf das Fehlen einer republikanischen
Bewegung zurück. Die parlamentarische Regierung sei erst durch Ausschluss der
Radikalen möglich geworden. Er hoffte (1870: 92), dass die republikanische Partei

in der Minderheit bleiben werde, weil die Monarchie den Bedürfnissen des Landes entspreche. Als viele Gleichgesinnte der alten Opposition ihre Meinung änderten, kommentierte Renan dies sarkastisch mit dem Vergleich zu einer schönen Koketten, die viele Eheangebote ausgeschlagen habe, schließlich aber in einer Konvenienzehe lande. Sie träumten daher von einer Herrschaft Bonapartes ohne Bonapartisten (1870: 84). Die Vernunftheirat die Renan empfahl war das „parlamentarische Empire".

Dieses ging im Krieg 1870/71 unter und Renan hat sich mit einiger Mühe an die Republik gewöhnt. Seine Kritik richtete sich gegen Republikaner und Monarchisten in gleicher Weise. Die französische Entwicklung war für ihn unglücklich gelaufen, weil Frankreich seine universellen Prinzipien von 1789 aufgegeben habe. In der Schrift „Qu'est-ce qu'une nation?" wurde der Verlust von Elsaß-Lothringen verarbeitet. Es war die große Konfession eines Verfassungspatrioten, die den Deutschen immer wieder als Spiegel vorgehalten worden ist.

Der skeptische, Konservativ-Liberale Renan forderte bei Zweifeln an einer Grenze die betroffene Bevölkerung zu befragen. „Das wird zwar die Politiker, die hoch in den Wolken schweben, zum Lächeln bringen, diese Unfehlbaren, die ihr Leben damit verbringen, sich zu täuschen. Die Bevölkerung befragen, pfui doch! Welche Naivität! Schon wieder diese schwächlichen französischen Ideen, die vorgeben, Diplomatie und Krieg durch Mittel einer kindlichen Einfalt zu ersetzen" (dt. Text in Gall/Koch 1981, Bd. 4: 149). Das richtete sich gegen Preußen, das eine Volksabstimmung im Elsaß verweigerte. Als das Land an Frankreich zurückkam, hat der Staat freilich die Abstimmung ebenso wenig akzeptiert. Historiker haben vermutet, daß man sich der Intelligenz und des Bürgertums noch relativ sicher war, nicht jedoch der Mehrheit der kleinen Leute, die über 40 Jahre im Deutschen Reich verbracht hatten.

In einem Brief an David Friedrich Strauß drohte er den Deutschen die Konsequenzen aus ihrem ethnisch-sprachlichen Nationsbegriff an, weil die Slawen einst Anspruch auf Ostpreußen, Pommern und Schlesien erheben würden – eine prophetische Mahnung, die 1945 wahr wurde. Renans Definition der Nation als tägliches Plebiszit wurde wegweisend in Europa. Ein seltsamer nationalistischer Zungenschlag blieb aber auch diesem hohen Lied des Verfassungspatriotismus nicht erspart. Renan behauptete durch die Annexion Elsaß-Lothringens habe Frankreich aufgehört zu bestehen. Hat es also Frankreich vor dem Ende des 17.Jahrhunderts, als Straßburg fiel, auch nicht gegeben? Renans konservativer Liberalismus blieb elitär und abweisend für ein wirkliches tägliches Plebiszit der Massen, wie es später Alain und die Radikalen forderten. Die Elsaß-Lothringen-Frage blieb ein Stachel im Fleisch der Republik, die aufgefordert worden war, „immer daran zu denken und niemals davon zu sprechen". Aber auch ohne davon zu sprechen, hat es eine latente illiberale Kriegsbereitschaft gegen den östlichen Nachbarn gefördert und den Liberalismus zugunsten eines „radikalen Republikanismus in Waffen" vielfach verdrängt. Immerhin kam es zu einem Grundkonsens auf dem Boden einer parlamentarischen Republik, die 1875 aus dem Patt der Republikaner und Monarchisten erstaunlich liberale Verfassungsgesetze hervorgehen ließ. Die „parlamentarische und liberale Republik" begann nach der Feststellung des neopositivistischen Philosophen Emile Littré (1880: 583) die Lager zu einen, die sich 1848 gegenüberstanden.

Renan war ursprünglich keineswegs „antideutsch" gesonnen. Er war tief beeinflusst vom deutschen Idealismus und der kritischen deutschen Bibelexegese (Geiger 2002). In seinen „Ètudes d'histoire réligieuse" behauptete er, die Semiten seien wegen ihres Monotheismus intolerant und wenig fortschrittlich. Für diese Thesen wurde er scharf angegriffen und als ein Ahnherr des Antisemitismus angeprangert.

Quellen

Prévost-Paradol: Du gouvernement parlementaire. Paris, Lévy 1860.
Prévost-Paradol: La France nouvelle. Paris, Lévy, 1868.

Literatur

P. Guiral: Prévost-Paradol 1829–1870. Pensée et action d'un libéral sous le Second Empire. Paris, PUF, 1955.

Liberalismus im Dienst der 3. Republik: Émile Durkheim (1858–1917)

Durkheim als Theoretiker der Politik ist angesichts seiner zentralen Bedeutung in der Soziologie, die mit Max Webers Bedeutung vergleichbar ist, wenig beachtet worden. Durkheims Beitrag zur Lösung der Theoriebildung von historischen Evolutionssoziologien hat die Sozialwissenschaften auf die Basis einer strengen Methode gestellt. Durkheim hat die sozialen Tatsachen einerseits von Analogien zur Biologie und andererseits von den individualpsychologischen Vorgängen getrennt. Die Gruppe entwickelt über ein „inneres Milieu" und „kollektive Vorstellungen" Macht über das Individuum. In der Geschichte der Gesellschaft ist die soziale Solidarität „mechanisch" aufgrund der fraglosen Akzeptanz der Gruppenmoral. In einer sozial differenzierten modernen Gesellschaft herrscht hingegen eine „organische Solidarität". Alle Menschen sind frei, aber durch Verträge gebunden. Das abweichende Verhalten von der Gruppenmoral und der sozialen Ordnung wurde von Durkheim als Anomie beschrieben. Während Max Weber

einen von der Lebenswelt ausgehenden handlungstheoretischen Ansatz bevorzugte, huldigte Durkheim unter dem Einfluss von Comte dem Systemansatz, der
nach Durkheim bei Parsons und Luhmann wieder in eine Suche nach einer evolutionistischen Entwicklungslogik einmündete.

Durkheim war nach Max Weber der zweite Pionier der klassischen Moderne,
der eine klare Abgrenzung von prämodernen normativen Theorien vollzog. In
Auseinandersetzung mit Vorläufern der französischen Soziologie, wie Montesquieu und Rousseau, unterschied er die älteren Kunstlehren von der modernen
Wissenschaft:

- Kunstlehren entwerfen ein normatives Bild der Gesellschaft, dem die real exis-
tierenden Systeme nacheifern sollen. Historische Fakten werden in der prämodernen Theorie der Politik durchaus geboten. Bei Bodin oder Althusius
wuchern sie geradezu in barocker Weise. Aber ihre Funktion ist die Illustration.
Es werden keine Daten systematisch gesammelt. Die Beispiele aus Geschichte
und Gegenwart wurden seit Machiavelli immer wieder unkritisch nebenein-
andergestellt.
- Kunstlehren neigten dazu, ihre normativen Aussagen aus der menschlichen
Natur abzuleiten. Eine politische Anthropologie lag auch den Theorien der
kühlsten Theoretiker wie Machiavelli oder Hobbes zugrunde. Prämoderne
Theorien neigten nach Ansicht Durkheims (1953: 32) zu einer psychologisie-
renden Betrachtungsweise und verstießen gegen das Gebot, Soziales nur mit
Sozialem zu erklären. Diese Kritik war auch unter den Anhängern moderner
politischer Theorie am wenigsten konsensfähig. Je näher ein theoretischer Ansatz an der ausschließlichen Betrachtung von Individuen war, umso weniger
konnte er dem Kredo Durkheims gerecht werden.
- Die prämodernen Kunstlehren haben ein kurzschlüssiges Verhältnis zur Praxis. Kunst drängt nach Handeln, Wissenschaft muss sich hingegen dem direkten Handlungszwang entziehen, dem sich viele praktische Philosophien
unterwarfen.

Knapper und souveräner ist das wissenschaftliche Kredo der Moderne kaum je
zusammengefasst worden als in diesem Erstlingswerk eines damals noch ganz unbekannten französischen Soziologen. Diese Dissertation von 1892 enthielt noch
nicht eine ausgefeilte Methodologie, wie sie Durkheim später in den „Regeln der
soziologischen Methode" entwickelte. Aber einzelne Elemente, wie der Gegensatz von Wissenschaft und Kunstlehren, und das Postulat, daß Wissenschaft sich
der Nützlichkeitserwägungen zu enthalten habe, waren bereits angelegt. Durkheim (1953: 31) war in seiner Frühschrift gegen die Kunstlehre noch duldsamer. Er

sah in ihr immer auch „eine gewisse Wissenschaft" enthalten. Er bemühte sich jedoch, die wissenschaftlichen Elemente von den parawissenschaftlichen zu unterscheiden.

Auf dem Weg von der unilinearen evolutionistischen Geschichtstheorie zur
Multifaktorenanalyse der Moderne wurde von Mill bis Max Weber eine vergleichende Methode angestrebt, die nicht nur Belege für die gewünschte oder nicht
gewünschte Entwicklung anekdotisch verwendete. Durkheim (1950a: 137) als Sys-
temtheoretiker glaubte hingegen nicht daran, daß eine vergleichende Methode
nötig sei. Die Sozialwissenschaften waren für ihn immer vergleichend. Das bedeutete für Durkheim, daß sie aufhörten untheoretisch und deskriptiv zu sein.

Von den Pionieren der klassischen Moderne in der sozialwissenschaftlichen
Theoriebildung verdankte auch Émile Durkheim Spencer noch manches. Er hat
jedoch das Prinzip der Differenzierung spezifiziert. Arbeitsteilung und Speziali-
sierung wurden zu Äquivalenzen in Durkheims Arbeiten. Die Begriffe entfalteten
eine Wirkung als Integrationskonzepte, die trotz der Polemik Durkheims gegen
Spencer diesem näher standen, als er vermutete. Von Comte und Spencer bis zu
Durkheim und Simmel wurden gesellschaftliches Wachstum und Differenzierung
miteinander verbunden gesehen. Bei Durkheim (1960) führten Größenwachstum
und interne Verdichtung zu immer größerer Arbeitsteilung. In seinem Frühwerk
über die Arbeitsteilung (1893) ging Durkheim noch recht optimistisch davon aus,
daß die wachsende Arbeitsteilung den integrativen Rahmen der Gesellschaft nicht
sprenge. In dem Buch über den Selbstmord (1897) sah er die Mängel an sozialer Integration in modernen Industriegesellschaften jedoch weit schärfer. Anomie
und moralische Krisen wurden entdeckt. Aber auch in dieser Phase seines Denkens war Durkheim weit stärker als andere Soziologen von dem Problem der Integration unterschiedlicher Lebenssphären bewegt als seine deutschen Zeitgenossen Weber oder Simmel.

Für die Rezeption Durkheimscher Gedanken in der amerikanischen Systemtheorie war der Mangel an klarer staatstheoretischer Durcharbeitung eher ein
Vorteil. Bei Durkheim war der Staat – wie schon bei Comte – auf eine Kompen-
sationsfunktion beschränkt, die durch den Verlust der sozialen Einheit aufgrund
von wachsender Differenzierung und Arbeitsteilung notwendig wurde. Der Staat
wurde nicht mehr – wie bei den Organizisten des 19. Jahrhunderts – als das Ge-
hirn des Organismus angesehen. Weite Teilbereiche der Gesellschaft schienen für
Durkheim (1960: 202) vom Staat her nicht mehr steuerbar. Der liberale Optimismus eines Spencer, daß der Staat mit wachsender sozialer Differenzierung abster-
ben werde, fand sich bei Durkheim nicht mehr. Angesichts der wachsenden Anomie war es für Durkheim eher wahrscheinlich, daß die staatlichen Funktionen
in der Zukunft noch an Bedeutung gewinnen würden. Solche Einsichten in die
Notwendigkeit standen neben einem tiefen Steuerungspessimismus. Die moderne

Konzeption einer Gesellschaft ohne hierarchische Spitze war in seinem Denken angelegt. Luhmann (1970: 132, Anm. 16) hat später Durkheims Systemtheorie „ontologisch" genannt, weil die Systeme noch durch Begriffe wie „Ganzes und Teile" definiert wurden. Die spätere Systemtheorie mit ihrem Drang nach der Systematisierung von Teilbereichen in einer Vierfeldermatrix hat aus Webers „Wirtschaft und Gesellschaft" Grundfunktionen von gesellschaftlichen „Gesamtordnungen" herausgefiltert (Müller 1983: 96). Lehrbücher eignen sich besser zu solchen Schematisierungen als Monographien. Auch bei Durkheim wurde man vor allem in didaktischen Überblicken wie „Cours de science sociale" und „Sociologie et science sociale" (1909) fündig. Es ließ sich eine Vierfeldermatrix aus den Teilbereichen (1) ökonomische Institutionen, (2) politische und rechtliche Institutionen, (3) religiöse, wissenschaftliche und ästhetische Institutionen, (4) Familien- und Erziehungsinstitutionen konstruieren. Wo Parsons von System sprach, brauchte Durkheim (1950: 107) noch den Terminus „société". Nicht in diesen Einteilungen lag der Fortschritt gegenüber den prämodernen Differenzierungstheoretikern, sondern in der Aufgabe der Vorstellung einer Evolution. Im Gegensatz zur Comte-Schule wurde Geschichte als offener Prozeß aufgefasst, und die Soziologie wurde durch Durkheim „aus der Behäbigkeit des geschlossenen Systems" herausgeführt (René König). Der Prozeß zunehmender Rationalisierung, der das religiöse System zurückdrängte, war jedoch bei Durkheim – wie bei Weber – nicht als Nullsummenspiel zwischen ganzen Teilbereichen der Gesellschaft konzipiert. Der Rationalisierungsprozess erfasste alle Subsysteme, auch die religiösen und familiären – und jenen Bereich, der später als Lebenssphäre der Systemwelt gegenübergestellt wurde.

Wie andere große Theoretiker hat Durkheim einen Bereich der Gesellschaft noch als Motor der Entwicklung in den Vordergrund gestellt. Bei Marx war es die kapitalistische Wirtschaft, bei Weber die Bürokratie, bei Durkheim waren es die organisatorischen Aspekte der beruflichen Arbeit. Aber im Gegensatz zu Marx wurde bei Weber und Durkheim keine Dominanz eines Bereichs unterstellt, der die Autonomie der anderen Sektoren untergraben musste. Beide wählten einen Mehrebenenansatz für ihre Analyse, der sich grundsätzlich von der evolutionistischen Sozialtheorie der Positivisten wie der Marxisten unterschied. Bei Durkheim wurde eine Art „Austauschmodell" der Teilbereiche der Gesellschaft entwickelt, das später von Parsons und Luhmann weiter differenziert worden ist. Alle Austauschmodelle, welche die klassische Moderne aus dem Durkheimschen Ansatz entwickelte, standen unter dem Vorbehalt, daß Interdependenz und Gleichgewicht nicht als komplementäre Elemente des Systems gesehen wurden, sondern als Variablen. Sie konnten unterschiedliche Stellenwerte in verschiedenen sozialen Konstellationen annehmen. Sie konnten sich nicht nur komplementär, sondern auch konträr zueinander verhalten. Auch das hatte es in der Prämoderne, etwa bei Marx, schon gegeben. Aber Komplementarität und Widersprüchlichkeit waren an bestimmte Entwicklungsphasen der Gesellschaften in einer Weise gebunden worden, daß die komplexe Analyse durch den evolutionistischen Drang nach Zielgerichtetheit wieder unzulässig simplifiziert worden war. Die prämodernen Lehren waren Faktorentheorien. Die Theorie Durkheims in der klassischen Moderne bereitete eine Auffassung vor, in der einzelne Bereiche nur noch als Variable behandelt wurden.

Mit diesem theoretischen Fortschritt verbunden war die Aufgabe von älteren Basis-Überbau-Schemen. Damit waren auch notwendige Antagonismen in bestimmten Phasen der Entwicklung von Gesellschaften nicht mehr akzeptiert. Der Vorteil war mit dem Nachteil einer neuen Suche nach Harmonie verbunden. Durkheim löste das Problem durch die Annahme eines strukturellen Pluralismus, der die Integration des Systems und die Sozialintegration miteinander verband (Müller 1983: 113). In seinem Diskussionsbeitrag zur „Position der politischen Ökonomie im Zusammenhang der Sozialwissenschaften" von 1908 ging Durkheim (1975, Bd. 1: 218 ff.) vom Primat der Ökonomie aus, während das Ancien régime durch einen Primat der Politik gekennzeichnet gewesen war. Damit konnte dem Bereich der Politik nur noch eine begrenzte Rolle zufallen. Durkheim (1950: 59) differenzierte die Begriffe „Staat" und „politisches System", was seine Lehre ebenfalls attraktiv für die amerikanische Systemtheorie machen sollte. Für System stand bei ihm allerdings noch der Ausdruck *société politique*. Staat im engeren Sinn ist eine Gruppe von Funktionären, die mit Autorität ausgestattet sind. Sie erarbeiten die Vorschläge und Wünsche des „Kollektivs". Der Staat ist nicht – wie in der weitgehend hegelianisierenden deutschen Staatstheorie der Zeit – Inkarnation der „conscience collective", denn diese überschreitet ihn auf allen Seiten (ebd.: 61), nicht nur durch rationale Forderungen, sondern auch durch Mythen und Legenden. Andererseits wurde der Staat von Durkheim als Akteur konzipiert, der „denkt und entscheidet". Das hieß nicht, daß die Gesellschaft als Ganzes „denkt und entscheidet". Der Staat ist die „Organisationszentrale der Untergruppen" (*centre organisateur des sous-groupes*, ebd.: 61). Analogien der Staatsorgane zu den Muskeln und Nervensystemen deuteten bei Durkheim bereits in die Richtung der kybernetischen Wende der Systemtheorie (Durkheim 1950: 62; 1975, Bd. 3: 189 ff.).

Die Schwäche des politischen Systems, das für die Gesamtheit zu handeln suchte und diese dennoch nie voll zur Repräsentation bringen konnte, begann für Durkheim (1950: 105 f.) nicht erst in der modernen Gesellschaft seit der französischen Revolution. Schon das Ancien régime konnte Willkür gegen einzelne Personen üben, aber die Organisation der Gesellschaft – auch „état social" genannt – konnte von der Politik auch damals nicht geändert werden.

Durkheims (1950: 107) Bekenntnis zur Demokratie – das von großer Bedeutung für die intellektuelle Legitimation der krisengeschüttelten dritten französischen Republik gewesen ist – ist von Durkheim keineswegs voluntaristisch auf die Analyse aufgesetzt worden. Demokratie war nach seiner Ansicht immer stärker als die Autokratie, weil die „*conscience gouvernementale*" breiter entwickelt war. Demokratie koppelte zudem die „conscience de la masse des consciences individuelles" an das Bewusstsein der Regierenden – im Gegensatz zur Autokratie. Nur in der Demokratie schien die Gesellschaft zum „reinsten Bewusstsein von sich selbst" zu kommen. Nur die Demokratie schien der Komplexität der modernen Gesellschaft angemessen. Gegen Spencer argumentierte Durkheim (1960: 200), daß der gesellschaftliche Individualismus nicht den schwachen Staat brauche. Seine Staatsvorstellung hielt etwa die Mitte zwischen der Vision des absterbenden Staats bei Spencer, dem liberalen Minimalstaat und dem starken Staat, den Comte vertreten hatte.

Der Staat konnte nach dieser Auffassung keine neuen Ideen entwickeln, sondern nur den kleinsten gemeinsamen Nenner aus den Ideen der jeweiligen Mehrheit ziehen (1950: 118). Das Erscheinungsbild des Staates war für Durkheim eine „bizarre Mischung aus Trägheit und Aktivität" (ebd.: 119). Die Vorstellung, ein hypertropher Staat könne die atomisierte Gesellschaft zusammenschweißen – die in der antimodernen Revolte zur Leitidee wurde – war für Durkheim (1960: XXXII) eine „soziologische Monstrosität".

Welchen Ausweg gab es aus der Tendenz der Atomisierung der Gesellschaft einerseits und der neuen Staatsvergottung andererseits? Durkheims (1960: XXXIII, 1950: 121 f.) Antwort war nicht besonders originell: es war die Hoffnung auf die sekundären Gruppen zwischen Staat und Individuen, die von Montesquieu bis Constant und Tocqueville schon als Rettung gegen die Nivellierung der Gesellschaft durch den Etatismus gegolten hatte, ob er nun autokratisch oder revolutionär auftrat. Proudhons Flucht in die Kleinproduzentenidylle machte Durkheim nicht mit. Der Nationalstaat blieb noch immer die wichtigste Ebene. Er trat als Akteur auf, der die Zwischeninstanzen zwischen Staat und Individuen schaffen konnte (1960: XXXIII). Im Gegensatz zu den Denkern des 19. Jahrhunderts dachte Durkheim weniger an regionale Zwischengewalten, sondern an funktionale in Form der Berufsorganisationen. Sein Modell hätte zu einer Art liberalen Korporatismus weiterentwickelt werden können, um Wirtschaft und Gesellschaft wieder stärker aufeinander zu beziehen. Eine Entdifferenzierung der Gesellschaft wie im klerikalen und später faschistoiden Korporatismus schwebte ihm nicht vor. Versuche, Durkheim zu einem Vorläufer des neuen Autoritarismus zu stempeln, sind abwegig – er blieb ein Liberal-Konservativer. Die Idee eines sozialen Korporatismus wurde nicht entwickelt, da Durkheim die Institutionenanalyse im Vergleich zu Weber zu kurz kommen ließ.

Der Niedergang des Radikalismus der 3. Republik

Die antiklerikale Politik des Linksblocks, der 1899 bis 1905 herrschte, und die Dreyfus-Affaire hat noch einmal ein Aufbäumen radikal-liberaler Publizistik hervorgebracht. *Alain* (Pseudonym für M. Cartier) und Schriftsteller wie *Zola* und *Anatol France* wurden zu Wortführern des neuen Radikalismus. Die Nationalisten-Welle seit Boulanger und Barrès war dieser Art von Radikalismus verdächtig. Alain schrieb, dass er bei dem Wort Vaterland immer befürchte, dass man ihm nach der Freiheit oder gar nach dem Leben trachte. Wie beim Spätliberalismus Lord Actons in England wurde jede Macht von Alain (1952: 109) als „absolut" verdächtigt. 1910 forderte er (1952: 8) „jeden Tag eine kleine Barrikade zu bauen". Solche Art revolutionärer Rhetorik brauchte jedoch das Bürgertum nicht zu verschrecken, solange er an anderer Stelle klar stellte, dass die Macht der Kontrolle über die Macht, die er verlangte, nicht mehr durch Barrikaden sondern durch parlamentarische Interpellationen ausgeübt werde. Gefährlich an Alains (1952: 41) Radikalismus schien der Antiparteienaffekt, den die volksumspannende Rhetorik der französischen Revolution schon immer genährt hatte. Positiv war seine Forderung nach Autonomie der Provinzen zu bewerten, die nicht zu den Ideen von 1789 gehörte (1952: 120).

Anatole France wurde in seinem Radikalismus schon fast vom sozialistischen Lager beansprucht, jedenfalls von Jaurès. Den Freidenkern in Frankreich warf er vor, überhaupt nicht zu denken (Ile des Pingouins: 316) und der Kapitalismus, der Frankreich erfasste, schien ihm in Richtung auf einen „Krieger-Staat" zu drängen. Anatole France wurde zum glühenden Pazifisten mit sozialistischen Neigungen.

Im ersten Weltkrieg kam es zum Waffenstillstand der ideologischen Lager in der „union sacrée". Nach dem Krieg wurde das linke Kartell für kurze Zeit dominant. Die Radikale Partei nannte sich „radikal-sozialistisch". Aber einer ihrer Führer, Édouard Herriot, stellte ungewollt durch ein Bonmot klar, dass es sich weiterhin um eine liberale Partei der Mitte handelte: „Das Herz links – das Portemonnaie rechts", obwohl er zum linken Flügel der Partei gehörte. Für Herriot (1928: 180) ging es um ein neues „juste milieu" der Mitte, um die Demokratie gegen die „kollektive Tyrannei" von links, wie gegen den Egoismus der Parteien der „sozialen Bewahrung" zu verteidigen. Der Radikalsozialist Clemenceau hatte den Konservativen bewiesen, was sie nicht glaubten: die Republik konnte sich erfolgreich militärisch zur Verteidigung organisieren. Der Radikalsozialist Daladier ging 1938 vor Hitler im Appeasement in die Knie und die letzte radikal geführte Regierung Reynaud zerfiel 1940, weil die Mehrheit des Kabinetts den Krieg nicht weiterführen wollte. Die liberal-radikale dritte Republik ging ruhmlos unter. Der Liberalismus in Frankreich hat sich von diesem Schlag nie wieder erholt.

Quellen

Durkheim: Leçons de sociologie. Paris, PUF, 1950.

Durkheim: Les Règles de la méthode sociologique. Paris, PUF, 1950a, 11. Aufl.

Durkheim: Montesquieu et Rousseau, précurseurs de la sociologie. Paris, PUF, 1953.

Durkheim: De la division du travail social (1893). Paris, PUF, 1960, 7. Aufl.

Durkheim: Textes. Paris, Minuit, 1975, 3 Bde. (zit.: T).

É. Herriot: Pourquoi je suis radical-socialiste. Paris, Éditions de France, 1928.

Literatur

J.-C. Filloux: Durkheim et le socialisme. Genf, Droz, 1977.

N. Luhmann: Soziologische Aufklärung. Bd. 1. Opladen, Westdeutscher Verlag, 1970.

St. Lukes: Émile Durkheim. His Life and Work: A Historical and Critical Study (1973). Harmondsworth, Penguin, 1988.

St. Moebius: Der Zauberlehrling. Soziologiegeschichte des Collège de Sociologie 1937–1939. Konstanz, UVK-VG, 2006.

H.-P. Müller: Wertkrise und Gesellschaftsreform. Emile Durkheims Schriften zur Politik. Stuttgart, Enke, 1983.

R. A. Nisbet: The Sociology of Emile Durkheim. Oxford, Oxford University Press, 1974.

W. S. Pickering. Durkheim Today. New York, Berghahn Books, 2002.

3 Liberalismus und Nationalismus in Deutschland: Friedrich Naumann, Max Weber, Karl Jaspers

Friedrich Naumann (1860–1919)

Eine Sonderentwicklung des deutschen Liberalismus war jene eigenartige Symbiose zwischen einem nationalen und einem sozialen Liberalismus. Friedrich Naumann war gleichsam die Inkarnation dieser Synthese. Als Pfarrer und Vereinsgeistlicher der Inneren Mission hatte er früh um Verständnis für die soziale Lage der Arbeiterschaft geworben. 1890 ist ein Evangelisch-Sozialer Kongress ins Leben gerufen worden. Naumann wurde zum Wortführer der jungen Generation, die für eine umfassende Erneuerung des Protestantismus kämpfte – gegen den heftigen Widerstand der Kirchenleitungen. Unter dem Einfluss von Rudolf Sohms und Max Weber hat Naumann seinen christlichen Sozialismus zu einem nationalen Sozialismus fortentwickelt. Die Entwicklung Naumanns von einem „Reich-Gottes-Glauben" als Fundament einer gegenwartsbezogenen Sozialethik zur Machtstaatpolitik ist sogar als „Kapitulation vor Max Weber" gedeutet worden (Lindt 1973: 35 f). Ein enger Mitarbeiter Naumanns, der spätere erste Bundespräsident Theodor Heuss, der eine repräsentative Biographie schrieb (1949: 100), hat zwar geleugnet, dass Weber ihn auf den Gedanken des nationalen Machtstaats gebracht hat. Er hat jedoch mit seiner Freiburger Antrittsrede über „National-staat und Volkswirtschaft" Einfluss auf Naumann genommen, und in ihm den Ge-danken geweckt, dass die glühende Gesinnungsethik von einer rationalen Verant-wortungsethik gezügelt werden müsse. Heuss beschrieb diese Beziehung zwischen Weber und Naumann als eine Freundschaft, in der Weber der gebende Teil war, und dank seiner überlegenen wissenschaftlichen Bildung einflussreich blieb. Aber während Weber zum Ungestüm und grimmigem Humor neigte, war Naumann der Ausgeglichene, humorvoll noch in der Resignation.

1896 wurde der „Nationalsoziale Verein" gegründet, der für die Verständigung von Arbeiterbewegung und Bürgertum auftrat. Der Nationalsoziale Verein ist 1898 und 1903 jedoch bei Wahlen nicht sehr erfolgreich gewesen. Naumann löste den Verein kurzerhand auf und schloss sich den Linksliberalen an. In der „Freisinni-gen Vereinigung" entwickelte Naumann ein Programm dessen, was er „Gesamt-liberalismus" nannte. Erstes Ziel musste die Abschaffung des preußischen Drei-klassenwahlrechts sein. 1907–1912 war er Reichstagsabgeordneter für Heilbronn, 1913 für Waldeck. 1910 wurde eine „Fortschrittliche Volkspartei" gegründet. 1912 wurde bei Stichwahlen ein Bündnis mit den Sozialdemokraten unter der Parole „Von Bassermann bis Bebel" geschlossen. Seit 1909 hat Naumann unverdrossen für die Parlamentarisierung des Deutschen Reiches gekämpft. Naumanns Gesamt-liberalismus schloss einen Industrieparlamentarismus ein, der auf Ausgleich mit den Gewerkschaften gerichtet war. Zugleich vertrat er einen Sozialimperialismus zur Stärkung des deutschen Nationalstaats. Erst im Weltkrieg hat sich der expan-sionistische Ton seiner Schriften gemildert. Er trat für friedlichen Wettbewerb der Nationen und gegen die Ausweitung des U-Boot-Krieges auf. Naumanns Bestsel-ler „Mitteleuropa" (1915) wurde nach 1989 manchmal wieder zitiert. Der Einsatz für eine deutsche Hegemonie in Ostmitteleuropa war jedoch weiterhin verdäch-tig. Der zeitgeschichtliche Kontext des Buches ist dem heutigen Leser nicht mehr präsent: das Buch enthielt eine gemäßigte Linie angesichts maßloser annexionisti-scher Forderungen in einer Zeit, da den Deutschen das Kriegsglück noch hold zu sein schien. 1917 war Naumann einer der Inspiratoren des „Interfraktionellen Aus-schusses", der die Parlamentarisierung im Reichstag betrieb, und den Grundstein für die Zusammenarbeit der Weimarer Koalition aus Sozialdemokraten, Zentrum und Linksliberalismus legte. 1918 war Naumann Vorsitzender der „Deutschen De-mokratischen Partei" (DDP) und Mitglied des Verfassungsausschusses, der die Reichsverfassung der Weimarer Republik erarbeitete. Sein Einfluss beschränkte sich dort auf Fragen des Verhältnisses von Kirche und Staat. Naumanns Einsatz für „volksverständliche Grundrechte" und sein Kampf gegen das Verhältniswahl-recht blieben erfolglos.

Im Frühjahr 1900 erschien Naumanns Buch „Demokratie und Kaisertum", das er als Handbuch der inneren Politik verstanden wissen wollte. Die Weltgeltung Deutschlands sah er nur durch „rückhaltlose Förderung der industriellen Entwicklung" zu sichern. Der innenpolitische Vorteil einer solchen Entwicklung lag für Naumann in der Schwächung des agrarischen Deutschland, das den innenpolitischen Fortschritt hemmte. Zugleich war die Schrift gegen die Linke gerichtet, die sich seiner Bündnispolitik von Linksliberalismus und Sozialdemokratie widersetzte. Naumann entwickelte die Idee eines neuen „sozialen Kaisertums". In seiner Zeitschrift „Die Hilfe" hatte er proklamiert: „Das Kaisertum und die Masse gehören zusammen, das Kaisertum muss sozial, die Masse national werden". Angesichts der rückwärtsgewandten Denkweise Wilhelm II war dies zwar eine Illusion. Immerhin ist bemerkenswert, dass Naumann einen positiven Massenbegriff entwickelte, während der Mainstream-Liberalismus von Ortega, über Mosca bis zu den russischen Liberalen den Begriff der Masse für ihre antidemokratischen Überzeugungen einsetzten. Als Naumann bei den Reichstagswahlen mit seinem Nationalsozialen Verein kläglich scheiterte, musste er für die dritte Auflage des Buches Änderungen vorsehen. Der Ton wurde gegenüber dem Kaiser distanzierter. Mit vielen Statistiken, die das Buch in Teilen rasch veralten ließ, versuchte Naumann die Trägerschichten seiner neuen Demokratie sozial zu verankern. Die Rechte der Unterschichten waren bei Naumann nicht mehr naturrechtlich als angeborene Rechte begründet worden. Rechte waren für ihn historisch bedingt, und einem „Machtstaat" abgetrotzt. Die Massen, die Naumann zu gewinnen versuchte, wurden in seiner Theorie gleichsam zur „Einsicht in die Notwendigkeiten" gezwungen. Der Machtstaatgedanke hat jedoch viele eher abgeschreckt, die er auf seine Seite herüberziehen wollte, und andere Liberale, wie Lujo Brentano, haben diesen Teil von Naumanns Lehre für höchst bedenklich gehalten.

Mit der Enttäuschung über den Kaiser, der seine Rolle verweigerte, setzte Naumann zunehmend auf gesellschaftliche Selbstinitiative. Originell war sein Beitrag zur politischen Theorie auf dem Gebiet der Kunstpublizistik und Ästhetik. Im Werkbund, jener wichtigen Gründung, in der die künstlerische Moderne Anschluss an den modernen Staat und die industriellen Auftraggeber mit einer neuen industriellen Ästhetik zu organisieren versuchte, trat Naumann selbstbewusst auf. In einem Vortrag über „Kunst und Wirtschaft" verkündete er stolz: „Die Führung der Architektur gehörte nicht mehr den Königen" (VI: 297). Das Markenzeichen der „neueren Zeit" war für Naumann eine „Verbindung von Demokratisierung der Auftraggeber, Kapitalisierung der Hersteller und Mechanisierung der Arbeitsweise" (VI: 319). In der außenwirtschaftlichen Darstellung der neuen Großmacht Deutschland litt Naumann darunter, dass die deutschen Waren auf dem Weltmarkt als „unästhetisch" galten. Exportinitiativen sollten sich fortan mit der Ästhetik der Moderne verbinden. Dem Werkbund rief er zu: „Laßt uns Expansionisten sein" (VI: 348) und empfahl den Deutschen die schönsten Geräte und Kanonen zu exportieren – was ihm später als Militarismus angekreidet worden ist.

Befremdlich schien Naumanns linken Lesern auch das Plädoyer für aristokratische Elemente in seinem plebiszitären Konzept einer Monarchie. Die agrarische Aristokratie war für ihn dem Untergang geweiht und versuchte im Konservatismus ihre Stellung zu bewahren. Konservatismus war für Naumann (II: 151) nur noch der „Selbsterhaltungstrieb des preußischen Grundbesizertums", einer kleinen Herrenschicht, die etwa 24 000 Köpfe umfasste. Der industriellen Aristokratie gehörte nach Naumann die Zukunft. Sie war bei den Freikonservativen, den Nationalliberalen und den Freisinnigen organisiert und nach seiner Ansicht verurteilt, parteipolitisch schwach zu bleiben (II: 183). Die dritte Gruppe war die klerikale Aristokratie; ihre organisatorische Basis war die Zentrumspartei. Obwohl er auch um das Zentrum immer wieder warb, hat er gegen seine wirtschaftspolitische Prinzipienlosigkeit gekämpft (II: 208).

Naumanns Vorstellung einer cäsaristischen Monarchie war auf eine Charisma-Theorie aufgebaut, die Max Weber erst spät entwickelte, und der Wilhelm II mit seinem bramabarisierenden Führungsstil nicht gerecht wurde. Die Monarchie wurde nicht mehr legitimistisch begründet, sondern nach ihrer emotionalen Massenbasis beurteilt.

Schon in „Demokratie und Kaisertum" wurde sein Interesse am Verfassungswandel deutlich. Das Reich war für ihn ein „kunstvoll gefertigtes Chaos", ein Wort, das auf den Kronprinzen zurückging. 1908 hat Naumann über „Die Umgestaltung der deutschen Reichsverfassung" geschrieben. Er trat für eine parlamentarische Verfassung ein. Als Vorbild wurden seltsamer Weise Frankreich und England in gleicher Weise genannt (II: 385), obwohl die Debatte um den angeblich „unechten französischen Parlamentarismus", der eher eine „Versammlungsregierung" darstelle, schon in vollem Gange war. Er schloss den Weg der revolutionären Umwälzung aus, um der gewünschten Staatsform näher zu kommen. In der Schrift „Von wem werden wir regiert?" (1909) wurde die politische Ministerverantwortlichkeit erneut gefordert. Der konstitutionelle Dualismus wurde nicht durch die Brille juristischer Gleichgewichtsharmonie gesehen. Naumann zeigte, wie stark in einem solchen System die organisierten Interessengruppen ihre Verbandsherzogtümer gründen könnten und den Staat kolonialisierten (II: 403 ff).

In „Liberalismus, Zentrum und Sozialdemokratie" (1904) versuchte Naumann die Chancen einer Bündnispolitik zu analysieren. Er übersah nicht die Mitschuld des Liberalismus an der verfahrenen Situation der Konfrontationen im deutschen Parteiensystem. Ein Teil der Liberalen sei „illiberal" gegenüber dem Zentrum im „Kulturkampf" und bei der Abstimmung für die Sozialistengesetze gegen die Sozialdemokratie gewesen (IV: 23). Der Liberalismus habe sich so den verhassten Radikalismus der Sozialdemokraten künstlich mit geschaffen. Immer wieder räsonierte er über die Gründe für den Niedergang des Liberalismus: „Und dabei dürstet Deutschland nach wirklichem Liberalismus, der englische Elementarliberalismus, dieses liberale Grundwasser, das unterhalb aller politischen Strömungen ruhen sollte, ist in Deutschland nicht vorhanden." (IV: 216). Naumanns manchmal künstlich anmutende Versuche in Programmen und Vereinen liberales, soziales und nationales zu amalgamieren, mag in dieser Sehnsucht nach dem Elementarliberalismus gegründet gewesen sein. Der amerikanische oder britische Grundliberalismus sollte gleichsam durch Überzeugungsarbeit in Deutschland langsam erzeugt werden. Naumanns organisatorische Misserfolge zeigten jedoch, dass auch damals eine begrenztere Zielgruppenpolitik unerlässlich war, um politische Erfolge zu erzielen. Die Verselbständigung der Arbeiterschaft und ihre Abwendung vom Liberalismus wurde von Naumann ständig beklagt. Aber selbst wo der Elementarliberalismus existierte, wie in Großbritannien, hat sich diese Trennung von Liberalismus und Sozialismus nicht verhindern lassen. Naumann war kein Komparatist und er verstand seine politischen Schriften auch nicht als Wissenschaft im engeren Sinne (Heuss 1949: 131).

Im Weltkrieg hoffte Naumann, die Völkerschlacht werde „unentschieden" enden. Während andere, auch Ex-Liberale, schon über die Annexion Belgiens nachdachten, versuchte er nach dem zu erwartenden Niedergang der Kolonien den deutschen Einfluss im Osten und Südosten Europas zu stabilisieren. Den Begriff „Mitteleuropa" hat Naumann nicht erfunden, aber äußerst werbewirksam popularisiert. Er ahnte, dass angesichts des Nationalismus der Völker im Osten eine „seelische Einheit" zu schaffen, schwer fallen werde. Ein Bund mit Deutschland wäre für Ungarn „weniger eine Gemütspflicht als eine zwingende Notwendigkeit der eigenen Selbsterhaltung". Die preußische Polenpolitik der Vergangenheit wurde scharf analysiert. An die Nationalitätenfragen durfte man künftig nicht als „Deutscher" sondern nur noch als „deutscher Mitteleuropäer" herangehen (IV: 567 f). Während der britische und der russische Großraum schon Gestalt angenommen hatte, fehlte nach Naumanns Ansicht eine deutsche Nachkriegskonzeption. Er schlug einen regional beschränkten föderativen Imperialismus vor, in dem Deutschland nicht „herrschen", aber „vorherrschen" sollte. Ein gemeinsames Zollparlament wurde als Fernziel angestrebt. Militärisch beschwor Naumann die „Schützengrabengemeinschaft". Unausweichlich schien ihm die Entwicklung auf seine Konzeption zuzulaufen: „Mitteleuropa ist Kriegsfrucht. Zusammen haben wir im Kriegswirtschaftsgefängnis gesessen, zusammen haben wir gekämpft, zusammen wollen wir leben" (IV: 768) lautete der emphatische Schlussappell – ohne sich um die Details der Pläne für die Gründung von Nationalstaaten in den betroffenen Regionen zu kümmern.

Wieder setzte sich Naumann zwischen alle Stühle: die Alldeutschen forderten kein übernationales Mitteleuropa, sondern ein größeres Deutschland. Die Linke lehnte das imperialistische Konzept ab. Karl Renner und einige Österreicher reagierten zustimmend. Die deutsche Reichsregierung nahm Naumanns Vorschläge nicht unfreundlich auf (Heuss 1949: 342), aber durch die Wende des Kriegsglücks waren solche Gedankenspiele rasch überholt.

Naumann hat den „natürlichen Liberalismus" in Großbritannien bewundert. Erreicht hat er aber eher einen forcierten Bindestrich-Liberalismus, der immer neue Synthesen mit dem „Christlichen", dem „Sozialen" und dem „Nationalen" einging. Solche Erweiterungen hat es auch in England gegeben. Aber Hobhouse, der gern mit Naumann verglichen wurde (Schnorr 1990: 462 ff) hat ihn scharf kritisiert. Im Vergleich mit Hobhouse war Naumanns Bild der Gesellschaft auf Effizienz statt auf Humanität gerichtet. Sein Ideal schien der rationalisierte Großbetrieb. Seine Lehren steigerten sich zunehmend in Technikbegeisterung, Organisationstheorie und Propaganda für die Sachlichkeit als zentrale Werte. Ein gewisser Dezisionismus wurde in Naumanns Theorie der Politik unübersehbar. Es verschärfte sich eine Differenz zwischen England und dem Kontinent, die schon Mill (vgl. England) beschrieben hatte, dass in England zwar mehr Freiheit herrsche, dafür aber weniger Organisation.

Naumann war ein Dilettant in der Theorie der Politik und verstand sich vor allem als Praktiker, der in die Gesellschaft politisch hineinwirken wollte. Etwas Pastorales im Ton hat ihn nie verlassen. Die Neigung der linken Bewegungen, Katechismen zu verfassen, hat Naumann aus der Kirche in die Politik übertragen. Selbst gegenüber den Arbeitern trat er als benevolenter Paternalist auf. Die „national-soziale" Idee ist vielfach in Beziehung zu Hitler gesetzt worden. Theodor Heuss (1949: 512), der ein vorzügliches kritisches Buch über „Hitlers Weg" schon vor der Machtergreifung schrieb, hat vermutet, dass Hitler nichts von Naumann je gelesen habe. Der Unterschied lag schon allein in dem Begriff „Nationalsozialismus", den Naumann abgelehnt hätte. Auch die totalitären Methoden des Nationalsozialismus hätte Naumann nicht gebilligt. Naumann blieb Liberaler, wenn auch einige Bereiche seiner Publizistik es eher peinlich erscheinen ließen, dass er mit seinem Namen für die Stiftung der Liberalen der Bundesrepublik zur Galionsfigur wurde. Er wurde auf einen Sockel gestellt – seine Schriften wurden ediert, aber gelesen wurde er nicht mehr.

Quellen

Naumann: Werke. (Hrsg.: Th. Schieder). Köln, Westdeutscher Verlag, 1964, 6 Bde.

Literatur

J. Christ: Staat und Staatsräson bei Friedrich Naumann. Heidelberg, Winter, 1969.

D. Düding: Der Nationalsoziale Verein 1896–1903. München, Oldenbourg, 1972.

W. Happ: Das Staatsdenken Friedrich Naumanns. Bonn, Bouvier, 1968.

Th. Heuss: Friedrich Naumann. Der Mann, das Werk, die Zeit. Stuttgart, Wunderlich, 1937, 1949, 2. Aufl.

A. Lindt: Friedrich Naumann und Max Weber. München, Kaiser, 1973.

A. Peschel: Friedrich Naumanns und Max Webers Mitteleuropa. Dresden, TUD-Press, 2005.

St.-G. Schnorr: Liberalismus zwischen 19. und 20. Jahrhundert. Reformulierung liberaler politischer Theorie in Deutschland und England am Beispiel von Friedrich Naumann und Leonard T. Hobhouse. Baden-Baden, Nomos, 1990.

P. Theiner: Sozialer Liberalismus und deutsche Weltpolitik. Friedrich Naumann im Wilhelminischen Deutschland. 1860–1919. Baden-Baden, Nomos, 1983.

Max Weber (1864–1920)

Wissenschaft und Politik

Max Weber hat die Ausdifferenzierung der Subsysteme am eigenen Leib durchlebt. Wissenschaft und Politik folgten für ihn unterschiedlichen Handlungslogiken. „Wissenschaft als Beruf" (1917) und „Politik als Beruf" (1919) waren zwei Schlüsseltexte zum Anziehungs- und Abstoßungsverhältnis der beiden Bereiche. Beide Vorträge wurden vor dem „Freistudentischen Bund" in München gehalten. Beide Texte waren aufeinander bezogen und wurden in der gleichen Zeit zum Druck bearbeitet. Ihr Impetus entsprang der Sorge um die Nation nach dem verlorenen Weltkrieg. Die Führerqualitäten, die Weber vom Politiker erwartete, sollte nach seiner Ansicht der Wissenschaftler gerade nicht demonstrieren, um „sich im Hörsaal als Führer aufzuspielen" (MGW I, 17: 102). Die Rolle des Gelehrten ist von der des „gelehrten Staatsbürgers" zu unterscheiden. Weber knüpfte damit zweifellos an Kant an, der die Differenzierung vom Privatgebrauch und dem öffentlichen Gebrauch der Vernunft in der Schrift „Was ist Aufklärung?" vorgenommen hatte. Politik wie Wissenschaft bedurften für Weber der Selbstbeschränkung, wie jeder andere Beruf. Politik bedeutete für ihn (MWG I, 17: 251) „ein starkes langsames Bohren von harten Brettern mit Leidenschaft und Augenmaß zugleich." Nur wer die nötige Härte zeigte, nicht am Scheitern von Hoffnungen und Projekten zu zerbrechen, hatte in Webers Augen einen „Beruf zur Politik". Die Studenten, die zum Teil durch die revolutionären Ereignisse politisiert worden waren, haben die Ermahnung zum Verzicht auf direkten Aktionismus in der Wissenschaft nicht sehr positiv aufgenommen.

Weber war durch Kontakte mit Friedrich Naumann (siehe oben) früh in die konkrete Politik hineingezogen worden. 1894 eröffnete sich erstmals die Möglichkeit zu einer Kandidatur für den Reichstag im Wahlkreis Mannheim. Webers wissenschaftlicher Erfolg dämpfte aber den Drang, in die Politik überzuwechseln, die laut einer privaten Äußerung seine „heimliche Liebe" gewesen ist. Weber hat Naumann sehr geschätzt, aber auch Kritik an seinen Plänen geübt, etwa als er eine National-Soziale Partei gründete (Pol.: 26 ff). Naumann schien ihm zu sehr Gesinnungsethiker. Als Sozialwissenschaftler vermisste er eine konkrete Zielgruppenanalyse im Programm von Naumanns Partei. 1906–1907 wurde er zum politischen Berater der „Freisinnigen Vereinigung" und später der „Fortschrittlichen Volkspartei". Sein Einfluss lag vor allem im Eintreten für die Parlamentarisierung des Reiches. Im Weltkrieg war ihm der Dienst mit der Waffe durch seinen Gesundheitszustand verwehrt. Weber suchte nach einer kriegsrelevanten Verwendung in der politischen Beratung, um dem Vaterland zu dienen. Ein Amt beim Generalgouverneur in Brüssel hat sich zum Glück nicht realisieren lassen. Webers Mitarbeit an Naumanns „Arbeitsausschuss für Mitteleuropa" war wenig einflussreich.

Die strukturelle Führungslosigkeit des Reiches hat ihn im Krieg besonders irritiert. Unsinnige Annexionsforderungen ohne Augenmaß, der unbeschränkte U-Boot-Krieg, und der Knebelungsfrieden von Brest-Litowsk mit der Sowjetregierung schienen ihm Sündenfälle einer nationalen Hybris. Weber forderte den Verzicht auf utopische Kriegsziele, eine Beschneidung der politischen Kompetenzen des Militärs, das zunehmend in die Politik hineinregierte, und die Parlamentarisierung, um die politische Führung zu festigen. Er bekannte sich mehr und mehr zum Typus der „Führerdemokratie", die er in „Wirtschaft und Gesellschaft" (WuG: 156) als charismatischen Herrschaftstyp skizziert hatte. Der Führer herrscht kraft der Anhänglichkeit und dem Vertrauen seiner politischen Gefolgschaft. Diese Radikalisierung der Ansichten eines Liberalen war nicht einmalig im internationalen Liberalismus. Aber sie waren in Deutschland nach dem zweiten verlorenen Weltkrieg der am wenigsten konsensfähige Teil seiner Lehre, zumal Carl Schmitt den Gedanken noch im Sinne einer „konservativen Revolution" zugespitzt und antiparlamentarisch gewendet hatte.

Als Prinz Max von Baden letzter Reichskanzler des Reiches vor seinem Zusammenbruch wurde, schien sich eine Möglichkeit zu eröffnen, Weber in die Öffentlichkeitsarbeit der Regierung zu ziehen. Die Revolution machte solche Optionen rasch obsolet. Im November erwog der Rat der Volksbeauftragten, Weber zum Innenstaatssekretär zu erheben. Der Posten fiel schließlich an Hugo Preuss.

Dieser hätte Weber gern als Unterstaatssekretär mit Verfassungsfragen betraut. Aber auch diese Möglichkeit kam nicht zur Umsetzung. Max Weber wurde Mitglied des Parteivorstandes der linksliberalen „Deutschen Demokratischen Partei". Er setzte sich vielfach im Wahlkampf ein. Eine Kandidatur in Hessen-Nassau zerschlug sich, weil Weber den Delegierten „zu links" schien. Er hatte für ein Zusammengehen mit den Sozialdemokraten und für eine Teilsozialisierung geworben. Weber setzte sich noch gegen die Annahme des Versailler Vertrags ein. Er war aber bereit, den Verlust des Elsass hinzunehmen, weil es der Regierung nicht gelungen sei, dieses „kerndeutsche Land" innerlich zurück zu gewinnen. Der Ruf nach München wurde zum Anlass, seine Enttäuschung über die deutsche Politik in einen Rückzug aus der Politik umzusetzen.

Webers Beitrag zur Methodologie der Sozialwissenschaften

Mit zunehmender Entwicklung der Sozialwissenschaften wurde der methodologische Beitrag von Theoretikern genauso wichtig, wie der Beitrag der politischen Theorie im engeren Sinn. Diese Entwicklung hatte sich bei Comte, Mill oder Spencer angebahnt. Sie kulminierte in den Fackelträgern der Moderne wie Durkheim, Weber oder Pareto. Entscheidend war der Schritt über Comte und Spencer hinaus in der Abwendung von historischen Stufenlehren und der Option für einen dominanten Faktor, der die historische Entwicklung dominierte, sei es die Bevölkerungsentwicklung bei Malthus, die Entwicklung der Produktivkräfte bei Marx und Engels, die Entwicklung der „idées forces" in der französischen Soziologie seit Comte.

Als weiterer direkter Beitrag zur Theorie der Politik fiel eine Differenzierungstheorie an, die nicht mehr von der Dominanz eines Subsystems, der Politik oder der Ökonomie ausging. Der Staat, den die Staatsrechtler noch immer magisch überhöhten, erlebte seinen ersten „Entzauberungsschritt", wo die Abhängigkeit der Herrschaftsstrukturen von Weltbildern, Lebensführungsstilen, religiösen Vorstellungen und von den sie bedingenden Wirtschaftsformen ins Zentrum der Analyse rückte.

Erst die Pioniere der klassischen Moderne wie Weber, Durkheim und Pareto haben die Vermengung von Sein und Sollen, von beschreibender und normativer Theorie, von Wissenschaft und politischer Praxis völlig überwunden.

In Webers Wissenschaftslehre (1951: 149 ff.) konnten die Erkenntnispunkte nicht aus dem Untersuchungsgegenstand abgeleitet werden, wie in den Geschichtsphilosophien, die von einer Identität von Sein und Bewusstsein ausgingen. Erkenntnis war für Weber immer Einzelerkenntnis. Empfehlungen an die Handelnden wurden nicht angestrebt. Wo sie gleichwohl – und unter methodischen Vorbehalten – gegeben wurden, fasste er sie als Entscheidungsmöglichkeit zwischen Alternativen auf. Der Vorwurf des Dezisionismus, der von prämodern gestimmten Theoretikern erhoben wurde, hat auch vor Weber nicht haltgemacht (Lukács 1955: 486 ff.).

Max Weber als Exponent der klassischen Moderne ist mit Hegel – einem Denker der Vormoderne – in seinem Kampf gegen die „falsche Unmittelbarkeit des Gefühls" verglichen worden. Es ist nicht nachzuweisen, dass Weber bei Abfassung von „Wissenschaft als Beruf" Hegels Vorwort zur Rechtsphilosophie als Quelle der Inspiration benutzt hat. Hegel prangerte die „Heerführer der Seichtigkeit" an, die „Wissenschaft statt auf die Entwicklung des Gedankens und Begriffs, vielmehr auf die unmittelbare Wahrnehmung und die zufällige Einbildung" gründen (Hegel Werke 1970, Bd. 7: 18). Weber (1951: 593) kritisierte die Kathederpropheten, die als Führer auftraten, statt wissenschaftliche Lehrer zu sein. Beide haben die Ursachen für den in ihrer jeweiligen Zeit grassierenden Irrationalismus als Ergebnis des wissenschaftlichen Rationalisierungsprozesses selbst analysiert. Damit enden jedoch die Parallelen des Denkens. Weber entnahm der Philosophie nicht Hegels „Einsicht, dass nichts wirklich ist als die Idee" (ebd.: 25). Webers rigorose Trennung von Sein und Sollen stand in der Nachfolge Kants, nicht Hegels. Webers Vorstellung von einem unlösbaren Kampf der Werteordnungen, die jedes generalisierende Werteurteil sinnlos macht, konnte sich kaum auf Hegel berufen (1951: 587). Hegels Vorstellung, „die unendlich mannigfaltigen Verhältnisse" seien nicht Gegenstand der Philosophie, ließ sich auf Webers Soziologie nicht übertragen. Webers Absage an die Konstruktion eines Staates, wie er sein soll, blieb auch gegen Hegel gerichtet. Hegels Vorstellung, dass das Vernünftige auch das Wirkliche sei, und der noch verwegenere Umkehrschluss, stellten für Weber prämoderne Metaphysik dar. Der sublime Normativismus, der durch das geheime Band, das für Hegel Sein und Sollen verband, war Weber fremd. Die Sonderung von „Wesen" und „Erscheinung", die von Hegel an die Marxisten überging, ließ sich mit Webers empirischem Ansatz so wenig verbinden, wie Hegels Geschichtsmetaphysik.

„Die objektive Gültigkeit alles Erfahrungswissens" beruhte für Weber (1951: 213) nur in einer Ordnung der gegebenen Wirklichkeit nach Kategorien. Wem diese Wahrheit nicht wertvoll genug war, musste sich von Weber sagen lassen: „dem haben wir mit den Mitteln unserer Wissenschaft nichts zu bieten". Dieses Streben nach Objektivität war durchaus auf Werte ausgerichtet. Aber es konnte „niemals zum Piedestal für den empirisch unmöglichen Nachweis ihrer Geltung" gemacht werden. Manche Interpreten sahen in dieser Haltung einen heroischen Nihilismus. Andere jedoch auch einen Trost, dass durch normative Ableitungen des Sollens von Seinsbefunden die Fülle möglicher Werte nicht im Voraus beschnitten werden durfte: „Das Leben in seiner irrationalen Wirklichkeit und sein Gehalt an möglichen Bedeutungen sind unausschöpfbar, die konkrete Gestaltung der Wertbeziehung bleibt daher fließend, dem Wandel unterworfen in die dunkle

Zukunft der menschlichen Kultur hinein" (ebd.). Geschichte konnte sich nicht auf ein Telos ausrichten, eine Evolution war ex ante nicht zu konstruieren. Daher bleibt jede Analogie zwischen Hegel und Weber im Bereich der Wissenschaftslehre ein Phänomen an der Oberfläche gewisser Argumentationsfiguren.

Sozialwissenschaftliche Arbeit war für Weber zwar „wertfrei", aber nicht „zweckfrei". Sie diente der Daseinsvorsorge und Vorausschau. Aber Weber (1958: 12) setzte sich scharf von allen eudaimonistischen Glückslehren in der Volkswirtschaft ab. In seiner Freiburger Antrittsrede von 1895 dämpfte er bereits überhöhte Erwartungen der Studenten an die Wissenschaft: „Aber es gibt auch keine volkswirtschaftspolitische Arbeit auf der Grundlage optimistischer Glückshoffnungen. Für den Traum von Frieden und Menschenglück steht über der Pforte der unbekannten Zukunft der Menschengeschichte: „lasciate ogni speranza". In der Ablehnung des englischen Utilitarismus, der diese eudaimonistischen Glückslehren in der Wissenschaft am stärksten verkörperte, hat man wiederum Parallelen zu Nietzsche (1983, Kritische Studienausgabe Bd. 4: 20) sehen wollen, die sich durchaus finden lassen. Aber für eine anti-englische deutsche Sonderwegstimmung in der deutschen Geistesgeschichte war man damals nicht auf Nietzsche allein angewiesen.

Nietzsche und Weber lehnten den englischen Utilitarismus aus verschiedenen Gründen und mit unterschiedlichen Konsequenzen ab. Eine Konsequenz war für Weber das Wertfreiheitspostulat, während Nietzsche (Bd. II: 57) das Gegenteil vertrat: „Das ‚Objektiv-sein-wollen' ... ist ein modernes Mißverständnis". Nietzsches Verachtung für den „Gelehrten aus Lebensfurcht" hat nur einiges Pathos mit Webers trotzigem „Dennoch" des Gelehrtendaseins in einer chaotischen Welt gemein. Nietzsche (Bd. I: 245) war alles verhasst, „was mich bloß belehrt, ohne meine Thätigkeit zu vermehren, oder unmittelbar zu beleben". Er konnte sich dafür auf Goethe berufen, aber Webers Position war mit dieser nicht identisch.

Max Weber war der große Pionier der vergleichenden Forschung. Aber auch er ist vielfach aus zwei Gründen kritisiert worden:

- Ein Vorwurf lautete, er habe mit dem Begriff des Idealtypus doch wieder holistisch die Verschiedenheit der Welt verschleiert.
- Ein zweiter Vorwurf lautete, dass Webers Rationalisierungs- und Bürokratisierungsprozess so universal angelegt sei, dass er sich als geheimer Eurozentrismus auswirken müsse.

(1) Webers Idealtypen sind verdächtigt worden, entwicklungstheoretische Implikationen bereits mit der Definition der Idealtypen wie Bürokratie oder Kapitalismus „erschlichen" zu haben. Idealtypen sind nach Weber (1951: 191) nicht der Durchschnitt der in sämtlichen beobachteten vergleichbaren Einheiten „tatsäch-

lich" bestehenden Prinzipien. Sein Idealtypus wird gewonnen „durch die einseitige Steigerung eines oder einiger Gesichtspunkte und durch Zusammenschluss
einer Fülle von diffus und diskret, hier mehr, dort weniger, stellenweise gar nicht,
vorhandener Einzelerscheinungen, die sich jenen einseitig herausgehobenen Gesichtspunkten fügen, zu einem in sich einheitlichen Gedankenbild ... nirgends
in der Wirklichkeit empirisch vorfindbar.". Dass gar das Wort „Utopie" in dieser
Definition auftauchte, war vielen Empiristen verdächtig, auch wenn sie zugeben
mussten, dass ihre Realtypen ebenfalls durch die Zuspitzung ausgewählter Merk-
male definiert werden. Gerade diese Einsicht kann der Entlastung Webers dienen.
Webers Idealtypen wie „Stadt" oder „Bürokratie" sind nicht „metaphysischer" als
mancher Realtyp, den die Empiriker verwenden. Unterhalb jener Großbegriffe,
für die der Status des Idealtyps in Anspruch genommen wurde, tauchte im Werk
Webers eine Fülle von Begriffen auf, die sich ohnehin in die normale Wissenschaft
bruchlos einfügten wie Parteien, Klassen oder Stände. Bei ihnen ging er weit me-
thodenbewusster vor als die meisten empirischen Forscher, die solche Termini
naiv verwendeten, wie Webers manchmal belächelte Definitionswut zeigte, wenn
Abschnitte eingeleitet wurden mit Sätzen wie „X ... soll heißen".

(2) Bei keinem der Pioniere der klassischen Moderne ist der Vorwurf des
Eurozentrismus weniger gerechtfertigt als bei Weber. Keiner hat fremde Kulturen – wie den Hinduismus (Weber 1988, Bd. I: 573) – in so hymnischen Worten in
seiner Besonderheit „als außerordentliche metaphysische Leistung" zu verstehen
versucht, trotz mancher Kritik, die die Wissenschaft später an einzelnen Interpretationen des Hinduismus anbrachte. Die spätere Modernisierungstheorie fiel im
Vergleich dazu hinter Weber zurück. Die Webersche universalgeschichtliche Tra-
ditionslinie war in diesem Punkt freilich weniger gefährdet als die auf Durkheim
zurückgehende systemare Theorie, und das lag vor allem an einem anderen Verständnis von vergleichender Methode in der Durkheim-Schule.

Max Weber (Wiss: 184) war stärker noch als Durkheim dagegen gefeit, die Gesellschaft und ihre Geschichte als ein integriertes System nach dem Vorbild der
Prämoderne zu konstruieren. In der Wissenschaftslehre bekannte er sich gleichsam zu einem konstruktivistischen Ansatz, der als Wahrheit nur ansah, „was für
alle gelten will, die Wahrheit wollen". Daraus folgte für ihn: „Die Sinnlosigkeit des
selbst die Historiker unseres Faches gelegentlich beherrschenden Gedankens, dass
es das, wenn auch noch so ferne Ziel der Kulturwissenschaften sein könne, ein ge-
schlossenes System von Begriffen zu bilden, in dem die Wirklichkeit in einer in
irgend einem Sinn endgültigen Gliederung zusammengefasst und aus dem heraus sie dann wieder deduziert werden könnte". „Systematische Fixierung der Fragen und Gebiete", welche die Kulturwissenschaften umfassen müssten, erklärte er
zum „Unsinn in sich". Das Resultat eines solchen Versuchs konnte für ihn nur wieder eine „Aneinanderreihung von mehreren, spezifisch besonderten, untereinan-

der vielfach heterogenen und disparaten Gesichtspunkten herauskommen" (Wiss: 184). Diese Warnung hat einen Teil der Weberforschung, welche sich die Brille Parsons allzu bereitwillig über den Ozean reichen ließ, nicht davor bewahrt, genauso zu verfahren, auch wenn sie die Vierfeldermatrix mit ihren Interpenetrationsschemen nicht ontologisch verstanden, sondern eher als heuristisches und didaktisches Hilfsmittel.

Da Weber sich auch in seinen eher lehrbuchartigen Schriften an sein wissenschaftstheoretisches Kredo gehalten hat, ist seine Vorstellung vom Austauschmodell der Teilbereiche schwerer zu rekonstruieren als bei Durkheim. Interpreten, die Marianne Webers Äußerungen folgten, dass „Wirtschaft und Gesellschaft" Webers Hauptwerk war, haben den gigantischen Torso immer neue Schematisierungen entlockt. Wellen der Gegeninterpretation, die ein anderes „Anliegen" Webers in den Vordergrund rückten und Weber entparsonisierten, haben die wissenschaftstheoretischen oder die politischen Schriften ins Zentrum gerückt, und die verdinglichte Form des Agil-Schemas bei Parsons – aus einigen Hauptkapiteln von „Wirtschaft und Gesellschaft" herausgefiltert – als verknöcherten Unsinn abgetan. Je nach Ansicht des Interpreten wurden neue geistige Abhängigkeiten Webers herausgestellt.

Populär wurde in der amerikanischen Weber-Rezeption, einen Antipoden von Marx zu stilisieren. Wie bei der Interpretation von Weber als eines Nietzscheaners ergab sich die methodische Schwierigkeit, dass Weber kaum je direkt Bezug auf Marxens Werk nahm. Wo die Wissenschaftslehre Webers im Zentrum stand, wie bei Schelting (1934), ergab sich die klarste Ablehnung des marxistischen Zuordnungsschemas von Basis und Überbau, von Wirtschaft und Politik. Weber (Wiss: 166) polemisierte in einem Aufsatz von 1904 gegen den „veralteten Glauben, dass die Gesamtheit der Kulturerscheinungen sich als Produkt oder Funktion „materieller" Interessenkonstellationen deduzieren lasse ..." Die materialistische Geschichtsauffassung wurde als „genial-primitiv" bezeichnet. Sie schien nur noch für „Laien und Dilettanten" annehmbar. Dennoch ist es wohl eine Übertreibung, dass die Interpretation der „Wirtschaftsethik der Weltreligionen" lange Zeit keine Rolle gespielt habe (Tenbruck 1975: 657). Bei Weber (Wiss: 166) fanden sich Einschränkungen seines antimarxistischen Verdiktes wie: „glauben wir unsererseits doch, dass die Analyse der sozialen Erscheinungen und Kulturvorgänge unter dem speziellen Gesichtspunkte ihrer ökonomischen Bedingtheit und Tragweite ein wissenschaftliches Prinzip von schöpferischer Fruchtbarkeit war, und, bei umsichtiger Anwendung und Freiheit von dogmatischer Befangenheit, auch in aller absehbarer Zeit noch bleiben wird" (Weber 1951: 166). Damit war auf differenzierte Weise der ökonomische Erklärungsansatz anerkannt worden. Aber die Wahl einer unabhängigen Variable im wirtschaftlichen Teilbereich bedeutete keinen Primat dieses Sektors mehr. Die Beziehung von Ökonomie und anderen Lebensbereichen klang bei Weber (WuG: 199) wie sie auch die spätere Variablensoziologie akzeptieren konnte: „Die Vergemeinschaftungen haben ihrer ganz überwiegenden Mehrzahl nach irgendwelche Beziehungen zur Wirtschaft." Die Formulierung unterschied sich von der Apodiktik der Marxisten. Analogien des Prozesses der Entfremdung bei Marx und der Entzauberung bei Weber bleiben oberflächlich. Marx wurde von Weber (Wiss: 204) als „großer Denker" anerkannt. Einwände, Weber habe Marx vorwiegend aus zweiter Hand über Sombart und Schmoller zur Kenntnis genommen, können nicht verdecken, dass Weber sich methodisch mit Marx durchaus sehr bewusst auseinandergesetzt hat.

Aus dem Werk von Max Weber wurden von Parsons die vier Handlungstypen übernommen und zum Agil-Schema in eine Matrix gegossen: A (adaption = Ökonomie), G (goal attainment = Politik), I (integration = kulturelles System), L (latent pattern maintenance = Persönlichkeitssystem). Die Schematisierung war schwerlich im Geiste Webers, aber die Aspektverschiebung der kontinentaleuropäischen Debatte, in der es vornehmlich um das Verhältnis von Ökonomie und Politik ging, war in Einklang mit einigen Intentionen Webers. Parsons suchte nach den Legitimitätsbedingungen der Integration von Systemen, wie Weber. Bei ihm wurde diese Legitimität jedoch wieder normativer aufgefasst als bei Weber. Faktische Regelmäßigkeit eines Verhaltens wurde in die Nähe der normativen Geltung bei Parsons gerückt, trotz der Warnungen der Weberschen Wissenschaftslehre. In einer Gegenbewegung musste Weber wieder „entparsonisiert" werden. Parsons selbst ist für seinen integrativen Harmonismus von späteren Systemtheoretikern wie Luhmann sogar in die alteuropäische Ecke gestellt worden. Anknüpfungen an die alte societas civilis wurden in Parsons System vermutet, weil ein Mindestbestand gemeinsamer Normen und Werte konstitutiv für den Konsens im System erachtet wurde. Parsons hatte freilich davor gewarnt, sich die Struktur sozialer Normen monolithisch vorzustellen. Er teilte sie analytisch wiederum in jeweils vier Komponenten auf, was bei den Epigonen in einem unübersichtlichen infiniten Regress enden sollte.

Webers Beitrag zur „Herrschaftssoziologie"

Der Beitrag Max Webers zur Theorie der Politik im engeren Sinne blieb ein Torso. Ein Teil des Hauptwerkes „Wirtschaft und Gesellschaft" – ein Kunsttitel des Herausgebers – wurde ebenfalls ex post facto als „Herrschaftssoziologie" bezeichnet. Weber hat sich mit ihr vor allem von 1910 bis 1920 befasst. Erst gegen Ende seines Lebens entstanden „Die Typen der Herrschaft" als ein Kapitel von Teil I in „Wirtschaft und Gesellschaft".

Zentrales Anliegen Webers war die Religionssoziologie. Er suchte nach Zusammenhängen zwischen Wirtschaftsformen und Religionen. Die religiöse Rationalisierung besaß für Weber in ihrer Eigenlogik Priorität (Tenbruck 1975: 683). Gegen die vergröberte Aufnahme seiner Gedanken, welche den Kapitalismus unvermittelt aus dem Puritanismus herleitete, musste Weber sich zur Wehr setzen. Er stellte klar, dass das Beziehungsgeflecht der protestantischen Askese innerhalb der Fülle kultureller und wirtschaftlicher Bedingungen komplexer sei, als seine Kritiker ihm unterstellten. Durch die Kritik entstand bei Weber das Bedürfnis, die religiöse Fundierung des „okzidentalen Rationalismus" umfassend zu erforschen. Mit der Suche nach Trägerschichten kam Weber zu seiner Form der Elitentheorie. Die Theorie der Herrschaft blieb ein Nebenprodukt seines Werkes. Die Herrschaftsorganisation war gleichsam die intervenierende Variable in der Entwicklung von Religionen und Lebensformen. Einige Kritiker haben Webers Herrschaftstheorie als spiritualistisch gedeutet. Etwa der Glaube an das Charisma setze ein religiöses oder magisches Weltbild voraus, und der Glaube an die Heiligkeit der Tradition setze den Glauben an die Heiligkeit bestimmter Normen voraus, auch wenn traditionales Handeln sich mehr und mehr zu Gewohnheitshandeln abschleife. Gegen die neo-idealistische Deutung bei Wolfgang Mommsen wurde geltend gemacht, dass Weber die Geltungsgründe und die sie tragenden Weltbilder durch soziale Schichtung bedingt ansah (Wolfgang Schluchter). Die theoretischen Rekonstruktionsversuche in der gigantischen Baustelle des Denkens, führten entweder zur Annahme einer Gleichrangigkeit der Teilsysteme, die in die Richtung des von Parsons modernisierten Weber weist, der nach dem Krieg aus Amerika den Deutschen angeboten wurde. Dagegen wurde die Hierarchie der Teilordnungen und Wirkungsfaktoren aufrechterhalten, weil die Weltbilder und Ideen letztlich die stärkste Wirkungskraft in Webers Konzeption der Entwicklung entfalteten (Breuer 1991: 22).

Die Geltungsgründe der Herrschaft und die Organisationsformen von Herrschaft (WuG: 548) sind die beiden Säulen von Webers Herrschaftssoziologie. Sie werden getragen von einer Theorie sozialen Handelns mit der Unterscheidung von traditionalem, affektuellem und wert- und zweckrationalem Handeln. Tradition beruht auf der Geltung des immer Gewesenen, Affektion auf der Geltung des neu Offenbarten und Vorbildlichen. Wertrationalität gilt qua Geltung des als gültig Erschlossenen und Satzungsrationalität aufgrund der positiven Satzung. Diese kann vereinbart oder oktroyiert sein (Schluchter 1979: 124). Neben der traditionalen und der charismatischen Form der Herrschaft blieb historisch die Entstehung der rationalen Herrschaft – auch legale oder bürokratische Herrschaft genannt – am stärksten unausgeführt, obwohl Weber sich im Gegensatz zu Durkheim weniger für ethnologisch erforschte Frühkulturen interessierte, und sich ganz auf die Hochkulturen von Europa bis China konzentrierte.

Für eine moderne Theorie der Politik ist vor allem die legale Herrschaft wichtig. Sie bleibt am stärksten instabil (WuG: 16), da sie keine Legitimität und das

Prestige der Vorbildlichkeit für sich mobilisieren kann. Zum Kummer vieler Linker Theoretiker gab es seit Max Weber eigentlich nur noch eine Art subjektiven Legitimitätsglauben, ohne „objektiven Begründungsversuch" (WuG: 19). Die Legalität eines Systems ist an einen „Erzwingungsstab" gebunden. Der Zwang des Gewissens reicht in der modernen Gesellschaft nicht mehr aus.

Der Zusammenhang zwischen den Typen legitimer Herrschaft und den Formen der Ausübung von Herrschaft durch „Eliten" konnte von Weber nicht mehr dargestellt werden. Johannes Winckelmann hat daher versucht, einige Skizzen aus dem Nachlass zu einer Staatssoziologie im Anhang zur Wirtschaft und Gesellschaft unter dem Titel „Die rationale Staatsanstalt und die modernen politischen Parteien und Parlamente" zusammen zu fügen (WuG: 823 ff). Die freie Repräsentation ist für Max Weber als typisches Merkmal der okzidentalen Gesellschaften eine Klammer zwischen der Form rationaler Herrschaft und des ihr zugrundeliegenden Prozesses der Rationalisierung der Lebensweise. Gerade, weil die Herausbildung einer fachlichen Bürokratie unvermeidlich war, ist in modernen Gesellschaften ein freies Repräsentationssystem als Gegengewicht entscheidend. Jede Herrschaft ist durch Verwaltung gekennzeichnet: die traditionale Herrschaft durch „Diener", die charismatische Herrschaft durch Jünger und Gefolgsleute. Rationale Herrschaft ist Herrschaft der Zweckrationalität. Bürokratie ist das Mittel, das Gemeinschaftshandeln in rational geordnetes Gesellschaftshandeln überführt (WuG: 578).

Politisches Handeln findet innerhalb des Rechts statt. Im Gegensatz zu den älteren deutschen Liberalen fehlte bei Weber jedes Pathos zugunsten eines Rechtsstaats. Diese liberale Leitidee des 19. Jahrhundert – nach Bismarcks spöttischem Wort ein „Kunstausdruck", den „Herr von Mohl erfunden hat" – wurde von Weber distanziert betrachtet, weil sie übertriebene Hoffnungen auf Gleichheit und Selbstorganisation beim Volk wecke. Die Entwicklung drängte für Weber zum Rechtspositivismus. An die Stelle des „Rechtsstaats" trat bei Weber der Legalitätsbegriff. Das Recht war für ihn nur ein „technischer Apparat", welcher jeder inhaltlichen Heiligkeit entbehre. Die Normen können paktiert oder oktroyiert, zweckrational oder wertrational orientiert sein (WuG: 125). Rationale Herrschaft ist aber nicht nur die Institutionalisierung der Zweckrationalität, sondern eine Ordnung, welche nicht nur mikrosoziologisch nach einzelnen Handlungen, sondern makrosoziologisch durch die Erforschung der Eigenlogik von Ordnungen untersucht werden muss (Breuer 1991: 194).

Das Recht kann zwar jederzeit geändert werden, aber Weber ist gegen den Vorwurf eines bloßen relativistischen Rechtspositivismus in Schutz genommen worden, da er „innere Schranken der Legitimität" akzeptierte, obwohl er nicht mehr an ein Naturrecht glaubte. Erworbene Rechte beruhten für Weber (WuG: 389) auf der Respektierung eines objektiven Rechts, die der Realisierung anderer materialer Zwecke dienten, „politischen, sittlichen, utilitarischen oder welchen Charakters auch immer". Neue Ordnungen konnte man in Webers Modell einer rationalen Herrschaft nicht nach Belieben schaffen, sondern nur innerhalb der als „legitim geltenden Formen" (WuG: 441). Eine positive Satzung, an deren Legitimität geglaubt werden soll, beruht nicht nur auf formeller sondern auch auf materieller Legalität, wie Schluchter (1979: 162) im Anschluss an eine Definition von Hermann Heller ableitete. Die formelle Rechtsstaatlichkeit ist prozedural und definiert sich durch die Bindung der Gesetzgebung und Verwaltung an die Verfassung und die Respektierung der Gewaltenteilung. Die materielle Rechtsstaatlichkeit basiert auf den Grundprinzipien der Demokratie wie Freiheit und Gleichheit. Sie zielt auf „Gerechtigkeit" und nicht nur auf „Rechtssicherheit". Mit dem Niedergang der alten Naturrechtsvorstellungen schien ein Rechtsnihilismus einher zu gehen. Weber wurde gerade in seiner Rechtsvorstellung häufig als Nietzscheaner definiert (Hennis 1987: 186), weil der Prozess der Rationalisierung Werte unbegründbar und unvermittelbar mache. Der objektive Prozess, der zum Nihilismus zu führen scheint, schlägt jedoch subjektiv in ein trotziges Dennoch um. Werte können vertreten werden, wenn sie auch nur noch aus „der eigenen Brust" geholt werden (GASS: 420). Werte können nicht mehr als objektiv geltend unterstellt werden, aber Wertorientierung ist möglich. Zwischen Werten gibt es einen „tödlichen Kampf" wie zwischen Gott und Teufel (WL: 493). Die Wiederkehr des Polytheismus ist von Weber unterstellt worden. Webers Wissenschaftslehre wies jeden Versuch zurück, mit Hilfe der Wissenschaft eine Rangordnung der Werte zu konstruieren. Auch die gefälligste Synthese war nicht weniger unwissenschaftlich als die krasseste parteiliche Stellungnahme. Nur auf der pragmatischen Ebene der Empirie müssen Kompromisse gefunden werden, wenn Politik nicht zum Tummelplatz für fundamentalistische Gesinnungsethiker werden soll. Das wissenschaftstheoretische Kredo der Wertfreiheit wurde bei Weber zur Brücke, die einen relativ elitären Denker innerlich zur parlamentarischen Demokratie führte. Nur im parlamentarischen System kann es zum Kompromiss in der Auseinandersetzung der Positionen kommen. Die Rationalität der rationalen Herrschaft lag für Weber in der Auswahl aus verschiedenen kontingent gewordenen Werten. Luhmann hat in seiner Rechtssoziologie diesen Weberschen Gedanken noch zugespitzt.

Die Grundlage der rationalen Herrschaft ist weniger emotional abgestützt als bei der traditionalen und der charismatischen Herrschaft. Carl Schmitt, der später Legalität und Legitimität noch strikter schied, hat die Legalität als Legitimität nur dann anerkannt, wenn sie sich mit einem wirklich vorhandenen politischen Willen verbände. Dieser wird durch charismatische Führung zum Vorschein gebracht. Weber war in diesem Punkt nicht so weit entfernt von Schmitt. Sein früher Tod hat es ermöglicht, dass er durch die politischen Ereignisse nicht noch näher an Schmitts Position heranrückte.

Webers Herrschaftssoziologie ist vor allem in der angelsächsischen Kritik (Merquior 1980: 132, Beetham 1974) als „allzu herrscher-zentriert" eingestuft worden, weil Weber (WuG: 123) sich in erster Linie für die Beziehung zwischen den Herrschern und ihren Verwaltungsstäben interessierte. Die Massen passen sich in der Regel an, nicht zuletzt durch die Gewohnheit ihrer materiellen Interessenlage (WuG: 122). Nur in außergewöhnlichen Situationen treten die Massen als Akteure auf, wenn charismatische Führer sie mobilisieren. Es gab für Weber trotz fortschreitender Rationalisierung und Bürokratisierung durchaus Spannungen zwischen der rationalen Herrschaft und der Form des Verwaltungsstabes. Immer wieder kann die Macht der Bürokratie in vorrationale Muster umschlagen, bei der traditionale und vorrationale Muster sich in die Rekrutierung und die Machtausübung einschleichen (z. B. personale, klientelistische Beziehungen, von Weber an der „Couleur" von studentischen Verbindungen exemplifiziert (WuG: 572, 128). Die Entwicklung des Bürokratisierungsprozesses wird nicht mehr als Einbahnstraße konzipiert: die Vision vom „Gehäuse der Hörigkeit" weckt soziale Gegenkräfte, welche die Entwicklung verändern können. Aber in gewisser Hinsicht bleibt Weber bei dem Glauben an die Steuerungsfähigkeit des Staates. Er hat Gemeinschaftsideologien und holistische Gesellschaftsvorstellungen entzaubert – noch nicht hingegen den Staat schlechthin.

Webers politische Schriften

Soziologen haben Webers Herrschaftssoziologie häufig losgelöst von den aktuellen politischen Schriften gesehen (Bendix, Roth). Historiker und Politikwissenschaftler hingegen betonten den engen Zusammenhang beider Werkgruppen. Die Suche nach den Führungsschichten und ihren Lebensweisen und Ideen hat die historisch-soziologischen und die aktuell-politischen Beiträge von Anfang an innerlich verbunden.

Politische Führung war das Zauberwort, das einer einseitigen Depravation entgegenwirken konnte. Einerseits war der Blick auf den modernen politischen Unternehmer, andererseits auf den Bürokraten gerichtet. Im Bereich der Parteien tauchte noch ein weiteres Machtzentrum auf, der Caucus, den vor allem Ostrogorski in seiner Parteienlehre anhand amerikanischer und britischer Beispiele herausgestellt hatte. Weber hat keinen „Idealtyp" einer Elite oder „politischen Klasse" gebildet, wie die italienischen Theoretiker seiner Zeit. Mit der Ablösung der alten Honoratiorenorganisation entwickelte sich für Weber ein neuer Typ (Pol.: 522), die er als „Berufspolitikerschicht" bezeichnete. Die Eigenart des Deutschen, drei Substantive zu einem Begriff verschmelzen zu können, war freilich in andere Sprachen schwer übertragbar. So hat Webers Begriff international weniger Karriere gemacht als Paretos Terminus „Elite". Dabei hätte die Ersetzung des angreifbaren Klassenbegriffs im Wort „politische Klasse" bei Mosca durchaus attraktiv sein können. Da Weber weder der Bürokratie noch dem Kapitalismus mit den gleichen Vorurteilen begegnete, wie viele seiner Zeitgenossen in Italien, war für ihn selbst die ältere Parteiorganisation – „halb Honoratiorenwirtschaft, halb bereits Angestellten- und Unternehmerbetrieb" weniger anrüchig als für Mosca oder Ostrogorski. Weber hatte mehr Verständnis für die Entwicklung hin zur „Politik als Beruf", in der die Politiker nicht nur „für die Politik" sondern auch „von der Politik" lebten. In dieser Schrift (MWG I, 17: 205) setzte er sich mit Ostrogorski und Michels – zum Teil ohne Namensnennung – auseinander. Weber sah die Ausbreitung von äquivalenten bürokratischen Strukturen in den verschiedenen Subsystemen, die sich zunehmend ausdifferenzierten. Bürokratie gab es auch in der Wirtschaft oder in den Kirchen. Bei Pareto wurde die Plutokratie denunziert, und vor allem dann für negativ angesehen, wenn sie sich mit der Demokratisierung des Systems zu „Demoplutokratie" entwickelte. Weber sah hingegen, dass plutokratische Leitung bedeutete, dass die „politisch herrschende Schicht" – hier kam er der „classe dirigente" am terminologisch am nächsten – nicht auch von der Politik zu leben trachtete. Aber selbst in Amerika waren für ihn die wirtschaftlichen und die politischen Bosse keine einheitliche Schicht. Weber (Pol: 505) übersah nicht, dass das archaische Beutesystem in Amerika zunehmend von Bürokraten und geschulten „leitenden Politikern" abgelöst wurde.

Ließ Max Weber mit seinen manchmal altväterlich anmutenden Komposita-Begriffen eine zündende Formel wie Elite oder politische Klasse vermissen, so war seine Analyse doch ungleich differenzierter als die der Elitentheoretiker. Er hat vor allem klarer als andere den Faktor der Parteiorganisation in die Analyse mit einbezogen.

Schärfer als Weber sah sein Schüler *Robert Michels* (1876–1936) das Problem der aufstiegswilligen Intellektuellen, die in immer größerer Zahl an die „Staatskrippe" drängten. Der Staat musste daher nach Michels' Ansicht die Schleusen der bürokratischen Kanäle weiter öffnen, um „Tausende von Postulanten unterzubringen und gefährliche Gegner in eifrige Beschützer und Verteidiger zu verwandeln". Nach Michels (1989: 161) entstanden so zwei Klassen von Intellektuellen. Die Ingroup findet in der Bürokratie ihr Auskommen. Die andere Gruppe „belagert die Festung, ohne in sie einzudringen". Das Bild hat Michels dem italienischen Massenpsychologen Scipio Sighele entliehen. Es ist kaum ein Zufall, dass Michels in der Kritik der Parteibürokratie sich nicht auf Max Weber, sondern auf dessen impulsiven Bruder Alfred Weber berief, der auf dem Wiener Kongress des „Vereins für Socialpolitik" 1909 einseitig die Freiheitsverluste herausstrich, welche durch die Bürokratisierung entstanden seien. „Gesinnungslumperei" war das Schimpfwort, das Michels fand. Es klang nach einer negativen normativen Bewertung, die Weber in seiner Bürokratie-Analyse gerade zu vermeiden suchte. Max

Webers Terminus „Anstaltsbetrieb" ließ eine weit neutralere Bewertung der Bürokratisierungstendenzen in den modernen Parteien zu. Michels' Hass auf die SPD, die seine Karrierewünsche enttäuscht hatte und ihm eine Kandidatur verweigerte, war zu groß, als dass er hätte erkennen können, dass die SPD als die damals vielleicht bestorganisierte Partei der Welt nur die negative Seite eines unvermeidlichen Trends früher zeigte als andere Massenparteien. Max Weber (Pol: 530) sah die SPD von „Beamteninstinkten" beherrscht. Michels (1989: 161 ff) hatte genug von Max Weber gelernt, um die Bedeutung der Bürokratie nicht zu unterschätzen. Er widmete dem „Bürokratismus und Zentralismus im Parteiwesen" ein ganzes Kapitel. Dabei wurde immerhin die Notwendigkeit von einem gewissen Grad von Bürokratie für eine moderne Parteiregierung auch von Michels akzeptiert.

Max Weber trat in seinen politischen Schriften für das allgemeine Wahlrecht und die Parlamentarische Regierung ein. Für beide Elemente einer modernen Demokratie hatte er jedoch ein paar Sonderwünsche anzumelden, die sich aus der deutschen Entwicklung ergaben. Er war nicht aus dogmatischen Gründen für ein allgemeines Wahlrecht qua universalem Bürgerrecht. Das allgemeine Männerwahlrecht von 1871 hielt er zunächst für ein „Danaergeschenk des Bismarckschen Cäsarismus". Auch Russland 1906 schien ihm nicht reif für ein allgemeines Wahlrecht zu sein, das die Liberalen überwiegend aus grundsätzlichen Erwägungen forderten.

Die Demokratisierung hat Weber vor allem für unerlässlich gehalten, um den modernen Nationalstaat seine Rolle mit Unterstützung des Volkes spielen zu lassen. Die linke Kritik (z. B. Lukács 1955: 478 ff) unterstellte daher gern, dass die Demokratie für Weber nur eine geduldete Form für den imperialistischen Staat darstelle.

Als das Reich militärisch zusammenbrach, reagierte Weber mit einem trotzigen Nationalismus. Vielzitiert war die Andeutung, dass er sich „mit dem leibhaftigen Teufel verbinden" würde, um Deutschland in seiner alten Herrlichkeit wieder auferstehen zu lassen (zit. Mommsen 1974: 345). Im Gegensatz zu Hugo Preuß trat Weber nicht für die Auflösung Preußens ein, weil er die Widerstände gegen einen solchen Schritt realistisch einschätzte. In der Verfassungsdebatte von 1919 erinnerte seine Position an die Tocquevilles im Jahre 1848. Weber war – wie Tocqueville – eine Weile für das präsidentielle System der USA. Ebert hat er in diesem Sinn belehrt (Mommsen 1974: 398). Wie 1848 kam schließlich ein Hybride zwischen Präsidentialismus und Parlamentarismus heraus. Das semipräsidentielle System hat jedoch die Hoffnung auf Effizienz und Flexibilität weder bei Tocqueville noch bei Weber erfüllt.

Trotz der Abneigung gegen die Massendemokratie, die Weber mit vielen Liberalen seiner Zeit von Mosca und Croce bis zu Ortega y Gasset teilte, hat er mit dem Konzept der „Führerdemokratie" die Flucht nach vorn angetreten. Institutionelle

Voraussetzung für sie war die parlamentarische Regierung. Als Gegengewicht gegen die Bürokratie sollte die politische Führung von Berufspolitikern durch die Parlamentarisierung des Systems gestärkt werden. Da das allgemeine Männerwahlrecht schon 1867 im Norddeutschen Bund gewährt worden war, schien die Parlamentarisierung für Weber die notwendige Weiterentwicklung des Systems. So wurde Weber im Kaiserreich neben Friedrich Naumann und Hugo Preuß zum prominentesten Fürsprecher der parlamentarischen Regierung. In einer Besprechung einer Kaufmannschen Schrift in der „Frankfurter Zeitung" vom 28. Oktober 1917 setzte er sich kritisch mit dessen Thesen auseinander. Er wies auf die verhängnisvollen Folgen der Inkompatibilität in Deutschland hin und zeigte am Beispiel des Zentrumsabgeordneten Spahn und des nationalliberalen Politikers Eugen Schiffer, wie deutsche Parlamentarier durch die Übernahme eines Regierungspostens an politischem Einfluss verloren (Pol: 229). Weber bestritt die Behauptung, dass die Beseitigung der Inkompatibilitätsschranke eine einseitige Ausweitung der Macht des Reichstages zu Folge haben würde. Zu recht sah er darin ebenso sehr eine Stärkung des legitimen Einflusses der politischen Führung auf das Parlament. Weber verachtete den „feilen Sport der Literaten", eine Lanze gegen den Parlamentarismus zu brechen (Pol: 294 f.).

Weber bejahte den Parlamentarismus, weil er von ihm eine verbesserte Führungsauslese im Vergleich zu dem persönlichen Regiment und der kontrollfreien Beamtenschaft erwartete. Außerdem versprach er sich von der parlamentarischen Regierung eine Stärkung des Föderalismus, der ihm unter dem Einfluss süddeutscher Liberaler zum Anliegen geworden war (Pol: 356, 370, 408). Er sah in der Parlamentarisierung ein Mittel, den Einfluss der Mittelstaaten in vorbereitenden Ausschüssen unter obligatorischer Vertretung der Mittelstaaten zu stärken.

Weber war gleichwohl nicht unkritisch gegenüber den übertriebenen Hoffnungen, die manche auf das parlamentarische System setzten. Er war zu sehr Soziologe, um sich alles Heil von einer kleinen Änderung der Verfassungsnormen zu versprechen. Er machte sogar Vorbehalte gegen eine völlige Parlamentarisierung der Reichsverfassung geltend, da selbst er befürchtete, das Gleichgewicht der Macht werde sich allzu einseitig zugunsten des Reichstages verschieben. Weber ließ daher die Verantwortlichkeit des Kanzlers in der Schwebe, weil der Kaiser sich eher dazu bereitfinden werde, die Führer der Reichstagsparteien zu Staatssekretären und zu preußischen Bundesratsbevollmächtigten zu ernennen, als die Bindung des Kanzlers an ein Votum des Reichstages zu akzeptieren. Mit Recht bezweifelte Weber, dass ein Verfassungsparagraph, welcher etwa die Berufung und Entlassung des Reichskanzlers an en Parlamentsvotum knüpfen würde, plötzlich „Führer aus der Erde stampfen würde, deren jahrzehntelange Ausschaltung aus dem Parlament durch dessen Machtlosigkeit bedingt war" (Pol: 430). Weber war gleichfalls skeptisch gegen die „liberale Lieblingsidee" eines kollegialischen

Reichsministeriums. „Politischer Leiter des Reiches wird der Reichskanzler auch künftig bleiben und seine zentrale Stellung im ganzen Zusammenspiel der politischen Kräfte beibehalten" (Pol: 422). Nicht zu Unrecht sah er, dass für ein „eigentlich kollegiales Reichsministerium … wenn die Parlamentarisierung voll durchgeführt wird" kein Platz ist. Während er seine Gedanken zur Führungsauslese später stärker auf das Amt des Reichspräsidenten konzentrierte – und darin sogar einen verhängnisvollen Einfluss auf Hugo Preuß ausgeübt zu haben scheint –, führte die monarchische Verfassung und seine Abneigung gegen Kaiser Wilhelm ihn weit mehr zu dem Gedanken einer Stärkung des Regierungschefs, und er erklärte: „Es ist doch kein Zufall, dass in parlamentarischen Staaten überall die Entwicklung auf eine Steigerung der Stellung des Kabinettschefs hinausläuft" (Pol: 423). Er ließ sich in dem historischen Hass der Liberalen gegen das „Großvezirat" des Kanzlers nicht dazu verleiten, das reine Kollegialprinzip für einen Weg zu größerer parlamentarischer Freiheit zu halten. Sein Vorbild war offensichtlich das britische Premierministersystem, nicht die Struktur eines französischen Kabinetts mit der wenig einflussreichen Rolle des „président du conseil".

Einen Letzen Beweis dafür, dass auch Weber nur eine partielle Parlamentarisierung wünschte, erbrachte seine Ablehnung des Misstrauensvotums. Er hielt es nicht für richtig, den politischen Reifegrad einer Nation zu messen an „Mißtrauensvoten, Ministeranklagen und solchen Spektakelstücken des französisch-italienischen unorganisierten Parlamentarismus, sondern darin: dass eine Nation über die Art der Führung ihrer Geschäfte durch das Beamtentum orientiert ist, sie fortlaufend kontrolliert und beeinflußt" (Pol: 341). Schon seine Ablehnung des französischen Kabinettsaufbaues läßt vermuten, dass Webers Gedanken der Redslobschen Scheidung von echtem und unechtem Parlamentarismus verwandt waren. Ein solcher Satz liefert geradezu den Beweis, dass auch Weber nicht frei von der schwächeren Variante der Ideologie des „deutschen Weges" war. Diese Variante basierte von Meinecke und Weber bis zu den Vätern des Grundgesetzes auf einer übertriebenen Abneigung gegen Misstrauensvoten. Der „deutsche Parlamentarismus", den Weber zu propagieren begann, war ein Parlamentarismus ohne Misstrauensvoten. Diese Eigenart des Weberschen Verfassungsdenkens war freilich keine bewusste Herausstreichung eines „deutschen Weges". Von den „deutschen Philistern", die glaubten, auf den westlichen Parlamentarismus herabschauen zu können und deutsche Verfassungseinrichtungen für überlegen hielten, sprach er immer nur mit äußerster Geringschätzung. Die Ideologie des „deutschen Konstitutionalismus" war ihm suspekt, „ganz abgesehen davon, dass weder der Parlamentarismus der deutschen Geschichte fremd, noch irgendeines der ihm entgegengesetzten Systeme nur Deutschland eigen gewesen ist" (Pol: 297). Klarer als die Dogmatiker des Parlamentarismus oder des Konstitutionalismus sah Weber, dass die Übernahme der angeblich „ausländischen Formen" des Parlamentarismus in

Deutschland ein durch aus eigenartiges politisches System hervorbringen würde, das sich nicht mit dem System irgendeines anderen Landes ohne weiteres identifizieren ließ. Die Details der Ausgestaltung des parlamentarischen Systems zum Gegenstand „der Eitelkeit der Nation" zu machen, schien Weber nicht „sachliche Politik", sondern „Literatenpolitik" (Pol: 297).

Der Kreis zu den methodologischen Frühschriften begann sich zu schließen. Weber hat seine Ansichten zum Parlamentarismus mit der „Erfahrung von Jahrzehnten" begründet. Zur Stützung des Gewichts seiner Einlassungen betonte er seine Unabhängigkeit, da er keinerlei Beziehungen zu deutschen Staatsmännern habe. „Staatstechnische Veränderungen" machten an sich eine Nation nicht glücklich, räumte Weber ein. Angesichts der strukturellen Führungsschwäche Deutschlands aber wurde die Verfassungspolitik vorübergehend für ihn zum wichtigsten Desiderat, die man unter Ausschaltung aller „inhaltlichen Kulturprobleme" nüchtern durchdenken müsse. „Nüchtern" war ein Lieblingswort Webers – genauso wie „Leidenschaft". Beide Begriffe waren nicht lückenlos vereinbar. Seine Leidenschaft hat ihm die Realpolitiker oft entfremdet, und doch hat er gegen die Idealisten immer wieder auch verantwortungsethische Nüchternheit bewiesen. Diese Kombination gab seinen politischen Gelegenheitsschriften die einmalige Faszinationskraft, die nicht verloren ging, als die Anlässe, aus denen sie geschrieben wurden, längst überholt waren. Die Weber-Exegese streitet in Wellen weiter, ob der okzidentale Rationalist und Künder der unausweichlichen Bürokratisierung oder der leidenschaftliche Politiker den „eigentlichen Weber" ausmachen. Der Reiz seines Werkes liegt darin, dass er beides ist.

Quellen

Weber: Max Weber Gesamtausgabe. (zit. MWG) (Hrsg.: H. Baier, M. R. Lepsius, W. J. Mommsen) 41 Bde. Tübingen, Mohr, 1984 ff.

Weber: Max Weber Gesammelte Aufsätze. Tübingen Mohr, 1988, 7 Bde.

Weber: Wirtschaft und Gesellschaft. Tübingen, Mohr, 1956 2 Halbbände, 4. Aufl. (Zit. WuG).

Weber: Gesammelte Aufsätze zur Wissenschaftslehre. Tübingen, Mohr, 1951, 2. Aufl. (zit. Wiss.).

Weber: Gesammelte politische Schriften. Tübingen, Mohr, 1958, 2. Aufl., 1971, 3. Aufl. (zit. Pol.).

Weber: Wissenschaft als Beruf, Politik als Beruf. Tübingen, Mohr, Max Weber Gesamtausgabe Bd.17, 1992.

Weber: Gesammelte Aufsätze zur Religionssoziologie. Bd.1, Tübingen, Mohr, 1988, 9. Aufl. (zit.: Rel.)..

Weber: Gesammelte Aufsätze zur Soziologie und Sozialpolitik. Tübingen, Mohr, 1988, 2. Aufl.(zit. GASS).

Literatur

K.-L. Ay/K. Borchardt: Das Faszinosum Max Weber. Die Geschichte seiner Geltung. Konstanz, UVK, 2006.

D. Beetham: Max Weber and the Theory of Modern Politics. London, Allen & Unwin, 1974.

St. Breuer: Max Webers Herrschaftssoziologie. Frankfurt, Campus, 1991.

G. Eisermann: Max Weber und Vilfredo Pareto. Tübingen, Mohr, 1989.

M. Fügen: Max Weber mit Selbstzeugnissen und Bilddokumenten. Reinbek, Rowohlt, 2000.

V. Heins: Max Weber zur Einführung. Hamburg, Junius, 2010, 4. Aufl.

W. Hennis: Max Webers Fragestellung. Tübingen, Mohr, 1987.

D. Henrich: Die Einheit der Wissenschaftslehre Max Webers. Tübingen, Mohr, 1952.

D. Kaesler: Max Weber. München, Beck, 2011.

V. Kruse/U. Bartelmeyer: Max Weber. Eine Einführung. Stuttgart, UVK-UTB, 2012.

K. Lichtblau: Max Webers Grundbegriffe. Wiesbaden, VS Verlag für Sozialwissenschaften, 2006.

K. Loewenstein: Max Webers staatspolitische Auffassungen in der Sicht unserer Zeit. Frankfurt, Athenäum, 1965.

J. G. Merquior: Rousseau and Weber. Two Studies in the Theory of Legitimacy. London, Routledge & Paul , 1980.

W. J. Mommsen: Max Weber und die deutsche Politik. 1890–1920. Tübingen, Mohr, 1974, 2. Aufl.

H. P. Müller: Max Weber. Köln, Böhlau, 2007.

J. Radkau: Max Weber. Leidenschaft des Denkens. München, Hanser, 2005.

A. von Schelting: Max Webers Wissenschaftslehre. Tübingen, Mohr, 1934.

W. Schluchter: Die Entwicklung des okzidentalen Rationalismus. Tübingen, Mohr 1979.

W. Schluchter: Individualismus, Verantwortungsethik und Vielfalt. Göttingen, Velbrück 2000.

W. Schluchter: Die Entzauberung der Welt. Sechs Studien zu Max Weber. Tübingen, Mohr, 2009.

M. Sukale: Max Weber. Leidenschaft und Disziplin. Leben, Werk, Zeitgenossen. Tübingen, Mohr, 2002.

F. H. Tenbruck: Das Werk Max Webers. KZfSS 1975: 663–702.

J. Weiss (Hrsg.): Max Weber heute. Frankfurt, Suhrkamp, 1989.

M. Zängle: Max Webers Staatstheorie im Kontext seines Werkes. Berlin, Duncker & Humblot, 1988.

Der Altliberalismus in der Krisenzeit des Totalitarismus: Karl Jaspers (1883–1969)

In der ersten Phase der Zeitkritik stand Jaspers in der Tradition einer Kulturkritik von Nietzsche bis zu Ortega y Gasset, die Vermassung, Verflachung und Vereinzelung der Menschen geißelte. Nur gelegentlich hat vor allem die Kritik an der Masse von LeBon bis Riesman sich fachwissenschaftlich geriert. Das Abstraktionsniveau blieb hinreichend hoch, daß die Fachwissenschaften sich noch kaum zur Stellungnahme herausgefordert fühlten. Sie waren auch noch nicht genügend spezialistisch konsolidiert, um ihre Rechte gegen die Generalisten zu verteidigen, weil sie selbst noch von Generalisten beherrscht waren.

Kulturkritik

Jaspers war im Ersten Weltkrieg und danach ein unpolitischer Mensch. Rührend, wie Jaspers, der den Krieg verabscheute, sich an die lärmende Kriegerrhetorik der Zeit hielt, die ihm fremd war. Er hatte nach eigenem Zeugnis eine Scheu, von politischen Dingen zu sprechen, weil er kein Soldat gewesen war. Er glaubte, daß ihm daher die Legitimation zum politischen Räsonnement fehle, bis er das „politische Versagen des Soldatischen" erkannte (PhA: 71). Erst 1914 kam er durch den Einfluss Max Webers zu einer politischen Perspektive durch den nationalen Gedanken, der ihm bis dahin fremd gewesen ist (PhA: 66).

Angesichts des rein reaktiven Verhältnisses zur Politik konnte der Gedanke aufkommen, daß die politischen Exkurse in seinem Werk immer nur aufgesetzt waren. Dennoch ist die anscheinend lose Verbindung tiefer als man meint. Das verbindende Band ist die Geschichte. Auch andere Länder hatten Denker, die von der Geschichte her die Diagnose der Zeit versuchten, wie Toynbee und Croce. Aber gerade im angelsächsischen Bereich blieben solche Versuche marginal. Deutschland hatte sicher die stärkste Tradition im historisch-politischen Denken auf hoher Abstraktionsstufe, und Heidelberg war von Hegel bis zu den Brüdern Weber ein Zentrum dieses denkerischen Ansatzes gewesen. Im „politischen Klub" von Heidelberger Professoren hat Jaspers zwischen 1915 und 1923 seine unorthodoxen politischen Ansichten unter Tolerierung, aber ohne Zustimmung der Kollegen gelegentlich vertreten (PhA: 70).

Öffentlich begann er nach eigener Aussage durch einen Anstoß von außen über Politik zu reden, als ihm die Aufgabe gestellt wurde, das tausendste Göschen-Bändchen zu schreiben. Die Aufgabe klang politischer als in dem Titel, den Jaspers wählte: „Die geistigen Bewegungen der Gegenwart". Er änderte das Thema in: „Die geistige Situation der Zeit". Das Thema reizte ihn, weil er nun die künftige

Zweigleisigkeit seines Werkes anlegen konnte. Er konnte über das Politische sprechen und diese Aspekte aus seinem Werk „Philosophie" herausnehmen, was dem
großen Werk nur zuträglich sein konnte. Im Gegensatz zur Zeit nach dem Zweiten Weltkrieg konnte er damals den Drang, sich politisch zu äußern, noch zügeln.
Er ließ die Schrift liegen, obwohl der erste große Wahlsieg der Nationalsozialisten
1930 nach einer Äußerung drängte, um sie etwa gleichzeitig mit der Philosophie
erscheinen zu lassen. Der Außenseiter des Faches hat damals mit Recht noch ge-
fürchtet, man könne sein Werk zu stark von der außerfachlichen Perspektive her
beurteilen. Solche Rücksichten entfielen nach 1945. Der Außenseiter war zum Exponenten des anderen unbelasteten Deutschland geworden. Die Zudringlichkeit
der Alliierten, der unbelasteten Kollegen und der Medien hätten ein Schweigen
zum Politischen nach 1945 gar nicht ermöglicht.

Gelegentlich ist Jaspers mit der Schrift von 1931 in die Nähe der konservativen
Revolution gerückt, und von seinen Bewunderern gegen diesen Vorwurf wieder in
Schutz genommen worden. Kann man aber seine Absetzung von Heideggers Begriff der „Entschlossenheit" als zu unbedingt, zu blind, zu verzweifelt (NH: 30, 40,
151, 172) als Distanzierung anerkennen? Wer nur Zitate in der „Geistigen Situation
der Zeit" sucht, wird den Unterschied kaum wahrnehmen. Da wird der Mensch,
wo er „in einer Sache ganz er selbst ist" auf das „Entweder-Oder" verwiesen. Kompromisse werden abgelehnt, sie gehören in die Sphäre der Gruppen, Organisationen und Parteien, die sich gegenseitig einschränken und damit die Entscheidung
und Führung gerade unmöglich machen (GSZ: 76 f). Der „heroische Nihilismus"
der konservativen Revolution ist bei Jaspers gemildert, weil er den abendländi-
schen Werten, die in der Achsenzeit geboren worden sind, nicht mit zynischer
Verachtung gegenübertrat (vgl. Stäblein 1989: 126 f), auch wenn er „weichliche Humanität" geißelte, die in blutleeren Idealen das „Elendste und Zufälligste" recht-
fertigt (GSZ: 82). Aber die Verzweiflung des möglichen Scheiterns teilte er mit den
Denkern der konservativen Revolution.

Jaspers dachte weniger heroisch, aber das „Scheitern" war auch bei ihm als
Möglichkeit angelegt. Sein Ausweg war letztlich ein individueller: „Selbstsein beginnt mit der Betroffenheit vom Wirklichen und Möglichen". Klärung im Wissen
des Möglichen wird als Stufe vor der Reife zur Mitwirkung in einer Situation vor-
geschaltet (GSZ: 94 f), und damit sichergestellt, daß es zu keiner kollektiven Bemühung kommt.

Diese Resignation wurde erst nach 1945 partiell gemindert. Resignativ war 1931
auch die Rolle der Zeitkritik, die noch nicht Kritik der konkreten Politik zu sein
wagte: Kritik bekam die Aufgabe abzustecken, „was werden könnte. Aber sie vermag nicht zu schaffen". Eine nicht näher angegebene Zeit der Vergangenheit hatte
für ihn die Kritik als „positive Lebensmacht" gekannt. „Heute", 1931, schien sie
ihm „in die Zerstreutheit gegangen und zerfallen" (GSZ: 82). Normen kann die

Kritik nicht mehr vermitteln, sie kann nur sagen was ist, wenn sie sich nicht in der „Bodenlosigkeit des Beliebigen" verlieren will (GSZ: 83).

Moralkritik

Die Zeitkritik von 1931 wurde erst nach 1945 zur Politikkritik. Sternberger (1963: 134) erinnerte sich: „Die Diktatur hat uns alle verwandelt. Ein anderer Jaspers trat aus der Verborgenheit der Unterdrückung hervor". Im Wintersemester 1945/46 wandte sich Jaspers in der ersten großen Nachkriegsvorlesung dem alten Thema der „Geistigen Situation der Zeit" zu – diesmal in einem besetzten und durch die NS-Greuel entehrten Land. Die Schuldfrage wurde zum Einstieg in eine politische Publizistik, in der er noch politische Ethik und Systemkritik scheiden konnte. Noch war vom System wenig zu sehen, obwohl er nicht müde wurde, die oktroyierten Verfassungen und das Politik-Spielen von den Gnaden der Alliierten zu kritisieren, ebenso wie die hemmungslose Anbiederung der Deutschen an die Amerikaner, die verhinderte, was er erstrebte: Umkehr und Läuterung.

Jaspers war nach 1945 eine Autorität, die vielfach zur politischen Stellungnahme gedrängt wurde. Manchmal war es ihm sogar lästig, daß ihm ständig die Rolle des großen Zeitinterpreten aufgezwungen wurde. Die Amerikaner sahen in ihm die größte Autorität, obwohl Jaspers Denken in Amerika auf viel Unverständnis gestoßen war. Nach 1945 wurde das besser – nicht zuletzt dank der unaufhörlichen Bemühungen von Hannah Arendt, ihren Meister in Amerika zu popularisieren.

Alfred Weber, der ähnlich wie Jaspers unbelastet war, überwarf sich bald mit Jaspers wegen seiner nationalen Gesinnung. Weber zeigte sich als „nationaler Mann, wie man das so harmlos nennt". Dennoch war Alfred Weber kein genereller Gegner (SUW: 176). Er gehörte zu den Unterzeichnern einer Verteidigungsresolution für Jaspers, mit dem Heidelberger Kollegen den scharfen Angriffen von Ernst Robert Curtius gegen die Jaspers'sche Goethe-Rede von 1947 zur Ehrenrettung des Philosophen entgegentraten. Obwohl Jaspers das später anders sah, gab es doch eine minimale Solidarität der Antinazis unter den Heidelberger Professoren nach 1945. Diese Gruppe, die erste Initiativen zur Neugründung der Universität ergriff, hat in Jaspers mehr als einen primus inter pares gesehen.

Äußere und innere Gründe ermöglichten die Entwicklung von Karl Jaspers zur größten Autorität in der Suche nach einer neuen Identität des deutschen Geistes. Seine Philosophie bot sich für eine solche Position an. Gegen Absolutheitsansprüche der Philosophie und des Szientismus, den er in seiner Suche nach Selbstvergewisserung als eine neue Form des Totalitarismus erkannte, gegen „gnostisches Scheinwissen" wie gegen „agnostisches Schein-Nichtwissen" (Wisser 1967: 32) setzte er sein „handelndes Denken". Von Radikalen wurde es gern als „Ersatzhandeln" verunglimpft. Dieses Denken war die typische Haltung der inneren Emigration. Jaspers spielte sich nicht als Held auf (RuA: 324). Er hat sich nicht angebiedert, und hatte dem Druck der Nazis, sich von seiner jüdischen Frau zu trennen, nicht nachgegeben. Aber er war kein aktiver Widerständler gewesen. Als Hannah Arendt die Widerständler allzu revolutionär-aktivistisch definieren wollte, hat Jaspers dem widersprochen. Über Nazi-Mitläufer wie den Heidelberger Bürgermeister Neinhaus konnte er abschätzig sprechen, aber er hat auch mit weniger Belasteten nach dem Krieg kooperiert und Freundschaften gepflegt wie mit Bauer und Ernst. Um Heidegger hat der sonst so kühle Jaspers 1948 geradezu geworben, wenn er bekannte, wie sehr er auf einen Brief von ihm gewartet habe, der ihm das Unfassbare – seine Anbiederung an die Nazis 1933 – erklärte (H/J: 166 f).

In seiner Enttäuschung über die mangelnde Umkehrbereitschaft der Eliten, begann er sich an „die Massen" zu wenden. Aber sie blieben ihm fremd. Der „norddeutsche Eisblock", als den er sich selbst einmal bezeichnete, hatte kein Massenappeal. Alfred Weber setzte seine Hoffnung auf die Studenten. Von ihnen ist bei Jaspers erstaunlich wenig die Rede. Nach eigenem Bekunden fühlte er sich unter ihnen „als Fremder" (A/J: 282; PhA: 54 f). Sein Verhältnis zu dem altmodischen Begriff „Masse" hat sich nach 1945 gewandelt, obwohl auch die Eliten seinem Ideal der „Kameradschaft selbstseiender Menschen" nicht gerecht wurden (GSZ: 57 ff). Elitäre Töne klangen nach Enttäuschungen wieder an: „Die Massen müssen mir gleichgültig werden. Ohnehin kann bei uns alles Wesentliche nur ausgehen von Einzelnen und kleinen Gruppen. Das Chaos wächst." (A/J: 95). Die Briefe an seine Schülerin Hannah Arendt waren voll von Klagen über die „zunehmende Feindseligkeit der Masse". Hannah Arendt verstärkte sie als Echo mit Anklagen über die „Verstocktheit" der Deutschen (A/J: 101). Dennoch blieb auch in den autobiographischen Schriften eine Sehnsucht in ihm, „gleichsam als Mann auf der Straße mit dem Mann von der Straße zu sprechen".

Pseudopolitik und Überpolitik wurde bei ihm begrifflich nicht hinreichend geklärt. Trotz mancher Ähnlichkeit im Ausdruck zu den Schriften der Weimarer Zeit, vollzog sich jedoch ein Wandel. Die Verherrlichung der Führung wurde gemildert. Der demokratische Führer als „vernünftiger Staatsmann" sollte überzeugen, nicht befehlen. Er spricht als Bürger, nicht als charismatischer Abgott (AZM: 48). Aber eine Neigung zum Philosophenkönig blieb erhalten. Der vernünftige Staatsmann sollte vor allem als Erzieher wirken. Ein paternalistischer Zug seiner Demokratiekonzeption ging trotz der Betonung der plebiszitären Komponente nicht verloren. Von Max Weber bis zu Carl Schmitt gab es geistige Verwandtschaften in der Weimarer Zeit. Carl Schmitt überhöhte das Politische – Jaspers hingegen das Überpolitische als sittliche Idee und Opfermut, und wurde vielfach unpolitisch. Gegenüber dem Politischen war Jaspers immer rasch mit dem Vorwurf der „Pseudopolitik" zur Hand.

Die Verdrängungsmechanismen wirkten in einem großen Teil der Nachkriegs-literatur in der Dämonisierung des Nationalsozialismus. Selbst in den Totalitaris-musmodellen schien das Individuum keine Chance mehr gehabt zu haben, Wi-derstand zu leisten. Jaspers hingegen betonte die individuelle Freiheit und Schuld. In der Kollektivschuldfrage nahm Jaspers einen differenzierten Standpunkt ein, etwa gegen die Thesen der norwegischen Schriftstellerin Sigrid Undset. Er unter-schied eine kriminelle Schuld, die durch deutsche und alliierte Gerichte abzuur-teilen sei. Daneben gab es für ihn eine politische, eine moralische und eine me-taphysische Schuld, an der alle deutschen Staatsbürger teilhatten, wenn auch in unterschiedlichem Maße. Die politische Schuld lag darin, daß die Kooperation der Mehrheit das Funktionieren des NS-Staates erst möglich gemacht hat.

Die politische Schuld führte nach Ansicht Jaspers zur materiellen Wieder-gutmachungspflicht durch Reparationen. Die moralische und metaphysische Schuld – ihr Unterschied wird nicht hinreichend deutlich – ließen sich nicht durch Strafen und Wiedergutmachungsverträge tilgen.

Instanz für die Selbstprüfung aus moralischer Schuld war für Jaspers das Ge-wissen. Die metaphysische Schuld schien ebenso Sache des Einzelnen. Reichlich geschraubt klingt die Frucht solcher Selbstprüfung des Einzelnen: „Was daraus er-wächst, das muß die wesentliche Grundlage dessen schaffen, was in Zukunft deut-sche Seele sein wird". Analytisch an die Begriffe heranzugehen, sie zu „zerfasern", schien für Jaspers schon wie ein Trick, um sich von Schuld freizusprechen.

Jaspers wurde als Anti-Nationaler verstanden, zu Unrecht. Wegen der deut-schen Schuld war er gezwungen, „kollektiv zu fühlen". Deutschsein war gleich-sam Teilhabe an der kollektiven Schuld. Daher war Deutschsein folgerichtig für ihn „nicht Bestand sondern Aufgabe". Jaspers fühlte schon 1946, daß er sich sei-nen Landsleuten schwer verständlich machen konnte. Das lag nicht nur an deren Verstocktheit: „Es scheint, daß ich als Philosoph nun vollends ins Gefühl abgeglit-ten bin und den Begriff verloren habe." rief er sich gleichsam selbst zur Ordnung (Sch: 54).

Trotz mancher Geschraubtheit in der Argumentation konnte er jedoch auch ganz konkret sagen, wie die Schuld zu tilgen sei. Überall sah er eine ihm wider-wärtige Anbiederung bei den Alliierten ohne Umkehr und innere Wandlung. Nicht einmal bei Hannah Arendt konnte er für seine Vierertypologie auf Ver-ständnis hoffen. Der Typ der kriminellen Schuld schien der einfachste. Aber ge-rade dieser Begriff schien ihr fraglich. Die Verbrechen ließen sich juristisch nicht mehr fassen. Es gab für sie keine angemessene Strafe mehr. Göring zu hängen, hielt sie zwar für notwendig, aber für völlig inadäquat: „Das heißt, diese Schuld, im Gegensatz zu aller kriminellen Schuld, übersteigt und zerbricht alle Rechts-ordnungen. Dies ist auch der Grund, warum die Nazis in Nürnberg so vergnügt sind" (HA-KJ: 90).

Die damals übliche Dämonisierung der Nationalsozialisten, die für den einzelnen keine Alternative im Verhalten übrig zu lassen schien, hat Jaspers nicht mitgemacht. Er betonte die „Banalität des Bösen" und gab Hannah Arendt damit das Stichwort für den Untertitel ihres Eichmann-Buches. Hannah Arendt hat später mit dieser Aufnahme eines Jaspers'schen Gedankens eine Welle der Entrüstung ausgelöst. Ganz im Sinne von Jaspers hatte sie auch die Mitschuld der Opfer herausgestellt. Nie zuvor war die Kollaboration der Juden bei der Selektion durch die Nazi-Schergen so klar herausgestellt worden.

Trotz der Differenziertheit des Urteils bekam Jaspers nach der Publikation der Schuldfrage von 1946 die Feindseligkeit seiner Kollegen zu spüren. Das hat ihm den Abgang nach Basel erleichtert. Nur selten bekam Jaspers einen zustimmenden Brief. Sehr viel häufiger trafen Schmähungen und Drohungen ein.

Geschichtskritik

Ähnlich umstritten wie die Schuldfrage war Jaspers' stärker wissenschaftlich-philosophisches Buch am Ende der 40er Jahre: Vom Ursprung und Ziel der Geschichte (1949). In dem Versuch einer historischen Standortbestimmung holte er weit aus. Traditioneller Kulturbestand wurde mit dem Begriff der Achsenzeit beschworen. Spätere Kulturwissenschaftler haben die Hypostasierung der ganzen Menschheit zum Subjekt der Geschichte verworfen und die Pluralität und Eigengesetzlichkeiten der verschiedenen Hochkulturen betont. Ein geradezu „repressives Humanitätsprofil" wurde Jaspers vorgeworfen.

Einflussreich war der Gedanke der Achsenzeit hinsichtlich der Konstruktion einer Sattelzeit zwischen 1750 und 1850 von Koselleck bis Luhmann, in der sich die Codes ausdifferenzierter Subsysteme aufspalten und fortan nur noch perspektivisches Denken auf der Basis von Ideologien zuließen. Diese Konsequenz hätte Jaspers für die Moderne ziehen können. Koselleck (1989) bezog sich aber nicht auf Jaspers, den er gehört und scharfsinnig karikiert hatte. Er setzte sich von Jaspers auch nicht in seinem Kampf gegen die Vorstellung ab, daß die Geschichte „magistra vitae" sein könne – vielleicht, weil Jaspers keine sehr konkreten Lernanforderungen an die Geschichte stellte, sondern es bei vagen Hilfen für die Aneignung eines humanen Erbes beließ, die eher der moralischen Umkehr als der konkreten Handlungsanweisung dienen konnten.

Für Jaspers war eine neue Achsenzeit nirgends in Sicht, obwohl die Negativkritik an der Entwicklung seit der französischen Revolution bei den Differenzierungstheoretikern später ähnlich wie bei Jaspers klang. Aber die Französische Revolution hatte für Jaspers nicht die Bedeutung im Denken, die sie für linke wie rechte Denker entfaltete. In der Gegenwart sah er keine neue Achsenzeit entstehen, sondern nur Depravation: „katastrophales Geschehen zur Armut hin an

Geist, Menschlichkeit, Liebe und Schöpferkraft". Nur Wissenschaft und Technik entwickelten sich großartig (UZG: 127), das klang wie die Cultural lag-Theorien, die Alfred Weber zur gleichen Zeit entwickelte. Die Technik wurde nicht mehr ganz so verketzert, wie 1931. Er erklärte sie für an sich weder gut noch böse (UZG: 161). Die Masse wurde nun differenziert in Masse, Volk und Publikum. Archaisch-konservativ klang die Behauptung, daß die Verwandlung von Volk in Publikum und Masse nicht aufzuhalten sei (UZG: 165). Der Depravation sozialer Ordnung wurde jedoch Hoffnung entgegengesetzt: „Menschenmassen drängen auf Ordnung" (UZG: 193). Sozialismus wurde nun zur Hoffnung einer Neuordnung, wenn er sich von der „soziologischen Totalanschauung" eines irrigen Marxismus löse, der allenfalls als Erkenntnismethode von Wert sei (UZG: 208). Sozialismus bewahrte nun für Jaspers aus seinem Ursprung die Idee der Freiheit und Gerechtigkeit für alle. Gleichheit hat er nie stark betont. Der Ruf nach „Gerechtigkeit" klang eher nach „suum cuique" (UZG: 239).

Die Erfahrung des Totalitarismus, der von innen her nicht aufhebbar ist – er vertrat schon die spätere Friedrich-Brzezinski-These (UZG: 257) – hatte ihn zum verlässlichen Demokraten werden lassen, trotz einzelner Äußerungen über Adel und Elite, die sich jedoch gegenüber 1931 gemildert hatten. Er trat nun für mehr als nur formale Demokratie ein, die er sogar als Bedrohung darstellte, da ihr das Ethos des gemeinsamen Lebens und die unbedingte Verteidigung der Menschenrechte fehle (UZG: 210). Im Gegensatz zu vielen Linken hütete Jaspers sich, Demokratie als formales Prinzip mit dem Inhalt eines demokratischen Sozialismus auszufüllen. Seine Sozialisierungsvorstellungen gingen kaum über das Ahlener Programm der CDU hinaus. Eine nur „demokratische Technik" sollte durch „demokratische Lebensart" ergänzt werden. Ein Mehr an sozialer Gleichheit wurde nicht angestrebt. Gleichheit wurde altliberal als rechtsstaatliche Gleichheit gesehen. Die Demokratievorstellung war eine elitäre, die seltsam in Kontrast stand zu seiner späteren Betonung plebiszitärer Elemente. Seine Konzeption war nicht sozialistisch, sondern allenfalls sozial zu nennen.

Seine Skizze der internationalen Politik ging über Beschwörungen von Kants Friedensschrift und die Skizzierung eines umfassenden Föderalismus, da ein Weltstaat nicht in Sicht sei, kaum hinaus (UZG: 247). Erst in der Schrift über die Atombombe nahmen seine Vorstellungen zur internationalen Politik konkretere Gestalt an.

Diese zweite Phase der Zeitkritik ist stark voluntaristisch und offen moralisch-appellativ zu nennen. Die politischen Betrachtungen des Geschichtstraktats wirken seltsam aufgesetzt und folgen eigentlich nicht aus den Überlegungen zur Achsenzeit – mit Ausnahme des Ausblicks auf eine Weltföderation. Die Kritik der Fachwissenschaften konnte bei der Schrift zur Schuldfrage nicht ansetzen, es sei denn mit kleinlichen Gegenrechnungen, wie „habt ihr den Bombenterror vergessen?" und anderen Entlastungsstrategien, von denen sich Jaspers distanzierte (Sch: 77). Die Mehrzahl der Gegner von Jaspers räsonierte ebenfalls politisch-moralisch, weshalb alte Freundschaften, wie die mit Alfred Weber oder Ernst Robert Curtius so leicht beschädigt werden konnten.

Jaspers hat in seiner Philosophie die radikale Aufhebung jeder Wertphilosophie gesehen und glaubte nicht an die Möglichkeit einer allgemeingültigen Ethik in der Philosophie. Er ist gleichwohl meist als ein Bannerträger einer neuen politischen Ethik verstanden worden, auch wenn er den Ansätzen des katholischen Neo-Naturrechts, wie den Versuchen einer politischen Ethik auf der Basis einer praktischen Philosophie fern stand. Aber auch, wenn diese Differenzen betont werden, kann nicht geleugnet werden, daß er ein Ethos proklamierte. Nur war es nicht für eine ganze Gesellschaft verbindlich, sondern an die Situation und die individuelle Entscheidung gebunden. Gerade dies aber sicherte dem Ethos kollektive Wirkungslosigkeit.

Mit der Konsolidierung der Bundesrepublik und der bipolaren Weltordnung war nach dem Totalitarismus eine neue Bedrohung der Menschheit erwachsen, deren Folgen möglicherweise schlimmer sein konnten, als die des untergegangenen Totalitarismus von rechts: die Atombombe. Jaspers hat in seinem politischen Denken immer nach Grenzsituationen gesucht, um den Menschen zu helfen, sie zu bewältigen. Die Atombombe schuf für ihn eine neue Grenzsituation, da sie die Alternative Selbstvernichtung oder Totalitarismus eröffnete. Zugleich sah er in dieser Bedrohung eine erneute Chance zur Selbstbesinnung. Jaspers war kein moralisierender Pazifist, der sofortige Abrüstung empfahl. Die Linke säumte denn auch nicht, ihn als „NATO-Philosophen" anzuprangern. Im Gegensatz zur defätistischen Alternative „lieber rot als tot", sah er eine Möglichkeit, aktiv für die Freiheit einzutreten. Eine künftige Weltordnung verlangte für Jaspers die Anerkennung von Gesetzlichkeit und die Verwerfung von Gewalt, die Gleichberechtigung, den Verzicht auf Teile der Souveränität und die Anerkennung von Schiedssprüchen internationaler Gremien. Seine Weltordnung musste notwendigerweise im Appell stecken bleiben. Wie Kant verwarf er den Weltstaat als Gefahr für die Freiheit. Sein Ziel war – expliziter ab 1949 – eine föderative Weltordnung (UZG: 247).

Wie in der kritischen Theorie wird eine große Skepsis gegenüber der Technik sichtbar. Der frühe Jaspers hatte die zeitübliche Massen- und Technikkritik von Le Bon und Ortega verbreitet, angereichert durch Kierkegaard-Lektüre, welche die Sozialwissenschaftler meist nicht mitbetrachteten (GSZ: 201). Nach dem Zweiten Weltkrieg wurde seine Kritik der Technik gemäßigter und weniger elitär. Zwischen säkularisierter Dämonologie und der Hinnahme von Technik als zweckneutralen Mittelapparat nahm Jaspers eine Zwischenposition ein.

Politikkritik

Wenig Zustimmung aber konnte Jaspers bei seinem Rundumschlag gegen die Bundesrepublik erwarten. Partiell zustimmungsfähig schien nur der Teil über die Debatte zur Verjährung von NS-Verbrechen von 1965 und über Notstandsdebatten. Aber mit der Erörterung der Gefahren einer Diktatur auf dem Weg über den autoritären Staat (WTB: 146 ff) schien Jaspers zu weit zu gehen. Komparatisten mussten am Sachverstand des großen Kritikers zweifeln, wenn sie lasen, daß die Alliierten die „wirklichen Demokratien" repräsentierten (WTB: 174), als ob es bei ihnen nicht zeitweise ähnliche Defizite gegeben hätte. An Adenauer ließ Jaspers kein gutes Haar, aber De Gaulle wurde meist auffallend wohlwollend kommentiert.

Die harsche Kritik gipfelte in dem Vorwurf, daß die 500 000 Unbelasteten nach dem NS-Regime nicht die Führung ergreifen konnten (WTB: 182 f). Manches klang wie Bärbel Bohleys Enttäuschung 1989: „Wir wollten Gerechtigkeit und bekamen den Rechtsstaat".

Jaspers' Kritik hatte immer als politikfremd, weil institutionenfremd gegolten. In dieser Schrift ließ er sich detailliert auf die Institutionen ein, und musste so die zuständigen Wissenschaften geschlossen gegen sich aufbringen. Wieder berief er sich auf die Wahrhaftigkeit, denn „die Schriftsteller eines Volkes sagen, was ist" (WTB: 179). Gerade wegen der Konkretheit dieses letzten Versuches wirklich politischer Kritik, wurde die Integrität des politischen Schriftstellers angezweifelt. Einmal war die Analyse vielfach nicht von Sachkenntnis getrübt. Zum anderen wirkten selbst die konkreten normativen Empfehlungen ungewöhnlich naiv, etwa, wenn dem deutschen Parteienstaat die Basler Quartiervereine der Bürger als Vorbild vorgehalten wurden (WTB: 200).

Viele Vorwürfe gehörten zum Standardrepertoire populistischer Kritik: Verbot verfassungsfeindlicher Parteien, Fünfprozentklausel, die Parteineugründung unmöglich machen – inzwischen von den Grünen widerlegt – staatliche Parteienfinanzierung, Parteienoligarchie, die in erster Linie für sich selbst sorgt, Waschmittelwahlkämpfe ohne politischen Inhalt. Als Gegenmittel werden die Volkswahl des Bundespräsidenten und die Abschaffung der Fünfprozentklausel und der öffentlichen Parteienfinanzierung sowie die Einführung von Referenden und der Ausbau des Petitionswesens gefordert.

Das Volk, dem Jaspers mehr Beteiligungsmöglichkeiten einräumen wollte, soll sich von unten in einer Art Nachbarschaftsbewegung zusammenschließen. Mit Recht sind hier Parallelen zu den jungdeutschen Träumen von Artur Mahraun gesehen worden (Rudzio 1983: 70). Jaspers' Hausmittel zu einer „legalen Revolution" waren den Gegengiften, welche die konservative Revolution gepredigt hatte, recht unähnlich. Eher homöopathisch schienen sie und manchmal widersprüch-

lich in ihrem Elitismus, verbunden mit Hoffnungen auf Erneuerung durch Volks-
befragung.

Außenpolitisch war Jaspers strikt pro-amerikanisch. Innenpolitisch hat er sich
mit Amerika als System trotz seiner Bewunderung erstaunlich wenig befasst. Sein
Liberal-Konservatismus blieb im Fahrwasser jener Bewunderung für die Schweiz,
die an der Wiege einiger süddeutscher Landesverfassungen gestanden hatte. In
Basel hat er die Bewunderung für die Schweizer Demokratie mit Anschauung fül-
len können.

Im Gegensatz zu den älteren Liberalen waren bei Jaspers Staat und Gesellschaft nicht hinreichend ausdifferenziert. Jaspers hatte keinen Sinn für die Autonomie des politischen Systems. Raymond Aron hat Jaspers mit seinem Idol Weber
verglichen. Es zeigte sich dabei, daß Jaspers einen ganz anderen Politikbegriff
hatte als Weber. Jaspers hatte keinen Sinn für „politics as usual" und für das, was
Weber den „Anstaltsbetrieb" nannte. Auch Weber litt an der Bürokratisierung aller Daseinsbereiche, aber er hielt sie als Preis der Modernisierung für unvermeidlich. Jaspers war geneigt, allenfalls die Sollensseite der Analyse von Max Weber zu
übernehmen. Mit ihm verband ihn die Sehnsucht nach einem charismatischen
Führertum.

„Der politische Schriftsteller" als Figur wurde verhältnismäßig spät reflek-
tiert (HuS 1965): Politik war für Jaspers eine zu ernste Sache geworden, um sie
den Berufspolitikern zu überlassen: „Politik kann nicht sinnvoll gestaltet werden,
wenn sie durch den Betrieb von Berufspolitikern als eigener Bereich sich abspielt"
(WuB: 194). Hier unterschied er sich wiederum von seinem Idol Weber, der den
modernen Anstaltsbetrieb der Politik nicht verklärte, aber für eine unumkehrbare
Erscheinung der Moderne hielt.

Die Wirkung des politischen Schriftstellers ging für Jaspers über die bloße Beschreibung der systemischen Bedingungen hinaus, wie man modernistisch formulieren könnte. Entscheidend wird der Gang der Dinge durch Handlungen von
Menschen beeinflusst. Für sie gibt der Denker Anstöße. Für die politische Philosophie berief er sich auf Kant. Hannah Arendt behauptete später, Jaspers sei sein
einziger wirklicher Schüler in dieser Eigenschaft gewesen. Gelegentlich berief er
sich auch auf andere deutsche Philosophen, aber in seiner Spätzeit wurde seine
Absage an Hegel oder Nietzsche deutlicher, die so taten, als kämen ihre Gedanken „leise wie auf Taubenfüßen, seien aber in der Tat die Beweger der Geschichte,
für die die Politiker nur gleichsam ihre Marionetten seien, die sie vollstrecken
(Nietzsche)" (WuB: 197). Seine Rolle als politischer Schriftsteller sah Jaspers „unendlich bescheidener".

Quellen

Jaspers: Die geistige Situation der Zeit (1931). Leipzig, Sammlung Göschen, Bd. 1000. Berlin, de Gruyter, 1971. 7. Abdruck der 5. Auflage (zit.: GSZ).

Jaspers: Max Weber. München, Piper, 1988.

Jaspers. Freiheit und Wiedervereinigung. München, Piper, 1960, Neuaufl. 1990 (zit.: F. W.).

Jaspers: Philosophische Autobiographie. München, Piper, 1977, 1984, 2. Aufl. (zit.: Aut.).

Jaspers. Wahrheit und Bewährung. Philosophieren für die Praxis. München, Piper, 1983.

Jaspers: Vom Ursprung und Ziel der Geschichte. München, Piper 1949, 1988, 8. Aufl. (zit.: UZG).

Jaspers: Die Schuldfrage. Von der politischen Haftung Deutschlands (1946). München, Piper, 1974, 1996, 2. Aufl. (zit.: Sch.).

Jaspers: Wohin treibt die Bundesrepublik? (1966). München, Piper, 1988, 10. Aufl.

Jaspers: Die Atombombe und die Zukunft des Menschen (1958). München, Piper, 1983, 7. Aufl. (zit.: AZM).

Martin Heidegger und Karl Jaspers: Briefwechsel 1920–1963 (Hrsg.: W. Biemel/ H. Saner). München, Piper, 1990.

Hannah Arendt, Karl Jaspers. Briefwechsel (Hrsg.: L. Köhler/H. Saner). München, Piper, 1985, 1993, 3. Aufl. (zit.: HA-KJ).

Literatur

Th. W. Adorno: Jargon der Eigentlichkeit. Zur deutschen Ideologie. Frankfurt, Suhrkamp, 1977.

F.-P. Burkard: Karl Jaspers. Einführung in sein Denken. Würzburg, Königshausen & Neumann, 1985.

D. von Engelhardt/H. J. Gerigk (Hrsg.): Karl Jaspers im Schnittpunkt von Zeitgeschichte, Psychopathologie, Literatur und Film. Heidelberg, Mattes, 2009.

J. Habermas: Einleitung. In. Ders. (Hrsg.): Stichworte zur „Geistigen Situation der Zeit". Frankfurt, Suhrkamp, 1979, Bd. 1: 7–35.

J. Hersch: K. Jaspers. Eine Einführung in sein Werk (1978). München, Piper, 1980, 1990, 4. Aufl.

J. Hersch u. a. (Hrsg.): Karl Jaspers. Philosoph, Arzt, politischer Denker. München, Piper, 1986.

G. Hofmann: Politik und Ethos bei Karl Jaspers. Heidelberg, Phil. Diss ,1969.

R. Lengert (Hrsg.): Philosophie der Freiheit. Karl Jaspers. Oldenburg, Stalling, 1983.

H. Reza Yousefi u. a. (Hrsg.): Karl Jaspers. Grundbegriffe seines Denkens. Reinbek, Lau, 2011.

K. Salamun: Karl Jaspers. München, Piper 1985.Würzburg, Königshausen &
    Neumann, 2006 Neuaufl.
H. Saner: Karl Jaspers. Mit Selbstzeugnissen und Bilddokumenten. Reinbek, 2005
    12. Aufl.
R. Stäblein: Kulturkonservatismus oder konservative Revolution? Karl Jaspers
    und Hugo von Hofmannsthals Erkundungen einer authentischen Existenz. In:
    D. Harth (Hrsg.): Karl Jaspers. Denken zwischen Wissenschaft, Politik und
    Philosophie. Stuttgart, Metzler, 1989: 111–137.
D. Sternberger: Jaspers und der Staat. In: K. Piper (Hrsg.): Karl Jaspers. Werk und
    Wirkung. München, Piper, 1963: 133–141.
R. Wiehl/D. Kaegi (Hrsg.): Karl Jaspers – Philosophie und Politik. Heidelberg, Winter,
    1999.
R. Wisser: Verantwortung im Wandel der Zeit. Einübung in geistiges Handeln:
    Jaspers, Buber, C. F. von Weizsäcker, Guardini, Heidegger. Mainz, v. Hase &
    Köhler, 1967.

4 Elitärer Liberalismus in der Krise des Parlamentarismus in Italien: Mosca, Croce

Mosca hat ein reiches Oeuvre in den Fächern der Politikwissenschaft, des öffentlichen Rechts und der politischen Ökonomie hinterlassen. International berühmt
aber wurde er durch ein einziges Buch über „Die herrschende Klasse" (1896). Er
wurde mit diesem Werk zum Begründer des Elitenansatzes in der politischen Soziologie. Mosca war Professor des Verfassungsrechts in Turin (1895–1923) und bis
1933 Professor für öffentliches Recht in Rom. Seine praktische politische Tätigkeit
als Abgeordneter (1908–1918) und als Senator bis in die faschistische Epoche hat
er mit der Wissenschaft verbunden. Ab 1901 schrieb Mosca für den „Corriere della
sera", bis die Pressefreiheit vom faschistischen Regime soweit eingeschränkt worden war, dass ihm jedes Publizieren sinnlos erschien.

In der Ära Giolitti war er als Liberaler ein scharfer Kritiker des parlamentarischen Systems in Italien, das mit unklaren Parteiverhältnissen und einer un-
handlichen Mehrheit der „ministeriellen Liberalen" regiert wurde, die vielfach
durch Korruption zusammengehalten werden musste. Als der Faschismus das
parlamentarische System beseitigte, hat Mosca mutig im Senat gegen die Trans-
formation zum autoritären Korporatismus gekämpft. Im Mai 1925 hat er seine Un-
terschrift unter ein Gegenmanifest der Liberalen unter Benedetto Croce gesetzt.
Es war in Opposition zum Manifest der faschistischen Intellektuellen unter Führung von Giovanni Gentile konzipiert worden. Im Senat war Mosca mit Croce
und Francesco Ruffini ein Führer der liberalen Gruppe, bis 1926 die Parteien von

Mussolini liquidiert wurden. Die liberale Opposition war beim Marsch auf Rom 1922 halbherzig aufgetreten. 1925 hatte sie ihren Irrtum erkannt und wirkte als Fanal eines demokratischen Italiens. Ändern konnte sie den Lauf der Dinge aber nicht mehr.

Mutig war Moscas Rede im Senat vom 19. Dezember 1925 gegen die Ermächtigung Mussolinis mit weiten Vollmachten unter dem harmlos klingenden Titel „Prärogativen des Regierungschefs". Mosca (1949: 282) kritisierte, dass der Ministerrat von einem beratenden zum bloß konsultativen Gremium degradiert worden sei. Er nannte den „coup d'état" beim Namen: es handele sich um die „Beerdigung eines Regimes". Er bekannte zugleich: „Ich, der ich immer eine scharfe Kritik gegen die parlamentarische Regierung geführt habe, muss jetzt ihren Sturz beweinen".

Der Niedergang des Parlamentarismus hatte sich langsam vollzogen. 1919–1922 lagen die tiefsten Einschnitte. Zwei Ursachen des Scheiterns nannte Mosca (1949: 283) unter dem Beifall vieler Senatoren: das allgemeine Wahlrecht und das Proporzsystem. Er schloss mit dem Bekenntnis, dass er gegen die Kompetenzerweiterung für Mussolini stimmen werde. 1928 wurde er mit anderen bekannten Politikwissenschaftlern von Harold Laski im Auftrag der „Interparlamentarischen Union" interviewt. Er verfolgte nun die Krise des Parlamentarismus bis in die Zeit um 1880 zurück, als die konservative Kritik von Bonghi und anderen mit der Devise „Zurück zum Statut", d. h. zum konstitutionellen Dualismus, das System delegitimierten (1949: 101). Frankreich und Italien wurden dafür kritisiert, keine disziplinierten Parteien hervorgebracht zu haben, wie Großbritannien. Die Theorie der herrschenden Klasse ist ja nicht zufällig in Italien entstanden, weil hier seit dem „trasformismo" Depretis, der die alten Differenzen zwischen der Linken und der Rechten verwischte, ein Parteiensystem unterentwickelt blieb. Italienische Ministerpräsidenten besorgten sich die Mehrheiten, wo sie sie bekommen konnten – notfalls durch Korruption.

Von dieser Kritik am italienischen Parlament war es nur noch ein kleiner Schritt zu der Verallgemeinerung, dass die modernen Parlamente überhaupt unfähig seien, eine gute Führungsauslese zu treffen. Das Argument ist von den Konservativen am Ende des 19. Jahrhunderts zu Tode geritten. Bei Mosca fand es seinen differenziertesten Ausdruck. Auch Mosca (1950: 217) schloss sich der Klage über die Entartung des Repräsentativsystems zum „Parlamentarismus" an. Es begann eine Zeit, da wissenschaftliche Theoretiker gerne jeden „Ismus" als irreführende Ideologie anprangerten. Das parlamentarische System degenerierte in seinen Augen durch die Massendemokratie. Aber er verurteilte das System nicht in toto. Auch er kannte kein besseres Mittel, um breiteren Schichten die Teilnahme am politischen Leben zu ermöglichen, und die Macht der Bürokratien einzudämmen. Dieser Gedanke ist von Max Weber übernommen worden. Einigen Kritikern

Moscas wollte die oligarchische Tendenz des Parlamentarismus in den Ländern, die noch kein allgemeines Wahlrecht eingeführt hatten, gerade als Wiederlegung seiner Thesen erscheinen. Sie argumentierten zutreffend, dass eine relativ homogene „politische Klasse" von Honoratioren nur im vordemokratischen Parlamentarismus möglich sei.

Die kleinen Fraktionsoligarchien des Parlaments waren jedoch nicht die „politische Klasse" nach der Mosca Ausschau hielt. Der Elitenkult um die Jahrhundertwende – kräftig genährt von einem sich ausbreitenden Nietzsche-Kult – gerierte sich antiparlamentarisch, nicht nur in Italien (vgl. Band 2: Konservatismus).

Mosca hat sein Erstgeburtsrecht auf die Elitentheorie angemeldet und scharf mit Pareto gestritten, wem der Vorrang gebühre. Pareto benutzte den weiteren Begriff der Elite, schon weil er häufig französisch schrieb. Mosca hat den Begriff „classe politica" bevorzugt. Erst in seinem Hauptwerk „Elementi di scienza politica" wurde der Terminus „classe dirigente" eingeführt. Der beste Mosca-Kenner (Albertoni 1987: 16) sah in dieser Entwicklung mehr als ein Spiel mit Begriffen. Der Focus der Analyse hat sich von der Rolle der Regierung stärker zu einer Soziologie von politischen Führungsschichten verlagert. Im ersten Kapitel des Buches über die „Herrschende Klasse" (1950: 13 ff) begründete er die Benutzung des heute überholten Pluralbegriffes „Politische Wissenschaften", der sich in Italien gelegentlich bis heute gehalten hat. Er rechnete zu ihnen die Institutionenkunde, die politische Soziologie, aber auch die politische Ökonomie, kurz alles, was er in der Lehre zu vertreten hatte. Mit Recht forderte er wirtschaftliche Kenntnisse zum besseren Verstehen der Politik. Als liberaler Antimarxist trat er jedoch gegen die „Mode" auf, alle sozialen und politischen Erscheinungen ökonomisch zu deuten. Mosca beneidete die exakten Naturwissenschaften, bezweifelte aber, dass in den Sozialwissenschaften jemals der gleiche Grad an Wissenschaftlichkeit erreicht werden könne. Politikwissenschaftler haben keine einheitliche allgemein anerkannte Methode. Die Klage hört man noch heute.

Zentralbegriff der Politik war für ihn die Freiheit. Als Sizilianer hat ihm das Vorurteil zu schaffen gemacht, dass sich seit Bodin und Montesquieu durch die Literatur zog, dass südliche Länder für freie Regierungsformen wenig geeignet seien. Soziale und wirtschaftliche Faktoren hat Mosca mit Recht für entscheidender gehalten als die klimatheoretischen Verallgemeinerungen. Daher sein Plädoyer für eine „politische Ökonomie" zur Überwindung vorwissenschaftlicher Deutungsmuster.

Mosca hat den Begriff der politischen Klasse, der im Italienischen schon länger gebräuchlich war, international bekannt gemacht. Der Terminus hatte den Vorteil, nicht als Fremdwort zu wirken, wie der Begriff der „élite", der aus dem Französischen eingeführt worden war und der in den Sozialwissenschaften aller Sprachen ungleich einflussreicher werden sollte. Das lag schwerlich nur daran, dass Pareto (vgl. Band 2: Konservatismus), der den Elitenbegriff in der italienischen Soziologie übernommen hatte, ein stringenterer Denker war als Mosca.

Der Streit der beiden Klassiker der Elitenforschung darüber, wer das den Begriffe zugrundeliegende Phänomen zuerst entdeckt hat, ist für die Begriffsgeschichte von zweitrangiger Bedeutung. Mosca (1949: 116 ff.) erhob gegen „den Marchese", wie er herablassend formulierte, den Vorwurf des Plagiats. Pareto konterte mit der Bemerkung, dass es eine alte Tradition des Denkens in Schichten der Macht gebe, die man bis auf Dante zurückführen könne. Pareto hielt seinen Elitenbegriff für wertfreier als den Sprachgebrauch Moscas, den er nicht völlig ausschloss. Aber das lag weniger an der Wahl des Wortes als an dem bewussten Bemühen um wertfreie Wissenschaft bei Pareto.

Es läßt sich also kaum nachweisen, dass Pareto durch den Gebrauch eines anderen Wortes die Priorität, die Mosca in der Diskussion der Sache zweifellos hatte, verdunkeln wollte. Größere Wertfreiheit beanspruchten beide für ihren Begriff. Mosca (1950: 363) stellte klar, dass diejenigen, die in einem Lande „am besten zum Herrschen geeignet" seien, nicht auch die „intellektuell und vor allem moralisch ,besten' Elemente" seien. In einer Fußnote fügte er hinzu: „Aus diesem Grunde halten wir den von Pareto gewählten Ausdruck ,Elite' zur Bezeichnung unserer ,politischen Klasse' für ungenau.

Den Pionieren der Elitenforschung war die Hoffnung gemeinsam, die altmodischen Klassifikationen von Herrschaftsformen zu überwinden, welche die Staatslehre und politische Theorie ihrer Zeit beherrschten. Das Kriterium der Zahl der Herrscher schien im Lichte einer Theorie der Herrschaft der Minderheit irrelevant. Für Mosca (1950: 54) war die Form der Regierung zweitrangig. Autokratien wie Russland und die Türkei hatten wenig Gemeinsames, denn der Stand ihrer Kultur und die Struktur ihrer politischen Klassen waren grundverschieden. Das monarchische Italien schien der französischen Republik verwandter als Großbritannien, das mit Italien zusammen in der Rubrik „konstitutionelle Monarchie" subsumiert wurde.

Der Einsatz des Begriffs der politischen Klasse stand unter der Notwendigkeit, eine Kohärenz des Denkens und Handelns dieser Gruppe nachzuweisen. Je kleiner und institutioneller die politische Klasse definiert wurde, umso leichter schien dies. Weder Mosca noch Pareto hatten ihre Gruppe je klar abgegrenzt.

Das eher statische Bild der politischen Klasse, das Mosca zeichnete, trägt stärker als Paretos dynamisches Zirkulationsmodell die Züge seiner Zeit. Die politische Klasse Moscas ist geprägt durch die Eigenart des konstitutionellen Regimes mit stark oligarchischen Strukturen und unklaren Parteienverhältnissen in einem cliquenhaft organisierten Frühparlamentarismus, wie er die Ära Depretis bis zu Giolitti in Italien kennzeichnete. Ein begrenztes Wahlrecht sorgte damals für die Abgehobenheit der politischen Klasse.

Angesichts der Herrschaft von Parlamentseliten – den „kleinen Helden des allgemeinen Wahlrechts", wie ein italienischer Kritiker des Parlamentarismus zur Zeit Moscas bissig formulierte – schien sich die Organisationsform relativ einfach aufspüren zu lassen. Mosca hat dies aber nicht systematisch versucht. Als sich die Herrschaft der Minderheit demokratisierte, musste der Begriff der politischen Klasse institutionell weiter gefasst werden. Die Theorie der politischen Klasse zur Zeit Moscas nahm mehr und mehr Züge einer konservativen Abwehrideologie gegen den sich demokratisierenden Parlamentarismus an, der die nicht erwünschte Elitenrekrutierung produzierte. Die Polemik gegen den Parlamentarismus jener Zeit hat nach dem Zweiten Weltkrieg kaum noch Nachahmer gefunden. Auch die Schmittianer haben das parlamentarische System akzeptiert und versuchten lediglich noch, seiner Insuffizienz die Meriten einer wohlfahrtsstaatlich gestimmten Verwaltungselite entgegenzusetzen, die „den Staat" stärker zur Geltung bringen könne als die von Interessengruppen zerrissene parlamentarische Elite. Der Pessimismus der ersten, vom Parlamentarismus enttäuschten früheren Liberalen wie Mosca wich einem neuen Optimismus. Es wurde wieder entdeckt, dass die Theorie der herrschenden Klasse einst auch optimistische Aspekte besessen hatte. War sie nicht Rechtfertigungslehre einer aufstrebenden meritokratisch gestimmten Bourgeoisie gegen das alte Regime einer kaum noch funktionierenden aristokratischen Kooptation der Herrschenden? Von Burnhams Theorie der Manager bis zu Gouldners Theorie der neuen Klasse der Intellektuellen hatte diese neuere Theorie der Eliten nicht nur den Aspekt einer Depravationstheorie.

Der Zusammenhalt zwischen politischer Klasse und der Masse der Bürger wurde für Mosca (1950: 69) in einer kulturellen Gemeinsamkeit und in einer Ideologie gesehen. Er übernahm von Herbert Spencer – gegen dessen Vision einer sich entmilitarisierenden und friedlicheren Handelsgesellschaft er ansonsten fleißig polemisierte – den Begriff des „großen Aberglaubens" für seine „politische Formel". Gramscis Vorstellungen der kulturellen Hegemonie zeigten später den Einfluss der Elitentheorien auch auf das Denken der italienischen Linken.

Die politische Klasse war für Mosca mehr als der Produzent von Ideologien – eine Vorstellung, die bei rechten Kritikern der politischen Klasse noch nicht ausgestorben ist. Die moderne politische Klasse wird nicht mehr von Priesterkönigen gestellt, auch wenn Schelsky und andere dies im Eifer des Gefechts gegen die linke Welle in den 70er Jahren noch einmal suggerierten. Politische Systeme bedürfen der Mobilisierung von Werten, Glaubenshaltungen, Ritualen und institutionellen Spielregeln, um die Tatsache zu begründen, dass einige in der Gesellschaft davon mehr profitieren als andere. Die organisatorische Seite der Bildung politischer Klassen wurde von Mosca mehr beschworen als belegt.

Ein italienischer Forscher wie Guido Dorso (1986: 115 ff.), der sich auf Mosca berief, hatte die institutionelle Eingrenzung bereits vollzogen. Er reservierte den

Begriff *classe politica* für die Regierungspositionen im engeren Sinne. Ein weiterer Begriff von *classe dirigente* wurde – umgekehrt wie bei Pareto – für eine politische Elite im weiteren Sinne eingesetzt. Moscas unklare Begriffsbildung zwang seine Anhänger immer wieder zu neuen Abgrenzungen. Moscas Errungenschaft war die Einsicht in die Herrschaft „organisierter Minderheiten". Aber die Art der Organisation blieb angesichts der vielen Beispiele aus unterschiedlichen Gesellschaften, die Mosca reichlich wahllos nebeneinanderstellte, unklarer als bei Pareto.

Die Politische Klasse ist weniger eine konkret einheitlich handelnde Akteursgemeinschaft, sondern die Abstraktion von gewissen Entwicklungstendenzen moderner Gesellschaften. Die allgemeinste Entwicklungstendenz beruht auf dem Paradoxon, das weder Mosca noch Pareto, der allerdings schon über einen – wenn auch wenig komplexen und eher an naturwissenschaftlichen Modellen gewonnenen – Systembegriff verfügte, gekannt hatten: Das Paradoxon, dass die Elitensektoren mit Fortschreiten der Ausdifferenzierung und Professionalisierung der Eliten vordergründig immer verschiedener werden und immer weniger Intervention von anderen Subsystemen erlauben. Andererseits werden die Kooperationsbeziehungen der Elitenangehörigen enger, und die Suche nach Lösungen zur Koevolution der Subsysteme wird gestärkt. Denkt man dieses Paradoxon zu Ende, löst der Begriff der politischen Klasse sich auf, weil er eigentlich die Eliten vieler Sektoren umfasst, die sich den Terminus politisch verbitten würden.

Literatur

R. Lill: Geschichte Italiens der Neuzeit. Darmstadt, Wissenschaftliche Buchgesellschaft, 1986.

R. von Mohl: Rechtsstaat in Italien. In: Ders: Die Geschichte und Literatur der Staatswissenschaften (1855). Graz, Akademische Druck- und Verlagsanstalt, 1960, Bd. 1: 246 ff.

G. de Ruggiero: Geschichte des Liberalismus in Europa. München, Drei Masken, 1930, Nachdruck: Aalen, Scientia, 1964: 263–332.

M. Vaussard: De Pétrarque à Mussolini. Paris, Colin, 1961.

Gaetano Mosca (1858–1941)

Quellen

Mosca: Scritti politici. Teorica dei governi, Elementi di scienza politica. (Hrsg.: G. Sola). Turin, UTET, 1982.

Mosca: Elementi di scienza politica (1896). Bari, Laterza, 1953, 4. Aufl., 2 Bde.

Mosca: Die herrschende Klasse. Bern. Francke, 1950.

Mosca: Questioni pratiche di diritto costituzionale. Turin, Bocca, 1898.

Mosca: Il tramonto dello Stato liberale. Catania, Bonnano, 1971.
Mosca: Partiti e sindacati nella crisi del regime parlamentare. Bari, Laterza, 1949.

Literatur

E. A. Albertoni: Mosca and the Theory of Elitism. Oxford, Blackwell, 1987.
K. von Beyme: Die politische Klasse im Parteienstaat. Frankfurt, Suhrkamp, 1995,
2. Aufl.: 11–38.
N. Bobbio: La classe politica. Bari, Laterza, 1966, 1975, 3. Aufl.
D. Conte: Weltgeschichte und Pathologie des Geistes. Benedetto Croce zwischen
historischem Denken und Krise der Moderne. Leipzig, Leipziger Universitäts-
verlag, 2007.
G. Dorso: Dittatura, classe politica e classe dirigente (1949). Bari, Laterza, 1986.
F. Fernando Rizi: Benedetto Croce and Italian Fascism. Toronto, University of
Toronto Press, 2003.
M. A. Finocchiaro: Beyond Right and Left. Democratic Elitism in Mosca and
Gramsci. New Haven, Yale University Press, 1999.
G. Furnari-Luvarà/S. Di Bella (Hrsg.): Benedetto Croce und die Deutschen.
St. Augustin, Akademie Verlag, 2011.
J. Meisel: Der Mythos der herrschenden Klasse. Düsseldorf, Econ, 1962.
M. delle Piane: Bibliografia di Gaetano Mosca. Florenz, La Nuova Italia, 1949.

Benedetto Croce (1866–1952)

Der italienische Liberalismus wurde durch den Einfluss Hegels und des Neo-
Hegelianismus an der Wende des 19. Jahrhunderts zu neuen theoretischen Höhen
entwickelt. Hegel war für italienische Theoretiker ein obligatorischer Ausgangspunkt (Albertoni 1985: 344). Noch Guido de Ruggiero (1964: 219 ff) hat in seinem
vergleichenden Standardwerk über den Liberalismus Hegel für den Höhepunkt
des Liberalismus in Deutschland und in der Welt gefeiert – für Deutsche eine eher
befremdliche Würdigung. Selbst bei den Radikalen in Italien wurde Hegel rezipiert und mit Mazzini nicht immer in einer stimmigen Synthese adaptiert.

Benedetto Croce und *Giovanni Gentile* (1875–1944) haben bahnbrechendes
für die neuhegelianische Renaissance geleistet. Gentile hat später den Hegelianismus sogar in eine Synthese mit dem Faschismus zu bringen versucht. An diesem Punkt trennten sich die Wege von Croce und Gentile. Croce (A: 138) billigte
den faschistischen Wissenschaftlern zu, als Staatsbürger politisch Stellung zu nehmen, warf ihnen aber vor, die Grenze zu überschreiten, wo Politik mit Wissenschaft verwechselt wird. Intellektuell empfand er Gentiles Manifest als eine „Schü-
lerarbeit, in der sich überall ideologische Konfusionen und schlecht miteinander

verknüpfte Überlegungen bemerkbar machen". Er nahm Gentile übel, den späteren Liberalismus mit dem atomistischen des 18. Jahrhunderts zu identifizieren. Schlicht irreführend schien Croce und den Liberalen die Unterstellung, dass in Italien ein Religionskrieg zwischen der Kirche und der „neuen Religion", die angesichts demagogischer Appelle dunkel bleibt, tobe. Croce sah keinen Grund, den zweitausend Jahre alten Glauben für „diese chaotische und ungreifbare Religion" aufzugeben. Das Risorgimento nahmen die Faschisten zu Unrecht für sich in Anspruch. Er verkannte nicht, dass auch einige Liberale vom Faschismus die Mobilisierung frischer Kräfte für das politische System erhofft hatten, „Kräfte der Erneuerung und (weshalb nicht?) auch konservative Kräfte. Aber es war nie ihre Absicht, die Masse der Nation in Trägheit und Gleichgültigkeit zu halten und ihr lediglich einige materielle Nöte zu lindern, weil sie wussten, dass sie auf diese Weise die inneren Gründe des italienischen Risorgimento verraten und die schlechten Künste der absolutistischen und quietistischen Regierungen wieder aufgenommen hätte" (A: 140). Darin lag der Vorwurf der Sozialdemagogie, um den Partizipationswillen der Bevölkerung einzuschläfern.

Bis zum Herbst 1924 hat Croce mit Gentile korrespondiert. Der Ton war auch zu Beginn der faschistischen Epoche noch herzlich. Am 24. Oktober 1924 bedauerte Croce (Lettere 1981: 670), dass die beiden Freunde seit einigen Jahren sich im „mentalen Dissens" befänden, die aber nicht so gravierend waren, dass sie auf die persönlichen Beziehungen durchschlügen. Nun aber sei eine neue Situation entstanden, wo Politik und persönliche Beziehungen nicht mehr zu trennen seien. Er habe sich früher nicht vorstellen können, mit Gentile zu brechen, wegen seines gutartigen Temperaments, um die Schadenfreude der anderen zu vermeiden und weil er noch Vertrauen in die Entwicklung gehabt habe. Nun aber gehe die Logik der Zeit gegen die Individuen.

Croce war im Hause eines Verwandten, *Silvio Spaventa,* aufgewachsen. Spaventas Schriften hat Croce unter dem Titel „La politica della destra. Scritti e discorsi" herausgebracht (Bari, Laterza 1910). Spaventa war ein Liberal-Konservativer, der vom parlamentarischen System enttäuscht wurde, als die Linke unter Depretis die Regierung übernahm (vgl. Band 2: Konservatismus). Croce (1925: 115) ist nach eigenem Bekenntnis stark von Spaventa geprägt worden. Der Sozialist *Antonio Labriola* (1843–1904) war ebenfalls aus der napolitanischen Schule Spaventas hervorgegangen. Er wurde einer der Gründungsväter der sozialistischen Partei (vgl. Band 3: Sozialismus). Trotz dieser Entwicklung nach links hat auch er starken Einfluss auf Croce genommen und dessen Interesse von der Geschichte auf die politische Philosophie gelenkt. Unter seinem Einfluss schrieb Croce den Essay über den „Historischen Materialismus und die Ökonomie von Karl Marx" (1900). Neben Hegel waren die Neukantianer Herbart und Windelband für Croce wichtig. Der entwickelte die contradictio in adiecto eines „realistischen Idealismus" in der

Schrift „Was lebt und was ist tot an Hegels Philosophie? (1902). Neben Schriften über die Ästhetik – unter dem Einfluss des Literaturkritikers *Francesco de Sanctis* – war Croce Herausgeber der Zeitschrift „La critica" (seit 1903). Er hat sie trotz seines Antifaschismus bis 1944 weiter redigieren können. Der Einfluss Vicos schlug sich in dem Buch über die Philosophie Giambattista Vicos (1911) nieder. Croce (1944: 131) hat später Vico und Hegel gegeneinander ausgespielt. Vico verstieß gegen Croces Glauben an den Fortschritt in der Geschichte mit seiner Theorie der zyklischen Entwicklung. Hegel hat die Freiheitsentwicklung in den Augen Croces zwar richtig gesehen, aber in seiner „Knechtsseligkeit gegenüber dem eigenen Volk" den Deutschen eine ihnen nicht zustehende Mission in der Geschichte zuerkannt. Die Deutschen traten für ihn nicht hegelianisch als Träger einer göttlichen Botschaft auf, sondern „in der ganzen Rohheit des Stammes und der Rasse, wie es später geschah und heute mehr als je unter unseren Augen geschieht". Auch dies war ein klares antifaschistisches Bekenntnis. Bei Croce gab es keinen fixen Endpunkt der Geschichte. Aber er war der Hegelschen Konzeption einer „Gegenwartsgeschichte" verpflichtet. Es ging nicht um Vergangenes, sondern um Aktualisierung der Geschichte, um eine „zweite ideelle Geschichte", welche den Ablauf der äußeren Geschichte vorwegnimmt (Mager 1965: 257).

Croce hat früh die Wissenschaft mit einer politischen Laufbahn verbunden. 1910 wurde er Senator und in Giolittis letztem Kabinett (1920/21) Minister für das Unterrichtswesen. Croce ist manchmal vorgeworfen worden, Giolittis pseudoliberale Politik nicht durchschaut zu haben. Klarer war seine Haltung in der Epoche des Faschismus. Seine „Geschichte Europas im 19. Jahrhundert" enthielt eine klare Abgrenzung zum Faschismus, dem das Recht abgesprochen wurde, sich auf das Risorgimento zu berufen. Im italienischen Faschismus konnten solche Nachrichten noch ziemlich unverschlüsselt gedruckt werden. Selbst Werke eines Radikalen wie Mazzini wurden inklusive ihrer aufrührerischen Teile gedruckt – unvorstellbar zur gleichen Zeit im Nationalsozialismus. Mussolini ließ den großen Liberalen unangetastet. Er blieb sogar Senator und hat in diesem Mandat gelegentlich kräftig opponiert, wie im Fall der Abstimmung über die Lateranverträge zwischen Kirche und faschistischem Staat. Das Schicksal Croces ist von Historikern (Lill 1986: 255) gelegentlich als Beleg gewertet worden, dass das faschistische System Italiens nicht „totalitär" gewesen sei. Mit dem Aufkommen des Faschismus schien Croces idealistischer und ethischer Liberalismus in der Jugend weniger gefragt zu sein. Traditionalisten und Rechtsradikale wie Maurras und die Action française oder Barrès gewannen in der italienischen Öffentlichkeit an Einfluss. Intellektuelle und Künstler der Avantgarde, wie *Tommaso Marinetti* (1876–1944), gingen zum Faschismus über. Croce hielt den Futurismus für „ex tunc" faschistisch". Das Klima wurde antiliberal. Umso wichtiger wurde Croces unbeugsame Haltung. Er wirkte wie ein Leuchtturm des freien Denkens in einem sich verdüsternden System der Gewalt, das sich zunehmend in kriegerische Abenteuer stürzte. Unverdrossen hat er seine „Geschichte als Geschichte der Freiheit" (1938) weiterentwickelt. Als das faschistische Regime zerfiel, wurde er 1944 noch einmal für kurze Zeit Minister und Vorsitzender der relativ konservativen Liberalen Partei (PLI).

Während der Diktatur war Croce auch für die radikaleren Liberalen der Aktionspartei, wie Ugo La Malfa oder Norberto Bobbio, die aus dem antifaschistischen Widerstand erwuchs, ein großes Vorbild. Selbst auf den Kommunistenführer Gramsci hatte er starken Einfluss, nicht zuletzt auf seine Konzeption eines Primats der Kultur (vgl. Band 3: Sozialismus). Kultur wurde schon bei Croce als unabhängig von der Politik gedacht. Politik aber war nicht unabhängig von der Kultur. Der Kultur wurde die Rolle zugeschrieben, die Politik zu erleuchten. Diese hierarchische Anordnung der Subsysteme der Gesellschaft war in Croces Überordnung der Theorie über die Praxis begründet. Croce konzipierte einen Liberalismus, der kulturell begründet war. Er unterschied diesen vom rein ökonomischen Liberalismus, den er „liberismo" nannte (Ward 1996: 47). Mit seiner Geringschätzung des ökonomischen Liberalismus handelte sich Croce Konflikte mit anderen Liberalen ein, etwa mit dem Wirtschaftsexperten der Partei, Luigi Einaudi. Croces säkularer Liberalismus ging davon aus, dass die Zeit für einen christlichen Liberalismus vorüber sei. Die positiven Prinzipien des Christentums waren für ihn ganz in einem säkularen Humanismus aufgegangen. Croces Geschichtsphilosophie, die darauf angelegt war, rechte und linke Ideologien in sich aufzuheben, konnte freilich nicht die geistige Integration des gesamten „Verfassungsbogens" Italiens bewirken. Gramsci hatte sich einen „tendenziellen Croceaner" genannt. Er konnte jedoch seinem Elitismus nicht folgen und er ironisierte den großen Philosophen aus dem Gefängnis als einen „säkularen Papst" (Quaderni dal carcere. II. Turin, Einaudi 1975: 1292 ff). Trotz solcher Differenzierungen blieb jedoch bemerkenswert, wie breit ein Konsens auf den liberalen und radikalen Grundprinzipien im Widerstand herzustellen war. In der deutschsprachigen Emigration gab es zwar wissenschaftliche antifaschistische Literatur von Hayek und Popper bis Fraenkel, die liberale Prinzipien vertrat. Aber diese wurden nicht handlungsanleitend für die Reorganisation der Parteienszene wie in Italien. Es fehlte auch eine Linksorientierung des Liberalismus wie bei *Carlo Rosselli* mit seinem „Liberalen Sozialismus", der sich die englischen Fabier als Vorbild wählte, oder bei *Piero Gobetti*, der einen „revolutionären Liberalismus" vertrat. Alle diese Metamorphosen des Liberalismus waren von Croce beeinflusst. Gelegentlich folgten sie unter radikalen Metaphern sogar dessen elitären Konzeptionen.

Croces „Philosophie des Geistes" (1909) zeigte schon im Titel die Inspiration Hegels. Diese Philosophie war für Croce eine säkulare Religion, die alle Aspekte des Lebens umfasste. Die theoretischen Aktivitäten des Geistes wurden in

„Intuition" und „Denken" unterteilt, die praktischen Aktivitäten in „wirtschaft-liches" und „moralisches Wollen". Croce hielt die Entwicklung objektiver Standards für seine vier Grundbegriffe nicht möglich. Philosophie wurde als entfaltete Geschichte konzipiert. Trotz seines zunehmenden Konservatismus hielt Croce jedoch am Fortschrittsgedanken fest. Aber er deutete ihn in fast theologischer Weise. Während Gentile mit seiner rechtsextremistischen Wende die Politik voluntaristisch konzipierte, welche alle gesellschaftlichen Bereich umfasste, war das Politische in Croces Werk auf einen von vier Quadranten beschränkt, wo sich das Nützliche aus politischen und wirtschaftlichen Tätigkeiten ergibt. Trotz eines reichlich abstrakten Schematismus in einer Art Vierfeldermatrix war die Botschaft Croces (1925: 8) in der Zeit des Faschismus eine Erleuchtung. Er vertrat die Meinung, dass Politik und Moral nicht getrennt werden könnten, und dass kein noch so hehrer Zweck die Mittel heilige, die in der Politik eingesetzt würden. Öffentliche und private Moral ließen sich nach Croce nicht auseinander dividieren. Selbst Friedrich der Große und Cavour hätten nach solchen Einsichten gehandelt – was im ersten Fall fraglich bleibt.

Politisches Handeln war für Croce nicht nur „nützliches Handeln". Er sah politisches Handeln als ubiquitär an. Es bezog sich nicht nur auf die Regierung oder die Führung von Parteien, sondern auch auf die „eigene Familie" (1925: 12). Der inflationäre Gebrauch des Wortes „Führung" machte auch vor diesem aufrechten Antifaschisten nicht halt. Darin gab es freilich Parallelen unter Liberalen in anderen Ländern mit einer bedrohten Demokratie, von Ortega y Gasset bis Karl Jaspers.

Der Staat war für Croce mit anderen Ideen und Idealen, dem Wahren, dem Guten und dem Schönen verbunden. Er konnte jedoch diese Bereiche nicht mehr steuern. Jede objektivierende Verdinglichung der Bereiche lehnte er ab. Es gibt nicht „das Wahre", sondern nur das, was der Denker dafür hält, es gibt nicht „das Gute", sondern nur den moralischen Willen, und nicht „das Schöne" ,sondern nur die poetischen und künstlerischen Aktivitäten der Menschen. Analog dazu gab es für ihn auch nicht „lo stato", den Staat, sondern nur politisches Handeln. Die Italiener hatten den Begriff in der Renaissance erfunden, und statisch verengt. Er blieb in einer dialektischen Spannung zur Dynamik des politischen Handelns (1925: 12). Auch Gesetze sind nicht Emanationen des Staates, sondern Aktionen von Individuen. In diesem Punkt blieb er liberaler Individualist – sehr im Gegensatz zu Hegel.

Die Begriffsästhetik seiner allgemeinen politischen Theorie wurde 1924 etwas konkretisiert, als er eine „Gesellschaft für politische Kultur" in Neapel einweihte. Die Studien der Politik sollten für Croce in dreifacher Weise vorangetrieben werden: durch die Philosophie der Politik, welche das Wesen der politischen Tätigkeit erforscht und mit anderen Handlungsformen des Menschen in Beziehung setzt.

Dabei ging es ihm um die Klärung von Grundbegriffen wie Staat, Souveränität, Autorität, Freiheit, Gewalt, Gleichheit, Mehrheit, Parteien und Ideologien. Die Aufzählung (1925: 109) zeigte, dass es ihm auf den Abstraktionsgrad der Grundbegriffe nicht sehr ankam. Eine zweite Stoßrichtung wurde von der politischen Geschichte vorangetrieben und eine dritte Ebene stellte die „empirische Wissenschaft von der Politik" dar. Sie sollte sich auf der Basis der Theorie induktiv den Typen und Systemen verschiedener Staaten widmen. Nicht sehr demokratisch klang seine Warnung vor Begriffen wie Freiheit, Gleichheit, Brüderlichkeit, die ihn lächerlich oder heuchlerisch dünkten. Croce warnte aber zugleich vor einseitigen Theorien, wie des Imperialismus, Nationalismus, Syndikalismus oder Kommunismus. Die ersten drei Elemente waren ohne Namensnennung vermutlich gegen Mussolinis ideologische Entwicklung gemünzt. Die politische Philosophie konnte sich nach Croce (1925: 42) über die Pseudotheorien stellen, die von Parteien und ihren Programmen ausgingen. Der Liberalismus mit seinem graduellen Fortschritt durch Antinomien hatte für Croce in diesem Werk nichts gemeinsam hinsichtlich seines „politischen Wollens" mit einer Partei. Croce schilderte die sophistischen ideologischen Verstrickungen, denen Politiker leicht verfielen. Er kritisierte die selektive Aneignung der politischen Theorie bei Begriffen wie Demokratie oder Freiheit. Die politische Auseinandersetzung der Ideologien führe zu paradoxen Konstellationen: der wahre Liberale könne „autoritär" und der wahre Sozialist „antisozialistisch" gesonnen sein. Diese Sophismen waren wiederum gegen den Faschismus gerichtet, der Begriffe usurpiert hatte und sich gelegentlich vom „öden Liberalismus" der Ära Giolitti absetzte, und vorgab den „wahren Liberalismus" zu vertreten. Erstaunlich schien die Konzession im Nachsatz, dass an solcher Verdrehung immer ein Körnchen Wahrheit zu finden sei, weil es auch im despotischsten Regime einen Rest von Freiheit gebe (1925: 46). In Deutschland hätte er diesen Satz vermutlich nicht geschrieben.

Im Kapitel über die „empirische Wissenschaft von der Politik" vertrat Croce (1925: 52 ff) ein relativ traditionelles Verständnis von Politik. Deutlich war der Affekt gegen die „sogenannte Soziologie". Diese Haltung hatte bis hin zu Giovanni Sartori eine gewisse Tradition in Italien. Die antisoziologische Kritik richtete sich vor allem gegen Pareto, der eine Wissenschaft ohne Spekulation für seine Methode beanspruchte. Ein Werk wie Paretos „Trattato di sociologia" könne ohne Philosophie im günstigsten Fall nur die Historie variieren und ende im schlimmsten Fall im „Journalismus". Croce sah es nicht als Zufall an, dass der „Trattato" in der faschistischen Presse weidlich ausgeschlachtet wurde. Moscas Werk, das seiner historisch-typologischen Methode näher stand, hat Croce günstiger beurteilt. Mosca stand ihm als elitärer Liberaler politisch auch wesentlich näher als der zynische Konservative Pareto, der außerhalb des Landes in der Schweiz Ehrungen des Faschismus annahm.

Croce ist lebenslang ein Kritiker der französischen Revolution gewesen. In ihr sah er den Sündenfall einer Mobilisierung der Massen wirksam, von der alles Unheil ausging. Seine tiefe Abneigung gegen die Massen machte ihn zugleich immun gegen faschistische Versuchungen. Der Faschismus mobilisierte die Massen unentwegt. Als Rom im September 1944 befreit worden war, hielt Croce im „Eliseo Theater" eine berühmte Rede. Sie wurde in der liberalen Zeitung „Risorgimento liberale" abgedruckt. Sie enthielt Sorgen und Gedanken zur Nachkriegsordnung. Er war voller tiefer Sorge, dass Italien aus diesem Krieg wieder machtlos und territorial verkrüppelt hervorgehen könnte, wie aus dem ersten Weltkrieg. Den Alliierten wurden einige welthistorische Ermahnungen mit auf den Weg gegeben. Als Hauptschuldige am zweiten Weltkrieg wurden Deutschland und Japan ausgemacht. Das Risorgimento hatte für Croce gezeigt, dass Italien den ideologischen Exzessen der Nazi-Ideologie gar nicht erliegen konnte, wegen des liberalen Grundkonsenses der Italiener. Der Faschismus war gleichsam als Bazillus aus dem Ausland ins Land gekommen. Italien sei historisch immer Frankreich und England gefolgt, niemals Deutschland. Die Dreibund-Episode schien vergessen. Erstaunlich waren einige Äußerungen über die jüdische Kultur in Europa. Croce hat sie als unvereinbar mit den europäischen Idealen dargestellt. Er lobte zwar die Italiener, die Juden beschützt hatten, äußerte aber seine Abneigung gegen die jüdische Kultur. Es ging dabei nicht um die religiöse Seite dieser Kultur, sondern um den proselytischen Eifer säkularisierter Juden wie Karl Marx (Belege in: Ward 1996: 81, Croce 1943 II: 409). Parallelen, die Croce zwischen den Deutschen und den Juden zog, hat er als Hegelianer nicht erfinden müssen. Er hatte sie von Hegel übernommen (vgl. Kap. Hegel).

Nach dem Krieg beriefen sich alle auf Croce. Sein hohes Abstraktionsniveau machte seine politische Philosophie vielfältig ausdeutbar. Die liberale Partei, die Croce eine Weile führte, stand in den meisten Fragen „rechts" von der sich neu formierenden „Democrazia cristiana" unter De Gasperi, mit der sie vielfach koalierte. Die radikal-liberale Tradition wurde von anderen Parteien übernommen, zunächst von der Aktionspartei, später von den „Republikanern". Nach 1944 kritisierte Croce gern den „Liberal-Sozialismus" und die Linksöffnung des Liberalismus in der Zeit des antifaschistischen Widerstands (Galasso 1990: 417). In Croces letzten Studien über Hegel (1952) hat er einige Positionen über die Synthese von Moral und Politik kantianisch relativiert. In einer sich konsolidierenden Demokratie konnte auf die rigorose Einheit von Politik und Moral wieder verzichtet werden. Croce war die überragende moralische und intellektuelle Autorität seines Landes. Aber er konnte wie Tocqueville (1954: 34) von sich sagen: „Ich bin als Denker mehr wert, denn als Akteur, und wenn jemals etwas von mir in dieser Welt übrig bleiben sollte, so wird es eher die Spur dessen sein, was ich geschrieben habe, als die Erinnerung an das, was ich politisch leistete".

Quellen

Croce. Opere. Bari, Laterza, 1965, 67 Bde.

Croce: Elementi di politica. Bari, Laterza 1925.

Croce: Antwort auf das „Manifest der faschistischen Intellektuellen". In: E. Nolte (Hrsg.): Theorien über den Faschismus. Köln, Kiepenheuer & Witsch, 1967: 138–140 (zit.: A).

Croce: Geschichte Europas im 19. Jahrhundert. Zürich, Europa Verlag, 1935.

Croce: Pagine sparse. Neapel, Ricciardi, 1943, 3 Bde.

Croce: Pagine politiche. Bari, Laterza, 1944.

Croce: Etica e politica. Bari, Laterza, 1931.

Croce: Lettere a Giovanni Gentile (1896–1924) (Hrsg.: A. Croce). Mailand, Mondadori ,1981.

P. Gobetti: La rivoluzione liberale. Turin, Einaudi, 1983.

P. Gobetti: Opere complete. Bd. 1: Scritti polici (Hrsg.: P. Spriano). Turin, Einaudi, 1969.

C. Rosselli: Socialismo liberale (1930). Turin, Einaudi, 1979.

Literatur

M. Abate: La filosofia di Benedetto Croce e la crisi della società italiana. Turin, Einaudi, 1955.

M. Bazoli: Fonti del pensiero politico di Benedetto Croce. Mailand, Marzorati, 1971.

C. Carini: Benedetto Croce e il partito politico. Florenz, Olschki, 1975.

G. Galasso: Croce e lo spirito del suo tempo. Mailand, Mondadori, 1990.

A. Garosci: La Vita di Carlo Rosselli. Rom, Ed. Usdp. 1946, 2 Bde.

A. Gramsci: Il materialismo storico e la filsofia di Benedetto Croce. Turin, Einaudi, 1949.

E. E. Jacobitti: Revolutionary Humanism and Historicism in Modern Italy. New Haven, Yale University Press, 1981.

W. Mager: Benedetto Croces literarisches und politisches Interesse an der Geschichte. Köln, Böhlau, 1965.

A. Mautino: La formazione della filosofia politica die Benedetto Croce (1941). Bari, Laterza, 1953.

S. D. Schmid: Ernst Cassicrcr und Benedetto Croce. Tübingen, Francke, 2005.

P. Spriano: Gramsci e Gobetti. Turin, Einaudi, 1977.

M. Thiel: Benedetto Croce. Italien am Vorabend des Faschismus. Heidelberg, Elpis Verlag, 2003.

L. Valliani: Frau Croce e Omodeo. Storia e stroriografia nella lotta per la libertà. Florenz, Le Monnier, 1984.

294 Politisierte Wissenschaft und wissenschaftliche Politiktheorie

D. Ward: Antifascisms. Cultural Politics in Italy 1943–46. Benedetto Croce and the Liberals, Carlo Levi and the „Actionists". London, Associated University Presses, 1996.

S. Zeppi: Il pensiero politico dell'idealismo italiano e il nationalfascismo. Florenz, La Nuova Italia, 1973

R. Zimmer: Liberaler, Europäer, Pionier der modernen Ästhetik. Ein Plädoyer für die Wiederentdeckung Benedetto Croces. In: Aufklärung und Kritik, 4, 2011: 184–194.

5 Der kurze Radikalismus der Generation von 1898 in Spanien und ihre Vorgeschichte: Argüelles bis Ortega y Gasset

Die Liberalen in der Ära der Cortes von Cádiz

Spanien gebührt die Ehre, das Wort „liberales" zuerst als Bezeichnung für eine politische Gruppe hervorgebracht zu haben. An der Wiege des modernen Spanien schien es nicht gesungen, wie Russland ein ewig zu spät gekommener Modernisierer zu sein. Die spanische Modernisierung wurde durch die napoleonische Fremdherrschaft möglich. Es zeigte sich jedoch bald, dass der starke Widerstand, den Spanien mit seiner Guerilla leistete, überwiegend konservativ und klerikal gesteuert war. Die Akzeptanz liberaler Gedanken wurde behindert, weil die „afrancesados", die Anhänger der französischen Modernisierung, mit der napoleonischen Invasion von 1808 als Kollaboranten verdächtigt wurden. Mit der Thronbesteigung Philip V begannen sich französische Ideen der Aufklärung in Spanien erstmals auszubreiten. Wie in anderen marginalen Ländern kam liberales Gedankengut zuerst in der Literatur zum Ausdruck.

Gaspar Melchior de Jovellanos (1744–1811) war einer der vielseitigsten Schriftsteller seiner Zeit. Er brachte es 1797 bis zum Justizminister und wurde als Vorläufer des Liberalismus eingestuft, weil er sowohl zur Krone als auch zur Kirche in Opposition geriet. Er wurde inhaftiert. Seine Schrift „Memoria en defensa de la Junta Central" war ein Aufruf zur Modernisierung und Vereinheitlichung der Gesetzgebung. Er schien ihn eher in die Nähe der Traditionalisten zu rücken. Eine gemäßigte Monarchie englischen Musters war sein Ideal.

Jovellanos führte einen Zweifrontenkrieg gegen den aufgeklärten Despotismus einerseits und die ideologische Abhängigkeit von französischen Ideen andererseits. Er trat für eine Wiederbelebung der Cortes ein. Er hielt sich aber an alte Doktrinen und war daher sehr viel moderater als die liberalen Verfassungsväter von Cádiz 1812. Jovellanos lehnte den Begriff der Souveränität ab. Für den Monarchen wie für das Volk zog er den Ausdruck „Suprematie" vor. Die oberste Gewalt sah er als beschränkt an. Sie konnte daher nicht wirklich souverän sein. Seine Haltung war der Liberal-Konservatismus Burkes. Auch er ging davon aus, dass eine Verfassung nicht geschaffen werden könne, wie es die Abgeordneten der Cortes von Cádiz vorhatten. Spanien hatte seiner Ansicht nach eine alte Verfassung, die lediglich modernisiert werden müsse. Die Reform dieser Verfassung stand den Cortes zu – aber in engen Grenzen, die durch die Kompetenzen der Krone gegeben waren. Die Exekutive hatte in seinem Gewaltenteilungsschema einen höheren Rang als bei Montesquieu, und war keineswegs auf die Durchsetzung von Gesetzen beschränkt.

Die gemäßigten Liberalen Spaniens haben Jovellanos bis in die Mitte des 19. Jahrhunderts als Vorbild angesehen. Er wurde sogar als Wegbereiter des „doktrinären Liberalismus" in Spanien gefeiert (Díaz del Corral 1964: 293). Der spanische Liberalismus, der in den Verfassungsdebatten von 1809–1810 entstand, war im Vergleich zu Frankreich sehr gemäßigt. Es wurden verschiedene Strömungen des Liberalismus unterschieden, wie die Freimaurer (Argüelles), die Comuneros (Sozialreformer) und die Republikaner (Carboneros) (Bardina 1916: 327). Nur durch ausländische Intervention wurde Ferdinand VII von einer durchgreifenden liberalen Umgestaltung des Systems befreit und verfiel in eine hemmungslose Unterdrückungspolitik. Der Liberalismus wurde – wie in der französischen Revolution – aus aktuellen Auseinandersetzungen geboren. Als „Verfassungsvater" profilierte sich Agustin Argüelles, der Abgeordnete für Oviedo in den Cortes.

Quellen

Actas de las Cortes de Cádiz. (Hrsg.: E.Tierno Galván). Madrid, Taurus, 1964, 2 Bde.

F. Díaz-Plaja (Hrsg.): La Historia de España en sus documentos. El siglo XIX. Madrid, Instituto de Estudios Políticos, 1954.

G. M. de Jovellanos: Informe de la sociedad económica de Madrid. Madrid, Sancha, 1795.

F. Martínez Marína: Teoria de las Cortes ó grandes juntas nacionales de los reinos de León y Castilla. Madrid (1813), Villapando, 1866, 2 Bde.

J. M. Queipo de Llano de Toreno: Historia del levantamiento , guerra y revolución en España. Paris, Baudry, 1838, 3 Bde.

Literatur

J. R. Aymes (Hrsg.): España y la revolución francesa. Barcelona, Ed. Critica, 1982.

J. Bardina: Orígines de la tradición y del regimen liberal. Barcelona, Victor, 1916.

R. Solis: El Cádiz de las Cortes. Madrid, Inst. de Estudios Politicos, 1958.

F. Suárez Verdeguer: Conservadores, innovadores y renovadores en las postrimerias del antiguo régimen. Pamplona, Studium Generale, 1955.

L. Araquistain: El pensamiento español contemporaneo. Buenos Aires, Losada, 1962, 1968 2. Aufl.

A. Dempf: Christliche Staatsphilosophie in Spanien. Salzburg, Pustet, 1937.

F. Diaz-Plaja (Hrsg.): La Historia de España en sus documentos. El Siglo XIX. Madrid, Instituto de Estudios Políticos, 1954.

R. Herr: The Eighteenth Century Revolution in Spain. Princeton, Princeton University Press, 1958.

W. Krauss: Spanien 1900–1965. Beitrag zu einer modernen Ideologiegeschichte. München, Pustet, 1972.

E. Tierno Galván (Hrsg.): Actas de las Cortes de Cádiz. Madrid, Taurus, 1964, 2 Bde.

F. Vallespín (Hrsg.): Historia de la teoría política. Madrid, Alianza, 1991, Bd. 3: 397–447.

Agustín Argüelles (1776–1844)

Argüelles entstammte einer adligen Familie aus Asturien und studierte Rechtswissenschaften in Oviedo. Nach dem Studium wurde er in diplomatischer Mission nach Lissabon geschickt. Für Oviedo wurde er Abgeordneter in den Cortes von Cádiz. Hier hat er für die Durchsetzung der Pressefreiheit und die Abschaffung der Folter und andere progressive Reform mit Erfolg gekämpft. Ihm wurde die Redaktion der Präambel der Verfassung von Cádiz anvertraut, auf die er auch sonst entscheidenden Einfluss nahm. König Fernando VII hat 1814 mit Hilfe der „Servilen" ein Regiment der Unterdrückung geführt, in dem auch Argüelles verfolgt wurde. 1820 brach eine Revolution unter Oberst Riego aus, der die Verfassung in Kraft setzte. Argüelles wurde von Riego aus der Verbannung in das „Ministerio de la gobernación" gerufen, obwohl die Beziehungen der beiden Exponenten nicht die besten waren (Argüelles 1990 II: 251). Der König trieb ein Doppelspiel. Einerseits verlas er eine Selbstkritik, die das Ministerium redigiert hatte, andererseits warb er im Ausland für eine bewaffnete Intervention, die Außenminister Chateaubriand in Frankreich schließlich organisierte. Sie bereitete dem liberalen Experiment ein blutiges Ende. Argüelles konnte nach England fliehen und fristete sein Leben als Bibliothekar bei Lord Holland. Erst nach dem Tode Fernando VII kehrte Argüelles zurück. Er wurde wiederum zur Schlüsselfigur bei der Erarbeitung der Verfassung von 1837. Vorübergehend war er auch Tutor der späteren Königin Isabel. Er starb arm aber angesehen. Argüelles war als Gemäßigter nie unumstritten. Den Konservativen war er als „Freimauer" und „Freigeist" verdächtig. Man hielt Argüelles (1990: 354 ff) sogar für einen Republikaner. Den Radikalen ging er nicht weit genug in die Richtung einer Vorherrschaft des Parlaments. Unumstritten aber war seine moralische Integrität. Er trat mehr durch „politische

Theorie" in der praktischen Anwendung hervor als durch theoretische Traktate. Seine Schriften waren meist spätere Begründungen seiner politischen Taten.

Der Konstitutionalismus in Spanien war durch eine Notabeln-Versammlung von Joseph Bonaparte in Bayonne herausgefordert worden. Die Cortes wurden nicht als echte Nationalrepräsentation anerkannt. Der Liberale Argüelles sprach daher 1811 in den Cortes von Cádiz von dem „schrecklichen und barbarischen Attentat von Bayonne", das zahlreiche Familien kompromittiert hatte und der Nation nicht die Freiheit gab, sich die Regierungsform zu wählen, die ihr angemessen schien (Actas II: 551). Die spanische Freiheitsbewegung strebte eine echte Nationalrepräsentation an nach dem Vorbild der französischen assemblée nationale. Durch die Intervention der Fremdherrschaft wurde es den Konservativen leicht gemacht, die Theorie der Volkssouveränität zu akzeptieren, weil sie Spanien nützte. Diese Doktrin richtete sich in Spanien in dieser Zeit nicht gegen einen legitimen Souverän, sondern gegen einen ausländischen Usurpator. Ein Dekret vom 4. November stellte klar, dass kein Schritt in die Unabhängigkeit Spaniens möglich sei, wenn man nicht zugleich die „Libertad" befürworte (Dok. in: Díaz-Plaja 1954: 85 f). Die Cortes erklärten sich daher für souverän. Der Regentschaftsrat verzichtete auf seine von der Krone abgeleitete Souveränität und schwor „Gehorsam den Gesetzen, die aus den Cortes hervorgehen" (Díaz-Plaja 1954: 93 f).

Argüelles (1835: 273) rechtfertigte später diese Souveränität des Parlaments: „Die Cortes legitimierten ihre Autorität, indem sie sie vom gleichen Ursprung ableiteten wie den edlen Entschluss, dem Usurpator zu widerstehen." Die Erklärung der Souveränität des Volkes galt nicht als Imitat der französischen Revolution, sondern als Wiederanknüpfung an die spanische Theorie des politischen Denkens seit der Schule von Salamanca (Martínez Marína 1866 I: 200, II: 424). Dabei wurden freilich die Klassiker wie Vitoria, Fray Luis de León oder Suárez gelegentlich für die Zwecke der Cortes liebend überinterpretiert. Mancher Abgeordnete, der auf der Welle der Begeisterung die Volkssouveränität mit seinem Votum mittrug, ist später von ihr abgerückt. Günstigstenfalls kam es zu dem Urteil des Grafen Toreno (1838: 204), einem Freund von Argüelles, der die Volkssouveränität im Prinzip ablehnte, aber als „historische Notwendigkeit" für 1812 in Cádiz akzeptierte.

In der Sitzung vom 9. Dezember 1810 wurde ein Vorprojekt für die Verfassung vorgeschlagen. Es wurde eine Kommission von 15 Abgeordneten gewählt. Eindeutige Liberale waren Muñoz Torrero, Argüelles, Pérez de Castro. Vier Abgeordnete waren „Realisten", wie die Konservativen sich gern nannten. Andere Historiker behaupteten, das Kräfteverhältnis zwischen Konservativen und Liberalen sei 8:6 gewesen. Einer wurde als neutral angesehen. Die Liberalen gaben jedoch trotz ihrer Minderheitenposition den Ton an. Sie verstanden es, die Bedenken der Konservativen einzulullen. Über die Arbeit der Kommission ist wenig bekannt. Die Schilderungen von Toreno und Argüelles werden von der Forschung als „zu idyllisch" angezweifelt. Die Kommission legte am 18. August 1811 einen Verfassungsentwurf vor, der außer von einem Absolutisten von allen Mitgliedern der Kommission gebilligt worden war. Die Diskussionen im Plenum zogen sich bis Januar 1812 hin, weil die Anhänger des Absolutismus versuchten, durch Obstruktion das Projekt zu Fall zu bringen. Am 19. März 1812 wurde die Verfassung proklamiert und wurde von den meisten politischen Gruppen als „Plebiszit der Einheit" begrüßt (Solis 1958: 287). Die Einheit war jedoch hart erkämpft worden. Drei Gruppen, die „realistas", die „liberales" und die „serviles" oder „conservadores", „innovadores" und „renovadores" (Suárez 1955: 39 ff) mussten sich zusammenraufen. Im Frühjahr 1811 kam es zum Bruch zwischen Realisten und Liberalen, die bis dahin zusammen gegangen waren. Nur wenige Abgeordnete verweigerten den Konsens und den Eid auf die Verfassung. Die Dissidenten beugten sich dem Druck der liberalen Zufallsmehrheit. Der Vorsitzende des Regentschaftsrats, der Bischof von Orense, trat zurück, um die Beschlüsse nicht beschwören zu müssen. Die Cortes hielten ihn jedoch solange fest, bis er den Eid leistete. Solche Versuche der Einigung von Krone und Ständen durch Druck hat es Anfang des Jahrhunderts auch in Norwegen und Schweden gegeben, nur dort hatte die Verfassung längere Lebensdauer.

Argüelles (Actas II: 549) argumentierte 1811, dass die Cortes nur die ursprüngliche Verfassung Spaniens (primitiva constitución) wieder herstellen und verbessern wollten, wo immer das zweckmäßig erschien. Das alte Kraftgefühl der Stände von Aragón lebte wieder auf, das einst dem König die Huldigungsformel aufzwangen: „Nos que valemos tanto como vos y podemos mas que vos" sprach aus zahlreichen Diskussionsbeiträgen in Cádiz. Argüelles hob jedoch hervor, dass im Vergleich zu der historischen Verfassung, diese Cortes permanent seien, um künftig den ministeriellen Despotismus in Schach zu halten (Actas II: 679). Die Verfassungsgeschichte hat gelegentlich das geschaffene liberale Regime als „parlamentarisch" gedeutet. Das trifft nicht einmal für die Intention von Argüelles und seinen liberalen Freunden zu. Die Rechte des Monarchen waren jedoch stärker begrenzt als in der französischen Verfassung von 1791. Die Artikel, die sich mit dem König befassten, sind wohl das pedantischste Dokument dieser Art in der europäischen Verfassungsgeschichte.

Wie in Frankreich wurde die Frage der Vereinbarkeit von Abgeordnetenmandat und Ministeramt zum Hebel der parlamentarischen Doktrin. Argüelles versuchte bereits wenige Monate nach der Promulgation der Verfassung das Verhältnis von Regentschaft und Parlament neu zu regeln. Wie vor ihm Mirabeau in Frankreich war das Hauptmotiv die Schaffung einer effektiveren Regierung. Argüelles schlug vor, über die Fälle des Artikels 125 hinaus, die Anwesenheit der Minister bei den Beratungen der Cortes und sogar bei den Abstimmungen zu-

zulassen. Er glaubte nicht, wie viele ängstliche Liberale, dass die Anwesenheit der Minister die Versammlung einschüchtern könnte. Im Gegenteil, er versprach sich von ihrer Präsenz eine effektivere parlamentarische Kontrolle. Sehr geschickt fragte er die Abgeordneten, ob sich irgendjemand von seiner Meinung abbringen lassen würde, nur weil Minister anwesend seien. Nur bei Ministeranklagen und bei Verschwörungen wollte er die Räte der Krone von den Parlamentsberatungen ausschließen. Immerhin war er bereit, die Minister, die angeklagt wurden, wenigstens Entlastungsreden vor dem Parlament halten zu lassen. Argüelles steigerte sich in Begeisterung: „Sollen sie doch Partei ergreifen, sollen sie doch Einfluss ausüben, gut! Aber wenn das ein Übel ist, so ist es ein geringeres, als wenn die Vorstellungen des Kongresses und der Regierung nicht in einträchtiger Übereinstimmung auf ein Ziel lossteuern" (Actas II: 723). Argüelles zeigt mit diesem Einsatz, dass er die Entwicklung der Repräsentativverfassung realistischer sah als die Doktrinäre einer schematischen Gewaltenteilung, die es auch unter den Liberalen gab. Da die Abgeordneten nicht Minister werden konnten, wollte Argüelles wenigstens den täglichen Kleinkrieg zwischen Regierung und Parlament verhindern. Er glaubte unter Einfluss seiner anglophilen Formation an ein „government by discussion" (Actas II: 731). Argüelles glaubte, dass ohne Anwesenheit der Minister Mängel der Tätigkeit der Exekutive gar nicht hinreichend aufgedeckt werden könnten. Auch Interpellationen konnten erst nach einer Diskussion mit den Ministern Sinn machen. Sein Konzept einer „union sistemática" zwischen den beiden Gewalten wies auf eine wichtige Vorstufe der parlamentarischen Regierungsweise hin (Actas II: 733). Die Gegner von Argüelles befürchteten, die Diskussion im Parlament werde die Minister von ihrer eigentlichen Arbeit abhalten (ebd.). Ein weiteres Entlastungsargument lautete, die Minister könnten ihre Vorstellungen den Cortes ja schriftlich unterbreiten. Die mögliche rhetorische Überlegenheit der Minister könne die Deputierten womöglich ungebührlich beeinflussen.

Die Vereinbarkeitstheorie, welche die Liberalen *José María Toreno* (1786–1843) (1839: 749 ff) und Argüelles in den Cortes vertraten, hätte zu einem parlamentarischen System führen können, wenn König Ferdinand das liberale Regime nicht liquidiert hätte. Er löste damit eine Variation des französischen Zyklus von Absolutismus, Parlamentsherrschaft und Diktatur aus. In Spanien hieß die Reihenfolge: Absolutismus, gemäßigter Parlamentarismus und *pronunciamiento*. Das pronunciamiento wurde dabei zum Mittel der plebiszitären Akklamation für militärische Cliquen.

Die Cortes-Verfassung von 1812 blieb ein Mythos in der europäischen Publizistik und Verfassungsgebung. Sie hatte Einfluss bis zum frühen Risorgimento in Italien und bei den russischen Dekabristen 1825. Vielfach wurde dabei jedoch die Macht des Parlaments in diesem spanischen System überschätzt, selbst bei ausländischen Liberalen wie Rotteck.

Im Gegensatz zur französischen Revolution wurde in Spanien die Kontinuität der Verfassungsentwicklung stärker betont. Insofern ist der frühe spanische Liberalismus keine bloße Reproduktion des französischen Konstitutionalismus gewesen. Das Werk von *Francisco Martínez Marína* (1754–1833): „Teoria de las Cortes de León y Castilla" (Madrid 1813) argumentierte, dass die Cortes nur die freiheitlichen Bedingungen der Vergangenheit wieder herzustellen versuchten. Der individualistische Ansatz der Liberalen wurde durch eine thomistisch-korporative Auffassung der Gesellschaft gemildert. Er betonte Grundbegriffe wie Gesellschaft, Volk und Nation weit mehr als das Individuum und seine Rechte. Der Verfassungsbegriff war auf Kontinuität gerichtet. Mit einer liberalen Verfassung war für Martínez das „Ende der Geschichte" eingeläutet.

Das Ende der Geschichte kam nicht. Die Geschichte des spanischen Konstitutionalismus war nicht weniger turbulent als die des französischen. 1820–1823 und 1834–1838 tobte der Bürgerkrieg. Das zweite Mal zwischen Isabella II und Don Carlos, dem Bruder des Königs, der sich von der Thronfolge ausgeschlossen fühlte. Ausländische Hilfe hat die Carlisten niedergeworfen. 1845 wurde erneut eine Verfassung erlassen. 1868 ging von Cádiz wieder eine Revolution aus. Die Königin wurde abgesetzt. 1873–74 kam es zu einem republikanischen Intermezzo. Diesmal kämpften die Carlisten gegen Republikaner. Erst mit der Thronfolge Alfons XII, Sohn der Isabella, kam es zur Restabilisierung der Monarchie. Die spanischen Doktrinäre hatten sich in den Jahren des Regimes von Riego Hoffnungen gemacht, ein liberales Regiment führen zu können. Im Gegensatz zu 1812 traten sie für ein Zweikammersystem und ein zensitäres Wahlrecht ein. Die Macht der Krone war stärker ausgebaut als in dem Projekt der Verfassung von Cádiz. Später hat der Kampf zweier Dynastien – wie in Frankreich unter Louis-Philippe 1830–1848 – die Liberalen gemäßigt, weil sie wussten, dass sie mit der Königin Isabella fallen würden. Zugleich wurde die Königin in dieser Konstellation zu Konzessionen an die Liberalen gezwungen. Erst mit der Verfassung von 1845 wurde ein gemäßigter Liberalismus wieder einflussreich.

Die liberale Publizistik war angesichts dieser Pendelausschläge im Bürgerkriegsglück stark von einem „spanischen Sonderweg" überzeugt. Ein Beispiel war das Werk eines liberalen Publizisten, der wohl der berühmteste Journalist seiner Zeit in Spanien gewesen ist: *Mariano José de Larra y Sánchez de Castro* (1809–1837). Er war einer der ersten freischaffenden Publizisten, der sich zugleich als Abgeordneter engagierte. Er wurde später vielfach als Vorläufer der Generation von 98 gewertet. Trotz seines kosmopolitischen Lebens hat er in der Tradition von *Quevedo* (1580–1645) das Genre beißender Kritik an seinem Land gepflegt. Quevedos Argument war einst die Schadenfreude der Feinde gewesen. Larra argumentierte hingegen in „Cosas de este país" (1833, 1968: 127) gegen das Desinteresse seiner Freunde. Die blasierte Jugend Spaniens verabscheute ihr Land. Es klang wie eine

Kritik, die aus Russland stammen könnte: „Wenn dieser ihm kein standesgemä-
ßes Frühstück anbieten kann, wenn seine Wohnung in heillosem Durcheinan-
der ist, wenn er von einem Besseren bei einer Stellenbewerbung ausgestochen
wird, wenn keiner sein schlechtes Buch liest.. so sind das alles Dinge des Landes"
(cosas de este país). Das Land wird für jedes Missgeschick und Versagen schul-
dig gesprochen. Die Modell-Länder wurden nach Larra unkritisch verehrt und
untergruben das spanische Selbstvertrauen. Eine politische Theorie war in diesem Werk über Sitten und Gebräuche, das in der kulturkritischen Tradition des
„costumbrismo" stand, kaum zu finden. Die soziale Analyse war ziemlich einseitig. Ein zutreffender Grund für die mangelnde Modernisierungsfähigkeit wurde
in dem Fehlen einer breiteren Mittelschicht gesehen, die Larra allenfalls in Barcelona oder Cádiz gefunden hatte. Die Oberschicht wurde im Ganzen ziemlich geschont. Sie wurde noch gegen den „Fortschritt in Paris" ausgespielt, weil sie zu leben verstehe und dem echten Menschsein noch nicht entfremdet sei. Fortschritte
erhoffte Larra durch eine Hebung des Bildungsniveaus und durch Pressefreiheit.
Der Einfluss von Lamennais wurde deutlich, wenn er die spanische Kirche dafür
kritisierte, sich als Instrument der Herrschaftssicherung missbrauchen zu lassen.

Der Liberalismus hat nach Argüelles kaum noch einen wichtigen Kopf hervorgebracht. Er tendierte einerseits in Richtung demokratischer Radikalismus, andererseits zu einem konservativen Doktrinär-Liberalismus.

Quellen
Actas de las Cortes de Cádiz (Hrsg.: E. Tierno Galván). Madrid, Taurus, 1964, 2 Bde.
A. de Argüelles: Exámen histórico de la reforma constitucional que hicieron las
    Cortes Generales y Extraordinarias. London, Impr. de C. Wood e hijo, 1835, 2 Bde.
A. de Argüelles: Discurso preliminar a la constitución de 1812. Madrid, Centro de
    Estudios Constitucionales, 1981.

Literatur
A. R. Argüelles: Agustín Argüelles, padre del constitucionalismo espanol. Madrid,
    Atlas, 1990/1991, 2 Bde.

Die spanischen Doctrinaires

Wie in Frankreich hat das Auf und Ab der revolutionären Wellen den Liberalismus in eine konservative Richtung des „juste milieu" gedrängt. Ein wichtiges
Bindeglied zum späteren Doktrinarismus an der Macht war die Schrift von *Juan
Donoso Cortés,* die er 1836–37 vor dem Athenäum in Madrid als „Lecciones de derecho político" gehalten hat (Obras 1854, I: 115 ff). In diesen Vorlesungen zeigte

sich Donoso als stringenterer Denker als seine französischen Vorbilder Royer-Collard oder Guizot. Der Bruch mit dem Liberalismus, den die Literatur vielfach schematisch auf das Jahr 1848 ansetzt, hat sich bei Donoso langsam vollzogen. An der Verfassung von 1845 hat Donoso noch maßgeblich mitgewirkt. In ihr wurde doktrinär-liberales Gedankengut sichtbar zu einer Zeit, da Donoso bereits gegen die französischen Doctrinaires zu polemisieren begann.

Donoso argumentierte, dass die Intelligenz des Menschen die Ursache der Gesellschaft sei. Die Freiheit des Menschen aber habe Herrschaft nötig werden lassen. Intelligenz war für ihn ein harmonisches soziales Prinzip. Die Freiheit hingegen wertete er als antisoziales, als ein Unruhe stiftendes Prinzip. Die Freiheitsrechte der Liberalen sah er als widersprüchlich und einander ausschließend an (O I: 121). Donosos Doktrinarismus richtete sich gegen die liberale Verabsolutierung des Freiheitsbegriffs. Er suchte einen Mittelweg zwischen den Reaktionären wie Maistre, welche die Menschen für unfrei erklärten, und den Radikalen, welche die Freiheit zum Grundprinzip der menschlichen Gesellschaft erhöben. Vernunft und Freiheit sah er in einem Komplementärverhältnis. Vernunft aber war das höhere Prinzip – ähnlich wie bei Bonald. Vernunft kommt von Gott und vergeht nicht, wie die Freiheit des Menschen mit Menschen kommt und geht. Die Gesellschaft muss sich gegen die Freiheit als ein Prinzip der Auflösung verteidigen. Ihre Waffe ist die Regierung. Carl Schmitt hat sich schon am frühen Donoso inspirieren können: Politik wurde als Widerstreit entgegengesetzter Kräfte definiert, als eine Art Freund-Feind-Verhältnis. Die Macht dient der Erhaltung der Gesellschaft: „ihr Wille nennt sich Gesetze, ihre Aktion nennt sich Regierung" (O I: 153).

Die neunte Lektion widmete sich der Wissenschaftsgeschichte seit dem Mittelalter. Nationen erlangen die Führung in verschiedenen Epochen. Frankreich habe seine führende Rolle in der Philosophie zur Zeit der Revolution an Deutschland verloren. Madame de Staël, Constant und Cousin hätten die deutsche Philosophie nach Frankreich getragen und die spezifische Synthese eines liberalen Doktrinarismus vorbereitet (O I: 248). Das Prinzip der Revolution, das nach geistiger Führung strebe, schien somit dieser Hegemonie gerade entgegen zu stehen.

Das Dogma der Volkssouveränität war für Donoso das Grundübel Frankreichs in der Zeit des Niedergangs. Er hielt es für genauso „reaktionär" wie das göttliche Recht der Könige. Beide hatten für ihn den gleichen Ursprung (O I: 258). Donoso (O I: 272) schloss mit einem Plädoyer für das freie Denken und setzte sich gegen die „französischen Demagogen" wie gegen die „reaktionären Parteien" ab. Er fühlte sich gezwungen, sie zu bekämpfen, „weil mein Gewissen sie zurückweist und mein Herz sie verdammt". Auch in dieser doktrinären Phase hatte Donoso schon seine Neigung zum dichotomischen Denken entwickelt. Es gab mehr Kontinuität zum Donoso einer „Königsdiktatur" als auf den ersten Blick sichtbar. Nur die manichäische Platzierung von Gut und Böse hatte sich noch weiter polarisiert.

Die Extreme wurden nach 1848 eine Art „konservativer Revolution" und ein radikaler Sozialismus. Er gab die Position des „juste milieu" auf und optierte im Licht der Revolutionserfahrungen von 1848 für das rechte Extrem (vgl. Bd. 2, Konservatismus).

Der Doktrinarismus war vor allem eine Gewaltenteilungslehre. Nach der Restauration der Monarchie kam diese Richtung mit starker Verspätung in Spanien an die Macht. *Antonio Cánovas del Castillo* (1828–1897) blieb bei den französischen Vorbildern und optierte für ein Regime des „doppelten Vertrauens" – des Königs wie der Parlamentsmehrheit. Er bekannte im Parlament: „Ich sitze auf dieser Regierungsbank durch das Vertrauen seiner Majestät des Königs, und ich bin bisher allein durch sein Vertrauen hier gewesen. In Zukunft werde ich es durch dieses Vertrauen und durch das Vertrauen der Mehrheit dieser Kammer, durch Ihr Vertrauen sein, meine Herren Abgeordneten" (zit. Sánchez Agesta 1964: 326).

Cánovas hat die Lehre vom „doppelten Vertrauen" aus Frankreich übernommen und sich auch sonst von den Doctrinaires stark beeinflussen lassen. Er hat andererseits eher doktrinär „englisch" gehandelt, weil er versuchte, ein Zweiparteiensystem zu organisieren. Er scheitert an dem Caciquismus der Oberklasse. Er verlangte für die erwünschte britische Kabinettsregierung einen unabhängigen Wahlkörper. Aber allgemeines Wahlrecht wollte er nicht akzeptieren, weil er dies im Gegensatz zum „Eigentum" stehen sah (Canovas I: 94, III: 109). Die Liberal-Konservativen jener Zeit lebten auch sonst häufig in panischer Furcht, ein erweitertes Wahlrecht müsse zur Abschaffung des Privateigentums durch die Mehrheit führen. Die Befürchtung hingegen, dass ein allgemeines Wahlrecht das Zweiparteiensystem sprengen könnte, erwies sich nicht in gleicher Weise als unbegründet, wie die Beispiele Belgien und England zeigen sollten. Canovas (III: 169, 109 ff) hat den französischen Parlamentarismus der dritten Republik nicht akzeptiert. Aber sein Regime war mehr noch als das der dritten Republik ein „government by influence and corruption" (Nohlen 1970: 229). Parlamentarische Regierung war für Cánovas (II: 169) nicht denkbar ohne alternierende Parteien.

Die Realität des Regimes, das Cánovas schuf, war weniger balanciert als in der Doktrin. Ein Liberaler wie Madariaga (1955: 54) nannte Cánovas den größten Verderber des politischen Lebens, von dem das Spanien der Neuzeit weiß". Der Führer der liberalen Partei, Sagasta, wurde gegenüber dem finsteren Cánovas zur lächelnd-pessimistischen Gegenfigur. Die Wahlen waren manipuliert. Der Opposition wurden Sitze zugeteilt. Cánovas endete wie sein französisches Vorbild. Persönlich sogar schlimmer, da er ermordet wurde. Sein Regime hatte nur eine unwesentlich längere Dauer als die Julimonarchie in Frankreich. Schlimmer noch war die Diskreditierung, die der Liberalismus unter Cánovas erlitten hatte. Daher tat sich die Generation von 1898 so schwer, das Bekenntnis zur Modernisierung und Europäisierung mit einem Bekenntnis zum Liberalismus zu verbinden.

Quellen

J. Donoso Cortés: Lecciones de derecho político .In: Obras (Hrsg.: G. Tejado), Madrid, Tejado, 1854, Bd.1: 115–272.

A. Cánovas del Castillo: Problemas contemporáneos. Madrid, Dubrull, 1884–1890, 3 Bde.

Literatur

D. Nohlen: Spanischer Parlamentarismus im 19.Jahrhundert.Meisenheim, Hain, 1970.

Die Generation 98

1854 kam es zu einem theoriegeschichtlichen Doppelwunder: die spanische Regierung schickte *Julian Sanz del Rio* (1814–1869) nach Deutschland, um dort die neuere deutsche Philosophie zu studieren. Sanz del Rio kam zurück und stiftete eine Art neue „Laienreligion" in seinen Vorlesungen über den „Krausismo". Ein zweitrangiger Kantianer, *Karl Christian Friedrich Krause* (1781–1832), der seinen Idealismus in eine panentheistische Theorie (Alles-in-Gott-Philosophie) transponiert hatte, wurde zum spanischen Modephilosophen, bis der Positivismus ungefähr ein Vierteljahrhundert eine ganz andersartige Rezeptionswelle auslöste. Aber auch danach blieb der Krausismus einflussreich, bis Franco seine Lehre untersagte. Er hatte einen moderierenden Einfluss durch seine Orientierung an einer parlamentarischen Reformpolitik, verbunden mit der Bejahung von staatlicher Daseinsvorsorge (Gil-Cremades 1975: 236 ff). Bis zur Durchsetzung der krausistischen Philosophie hatte die französische Theorie dominiert. Noch bei Ortega y Gasset war in seiner Jugend Renan das Vorbild eines Philosophen für Modernisierer, da er sich vom Katholizismus abgewandt hatte, ein rationalistisches Weltbild bot und dennoch in seinem antidemokratischen Elitismus Appeal in vormodernen Gesellschaftsstrukturen entwickelte. Der zweite Aspekt des Wunder schien, dass diese idealistische Philosophie, die dem spanischen Mystizismus entgegen kam, zur Herausforderung der Traditionalisten wurde. *Marcelino Menéndez Pelayo* (1856–1912) hatte die Debatte um „Spanien versus Europa" angeheizt. In einer Rede zu Ehren Calderóns 1881 lobte er alles Spanische – sogar die Inquisition. *Giner de los Rios* (1839–1915), ein liberaler Erziehungsreformer, vertrat die Opposition. Auch er war Krausist, der ein europäisches Bildungsideal nach Spanien zu importieren trachtete. Er verlor deshalb am Anfang der Restauration seinen Lehrstuhl. Seine Ideale, die auf Koedukation der Geschlechter, Leibeserziehung und Betonung von Kunst und Geschichte, unter Ausschluss des Religionsunterrichts gerichtet waren, musste er fortan in einer freien Gründung, der „Institucion libre de enseñanza" verbreiten. Aus dieser Schule gingen viele progressive Modernisten hervor, wie Joaquín Costa (vgl. Bd.2, Sozialismus).

Das Regime von 1876 hat nach harten Bürgerkriegen eine Zeit des Burgfriedens der Bürgerkriegsparteien geschaffen. Umso heftiger ging jedoch die geistige Auseinandersetzung weiter. Menéndez hat in seinem Buch „Ciencia española" (1876) den Abwehrkampf gegen die liberalen Krausisten aufgenommen. Seine Botschaft lautete: Katholizismus und Inquisition hätten Spanien geeint und groß gemacht. Im Rückblick ist die Schärfe der Auseinandersetzung in der kommenden Generation, die als 1898er pauschalisiert wurde, eher befremdlich. Krausisten und Traditionalisten waren sich einig, dass Spanien sich gegenüber Europa öffnen müsse. Umstritten war nur das vorwärts gewandte Ausmaß der erwünschten Rezeption europäischer Gedanken und die rückwärtsgewandte Bewertung der spanischen Geschichte.

Die Bezeichnung „Generation der 98er" wurde von Azorín 1910 im Nachhinein geprägt (1969: 42 f). Er sah das Gemeinsame dieser Generation in der Fortsetzung der ideologischen Bewegung des letzten Jahrhunderts, in der Neugierde für das Ausland und in der sensiblen Verarbeitung der Niederlage von 1898. In einem Krieg gegen die USA hatte Spanien die letzten Kolonien (Kuba, Philippinen) verloren. Noch gravierender war jedoch, dass Spanien inne wurde, dass es seine einstige Weltgeltung eingebüßt hatte – nicht nur politisch sondern auch intellektuell. Das kollektive Erlebnis ist mit der Dreyfus-Affaire in Frankreich verglichen worden. Die Intelligenz fühlte sich zu kollektiver Verantwortlichkeit für ihr Land gedrängt. Sinnvollere Parallelen waren wohl die Niederlagen anderer Länder: 1806 in Preußen, 1871 in Frankreich, 1905 in Russland, die ähnliche intellektuelle Selbstfindungsprozesse auslösten. Mit Russlands „Gang ins Volk" im 19. Jahrhundert war das Bemühen vergleichbar, für die Nöte des Volkes zu sprechen, und doch zu fühlen, dass man dem Volk nicht näher kam. Ortega behauptete im Rückblick einmal, Spanien sei das einzige Land in Europa, in dem sich die Intellektuellen nicht mit Tagesfragen beschäftigten – eine seltsame Fehleinschätzung, wenn man die hitzigen Diskussionen um den ersten Weltkrieg bedenkt.

Mit Hilfe von Generationentheorien von Dilthey bis Pinder wurde der Generationsbegriff wissenschaftlich zu untermauern versucht. Nicht wenige, die unter den Begriff subsumiert worden sind, haben ihn für Unsinn gehalten, wie *Pio Baroja* (1944: 174 ff). Sie sahen weder einen gemeinsamen Geburtsjahrgang, noch geistige Solidarität, noch gleiche politische Anschauungen in dieser Generation. In der Literatur schwanken denn auch die Zuordnungen: Vorläufer wie Ganivet und Costa wurden in die Debatte einbezogen. Nachzügler, die erst später hervortraten, wie Ortega y Gasset sind dazu gezählt worden. Ihre politischen Positionen reichten von Reaktionären und Carlisten bis zum Anarchismus. Gemeinsam war den meisten allenfalls, dass sie als „Sozialisten" begannen, Unamuno nicht ausgeschlossen. Es handelte sich jedoch meist um einen anarchoiden nichtmarxistischen Sozialismus, gelegentlich auch nur um syndikalistische Tendenzen von Costas „Agrarkollektivismus", welcher der Sozialistischen Partei fernstand. Selbst der zweite Denker und Schriftsteller, der immer zur Kerngruppe gezählt wurde, *Ramíro de Maeztu*, hat sich von dem Begriff distanziert.

Die eher in die Literaturwissenschaft gehörende Debatte muss im Zusammenhang der politischen Theoriebildung nicht entschieden werden. Die Analysierung von politischen Positionen bei wenig konsistenten Intellektuellen, die ihre Ansichten alle paar Jahre änderten, ist schwierig genug. *Joaquín Costa* hatte die Parole von der „Europäisierung Spaniens" als erster verkündet. Bei ihm kam jedoch die Kehrseite bereits zum Ausdruck, die Unamuno später strapazierte, dass Europa auch der Hispanisierung bedürfe. Der Generation – oder der Gruppe von Generationen – welche das Jahr 1898 als Schock erlebten, war gemeinsam, dass sie sich für Europa interessierten. Aber einigen Betrachtern, wie Lain Entralgo (1956 II: 409), ist nicht entgangen, dass dies Interesse ziemlich oberflächlich war. Es entstanden keine Kenner Europas. Die hastigen Rezeptionen waren der russischen Intelligencija in der Zeit Belinskijs vergleichbar. Erst die folgende Generation um Ortega oder Madariaga hatte wirkliche Kenntnisse aus erster Hand (Franzbach 1988: 13). Die *„europeizantes"*, die Wanderer nach Europa, wurden erst spät durch die *„europeizados"* ergänzt, die auf dem „wissenschaftlichen Weltniveau" an die spanischen Werte neu herangingen. Auffallend war, dass die Tradition Costas zu einer empirisch gesonnenen Gesellschaftsanalyse kaum weiter geführt wurde, wenn man Ortegas breite Vistas über die Massengesellschaft nicht empirisch nennt. Die Generation war essayistisch und schöngeistig orientiert. Unamuno hat einmal bekannt, dass er kein Buch geschrieben habe, für das er wissenschaftlichen Anspruch anmelde. Zugleich beklagte er jedoch, dass mit dem Aufstieg des oberflächlichen Literatentums die „schwerfällige Wissenschaftlichkeit" gleichfalls zunehme. Dennoch ließen sich Ansätze zu einer politischen Theorie ausmachen, weshalb diese Gruppe nicht übergangen werden darf. Bezeichnend war die Neigung zur Ästhetisierung der Politik, die später von der Falange auf die Spitze getrieben wurde. Der Dichter *Juán Ramon Jiménez* (1881–1958) hat 1935 treffend bemerkt, ohne die Falange zu nennen, dass er es vorzog, „Poesie aus der Politik zu machen als Politik aus der Poesie" (zit. Krauss 1972: 51). Der Radikalismus der zornigen jungen Männer, der als „anarcho-aristokratisch" bezeichnet worden ist, war gegen die etablierte doktrinär-liberale Politik des Systems Cánovas' gerichtet. Sie war zugleich antikapitalistisch. Obwohl Azorín später selbst Politiker wurde, hat er sich äußerst angeekelt über den politischen Menschen gezeigt. Der Politiker wurde als Automat dargestellt, der im Halbschlaf Reden hält.

Die selbstquälerische Infragestellung der spanischen Geschichte erinnerte an Parallelen in Russland. Es bleibt eine pikante Nebenerscheinung, dass der slawophil vom Sonderwegsdenken für sein Land angehauchte Vladimir Solov̈ev in einem Aufsatz „Nemesis" (1898) Häme über Spanien ausschüttete. 1898 wurde als Rache für die spanische Inquisition und ihr „höllisches Geschäft des Seelenmordes" gewertet (zit. Krauss 1972: 42). Aber er spendete den spanischen Intellektuellen Trost: eine Nation kann nicht untergehen – sie wird wieder auferstehen. Maeztu hieß das spanische „Sedan" zur Erneuerung willkommen. Die Zerknirschung war gepaart mit intellektuellem Hochmut und einem modischen Nationalismus im Sinne von Maurice Barrès. Eine Art Blut- und Bodenkult überspielte die intellektuelle Entfremdung vom Volk. Don Quichotte und Don Juan wurden Projektionsobjekte für die spanische Seele, nicht der campesino, wie bei Costa. Die Intelligenz war eine privilegierte Schicht der Gesellschaft. In Spanien waren damals noch 45 % der Bewohner Analphabeten, mehr als in Italien (21,6 %) und in Griechenland (41,9 %) (Martínez Cuadrado 1983: 125). Nur in Russland war der Analphabetismus noch höher.

Typisch für diese Generation blieb auch die Obsession hinsichtlich der Religion – positiv oder negativ – wie sie Deutschland bei den Junghegelianern und in Russland bei den Slawophilen durchlebt hatten. Einige Denker, die den Glauben verloren hatten, wie Unamuno, erlebten eine mystische Rückwende. Andere haben sich in einen literarischen Nihilismus gesteigert, der stilisierte, was man gesehen hatte (Baroja) oder, was man gelesen hatte (Azorín) (Krauss 1972: 58). Je linker diese Intellektuellen begonnen hatten, umso mehr verfielen sie in einen Jugendkult, den später Falangisten wie Ledesma Ramos besonders pflegten.

Philosophisch standen die meisten 98er noch unter dem Einfluss des „Krausismus" in Spanien. Die idealistische germanophile Theorie hatte den Vorteil, ein Gegengewicht gegen die antiinstitutionellen Versuchungen des Anarchismus zu bieten, der in Spanien vor allem im Süden stark war. Krausismus war als Theorie offen für Reformpolitik innerhalb des Systems, das parlamentarisch konzipiert war und doch unter Cánovas über einen Scheinkonstitutionalismus nicht hinauskam. Gefährlich war die korporatistische Versuchung des Krausismus, die später anfällig für faschistoide Versuchungen machte. Gleichwohl hat Franco den Krausismus später verboten. Sein ethischer Sozialismus auf neukantianischer Grundlage schien subversiv (Gil-Cremades 1985).

Wegbereiter der 98er waren Larra, Ganivet und Costa, die politisch verschiedenen Lagern zugeordnet werden müssen. Allenfalls Larra war ein normaler Liberaler. Ganivet hingegen wird dem Konservatismus und Traditionalismus zugerechnet werden müssen (vgl. Bd.2. Konservatismus). Zu dieser Gruppe wurden *Unamuno* (1864–1936), *Valle-Inclán* (1869–1936), *Baroja* (1872–1956), *Azorín* (1873–1967), *Maeztu* (1874–1936), *Antonio Machado* (1875–1939) gerechnet. Sie gehörten zu den bedeutendsten Dichtern und Schriftstellern ihrer Zeit. Politische Theorie war nur ein marginales Interesse dieser Intellektuellen. Philosophisch inspirierten sie sich an Schopenhauer und Nietzsche, literarisch am französischen Symbolismus und politisch an *Joaquín Costa* (Jeschke 1936: 47). Nur die dritte Komponente ließ auf politische Innovation schließen. Von Ganivet bis Unamuno durchzog das literarische Werk vieler Exponenten der Generation eine „Blut- und Boden-Kult". Die spanische Erde wurde zum Halt in einer chaotischen Zeit ausersehen (Stintzing 1976: 241).Die Ablehnung der modernen technischen Gesellschaft schlug um in eine Verherrlichung elementarer Lebensformen. An Russland erinnerte die fragmentarische Form der meisten Werke dieser Generation. Eine Intelligenz, die vom Schreiben weitgehend leben musste, hat sich in endlosen Zeitungsartikeln und Essays artikuliert. Große systematische Entwürfe waren selten. Selbst die größten Geister, die wie Unamuno durch eine Professur ihre Grundversorgung sichern konnten, pflegten dieses Genre. Unamuno hat drei bis vier Artikel pro Woche publiziert.

In der Literatur hat diese Generation eine Renaissance kompensiert, die in Spanien nicht stattgefunden hatte. Die Gruppe kann nicht als Ganzes für den Liberalismus reklamiert werden. Viele begannen als anarchoide Sozialisten und endeten als Traditionalisten. Valle-Inclan hat als extravaganter Bohemien die Anti-Establishment-Attitüde am konsequentesten durchgehalten. *Pio Baroja* hatte anarchistischen Neigungen. 1901 veröffentlichte er ein Programm für eine „experimentelle Politik". Sein Antiparlamentarismus konnte aus seinen anarchoiden Neigungen erklärt werden, nicht jedoch die Forderung nach Abschaffung des allgemeinen Wahlrechts. Sein Elitismus führte zu dem Ruf nach einem „Absolutismus der Intelligentesten über die Unintelligenten" (Gutíerrez-Rave 1964: 527–530). Nach Barojas Ansicht konnte ein Volk, das gegenüber anderen stark sein wollte, im inneren nicht „liberal" sein. Es müsse „autoritär und entwicklungsfähig" bleiben.

Der weltfremde Ästhetizismus in der Politik zeigte sich bei der führenden Figur dieser Gruppe, bei *Azorín (Pseudonym für Jose Martínez Ruiz)* (1873-1967). Sein Buch „El politico" (1908, 1957: 16, 26) war eine Art „Knigge" für Politiker, der ihr Verhalten bis hin zum Gebrauch von Kosmetika optimieren sollte. Azorín empfahl ihnen „Zurückhaltung und Schweigen". An diese Maxime hat er sich als Abgeordneter später gehalten. Er war ein Publizist der spitzen Feder, aber ein parlamentarischer Schweiger.

Einige der Publizisten dieser Generation kamen mit der Diktatur Primo de Riveras (1923-1929) in Konflikt, wie Valle-Inclan 1929. Unamuno wurde 1924 auf eine kanarische Insel verbannt und lebte danach im freiwilligen Exil bis 1930. Das verhinderte jedoch nicht, dass auch seine politischen Ansichten immer konservativer wurden. Eine politische Theorie ist aus der Debatte, die sich in schöngeistigen Alternativen wie „Europäisierung" oder „casticismo" (Reinheit der Sprache und der Sitten) verlor, kaum entstanden. Unamuno und Ortega waren die Ausnahmen. Aber nur Ortega hat Werke hinterlassen, die man mit einigen Bedenken noch unter „Liberalismus" behandeln kann. Salvador de Madariaga (1955: 74) hat die beiden großen Exponenten der spanischen Theorie im 20. Jahrhundert mit zwei russischen Giganten verglichen: Dostoevskij und Unamuno suchten nach anfänglich radikalen Phasen das Heil in der „Substanz ihres Landes", Ortega suchte wie Turgen'ev den Anschluss an Europa.

Azorín und Maeztu haben politisch gewirkt und sich zunächst Costa angeschlossen. Ihre modernistische Phase wurde später vom Traditionalismus abgelöst. Azorín wurde konservativer Abgeordneter, Maeztu unter Primos Diktatur Botschafter und Führer der ultrakonservativen „Acción Española". Unamuno hat am Ende seiner Tage seinen Frieden mit der Rechten gemacht und kam gleichwohl mit Franco in Konflikt (vgl.Bd. 2, Konservatismus).

Spanien zeigte das klassische Muster der Entwicklung von Theorien in einem zurückgebliebenen Land. Es war in seinem Mangel an einer breiteren bürgerlichen Kultur – mit Ausnahme von Katalonien – nicht einmal Deutschland und Italien vergleichbar, sondern allenfalls Russland. Daher entstand keine dauerhafte liberale politische Theorie. Die Intelligenz drängte rasch zu den Extremen. Im Gegensatz zu Russland hatte Spanien jedoch eine liberale Phase in den Cortes von Cádiz gehabt, die Russland völlig fehlte. Warum ist in der Publizistik nicht an diese ruhmreiche Phase angeknüpft worden wie in der republikanisch-radikalen Rhetorik der dritten französischen Republik? Der Hauptgrund scheint zu sein, dass der Liberalismus der Doctrinaires im Regime Cánovas del Castillos den Liberalismus in Misskredit gebracht hatte. Die Opposition richtete sich nicht – wie in Russland – gegen eine Autokratie, um im „Scheinkonstitutionalismus" von 1906 zu enden, sondern sie richtete sich gegen einen verknöcherten Parlamentarismus, der längst zum Scheinkonstitutionalismus erstarrt war. Das Heil wurde daher rasch bei den Extremen gesucht, einem anarcho-syndikalistischen oder einem traditional-putschisten Denken in der Nachfolge von Donoso Cortés. Nicht einmal eine „normale" sozialistische Theorie hat sich unter Pablo Iglesias entwickeln können.

Die Generation der 98er hatte vielfach „gefühlssozialistisch" begonnen, scheute aber die revolutionären Konsequenzen der Literatenpolitik. Der Sozialismus machte den Intellektuellen die Integration nicht leicht, da er in Spanien recht dogmatisch auftrat. Die spanische Version der russischen Intelligencija blieb dem Mittelstand verhaftet, der ihr Lesepublikum stellte (Shaw 1975: 12; Abellan 1973): „Halb Bürgerschreck – und halb erschreckter Bürger" galt auch für die Mehrheit dieser Gruppe. Soziale Probleme wurden entweder abstrakt-philosophisch oder literarisch angegangen. Es fehlte eine professionalisierte sozialwissenschaftliche Tradition sogar in größerem Maße als in Russland. Sie war bei Costa und dem „Regenerationismus" vergleichsweise am stärksten entwickelt. Aber auch hier tat sich eine Kluft zwischen sozialhistorischer Deskription und weitreichenden normativen Urteilen auf. Von Ganivet bis Unamuno haben viele dieser Gruppe im Geist eines Schopenhauerschen Pessimismus und eines Nietzscheanischen Heldenpathos sich der „Mystik des Volkesgeistes" statt der Analyse konkreter politischer Probleme zugewandt. Soweit diese behandelt wurden, blieb die Analyse essayistisch und journalistisch.

Quellen

Azorín: España. Madrid, Espasa-Calpe (Collección Austral), 1959, 2. Aufl.

Azorín: El político. Madrid, Espasa-Calpe (Collección Austral), 1957, 2. Aufl.

Azorín: La generación del 98. Salamanca, Anaya, 1969.

P. Baroja: El escritor según él y segun los críticos. Madrid, Biblioteca Nueva, 1944.

A. Ganivet: Ideárium español (1897). El porvenir de España. Madrid, Espasa-Calpe, (Collección Austral), 1957, 5. Aufl.

H. Hinterhäuser (Hrsg.): Spanien und Europa. Texte zu ihren Verhältnis von der Aufklärung bis zur Gegenwart. München, DTV; 1979.

R. de Maeztu: España y Europa . Madrid, Espasa-Calpe (Collección Austral), 1959, 3. Aufl.

Literatur

J. L. Abellan: Sociologia del 98. Barcelona, Ed. Península, 1973.

G. Díaz-Plaja: Modernismo frente a 98. Madrid, Espasa-Calpe, 1966, 2. Aufl.

M. Franzbach: Die Hinwendung Spaniens zu Europa. Die „generación del 98". Darmstadt, Wissenschaftliche Buchgesellschaft, 1988.

J.-J. Gil-Cremadas: Die politische Dimension des Krausismo in Spanien. In: K.-D. Kodalle (Hrsg.): Karl Christian Friedrich Krause (1781–1832), Hamburg, Meiner, 1985.

J.-J. Gil-Cremadas: Krausistas y liberales. Madrid, Seminarios y Ed., 1975.

J. Gutíerrez-Ravé: Artículos famosos. Madrid, Edit. Prensa Española, 1964, 2. Aufl.

W. Krauss: Eine Generation der Niederlage. In: Ders: Spanien 1900–1965. Beitrag zu einer modernen Ideologiegeschichte. München, Fink, 1972: 40–99.

A. F. Molina: La generación de 98. Barcelona, Nueva collección labor 77, 1968.

R. Pérez de la Dehesa: El pensamiento de Costa y su influencia en el 98. Madrid, Sociedad de Estudios y Publicaciones 1966.

J. Quintana:España entre Unamuno y Maeztu. Bilbao, Comunicación Literaria de Autores, 1968.

H. Ramsden: The Spanish Generation of 1898. Manchester, Manchester University Press, 1974.

C. Rovetta: De Unamuno a Ortega y Gasset. Buenos Aires, La Isla, 1967.

B. Schmidt: Spanien im Urteil spanischer Autoren. Berlin, E. Schmidt, 1975: 123–327.

D. L.Shaw:The Generation of 1898 in Spain . London, E. Benn, 1975.
I. Stintzing: Landschaft und Heimatboden. Ideologische Aspekte eines literarischen
Themas bei Maurice Barrès, Angel Ganivet, Miguel de Unamuno. Frankfurt, Lang,
1976.
E. Tierno Galván: Costa y el regeneracionismo. Barcelona, Barna, 1961.

José Ortega y Gasset (1883-1955)

Ortega galt vielfach als wenig stringenter Denker und Essayist. Die Geschichte der
politischen Theorien hat ihn daher vernachlässigt. In seinen zahlreichen Wandlungen war er schwer einzuordnen. Dass er hier unter „Liberalismus" figuriert,
wird einige Betrachter befremden. Der junge Ortega fühlte sich zunächst als Sozialist, später wurde er konservativer Liberaler. Als Unamuno abgesetzt wurde, hat
Ortega (1971: 108) ihn verteidigt. In vielen anderen Konflikten mit der Staatsmacht
hat er geschwiegen.

Im ersten Weltkrieg kam es um die Frage der Neutralität Spaniens zu heftigen Debatten in der Intelligenz. Ortega (1971: 137 ff) legte ein Bekenntnis zum
Sieg der westlichen Demokratie ab. Aber er ließ seine Germanophilie in dieser
Verstandesoption noch durchscheinen. Er hatte sie durch entscheidende Einflüsse
der deutschen Neukantianer in Marburg und an anderen Universitäten entwickelt.
Der Weltkrieg war für ihn nicht der Kampf zweier Kulturen. Noch konnte er sich
nicht entschließen, den Krieg zu ächten. Europa fand er noch nicht reif für eine
bedingungslose Verurteilung von Kriegen. Der Krieg war für ihn gut vorbereitet:
im Westen ein Krieg imperialistischer Mächte um Märkte, im Osten ein „ethni-
scher Krieg zwischen Germanen und Slawen". Auch Deutschland war für ihn kein
„antidemokratisches Land". Schon vor dem Krieg hatte es eine Bündnisdebatte gegeben. Pio Baroja, eine Schlüsselfigur der 98er Generation, hatte schon 1911 ein
Bündnis mit Deutschland verlangt. Er hat solchen „neugebackenen Germanophi-
len" (1971: 144) heftig widersprochen. Ortegas Verstandesoption suchte nach dem
kleineren Übel in der internationalen Konstellation. Die englische Hegemonie
empfand er als die „am wenigsten drückende".

Neben der Außenpolitik war die Innenpolitik Spaniens heftig umstritten. Als
der Krieg vorbei war, hat Ortega sich in einem „Minimalprogramm" für eine Ver-
fassungsreform eingesetzt (1971). Sie sollte eine Säkularisierung des Staatswesens
mit absoluter Gewissensfreiheit realisieren. Den Senat empfahl er als Anachronis-
mus abzuschaffen. Eine Dezentralisierung der spanischen Regionen schien ihm
unerlässlich. Eine Sozialpolitik neuen Stils wurde zur „intensiven Erziehung des
Arbeiters" gefordert, neben dem Ausbau des Genossenschaftswesens und der Entwicklung einer umfassenden Altersversorgung. Das Ende des Sozialismus war für

die Zeit nach dem Krieg vielfach vorausgesagt worden. Ortega widersprach solchen voreiligen Hoffnungen. Dieser in der Literatur am wenigsten beachtete Abschnitt des Denkens bei Ortega wies einen Sozialliberalen aus. Ortega trat in die
Ära der Republik anscheinend mit gefestigten demokratischen Grundsätzen. Die
Republik hat er anfangs unterstützt. Mit zwei Exmonarchisten, Gregorio Marañón
und Ramón Pérez de Ayala gründete er 1931 eine „Gruppe im Dienst der Republik". 1932 wurde sie bereits in aller Stille wieder aufgelöst. Die Distanzierung von
der Republik setzte früh ein. In einem Artikel verkündete Ortega pathetisch: „das
ist es nicht, das ist es nicht" (Moran 1998: 51) – gemeint war die zweite Republik
in Spanien.

Im Bürgerkrieg schwieg Ortega. In Paris war die gesamte Intelligenz engagiert
für die Republik. Ortega fühlte sich isoliert. Niemand interessierte sich für den
„Dissenter", der für die „Weißen" statt für die „Roten" eintrat. Man nahm ihm übel,
dass er in Briefen sogar das südafrikanische Apartheidsregime in Schutz nahm
und in Zeitschriften des NS-Deutschland publizierte, wie im „Volkswart" und in
„Das Reich". Nach Franco-Spanien kehrte er erst 1945 zurück. Der „große Schweiger" wurde bis 1945 von beiden Bürgerkriegsparteien in Anspruch genommen. Fa-
lange-Führer José Antonio Primo de Rivera liebte Ortegas Buch „Spanien ohne
Wirbelsäule" und bemühte sich vergeblich um die Unterstützung des Philosophen
(„Homenaje y reproche a Don José Ortega y Gasset"). Auch Franco hatte versucht,
ihn auf seine Seite zu ziehen. Aus Briefen wurde jedoch klar, dass er, wie bei jedem
Regime, nach kurzer Zeit auf Distanz gegangen war. Bei seinem Tod lobte die of-
fizielle Presse, dass Ortega als Christ gestorben sei. Aus seiner Umgebung verlau-
tete das Gegenteil. Auf den Priester, der ihm die letzte Ölung reichen wollte, soll
er mit dem Ausruf reagiert haben: „Weg mit dieser Küchenschabe" (zit. Dobson
1989: 6). Das säkulare Denken war wohl die wichtigste Konstante im Denken von
Ortega y Gasset.

In seiner Jugend wurde Ortega von Giner de los Rios, einem Liberalen, der
von Cánovas entlassen worden war, beeinflusst. Später stand er unter dem Einfluss von Joacquín Costa (OC X: 171). Der humanistische und rationalistische
Impuls des Krausismo, den Julián del Rio 1843 nach Spanien getragen hatte, und
der sich in eine Philosophie der Antitraditionalisten umsetzte, hat auch Ortega
erfasst.

In den Jahren 1908–1912 verfolgte er die Debatten der Sozialistischen Partei
(PSOE) mit regem Interesse. Seine Beziehung zu Pablo Iglesias währte jedoch nur
kurz. Sie war nicht auf eine Übereinstimmung der politischen Ansichten gegründet, sondern nur auf eine sehr allgemeine Kapitalismus-Kritik bei Ortega. Ihn
faszinierte der Gedanke, dass die Sozialisten besser als die Bourgeoisie die notwendige Elitenbildung schaffen könnten und er verstieg sich zu dem Paradoxon:
„Ich bin Sozialist aus Liebe zur Aristokratie" (OC X: 239). Seine Studienzeit in

Deutschland hatte ihn mit dem Erbe Lassalles vertraut gemacht. Er pries Lassalle als einen vorbildlichen Führer. In der Schrift „Miscelánea socialista" (1912), ursprünglich in der Zeitschrift „El Imparcial" publiziert, relativierte Ortega sein sozialistisches Engagement. Er hielt es für keinen Zufall, dass Spanien als einziges Land einen Sozialismus ohne Mitwirkung der Intellektuellen hervorbrachte. Wie in anderen Modernisierungsländern traten populistische Gedanken in den Vordergrund: Der Marxismus wolle erst einmal seinem Erzfeind, dem Kapitalismus, zum Durchbruch verhelfen. Dieses unterstellte Nahziel ließ sich mit Ortegas Antikapitalismus nicht vereinbaren. Ortega distanzierte sich zunehmend schärfer vom Marxismus, weil er ihm zu internationalistisch und zu klassenkämpferisch war. Der Internationalismus übersah in seinen Augen die besonderen nationalen Interessen der Spanier. Er hielt es aber für möglich, dass die Arbeiter eines Tages die „abstrakten Worte" des Marxismus aufgeben würden und zu der Erkenntnis durchstießen, dass sie nicht nur als Proletarier, sondern auch als Spanier litten. Dann würden sie die „Nationalisierung des Sozialismus" bewirken und sich mit radikalen Bewegungen vereinen (T: 246). 1913 hat Ortega in „El socialista" gegen die „anonyme Macht des Quantitativen" der Kapitalisten gewettert. Der Sozialismus war für ihn ein historischer Fortschritt, der das „Gefängnis des quantitativen Imperialismus" zerstören werde (T: 201).In jenen Jahren hatte der Liberalismus für ihn jede Dynamik verloren und war in Anspielung an Don Quijote „la más triste figura" (T: 201) unter den großen Bewegungen. Wieder war in seinen Augen die mangelnde Elitenbildung schuld daran, dass die liberale Idee ohne Führer (jefe) und ohne Disziplin sei (T: 124).

Der Sozialismus konnte aber nach seinen Auffassungen den Liberalismus nicht beerben, falls er nicht das Konzept der Verstaatlichung und den Klassenkampfgedanken aufgebe. Ortega offenbarte sich als „Nicht-Sozialist". Er war allenfalls ein „Radikal-Sozialist" französischer Prägung und blieb trotz der verbalen Ausfälle ein liberaler Bourgeois. Der Kapitalismus war für ihn ein unerlässliches Stadium der Entwicklung. Er befürwortete jedoch mehr Staatsinterventionismus. John Stuart Mill (OC X: 169) hatte ihn in diesem Punkt beeinflusst.

In seiner liberalen Phase war Ortega kein Demokrat. Er beteiligte sich an der üblichen Parlamentarismus-Kritik der Zeit, die von Mosca bis Michels grassierte. Sein Fazit lautete wie ein Zitat von Mosca: „Man kann nicht mit dem Parlament, aber auch nicht ohne das Parlament regieren" (OC XI: 37). Der Liberalismus hatte für ihn abgewirtschaftet. Neue kollektive Anstrengungen wurden gefordert – unter Aufgabe des egoistischen Individualismus der Liberalen. Seit 1890 gab es in Europa eine breite Strömung im Liberalismus, die von Mosca bis Max Weber nach „Führung" rief.

Ortegas einflussreichstes Buch hinsichtlich seiner Elitentheorie wurde „Spanien ohne Wirbelsäule" (1921). Es war seine Antwort auf Spaniens Krise seit 1898.

Noch war die vom deutschen Idealismus inspirierte Kriegsvergottung nicht überwunden: „Der Krieg strengt an, aber er erschöpft nicht; er ist eine natürliche
Funktion, auf welche der Organismus der Menschheit eingerichtet ist. Der Kraft-
verlust, den er mit sich bringt, wird bald wieder wettgemacht durch das Vermögen
der Selbstregulierung" (W II: 8). Das besondere an 1918 erschien für Ortega, dass
dieses Mal die Segnungen des Krieges ausblieben. Ein „Ermatten der Wunschfä-
higkeit" (extenuación en su facultad de desear) wurde beklagt (EI: 10). Der Krieg
schien sich also überlebt zu haben. Dennoch war er gegen die Pazifisten, weil
ohne Aussicht auf Krieg kein Mittel bestehe, die Zucht des Heeres zu bewahren
(W II: 34). Die eigentliche Krise beruhte für Ortega auf dem Fehlen der Solidarität. Eine Nation war für ihn eine Gemeinschaft von Menschen und Gruppen, die
aufeinander bezogen sind und aufeinander rechnen können. Die Gesellschaft aber
sei partikularistisch geworden und verfiel dem Geist der „action directe". Der Syndikalismus Sorels war in Spaniens anarcho-syndikalistischer Bewegung damals
einflussreich. Ortega sah keine Kommunikation zwischen den Lagern mehr. Jede
Gruppe agitiere nur noch ihre Anhänger. In Spanien schien das „territoriale Ab-
bröckeln" des Reiches sein Pendant in den Organisationen der Gesellschaft zu besitzen. Die direkte Aktion sei die Taktik, die sich mit logischer Folgerichtigkeit aus
dem Partikularismus ergebe, der nicht mehr gewillt sei, mit anderen Kräften zu
rechnen. In einer Gesellschaft mussten für Ortega die Gruppen ideologisch nicht
übereinstimmen, aber sie müssten sich wenigstens ideologisch noch kennen und
bereit sein, mit anderen zu teilen.

Woran liegt dieser Niedergang Spaniens? Sein späteres Lieblingsthema wurde
bereits 1921 voll entwickelt: an der Vermassung. Er fragte sich, liegt der Niedergang an den Eliten oder an den Massen? Er sah weniger große Männer in seiner
Epoche als zur Zeit Bismarcks oder Cavours. Aber das 19. Jahrhundert ließ sich
in Spanien nicht als vorbildlich darstellen. Es war voller Niedergang und Bürgerkrieg. Im 20. Jahrhundert sah er auch nicht nur Verschlechterungen. Wohlstand
und Bildung hatten auch in Spanien zugenommen (W II: 41). Aber nicht nur die
Eliten schienen ihm „ausgedünnt". Die Massen hatten sich verändert. Auch in
England ist der Niedergang der „deference" beklagt worden. Es breitete sich nach
Ortega ein „plebejischer Groll gegen alles Außerordentliche aus." Ortega deklarierte sich mit solchen Parolen nicht als Konservativer. Die rechten Parteien
nahm er von dem Verdikt gegen den Parteienstaat keineswegs aus. Eine Kreis-
lauftheorie wurde mit Hilfe von Max Webers Religionssoziologie und ihrer Behandlung der indischen Geschichte entnommen: In Kitra-Epochen werden die
Führungskasten geboren, in Kali-Epochen zerfallen sie wieder. Ortega (W II: 53)
nahm nicht einmal die Elite von der Kritik aus. Auch in der Elite gibt es „Masse".
Der Niedergang ist sogar in erster Linie der Nivellierung in der Oberschicht zu-
zuschreiben.

Die Spielregeln im Zusammenspiel von Eliten und Massen wandelten sich in der Theorie Ortegas laufend. Spaniens Krise sah er darin, dass „Rationalismus, Demokratie, Technik, Industrialismus, Kapitalismus" Spanien fremd geblieben sind, während sie in Frankreich und England, zum Teil auch in Deutschland adaptiert worden seien (W II: 73). Das Stichwort vom „Aufstand der Massen" (1930, W III: 7) wurde schon 1921 geprägt. Die Massen haben sich gegen die Eliten gewendet. Die Vorbildwirkung der Eliten hat sich verbraucht. Erstaunlich unpolitisch war diese eher kulturgeschichtliche Argumentation mit der Feststellung, dass die Halsstarrigkeit der Masse in der Politik noch am unschädlichsten sei. Das Politische sah er als das „Bett" an, in welchem der Strom des Nationalgeists fließe. Solange dieser zum Akteur verdinglichte Nationalgeist noch intakt sei, könne die „politische Unbotmäßigkeit wenig Unheil stiften" (W II: 76). Der kommende Bürgerkrieg sollte Ortega eines Besseren belehren. Einzige Ausflucht, die er gehabt hätte: ob der Nationalgeist intakt ist, könne man erst im Nachhinein feststellen. Aber gerade darauf ließ sich Ortega nicht ein, sondern sparte nicht mit apodiktischen Prognosen, die keines empirischen Tests mehr bedurften.

Wie in Russland die Intelligencija unaufhörlich den „Kleinbürger" denunzierte, war in Spanien vom „Spießbürger" und vom „öden Philistertum" die Rede, das den Ton angebe. Eine Renaissance sollte ein „gewaltiger Hunger nach Vollkommenheit" bewirken, unterstützt von dem „Gebot der Auslese". Kein anderes Mittel diente diesem Zweck so sehr zur „Verbesserung einer Rasse" als der „Wille zur Auslese" (W II: 78). Rasse war hier nicht im rassenbiologischen Sinne gemeint, sondern in den romanischen Sprachen wurde „raza" oder „race" generell zur Bezeichnung einer volklichen Species benutzt. Der Ruf nach einem „neuen Menschen" wurde vor allem von der extremen Rechten funktionalisiert.

Im „Aufstand der Massen" hat die Kritik faschistoide Töne in einem Lob für Mussolini finden wollen. Ortega billigte dem Faschistenführer einige Erfolge zu, die der liberale Staat nicht gehabt hatte. Aber die Bilanz fiel auch hier negativ aus: „Wenn Mussolini etwas erreicht hat, ist es so geringfügig. dass es schwerlich die Häufung außerordentlicher Gewalt aufwiegt, die ihm gestattete, einen so extremen Gebrauch von der Staatsmaschine zu machen" (W III: 99). Ortega hat trotz seines intellektuellen Hochmuts gegenüber der Politik der Versuchung widerstanden, der Intelligencija eine überhöhte Rolle zuzubilligen. Er sah sogar eine Gefahr darin, dass die Intelligenz sich durch ihren Kosmopolismus zu weit vom Volk entferne. Der Intellektuelle dürfe diese Kluft nicht überspielen, indem er sich zum Politiker oder Offizier aufwerfe. Am wirkensvollsten schien er für Ortega, wenn er „unscheinbar lebt und sich in bescheidenere soziale Stellungen zurückzieht" (W III: 350). Ortegas ständiger Eskapismus wurde damit zur Maxime des Handelns erhoben. Man wird aber gerade wegen dieser resignativen Rückzugshaltung ex tunc aus Ortega keinen Faschisten stilisieren können, was immer der

Franquismus und die Falange auch von ihm übernahmen. Solche Adaptionen entsprachen einer selektiven Wahrnehmung der Faschisten, nicht der Intention des Philosophen. Der Nietzsche-Kenner Ortega war jedoch auf den Missbrauch philosophischer Gedanken durch diktatorische Machthaber geistig hinreichend vorbereitet.

So vielfach die geistigen Häutungen Ortegas auch den Leser verwirrten, im Ganzen blieb er durchgängig ein konservativer Liberaler. Er hat die Diktatur des älteren Primo de Rivera anfangs für unvermeidlich gehalten. Ortega blieb aber dem Geist der 98er treu mit seinem Credo, dass Spaniens Öffnung zu Europa unumkehrbar sei. 1909 hat ihn dieser Standpunkt mit Unamuno entzweit, der sich über die „europäischen Schmarotzer" ereifert hatte. Ortega bekannte sich als einer dieser „Schmarotzer" (OC I: 128). Trotz der zunehmenden Entfremdung hat sich Ortega für Unamuno eingesetzt, als dieser seinen Lehrstuhl verlor. Ortegas Politikbegriff blieb voluntaristisch, ganz im Sinne der Lebensphilosophie, die er in Leipzig und Marburg kennen gelernt hatte. 1927 bekannte er, dass „Politik so viel wie das Bekenntnis zu einer Gesellschaftsreform" sei. Aber ähnlich wie bei Max Weber, war er eher für die Vorbildlichkeit der Elite als für eine Moralisierung der Politik. „Moralischen Mystizismus" hat Ortega (W II: 403) verabscheut. „Politik heißt, sich eine klare Vorstellung von den Dingen zu machen, die mit Hilfe des Staates bei einem Volke zu geschehen haben" (W II: 406). Max Weber, den er viel gelesen und wenig zitiert hat, hat die Dichotomie von Gesinnungs- und Verantwortungsethik weniger essayistisch ganz ähnlich beschrieben.

Quellen

Ortega: Obras completas. Madrid, Revista de Occidente, 1946–83, 11 Bde. (zit.: OC).
Ortega: Gesammelte Werke. Stuttgart, DVA, 1954–1956, 4 Bde. (zit.: W).
Ortega: España invertebrada. Madrid, Revista de occidente, 1921, 1959, 11. Aufl. (zit.: EI).
Ortega: Politische Schriften. Stuttgart, DVA, 1971. (zit.: Pol).
Ortega: Epistolario: Madrid, Revista de occidente, 1974.
Ortega: Textos sobre el 98. Escrítos políticos 1908–1914. Madrid, Biblioteca Nueva, 1998. (zit: T).

Literatur

A. Dobson: An Introduction to the Politics and Philosophy of José Ortega y Gasset. Cambridge, Cambridge University Press, 1989.
J. Ferrater: Ortega y Gasset: An Outline on his Philosophy. London, Bowes & Bowes, 1956.
F. Jung-Lindemann: Zur Rezeption des Werkes von José Ortega y Gasset in den deutschsprachigen Ländern. Frankfurt, Lang, 2001.

G. Morán: El maestro en el erial. Ortega y Gasset y la cultura del franquismo. Barcelona, Tusquets, 1998.

F. Niedermeyer: José Ortega y Gasset. Berlin, Colloquium Verlag, 1959.

G. Redondo: Las impresas políticas de José Ortega y Gasset. Madrid, Rialp, 1970, 2 Bde.

V. Liberales Denken und liberale Parteien

1 Zur Begriffsgeschichte des Liberalismus

Vorläufer des Begriffs „liberal" sind bis in die Antike zu Caesar und zu Seneca zurückverfolgt worden. „*Liberalitas*" als edle freisinnige Haltung wurde nicht in den Tugend-Kanon aufgenommen, galt aber gleichwohl als anerkennenswert. Caesar hat den Begriff dann gleichsam „monarchisiert" zu einer Art „Herrschergnade". Die „*artes liberales*" – seit Seneca als Begriff gebräuchlich – hatten noch keine politische Konnotation und im 18. Jahrhundert hieß „liberal" so viel wie „freigebig und guttätig". In der französischen Revolution wurden die „liberalen Ideen" von einzelnen Autoren und Rednern – inklusive Napoleon – gelegentlich gefeiert. Aber zu einem Zentralbegriff wurde der Liberalismus nicht.

Die Termini „liberal" und „Liberalismus" haben sich als politische Richtungsbegriffe erst im 19. Jahrhundert durchgesetzt. In Spanien stand im Parlament, den Cortes, 1812 erstmals eine liberale Partei den Konservativen, den „serviles", gegenüber. In anderen Ländern haben die Publizisten sich an dem spanischen Beispiel inspiriert. 1819 erschien erstmals eine Zeitschrift „Le libéral" in Frankreich, und 1822 „The Liberal" in Großbritannien. Als Parteibezeichnung hat der Begriff „Liberals" ab der Parlamentsreform von 1832 die alte Bezeichnung „Whigs" nur zögernd abgelöst. Erst bei den Wahlen von 1847 wurde die Bezeichnung offiziell. Die Begriffe liberal und Liberalismus umfassten alle Kräfte, die den Traditionalismus und Konservatismus einerseits und den jakobinischen Radikalismus andererseits ablehnten. In Deutschland berief man sich vielfach auf die Liberalität der Regierungen, etwa Hegel in seiner Schrift über „Landstände des Königreichs Württemberg", wenn er die „offene und liberale Verfassung" Württembergs lobte. In der Zeit der Restauration benutzten nicht wenige deutsche Publizisten die spanische Dichotomie von Liberalen und Servilen, die französische Konkurrenz von „Liberalen und Ultras" bis zur Julimonarchie 1830, oder identifizierten Konstitutionalismus und Liberalismus. Bei einem romantischen Konservativen, wie Adam Müller (1923: 205, 234), galt es als erwiesen, dass die liberalen Ideen und das Geld den alten Ketten nur noch neue schlimmere Ketten hinzugefügt hätten und Franz von Baader sah in einer Rezension zu Bonald in den „liberalen Doktrinen" den „Epikureismus", der dem Staat des alten Roms einst Verwesung brachte (vgl. Bd. 2, Kap. III, 1).

Die Entwicklung des Liberalismus in den sechs hier behandelten europäischen Nationalstaaten zeigte starke nationale Varianten. In noch nicht geeinten Systemen, wie in Deutschland, verbanden sich Liberalismus und Nationalismus zu einem „*Nationalliberalismus*". Friedrich Naumann (Werke Bd. 1, 1964: 343), der unerklärlicher Weise noch immer Namensgeber der Stiftung der FDP ist, hat in seinen vielen ideologischen Wenden auch das „Christlich-soziale" mit dem Liberalismus verbunden: „Wie die Sozialdemokratie den Liberalismus beerbte, so wird das Christlich-Soziale die Sozialdemokratie beerben". Ein Erfolg war seinen eigenwilligen Gruppenbildungen jedoch kaum beschieden. In Italien wurde die liberale Mitte hegemonial, weil die Klerikal-Konservativen auf Geheiß des Papstes den laizistischen Staat bei den Wahlen boykottierten. Die Überdimensionierung des liberalen Lagers hatte den Nachteil, dass die Regierungschefs von Depretis bis Giolitti mit wechselnden Faktionen der Mitte und mit Mitteln der Korruption regieren mussten, da sich eine alternierende Regierungsweise, wie in der Frühzeit unter Cavour nicht durchsetzte.

Liberales Denken kreiste in der ersten Hälfte des 19. Jahrhunderts um die Suche nach einer adäquaten Form des *Repräsentativsystems*. Vielfach ging es um die Kontroverse: dualistische *konstitutionelle Monarchie* oder monistisches *parlamentarisches Regierungssystem*, in dem das Staatsoberhaupt auf eine dekorative Rolle beschränkt wurde. Cavour, der Staatsmann, der Italien einigte, brachte die Kontroverse auf die prägnante Formel: „Glauben Sie mir, die schlechteste Chambre ist immer noch der besten Anti-chambre vorzuziehen" (zit. M. Paléologue: Cavour ein großer Realist. Berlin, 1928: 107 f). Wenn der Liberalismus – wie in Italien – an die Macht kam, wurde er gelegentlich zerrieben zwischen einem Radikalismus, der auf weitgehende Volksherrschaft und allgemeines Wahlrecht drängte, und einem konservativen Liberalismus, der die Parole ausgab: „Zurück zum Statut", d. h. zu einer vom König oktroyierten Verfassung ohne Vorherrschaft parlamentarischer Mehrheiten.

Der Liberalismus hatte 1848 vielfach vorübergehend gesiegt und wurde von einem demokratischen Radikalismus überholt, der die verschreckten Liberalen in ein Bündnis mit konservativen Kräften zwang. Liberaler Theoriebedarf entstand, wo eine Diktatur bekämpft werden musste, wie im 2. Empire Frankreichs (Prévost-Paradol, Laboulaye, Kap. IV, 2). Die radikale Theorieproduktion nahm hingegen vielfach antiklerikale Züge an. Nur wo die Nationalrepräsentation noch nicht zum

parlamentarischen System geführt hatte, wie in Deutschland, kam es zu neuen Formen liberaler Theorien wie bei Friedrich Naumann und Max Weber (Kap. IV, 3).
In saturierten Ländern wie Großbritannien und Frankreich entwickelte sich gelegentlich ein imperialistischer Sündenfall im Liberalismus (Kap. IV, 1).

So verschieden wie die faktische Entwicklung waren die theoretischen Schwerpunkte liberalen Denkens: In Großbritannien waren die wichtigsten Denker ökonomisch und utilitaristisch orientiert. In Frankreich traten sie als schriftstellernde
Intellektuelle auf, die in der Julimonarchie unter Guizot sogar an die Macht gelangten. Die deutschen Vordenker des Liberalismus nach Kant und Humboldt
waren vielfach Juristen. In Russland hat eine radikalisierte Intelligenzschicht der
„reuigen Edelmänner" den Liberalismus nicht recht reifen lassen. Der Radikalismus ging rasch in einen populistischen Sozialismus der Narodniki und später in
den Marxismus über.

Spätestens mit dem Erstarken sozialistischer Gruppierungen rückte der Liberalismus in die Mitte des Parteienspektrums und verlor vielfach seine spezifischen
Programmaspekte. Der Liberalismus litt darunter, dass ein vager Gesamtliberalismus zunehmend Bestandteil der Programmatik von nichtliberalen Parteien rechts
und links vom Liberalismus wurde (Vierhaus 1982: 743 ff). Der Liberalismus hatte
sich gleichsam „totgesiegt" (Vorländer).

2 Liberale Theoretiker in ihrem Einfluss auf die politische Szene europäischer Nationalstaaten

Sieyès war vielleicht kein großer Denker, aber seine Theorie des Repräsentativsystems und der Gewaltenteilung hat von den Verfassungsvätern in Spanien
1808–1812, zu Romagnosi in Italien und Kant in Deutschland Wirkungen gezeitigt. Constants Form des Liberalismus lag in dieser politisch-institutionellen Linie. Sie war in ganz Europa vorbildlich, vor allem für den deutschen Frühliberalismus bei Rotteck und anderen. Frankreich bot die bestechende juristische Form
des Denkens, England eher die sozialen Inhalte, die bei den französischen Liberalen fehlte, was nicht wenig zu den Revolutionen von 1830 und 1848 beigetragen
hat. Zugleich hatte Spanien – neben Burke – das einzig interessante konterrevolutionäre Gegenprogramm gegen den Liberalismus zu bieten. Maistre und Bonald
haben sämtliche Reaktionäre in Europa beeinflusst und bis zu den Vorformen der
Konservativen Revolution weiter gewirkt. Wo immer eine Königsdiktatur diskutiert wurde, wie in Spanien bei Balmes und Donoso Cortés, waren sie präsent –
ebenso der frühe Lamennais als Ahnherr eines politischen Klerikalismus. Dieser
brachte das Kunststück fertig, durch seine theoretischen Metamorphosen auch zu
einem Ahnen des liberalen und schließlich sogar eines sozialistisch angehauchten

politischen Katholizismus zu werden. In dieser Fortentwicklung hat er die Risor-
gimento-Theoretiker Rosmini und Gioberti beeinflusst, aber auch den politischen
Katholizismus in den Benelux-Staaten und in Deutschland geprägt. Der Einfluss
eines Status-Quo-Konservativen wie Chateaubriands lag dank seiner Schrift über
das Christentum stärker im Bereich einer katholischen Gefühlsreligiosität. Seine
einzige offen politische Schrift über die „Monarchie selon la Charte" war zu sehr
auf das französische Restaurationssystem zugeschnitten, um Breitenwirkung zu
entfalten, obwohl es in einigen Punkten sogar über die liberal-konstitutionellen
Ansichten Constants hinausging. Als Synthese von Liberalismus und Konservatismus hat Frankreich in der Theorie der Doctrinaires wie Guizot und Royer-
Collard eine Staatsideologie des „juste milieu" geschaffen, die von Spanien (der
frühe Donoso Cortés bis zu Cánovas del Castillo) bis England Wirkungen zeitigte.
     Tocqueville war ein liberal-konservativer Vordenker, der eher Langzeitwir-
kungen entfaltete. Sein Gedankenaustausch mit Mill war eines der wenigen sym-
metrischen Austauschverhältnisse kongenialer Denker, bei dem es keine direkte
Abhängigkeit gab. Zwischen Comte und Mill waren die Beziehungen ursprünglich ähnlich symmetrisch angelegt. Je versponnener und sektiererischer Comte
jedoch wurde, umso mehr hat sich Mill distanziert. Der Positivismus entfaltete
eine ungeheuere Wirkung von Spanien und Südamerika bis nach Russland. Dabei
war die Rezeption durchaus selektiv. Die abgehobenen Spätschriften Comtes wurden verdrängt und das wissenschaftliche und geschichtstheoretische Programm
wurde ausgearbeitet, zum Teil in akademischer Aufbereitung durch Littré. Wissenschaftlich haltbarere Formen nahm der Comteanismus durch die Fortentwicklung Spencers im liberalen Geist an – nicht ohne sozialdarwinistische Bei-
mengungen, die einer neuen Theoriemode Rechnung trug. Mit Renan, Taine und
Littré kam es zu Amalgamen mit anderen Theorien – zum Teil aus Deutschland –
die eine eklektische Common-Sense-Philosophie bot. Sie schien quer durch die
ideologischen Familien konsensfähig und entfaltete Nachwirkungen vom Konservatismus bis zu den gemäßigten Sozialisten.
     Obwohl mit Germaine de Staël die Kunde vom deutschen Volk der Dichter
und Denker auch nach Frankreich getragen wurde, blieb der deutsche Einfluss
in Frankreich begrenzt. Erst in der zweiten Hälfte des 19. Jahrhunderts wurde
Deutschland zur ernsthaften Konkurrenz in der Theorieproduktion. Diese Entwicklung wurde durch die sprachlichen Hürden verzögert, die ein Land zu überwinden hatte, das zwar wirtschaftlich, wissenschaftlich und politisch nach Weltgeltung drängte, aber keine dominante Weltsprache zu bieten hatte.
     Seit der Radikalität der Französischen Revolution vermittelte *Frankreich* nicht
ein einheitliches Bild wie der britische liberale Grundkonsens. Erst in der Dritten
Republik entwickelte sich langsam – nach den knappen Niederlagen der Konser-
vativ-Klerikalen (1871–1877), des Bonapartismus und Boulangismus und in der

Dreyfus-Affaire um die Jahrhundertwende, – so etwas wie ein „*radikaler Grund-konsens*". Radikal hieß aber trotz der Erweiterung um den Begriff „sozialistisch" im Namen der führenden Partei kaum mehr als ein Liberalismus, wie er in anderen Ländern auch bestand. Nur im Laizismus tat er sich vor anderen Liberalismen hervor. Herriot hat diesen liberalen Radikalismus trefflich auf die Formel gebracht: „coeur à gauche – portefeuille à droite". Aber auch unter der Decke dieses Konsenses der Republik von Gleichgesinnten schwelte der Dualismus von Revolution und Konterrevolution weiter. Er brachte in den 1930er Jahren selbst Frankreich – wie das benachbarte Belgien – an den Rand des Systemkollapses. Nur Spanien hat die Wahrnehmung der „zwei Länder" in der einen Nation noch stärker theoretisiert als Frankreich.

Spanien hat in immer neuen Revolutionen und Pronunciamientos die Wunden des Pro und Contra für das revolutionäre Regime so rücksichtslos wie Frankreich periodisch wieder aufgerissen. Im Gegensatz zu Frankreich resultierte daraus im Fall Spaniens jedoch eine Theorieproduktion, die sich weit stärker „rechtslastig" und nicht sehr symmetrisch zwischen links und rechts entwickelte.

Die beiden als Normalentwicklung theoretisierbaren Modelle – England und Frankreich – wurden seit der ersten Hälfte des 19. Jahrhunderts als „*Repräsentativ-system*" zusammengefasst trotz aller Unterschiede. Frankreich war erfolgreicher in der theoretischen Erarbeitung des Modells als Großbritannien. England hat das Modell erfolgreicher praktiziert, die Theoretisierung aber seit Montesquieu, de Lolme oder Constant den Franzosen überlassen. Erst in der Zeit der beiden großen englischen Parlamentsreformen von 1831–1867 entstand in England die Notwendigkeit, von der alten Gewaltenteilungsmystik, die den „King in Parliament" umgab, abzurücken und den neuen Machtverhältnissen Rechnung zu tragen, der ehrwürdige Teile des Systems zu bloß noch symbolischen Elementen oder „*digni-fied parts of the constitution*" degradierte, wie Bagehot das nannte.

Nicht ohne tatkräftige politische und militärische Geburtshilfe der beiden Vorreiter einer Normalentwicklung im Prozeß des Nation-Building, konnte *Italien* eine leidlich europäische Normalentwicklung nehmen. Trotz einiger Besonderheiten entwickelte sich im Risorgimento ein liberal-konservativer Grundkonsens. Er zerbrach erst um die Wende des Jahrhunderts, als das parlamentarische System des Königreichs Italiens zunehmend in die Krise geriet und auch Italien Äquivalente der „konservativen Revolution" produzierte, die zunehmend in einen Protofaschismus übergingen. So entwickelte Italien das Paradoxon, dass der erste anfangs marginale große Nationalstaat, der sich praktisch und theoretisch erfreulich an die westeuropäischen Standards in Staatstheorie und Staatspraxis hielt, in das erste faschistische Experiment umschlug. Das war umso verwunderlicher, als Italien nicht wie andere Systeme, die in linken und rechten Diktaturen endeten, einen Krieg verloren hatte. Das Land hatte den Dreibund rechtzeitig verlassen und sich zum „Gastsieger" gemausert. 1918 wurden Italien sogar einige seiner territorialen Desiderate erfüllt, während die übrigen Länder eines diktatorischen Sonderwegs starke territoriale Verluste theoretisch verarbeiten mussten. Abgesehen von dieser faschistischen Episode blieb der Liberalismus in Italien liberaler, und der Sozialismus demokratischer als in anderen Ländern. Sozialistische Denker wie Labriola waren der humanistischen Philosophie, wie sie Jaurès in Frankreich verkörperte, näher als den deutschen Parteiideologen à la Kautsky, die über die reine Lehre einer Großorganisation wachten. Gramsci als Vordenker war zweifellos innerhalb des Kommunismus der liberalste, pluralistischste und demokratischste Vordenker im Weltmaßstab. Auch die vielfach verklärte Rosa Luxemburg reichte in diesem Punkt nicht an Gramsci heran.

Deutschland war das klassische Land der Spätentwicklung. Seine ältere politische Theorie war nicht mehr „anschlussfähig" für den deutschen Idealismus. Der deutsche Liberalismus blieb stark abhängig von ausländischen Importen aus Frankreich (Rotteck) und England (Dahlmann, Mohl). Der eifernde Radikalismus der Linkshegelianer hat allenfalls die russischen Sektenstreitigkeiten der russischen Westler angeheizt. Zum politischen Radikalismus hat Deutschland im Gegensatz zu Frankreich wenig beigetragen. Die deutsche Kritik blieb zu sehr in der Religionskritik befangen. Die lutherische Entzauberungswut der Radikalen hat zudem in katholisch-aufgeklärten Milieus im Ausland vielfach befremdet.

3 Parteibezeichnungen im liberalen Lager und die „Liberale Internationale"

Der Liberalismus war quantitativ und qualitativ in der Theorie in Frankreich und Deutschland am stärksten vertreten: in Frankreich schlug sich das in einer Dominanz des bürgerlichen Radikalismus im Parteiensystem nieder – in Deutschland hingegen nicht. In Italien andererseits entsprach das Überwiegen von Varianten liberaler Politik zugleich der hegemonialen Stellung des Liberalismus seit Cavour im Risorgimento. Der Vielfalt der liberalen Faktionen im „Trasformismo" eines Parteiensystems ohne Extreme (da die Klerikalen auf Geheiß des Papstes die Wahlen im laizistischen Staat boykottierten) entsprach freilich auch die Diversität der liberalen Positionen vom liberalen Katholizismus bis zum radikalen Liberalismus.

Spanien hatte mit einer hoffnungsvollen liberalen Bewegung in den Cortes von Cádiz ab 1808 früh begonnen. Die Größe der liberalen Theorie hielt mit diesem Aufschwung nicht Schritt. Angesichts der ständigen radikalen Aufwallungen in Pronunciamientos hat vor allem die konservativ-katholische Theorie gewaltigen Auftrieb erhalten und den Liberalismus – zuletzt in der doktrinären Form der Restauration unter Cánovas del Castillo ab 1876 – rasch erstarren lassen. Daher war der Neuanfang des politischen Denkens um 1898 verhältnismäßig wenig liberal, und illiberal jedenfalls im Sinne der Parteiengeographie.

Liberale und radikale Parteien entwickelten sich in den europäischen Ländern sehr unterschiedlich. Das hing nicht zuletzt mit dem *Verfassungssystem* zusammen, dass von einem Konstitutionalismus mit Vorherrschaft der Krone bis zu parlamentarischen Regierungssystemen reichte. In Frankreich fühlte der Mainstream des Liberalismus sich als radikal. In Spanien hat der republikanische Radikalismus sich periodisch durch Pronunciamientos kurzzeitige Blüten verschafft. In Italien war er immer wirksam, blieb aber durch die Dominanz des Liberal-Konservatismus der Risorgimento-Zeit marginalisiert. In Großbritannien wurde der Radikalismus in der Zeit des Chartismus zur Massenbewegung. Als die großen „issues" (Wahlrecht, Freihandel) in den Hintergrund traten, ist der Radikalismus zu einer allenfalls noch intellektuellen Strömung marginalisiert worden. Wo die nationale Frage im 19. Jahrhundert von liberalen und konservativen Kräften nur gemeinsam gelöst werden konnte, wie in Italien und Deutschland, hatte der Radikalismus nur begrenzten Einfluss. Ein zunehmend konservativer werdender Risorgimento-Liberalismus wuchs in eine hegemoniale Position in Italien. In Deutschland wurde der Nationalliberalismus im frühen Kaiserreich zum Zünglein an der Waage im parlamentarischen Kräfteverhältnis. Wo schließlich selbst der Liberalismus kaum politische Ventilfunktionen bekam, wie in Russland vor 1906, wurde umgekehrt der „Freisinn" rasch in einen populistischen Sozialismus abgedrängt.

Gab es für die nationalen Varianten Gesetzmäßigkeiten?

a) Radikale Parteien entstanden dort, wo die *Werte der Massenpartizipation und Demokratie* stark umstritten waren. Die Faustregel, dass radikale Parteien früher und entschiedener für die Universalisierung des allgemeinen Wahlrechts eintraten, galt von Skandinavien (Venstre-Parteien) bis in die romanischen Länder.

b) Radikale Nuancen wurden in den Ländern begünstigt, in denen *Legitimitätsbrüche* bei den Regierungsformen den Republikanismus stärkten, wie in Frankreich, Italien und Spanien.

c) Radikale Bewegungen wurden dort stark, wo eine *dominante katholische Kultur* einen militanten Antiklerikalismus herausforderte. Vor allem in den lutherisch-protestantischen Ländern hat der Liberalismus kaum je militanten Antiklerikalismus verfochten. Die Theorie entwich hier eher in eine höchst abstrakte Religionskritik (z. B. Junghegelianer).

d) Der Radikalismus hat Chancen *in kapitalistisch wenig entwickelten Ländern des Südens,* wo Freihandelsbewegung und Manchestertum noch nicht auf der Tagesordnung standen, und wo auch Liberale von vornherein protektionistischer und staatsinterventionistischer gesonnen waren.

Liberales Denken schlug sich im 20. Jahrhundert nur selten in einem Parteinamen „liberal" nieder. Liberal als Name einer Partei konzentrierte sich vornehmlich auf das Britische Commonwealth. „Liberal Parties" gab es in Großbritannien, Australien und Kanada. Ansonsten war die Bezeichnung auf Japan und
die Schweiz beschränkt. Vielfach gab es Kombinationen von Begriffen, wie „Li-
beral-demokratische Partei" in den Niederlanden, Slowenien und in der Türkei.
Auf das Epitheton „demokratisch" beschränkte sich das liberale Pendant in den
USA, Bulgarien, Mongolei, Russland und Thailand. Selten war die Bezeichnung
„Freisinnig" wie in der Schweiz. In einigen Ländern hat eine radikale Tradition
sich auch in Parteinamen niedergeschlagen wie in Dänemark in „Det Radikale
Venstre", die einer Gruppierung „Venstre" (Linke) gegenübersteht. In den *families
of nations* fällt der skandinavische Liberalismus auf, der schon immer stark sozial geprägt war. In den Niederlanden hingegen zerfiel die liberale Bewegung in
einen linksliberal-ökologischen Zweig in der Gruppe „D'66 und einen volkspar-
teilich-nationalistischen Flügel VVD (Steltemeier 2010: 21). Die Liberalen in Kanada waren lange eine große Regierungspartei und lehnten daher die LI ab, weil
in ihr viele Mitglieder angeblich christdemokratisch oder gar sozialdemokratisch
gesonnen seien.

Die europäischen Liberalen versuchten ab 1910 in formelle Kontakte zu treten. 1924 wurde in Genf die *„Entente Internationale des Partis Radicaux et des Partis Démocratiques"* gegründet, deren erster Präsident der Friedensnobelpreisträ-
ger Ferdinand Buisson wurde. Bezeichnender Weise kam das Wort Liberalismus
nicht vor, sondern es sollten sich „radikale und demokratische Parteien" sammeln.
Die *„Liberale Internationale"* wurde 1947 auf einer Konferenz in Oxford gegründet.
Dänemark war nicht repräsentiert. Die ältere „Venstre-Partei" blieb der Internationalen fern. Selbst der Begriff „liberal" war in Skandinavien umstritten. Auch die
niederländische „Parteij van den Vrijheid" hielt sich fern, weil sie gegen die Pläne
der britischen Liberalen für die Dekolonialisierung waren. Es kam jedoch zu einer
niederländischen Gruppe, die sich der Liberalen Internationalen anschloss (Smith
1997: 8). Schon in den Namen der 61 Vollmitglieder (Jan. 2013) der LI spiegelte
sich die Erosion des Begriffes Liberalismus wider. Es gab viele liberale Gruppen
in Nord- und Osteuropa, nicht aber in einigen romanischen Ländern wie Frankreich, Italien, Portugal und Spanien (nur 2 regionale Gruppen nannten sich liberal). Die FDP trat 2008 aus, obwohl Otto Graf Lambsdorff 1991–94 Präsident der
LI gewesen war. Die populistische FPÖ war wegen ideologischer Differenzen bereits vorher ausgeschieden.

Im Oxford Manifest von 1947 lehnten die Liberalen es ab, nur als Mittelweg zwischen Konservativen und Sozialisten zu gelten, und betonten ihre eigenen Prinzipien wie „Frieden, Freiheit und soziale Gerechtigkeit". Schwierig waren
die Beziehungen zwischen liberalen Parteien nach dem zweiten Weltkrieg, vor al-

lem bei den niederländischen Liberalen. Als der FDP-Vertreter Friedrich Middel-
hauve eine Amnestie für alle Nazi-Verbrecher forderte, kam es zu heftigen Kon-
flikten (Smith 1997: 24). Im 20. Jahrhundert konnte man bei der internationalen
Liberalen Bewegung keine politischen Denker von Format mehr finden. Der erste
Präsident der LI Salvador de Madariaga (1948–1952) kam der Vorstellung eines
Theoretikers, der sich in der internationalen Politik engagierte, noch am nächsten.

Ab Mitte 1953 gab es die *„European Liberal Democrat and Reform Party"*
(ELDR) als Fraktion der parlamentarischen Versammlung der Europäischen Gemeinschaft. Ursprünglich war die Organisationsstruktur der ELDs stark an die
Liberale Inernationale angelehnt. 2004 wurde die Satzung von 1996 neugestal-
tet, um Effizienz und Transparenz zu verbessern. Als die Wahlen zum Europäischen Parlament 2004 vom Volk vorgenommen wurden, konstituierte sich die
parlamentarische Fraktion unter dem Namen *„Allianz der Liberalen und Demokraten für Europa" (ALDE)* und in der parlamentarischen Versammlung des Euro-
parates (PACE) und wurde 2004–2009 mit einem Stimmenanteil von 12 % dritt-
stärkste Fraktion nach der konservativen „Europäischen Volkspartei" (EVP) und
der Sozialdemokratischen Partei Europas (SPE). (Liste bei Steltemeier 2010: 36,
2012: 51 Parteien). Die ALDE verfügt nur über Einzelpersonen als Mitglieder, die
über die Listen der Europäischen Demokratischen Partei (EDP) oder der ELDP zu
Mitgliedern des Europäischen Parlaments geworden sind.

Es entwickelten sich die Beziehungen der ideologischen Gruppen in zunehmender Konkurrenz. Als die Sozialistische und die Christdemokratische Internationale in den 1970er Jahren sehr aktiv wurden, hat die LI in Rom 1981 ein neues
Manifest erlassen. In ihm wurde die Stärkung der Macht der Parlamente und
die parlamentarische Kontrolle über die Exekutive gefordert. Diese Kontrolle sah
die LI durch technokratische Tendenzen und die Verhärtung bestimmter Interessengruppen gefährdet. Dezentralisierung und Kooperation der Staaten wurden
angemahnt. Keine der internationalen Gruppen war so selbstkritisch wie die Liberalen, die zugaben, dass die „liberale Demokratie" kein perfektes System" sei, aber
unermüdliche für die Verbesserung des Systems und Reformen einträte (Text in:
Smith 1997: 92). 1987 wurde im „Ottawa Human Rights Appeal" die Abschaffung
der Todesstrafe, größere Offenheit der Systeme für Asylanten gefordert. Mit Sorge
sah die LI wachsender Rassismus und Terrorismus in Europa entstehen (Dokument in: Smith 1997: 109 ff).

Literatur

U. Backes: Der Philosoph Wilhelm Traugott Krug. In: Baustein einer jüdischen
  Geschichte der Universität Leipzig. Leipzig, 2006: 483–504.
G. de Bertier de Sauvigny: Liberalism, Nationalism and Socialism: The Birth of Three
  Words of Politics 32, 1970: 147–166.

L. Corijn/T.Krings (Hrsg.): Liberalism in the European Union. Berlin, Berliner Wissenschaftsverlag, 2004.

K.-G. Faber: Strukturprobleme des deutschen Liberalismus im 20. Jahrhundert. Der Staat 14, 1975: 201 ff.

L. Gall (Hrsg.): Liberalismus. Köln, Kiepenheuer & Witsch, 1976.

W. T. Krug: Geschichtliche Darstellung des Liberalismus alter und neuer Zeit. Leipzig, Brockhaus, 1823.

A. Müller: Schriften zur Staatsphilosophie: München, Theatiner Verlag, 1923.

K. Reich: Die liberalen Parteien in Deutschland. Frankfurt, Suhrkamp, 2003.

V. Sellin: Liberalismus. In: Sowjetsystem und demokratische Gesellschaft, Bd. 4, 1971: 51 ff.

J. Smith: A Sense of Liberty. The History of the Liberal International. London, Liberal International, 1997.

R. Steltemeier: Liberalismus in der Europäischen Union. Manuskript, Heidelberg, 2010.

J. Szacki: Der Liberalismus nach dem Ende des Kommunismus. Frankfurt, Suhrkamp, 2003.

G. Thiemeyer: Zwischen Kooperation und Konkurrenz. Die transnationale Zusammenarbeit liberaler Parteien in Europa. In: J. Mittag (Hrsg.): Politische Parteien und Europäische Integration. Essen, Klartext Verlag, 2006.

R. Vierhaus: Liberalismus. In: Geschichtliche Grundbegriffe. Historisches Lexikon zur politisch-sozialen Sprache in Deutschland. Stuttgart, Klett-Cotta, 1982, Bd. 3: 741–785.

R. Walther: Wirtschaftlicher Liberalismus. In: Geschichtliche Grundbegriffe. Stuttgart, Klett-Cotta, 1982: 787–815.

The manufacturer's authorised representative in the EU is Springer
Nature Customer Service Centre GmbH, Europaplatz 3, 69115 Heidelberg,
Germany. If you have any concerns regarding our products, please
contact ProductSafety@springernature.com

Printed and bound by CPI Group (UK) Ltd, Croydon, CR0 4YY
23/04/2026
02095640-0004